Ullstein Sachbuch

DAS BUCH:

Wir fahren japanische Autos und Motorräder, fotografieren mit japanischen Kameras, benutzen japanische Taschenrechner und sitzen vor japanischen Fernsehgeräten. Doch was wissen wir von den Japanern, von ihrem Wesen, von ihrer Kultur? Was verbirgt sich hinter dem Lächeln, das uns so rätselhaft erscheint?
Der niederländische Journalist Ian Buruma, der lange in Japan gelebt hat, versucht dem Wesen der Japaner auf außergewöhnliche Weise auf die Spur zu kommen – »das Bild der Japaner zu zeichnen, das sie von sich selbst haben und dem sie entsprechen möchten«. Er durchleuchtet die kollektiven Phantasien, die sich in Alltagsmythen, in den Produkten der Massenkultur – Comics, Fernsehserien, Filmen, Werbespots –, im klassischen und modernen Theater und in typischen Figuren der japanischen Kulturgeschichte niederschlagen.
Ein Buch, das von Geishas und Gangsterfilmen, aber auch von der Götterwelt der Shinto-Religion berichtet – ein Versuch, die nationale Identität eines Volkes zu ergründen, indem dessen Mythen und Phantasiewelt nachgespürt wird.

DER AUTOR:

Ian Buruma wurde 1951 in den Niederlanden geboren. An der Universität Leyden studierte er chinesische und japanische Literatur. Am Nihon University College of Arts in Tokio lernte er das Filmemachen. Buruma lebte sieben Jahre lang in Japan und arbeitete dort als Dokumentarfilmer, Fotograf und Journalist. Heute lebt er in Hongkong als Redakteur der *Far Eastern Economic Review*.

Ian Buruma

Japan hinter dem Lächeln

Götter, Gangster, Geishas

Mit 49 Abbildungen

Ullstein Sachbuch

Ullstein Sachbuch
Ullstein Buch Nr. 34464
im Verlag Ullstein GmbH,
Frankfurt/M – Berlin
Englischer Originaltitel:
A Japanese Mirror
Übersetzt von
Bernd Rullkötter

Ungekürzte Ausgabe

Umschlagentwurf:
Theodor Bayer-Eynck
Unter Verwendung eines Fotos
von Tony Stone

Erstmals erschienen bei
Jonathan Cape Ltd., London 1984

Printed in Germany 1988
Druck und Verarbeitung:
Ebner Ulm
ISBN 3 548 34464 X

Juli 1988

CIP-Titelaufnahme
der Deutschen Bibliothek

Buruma, Ian:
Japan hinter dem Lächeln: Götter,
Gangster, Geishas / Ian Buruma. [Übers.
von Bernd Rullkötter]. –
Ungekürzte Ausg. – Frankfurt/M;
Berlin: Ullstein, 1988
(Ullstein-Buch; Nr. 34464: Ullstein-
Sachbuch)
Einheitssacht.: A Japanese mirror
<dt.>
ISBN 3-548-34464-X
NE: GT

Inhalt

Für Sumie

Vorwort

Eine bejahrte Tante von mir fragte mich eines Sonntagnachmittags, was ich gerade läse. Einen japanischen Roman, antwortete ich. Wie ungewöhnlich, meinte sie, »aber die Gefühle dieser Leute müssen sich doch von unseren kolossal unterscheiden. Wie kannst du denn damit etwas anfangen?« Vielen fällt es, wie meiner Tante, immer noch schwer zu glauben, daß die Japaner nicht einfach exotische Transistorhersteller sind, sondern Menschen, deren Gefühle sich in vieler Hinsicht nicht von unseren unterscheiden. Da die Schrift der Japaner andersherum verläuft als unsere, nimmt man an, daß dies auch für ihre Gefühle gilt.

Vielleicht weil die Dinge, oberflächlich betrachtet, so ganz anders und so ungeheuer paradox erscheinen, löst Japan bei vielen Ausländern den plötzlichen Drang aus, ihren Kulturschock zu Papier zu bringen, um den ungläubigen Landsleuten daheim zu erklären, was jenseits des Spiegels zu sehen war. Das führt häufig zu jener Sorte von halbinformiertem, blauäugigem Japan-Kommentar, der den Japanern so viel Freude zu bereiten scheint. Sie wissen die Aufmerksamkeit zu schätzen und sehen sich in ihrer behaglich insularen Vorstellung bestätigt, daß Ausländer auf keinen Fall in der Lage seien, sie zu verstehen.

Es ist schwierig, sich den Klischees über Japan zu entziehen, weil Japaner wie Ausländer sich bei ihrer Verwendung sehr wohl zu fühlen scheinen. Dieses Buch macht den Versuch, das Bild der Japaner zu zeichnen, das sie von sich selbst haben und dem sie entsprechen möchten. Dabei werden natürlich viele der kulturellen Klischees einbezogen, die sich im Laufe der Jahrhunderte herausgebildet haben. Aber in erster Linie ist es ein Buch über die Phantasie. Manchmal ist diese Phantasie individuellen Künstlern eigen, die nie beanspruchen würden, für jemand anderen als sich selbst zu sprechen. Ich habe sie trotzdem berücksichtigt, weil sie etwas zum Ausdruck bringen, das über sie hinausgeht und uns Hinweise auf die Kultur gibt, die sie hervorbrachte.

Häufiger werde ich jedoch versuchen, die Ergebnisse einer populäreren, kollektiveren Phantasie zu zeigen: Filme, Comics, Theaterstücke und Bücher, die auf den Geschmack möglichst vieler Menschen zugeschnitten sind, also oft dem niedrigsten gemeinsamen Nenner entsprechen. Es handelt sich nicht immer um die beste Kunst, wenngleich sie sicherlich nicht zu verachten ist und häufig Aufschluß über die Menschen gibt, an die sie sich wendet. Deshalb habe ich den anrüchigen, grellen, oft krankhaften Seiten der japanischen Kultur mehr Platz eingeräumt als den zarteren und kultivierteren Erscheinungsformen, mit denen wir im Westen vertrauter sind.

Es ist nicht immer leicht, Phantasie und Realität zu trennen. Das Trachten der Menschen ist in gewisser Weise Teil der Realität. Jedenfalls hat noch die kitschigste Pop-Kultur irgendeine Beziehung zur realen Welt. Sie ist, wenn nicht ein Spiegelbild, so doch wenigstens ein Abglanz dieser Welt. Nur wenige Amerikaner sind wirklich wie John Wayne, aber viele wären es gern, was bedeutsam ist. Helden fallen nicht einfach vom Himmel, sie entwachsen zumeist dem heimischen Boden.

Die Helden, Schurken und gewöhnlichen Menschen, die ich als Beispiele in diesem Buch anführe, stellen meiner Meinung nach typische Aspekte der japanischen Kultur dar. Sie spielen die Hauptrollen in den – alten und neuen – Mythen und Legenden, die die nationale Identität zusammenhalten. Man muß allerdings berücksichtigen, daß das, was typisch für den Japaner ist, nicht unbedingt einzigartig sein muß. Weit eher als die Phantasien selbst ist es deren Ausdrucksform, die sich häufig von einer Nation zur anderen unterscheidet. Die meisten Helden und Heldinnen, sogar jene, die nur ihr eigenes Alter oder Zeitalter widerzuspiegeln scheinen, haben berühmte Vorgänger, denen sie genau gleichen. Vielen Helden haftet gar etwas Universelles an – gewisse Gestalten tauchen in fast jeder Kultur auf –, aber es gibt auch Typen, die in der Geschichte einer einzigen Kultur einen endlosen Zyklus von Reinkarnationen durchlaufen.

Deshalb werde ich ganz vorne anfangen, bei den ersten japanischen Göttern. Schließlich glaubte man einst, daß die Kaiser und die Hauptsippen direkt von ihnen abstammten. Darüber hinaus fällt auf, wie menschlich die japanischen Götter in den Legendenchroniken sich anmuten. So menschlich nämlich, daß viele – fiktive oder reale – Eigenarten der Japaner sich bis zu ihnen zurückverfolgen lassen.

Die erste Hälfte des Buches ist den Frauen gewidmet, die zweite den Männern. Die Frauen werden im Rahmen der beiden Rollen behandelt, die sie traditionsgemäß in so vielen Gesellschaften spielen: Mutter und Prostituierte. Beide sind in Japan äußerst wichtig. Zwar sind die Rollen der Frauen in sozialer Hinsicht vielleicht strenger getrennt als anderswo, doch sie haben bestimmte Gemeinsamkeiten. Beide werden natürlich von den Phantasien der Männer gestaltet.

Zwischen Männer- und Frauenteil ist ein Kapitel über das dritte Geschlecht eingeschoben, das heißt über Männer, welche die Rollen von Frauen spielen, und umgekehrt. In dieser zwielichtigen Welt des Transvestitentums, das immer noch ein entscheidendes Element des japanischen Theaters darstellt, sind die kulturellen Geschlechterrollen am deutlichsten definiert.

In dem Teil, der den Männern gewidmet ist, wird der traditionellen Welt der japanischen Gangster, der *yakuza*, viel Raum gegeben. Das liegt daran, daß diese Phantasiewelt einen fast vollkommenen Mikrokosmos der japanischen Gesellschaft repräsentiert.

Es hat keinen Sinn, eine andere Kultur zu erforschen, wenn wir dadurch nichts über unsere eigene erfahren. Man hat behauptet, daß Japan der ideale Ort sei, um die übrige Welt zu beobachten. Das ist verständlich, denn wer sich dort am äußersten Rande Asiens niederläßt, hat oft den Eindruck, die Welt von außen zu betrachten.

Obwohl sich Kommunikationstechnologie, Massentourismus und andere Faktoren, denen die Schaffung eines globalen Dorfes nachgesagt wird, erstaunlich zügig entwickelt haben, ist Japan in vieler Hinsicht das einsamste, am stärksten isolierte Mitglied der modernen Welt. Wir im Westen, in unserer seligen Ignoranz, halten die Japaner oft für seltsam, aber den meisten Asiaten geht es nicht anders.

Die Ursache ist, wie sich versteht, zum Teil geographischer Art. Das Wasser, das Japan vom asiatischen Kontinent trennt, hat – wie die Nordsee im Falle Großbritanniens – psychologische wie physische Bedeutung: Die Japaner empfinden sich im Grunde nicht als Teil Asiens. Aber sie fühlen sich auch keiner anderen Region und keinem anderen Kulturkreis zugehörig; ihnen sagt es am meisten zu, sich für einzigartig zu halten – eine Einstellung, die durch die fast dreihundertjährige faktische Isolierung von der übrigen Welt während der Edo-Zeit zweifellos verstärkt wurde.

Manchmal kommt einem Japan wirklich wie die andere Seite von Alices Spiegel vor. Ob dies nur eine Illusion ist oder nicht, ist weniger wichtig als die Tatsache, daß sowohl Ausländer als auch die Japaner selbst so uneingeschränkt daran glauben. Deshalb wird jeder, der als *Gaijin* (wörtlich »Person von außen«) in Japan lebt, ständig wie ein Unikum beäugt. Infolgedessen kommt man nicht umhin, sich selbst anzuschauen. Dies kann leicht zu dem verbreiteten Trugschluß führen, daß alles, was für die Japaner gilt, keinesfalls für Ausländer gelten könnte, und umgekehrt. Beide sind in der Gedankenwelt vieler Japaner – und Ausländer – in solchem Maße unvereinbar, daß es sogar Wissenschaftler gibt, die diesen Sachverhalt glauben beweisen zu können.[1] Das absonderlichste, keineswegs aber einzige Beispiel liefert der vielgelobte Dr. Tsunoda, der behauptet, daß die Japaner andere und völlig einzigartige Hirne besäßen.

Ich pflichte dem Mythos von der japanischen Einzigartigkeit nicht bei. Im Gegenteil, infolge seiner langen Perioden der Isolation hat Japan vieles bewahrt, das im Laufe unserer eigenen Geschichte verlorenging, versteckt oder bis zur Unkenntlichkeit verändert wurde. Obwohl Japan heute, oberflächlich betrachtet, fortschrittlicher und moderner scheint als etwa das verfallende Großbritannien, ist es in mancher Beziehung eigentlich dem europäischen Mittelalter näher, also jener Epoche, in der das Christentum noch nicht die letzten Spuren des heidnischen Glaubens ausgelöscht hatte.

Die japanischen Götter wirken menschlicher als die christliche Dreifaltigkeit, weil sie unsere menschlichen Schwächen teilen und sie sogar anerkennen. Diese Anerkennung ist einer der hervorstechenden und sympathischsten Züge der japanischen Gesellschaft, und sie stellt, wie ich glaube, die wichtigste Lektion dar, die ein Westler lernen kann. Das hat nichts mit Mystik oder höherer Weisheit zu tun. Auch handelt es sich nicht einfach um passive buddhistische Resignation, die ein zwiespältiger Segen sein kann. Es geht nicht darum, besser oder schlechter zu sein, sondern einfach darum, die menschliche Natur als das zu nehmen, was sie ist, unbelastet von den moralischen Vorurteilen, die das Leben im Westen so oft einengen.

Während die in diesem Buch vorgestellten Helden und Heldinnen uns also etwas über die Kultur verraten, die sie hervorgebracht hat, vermitteln sie uns, wenn wir sie ehrlich betrachten, zugleich weit tiefere Einsichten über uns selbst.

Bei den Forschungsarbeiten für dieses Buch haben mir zahlreiche Personen sehr geholfen, doch mein besonderer Dank gilt Tsuda Michio und meiner Frau Tani Sumie, ohne die ich überhaupt nie begonnen hätte, mich mit Japan zu beschäftigen. Dafür, daß sie mich mit Gewährsleuten bekannt machten, mich ermutigten und mir einen großen Teil ihrer Zeit opferten, bin ich Kujo Eiko vom Tenjo-Sajiki-Theaterensemble und ihrem Bruder Tanaka Hideaki zu Dank verpflichtet.

Viele Irrtümer und unglückliche Ausdrücke wurden in verschiedenen Stadien des Manuskripts von Henry H. Smith, Hanca Leppink, David van het Reve, Philippe Pons und Ann Buruma korrigiert, wofür ich auch ihnen danke.

Außerdem möchte ich mich bei Shimizu Akira und dem Personal der Filmbibliothek in Tokio sowie bei Shibata Kazuko von der Furansu Eigasha dafür bedanken, daß sie mir so großzügig Filmvorführungen ermöglichten und Einzelaufnahmen beschafften. Unterstützt haben mich auch viele Angehörige der Werbeabteilungen der Toho, Nikkatsu und Toei, denen ich dankbar bin. Einzelaufnahmen wurden freundlicherweise auch vom Takarazuka-Theater, der Shochikku und der Kabuzika zur Verfügung gestellt.

Daneben gilt mein Dank: Ronald Bell für die Bildtafeln 1, 2 und 3; June Magazine für Tafel 24; Phaidon Press für Tafel 10, reproduziert aus J. Hillier, *Utamaro: Colour Prints and Paintings,* 1961. Für die Bereitstellung der Comic-Zeichnungen danke ich: Futaba-sha Publishers, S. 138 und S. 140–141 (Zeichner: Kamimura Kazuo); und Hobunsha, S. 173 (Zeichner: Baron Yoshimoto).

Ganz besonderen Dank schulde ich Donald Ritchie und Karel van

Wolferen, deren stetige Ermutigung, Anregungen und Ideen nicht nur überaus wertvoll, sondern unerläßlich für die Fertigstellung dieses Buches waren. Schließlich sei noch erwähnt, daß japanische Namen durchgehend nach japanischem Muster angeführt werden, das heißt mit dem Familiennamen an erster Stelle.

1983 I. B.

Es heißt, daß der Spiegel »ewige Reinheit reflektiert«. Er fördert weder Eitelkeit noch spiegelt er das »störende Ich«. Er reflektiert die Tiefe der Seele.

Ruth Benedict, *The Chrysanthemum and the Sword*

1

Spiegel der Götter

Der Mensch hat Götter stets nach seinem eigenen Bilde geschaffen. Die Japaner sind keine Ausnahme. Ihre ältesten Götter und Mythen sind nicht unbedingt auf Japan beschränkt. Einige von ihnen entstanden wahrscheinlich auf dem asiatischen Kontinent, wurden aber bald der japanischen Lebens- und Denkweise angepaßt.

Am Anfang gab es jedoch überhaupt keine Götter, sondern etwas, das einem Ei ähnelte. Aus diesem Ei gingen sieben Generationen von Göttern hervor, darunter ein Geschwisterpaar namens Izanagi und Izanami. Im Grunde beginnt der japanische Mythos mit ihnen.[1]

Diese beiden rührten mit der »Juwelengeschmückten Lanze des Himmels« in der heißen Lava des Chaos, als etwas Salzwasser von der Lanzenspitze tropfte, im Ozean gerann und eine Insel bildete. Auf dieser Insel errichteten sie eine phallische Säule, die Himmel und Erde trennte. Dann bemerkten sie, daß er etwas besaß, was sie nicht hatte, und sie bemühten sich, daraus ihre Schlüsse zu ziehen. Sie lernten die Kunst des Küssens, indem sie ein Paar Turteltauben beobachteten, und der Rest der glücklichen Vereinigung wurde durch die Bewegungen einer Bachstelze inspiriert.

Izanami gebar die japanischen Inseln sowie eine große Zahl von Gottheiten, doch der Gott des Feuers überforderte sie. Bei seiner schmerzhaften Geburt erlitten ihre Geschlechtsteile schwere Verbrennungen. Nach einer letzten Anstrengung, durch die sie die Götter des Metalls, des Tons und des Wassers aus ihrem Erbrochenen, ihren Exkrementen und ihrem Urin gebar, starb Izanami und verschwand in die Unterwelt.

Ihr tief bekümmerter Bruder und Gatte folgte ihr dorthin. Sie bat ihn, er möge sie in ihrem entsetzlichen Zustand nicht anschauen, aber er konnte einen heimlichen Blick nicht unterdrücken, sah ihren faulenden, von Maden wimmelnden Körper und rief: »In welch ein schreckliches, schmutziges Land bin ich unversehens geraten!«

In ihrer Beschämung schickte die zornige Izanami die Häßlichen Frauen der Unterwelt hinter ihm her mit dem ausdrücklichen Befehl, ihn zu töten. Es gelang ihm nur mit Mühe, diesen Furien zu entkommen, und auch seiner Schwester und Gattin konnte er nur dadurch entwischen, daß er ihr den Weg mit einem Felsen versperrte. Bestürzt über diese Ereignisse, verkündete er seine Scheidung auf traditionelle japanische Art: Ein Wort des Gatten genügte, um die Beziehung aufzulösen. Aus Rache schwor Izanami, daß sie jeden Tag tausend Menschen in seinem Land erwürgen werde. Darauf erwiderte er, daß er jeden Tag 1500 Entbindungshäuser werde errichten lassen.

Nach seiner Rückkehr aus der Unterwelt war Izanagi bestrebt, sich von dem Schmutz der Toten zu reinigen. Er badete gründlich in dem Fluß Tachibana, und wieder wurden Gottheiten geboren: Amaterasu, die Sonnengöttin, kroch aus seinem linken Auge, ihr Bruder Susanoo, der Windgott, aus seiner Nase hervor. Amaterasu wurde die Ebene des Hohen Himmels unterstellt, und Susanoo sollte die Herrschaft über die Meere antreten. Er war jedoch alles andere als erfreut über diese Aufgabe und heulte und schrie, weil er sich nach seiner Mutter in der Unterwelt sehnte. Aber bevor er in das Land der Finsternis hinabstieg, beschloß er, seine Schwester im Himmel zu besuchen.

Abgesehen von seinem Mutterkomplex war Susanoo ein Grobian. Nachdem er im Reich seiner Schwester eintraf, zerstörte er die Dämme zwischen den Reisfeldern und verrichtete seine Notdurft auf höchst unziemliche Weise im Laufe heiliger Riten; doch sein schlimmster Streich bestand darin, daß er ein gehäutetes Fohlen in den Saal schleuderte, wo die Sonnengöttin und ihr Gefolge emsig heilige Gewänder webten. Das verstörte eine der webenden Jungfrauen so sehr, daß sie sich versehentlich in die Geschlechtsteile stach und starb.[2]

Amaterasu war eine geduldige Göttin, und sie liebte ihren Bruder sehr. Zunächst hatte sie sein Benehmen hingenommen, Entschuldigungen für ihn gefunden und Nachsicht gezeigt, weil sie hoffte, daß ihn dies schließlich zur Vernunft bringen werde. Aber nun war er zu weit gegangen. Beleidigt zog sie sich in eine dunkle Höhle bei Ise (heute ein beliebtes Ausflugsziel für Touristen) zurück. Dadurch wurde die Welt in völlige Dunkelheit gehüllt.

Die Götter beschlossen, eine Versammlung abzuhalten. Bei ihrem sehr japanischen Versuch, eine Übereinkunft zu erzielen, »waren die Stimmen der zahllosen Gottheiten wie schwärmende Fliegen im fünften Mond...«[3] Man unternahm mehrere Versuche, die Göttin aus ihrer Höhle zu locken, aber sie rührte sich nicht. Schließlich wurde ein Kübel umgekippt und vor die Höhle gestellt; Ama no Uzume, das Furchtbare Himmelsweib, kletterte darauf. Nach Art einer alten Schamanin geriet sie in Trance und begann mit den Füßen aufzustampfen, erst langsam, dann immer schneller, wobei sie mit den Augen rollte und wild ihren Speer schwenkte. Sie verfiel in erotische Raserei, die ihren Höhepunkt erreichte, als sie, angefeuert von den anderen Gottheiten, ihre Brüste enthüllte und »ihre Rockschnur bis zu den Geschlechtsteilen hinunterzog«.[4] Alle Augen waren auf ihre heiligen Genitalien gerichtet, und die Götter brachen in so schallendes Gelächter aus, daß das ganze Universum von ihrem Lärm widerhallte.

Amaterasu, die es nicht ertragen konnte, wenn sich andere ohne sie vergnügten, steckte den Kopf aus der Höhle hervor, um zu sehen, was so lustig war. Sofort wurde ihr ein Spiegel vorgehalten, und das Furchtbare Himmelsweib schrie, daß eine neue Göttin gefunden worden sei. Amaterasu verlor völlig die Fassung und streckte die Hände heftig nach ihrem Spiegelbild aus. Dies gab dem Männlichen mit der starken Hand die Möglichkeit, sie zu packen und aus ihrem Versteck zu ziehen. Die Welt war wieder erleuchtet.

Jede Art von Kultur wird stets von vielerlei Marotten und Moden beeinflußt. Die japanische Kultur ist von der einheimischen wie ausländischen Geschichte, vom Buddhismus, Konfuzianismus und zuweilen sogar vom Christentum mitgestaltet worden. Aber unter der sich wandelnden Oberfläche hat sie ihre eigenen uralten Wurzeln, die mit dem Shinto-Kult verbunden sind, nie ganz verdorren lassen. Damit meine ich nicht den nationalistischen Staatsshinto, den Politiker im späten 19. Jahrhundert ausheckten, als sie nach einer starken nationalen Identität strebten, sondern die ganze Spannbreite der sinnlichen Naturanbetung, des Volksglaubens, der alten Gottheiten und Rituale. Es ist der Glaube einer Nation geborener Bauern, die Japan in vieler Beziehung immer noch ist.

Das Wort Shinto wurde im 7. Jahrhundert geprägt, um den Kult vom Buddhismus, *Butsudo* genannt, abzuheben. Es bedeutet »Weg der Götter«, doch der Shinto läßt sich schwerlich als Religion bezeichnen, da er so gut wie keine Spur abstrakter Spekulation enthält und sich einer anderen Welt außerhalb unserer eigenen kaum bewußt, geschweige denn an ihr interessiert ist. Der Himmel war in der Vorstellung der alten Japaner ein behaglicher Ort, voll von fleißigen Dorfbewohnern, die Reisfelder bestellen.[5] Nichts deutet auf ein System der Ethik oder der Staatskunst hin, wie wir es in China beobachten. Die frühesten Mythen sind in der Tat typisch japanische Dramen, die sich um menschliche Beziehungen drehen und ausgiebig mit Sex gewürzt sind. Shinto hat viele Rituale, aber kein Dogma. Jemand ist Shinto in derselben Weise, wie er Japaner ist.[6] Es handelt sich um eine Sammlung von Mythen und Zeremonien, die eine bestimmte Lebensweise prägen. Es ist eine Feier, kein Glaubensbekenntnis. Es gibt keinen Shintoisten, denn es gibt keinen Shintoismus.

Frauen spielen im Shinto eine ambivalente, wenn auch bedeutsame Rolle. Immer noch dienen Jungfrauen in den heiligen Schreinen, und eine der im japanischen Leben von jeher am stärksten verehrten Gestalten ist die Mutter, was die Bedeutung der Sonnengöttin Amaterasu erklären dürfte. In patriarchalischen Gesellschaften ist die Sonne meist männlich. In Bengalen zum Beispiel wird alljährlich die Hochzeit zwischen der Erdgöttin und dem Sonnengott gefeiert.[7] Wie im japanischen Schöpfungsmythos ist die aus dem Meer steigende Sonne auch in Indien ein Symbol der Lebenskraft, aber sie wird mit Schiwa, einem männlichen Gott, assoziiert. Im Shinto, der Merkmale einer matriarchalischen Kultur hat, ist es umgekehrt: Die Erde wird von einem Mann, dem mit einem Speer bewaffneten Okuninushi, beherrscht. Aber die Quelle des Lebens ist das Wasser, und die daraus aufsteigende Sonne, das Symbol Japans, ist weiblich. Das gleiche gilt für die Symbolik des Feuers. In Japan gebiert Izanami das Feuer und stirbt dabei.[8] In Griechenland, einer patriarchalischen Gesellschaft, erzählt der Mythos von einem männlichen Helden, Prometheus, der den Göttern das Feuer stiehlt und dafür schwer bestraft wird.

Die Anbetung der Natur schließt natürlich Sex ein. Wie die meisten Japaner empfinden die Götter keine Schuld, was den Sex als solchen betrifft. Als die Bachstelze ihnen die Methode gezeigt hatte, konnten sich Izanami und Izanagi nicht zurückhalten. Sex ist ein wesentlicher, ja ein zentraler Teil der Natur. Die Frage der Sünde erhebt sich nicht. Die göttlichen Geschwister waren im japanischen Pantheon nicht die einzigen, die sich solchen Freuden hingaben. Der Herr der Erde (Okuninushi) hatte zahlreiche Geliebte in der Welt, die er eroberte, und er bekam nur ein einziges Mal Ärger, nämlich als er sich weigerte, mit der häßlichen Schwester einer seiner Geliebten ins Bett zu gehen. Wegen dieser Verletzung der guten Sitten waren die japanischen Kaiser – seine Nachfahren – dazu verdammt, sterblich zu sein.

Es heißt oft, daß man sich in Japan fast alles erlauben könne, solange man nicht dabei ertappt und dadurch sozial bloßgestellt wird. Mit anderen Worten, der Hedonismus werde von sozialen Tabus in Grenzen gehalten. Dies ist eine etwas simple Betrachtungsweise, aber wir wollen Izanagi und Izanami einmal mit Adam und Eva vergleichen. Letztere wurden aus dem Garten Eden vertrieben, weil Eva vom Apfel der Erkenntnis aß. Sie hatten die Fähigkeit erworben, zwischen Gut und Böse zu unterscheiden, und nur dadurch waren sie in der Lage, zu sündigen.

Japan kennt einen solchen Mythos nicht. Izanagi und Izanami wurden nicht direkt für irgendeine ihrer Taten bestraft oder gar aus einem Garten Eden vertrieben. Ihre Krise entstand, als Izanami von ihrem Gatten in einem Zustand der Unreinheit gesehen wurde. Das Unheil rührte von ihrer Beschämung her, nicht von ihrer Tat, die sie bewußt verübt hätte. Die Götter konnten Sex ungestraft genießen, aber sie hatten entsetzliche Angst vor Unreinheit, besonders vor der Unreinheit des Todes. Nachdem Izanagi den verwesenden Körper seiner Schwester gesehen hat, entgeht er selbst nur mit Mühe dem Tod. Man könnte vielleicht sagen, daß Unreinheit die japanische Version der Erbsünde ist. Dem ist hinzuzufügen, daß Frauen, wie in vielen Religionen, auch nach Auffassung des Shinto unreiner sind als Männer, da Blut eine Form der Unreinheit ist. In manchen Teilen Japans wurden Frauen während der Menstruation in besonderen Hütten untergebracht.[9]

Die Verbindung zwischen Sex und Tod ist keineswegs typisch japanisch. Georges Bataille und andere haben sich überzeugend über diese Idee geäußert.[10] Doch obwohl Sex als solcher für die japanische Mentalität keine Sünde ist, scheint man beträchtliche Furcht vor den destruktiven Kräften zu haben, die sexuelle Leidenschaft, besonders bei Frauen, auslösen kann. (Es erübrigt sich zu betonen, daß auch dies nicht allein für die Japaner gilt, wie sich an den Werken vieler katholischer Künstler ablesen läßt.)

Vor allem Eifersucht ist eine solche Kraft, welche die Japaner fürchten. Dies erklärt ihre zutiefst ambivalente Haltung Frauen gegenüber. Sie verehren sie, besonders als Mütter, aber sie fürchten sie auch als Verderberinnen der Reinheit. Izanami ist die Schöpferin des Lebens, doch gleichzeitig auch die Personifizierung von Tod und Unreinheit. Ihre Eifersucht veranlaßte sie sogar zu dem Schwur, jeden Tag tausend Menschen zu erwürgen. Zwar hatte sie keinen Grund, auf eine andere Frau eifersüchtig zu sein – soweit wir wissen, gab es keine andere in Izanagis Leben –, doch sie war erbittert über den Verlust ihres Ehestandes. Sozialer Status aber – und mag es noch so schwer sein, von selbstsüchtigen Schwiegermüttern schikaniert oder von untreuen Ehegatten vernachlässigt zu werden – ist für die meisten japanischen Frauen unverzichtbar. Jede Drohung, ihnen diesen Status zu entziehen, kann Eifersucht der gewalttätigsten Art auslösen, und es gibt genügend Belege dafür, daß Männer krankhafte Angst davor haben. Es ist für Bräute immer noch vielerorts Brauch, bei der Hochzeit eine weiße Haube zu tragen. Sie sieht aus wie ein aus einem Bettlaken lose gewickelter Turban und heißt *tsunakakushi* (Verschleierer der Hörner); gemeint sind die Hörner der Eifersucht.[11]

In der »Geschichte vom Prinzen Genji«, die zu Beginn des 11. Jahrhunderts geschrieben wurde, versucht ein buddhistischer Mönch eine Mutter davon abzubringen, daß sie ihrer Tochter ein Verhältnis mit einem verheirateten Mann gestattet. Er argumentiert:

> Frauen werden mit einer schweren Schuldlast geboren. Zur Vergeltung für die bösen Leidenschaften ihres Wesens sind sie verdammt, in der Finsternis der langen Nacht umherzutappen. Wenn deine Tochter die Eifersucht der Frau dieses Mannes hervorruft,

wird sie mit Fesseln gebunden sein, von denen sie sich weder in diesem Leben noch im nächsten befreien kann.[12]

In *Das Leben einer liebenden Frau,* einem Roman aus dem 17. Jahrhundert über eine entehrte Dame, beschreibt Ihara Saikaku, wie eine Gruppe von Frauen der Oberschicht zu sogenannten »Eifersuchtstreffen« *(rinki-ko)* zusammenkommt, um sich über ihre untreuen Ehegatten zu beschweren.[13] Außer sich vor Zorn treten die Frauen eine nach der anderen vor, um ihre aufgestauten Gefühle dadurch abzureagieren, daß sie ein weibliches Bildnis prügeln, das Symbol all der verruchten Wesen, die ihre Männer vom Pfade der Tugend abbringen. Typischerweise ist es nicht der Gatte selbst, sondern immer die andere Frau, die dem Sturm der Eifersucht ausgesetzt ist.

Die bedrohlichsten eifersüchtigen Ehefrauen sind Rachegeister, die eine zu Lebzeiten nicht erledigte Aufgabe vollenden. Alte Dramen und Volkssagen wimmeln von Geistern betrogener Frauen, die ihre Gatten und Nebenbuhlerinnen quälen und sie gewöhnlich in einen schrecklichen, gewaltsamen Tod treiben. Diese Horrorgeschichten werden immer noch von Theatern und Kinos aufgeführt, traditionsgemäß während der schwülen Sommermonate, wenn die Menschen etwas brauchen, was sie frösteln läßt.

Wie Erdbeben und andere auf den japanischen Inseln häufige Naturkatastrophen kommen Eifersucht, Unreinheit und Tod einfach vor. Sie werden uns immer begleiten. Aber sie ereignen sich nicht infolge einer sündhaften Tat. Der Begriff der Sünde war der japanischen Mentalität stets fremd und ist es immer noch. Die japanischen Götter *(kami)* gleichen den meisten Menschen; sie sind weder völlig gut noch völlig schlecht. In Japan gibt es keinen Satan.

Man könnte vielleicht einwenden, daß Susanoo, der Bruder der Sonnengöttin, »schlecht« sei, aber er ist es jedenfalls nicht in einem metaphysischen oder absoluten Sinne. Er ist der Gott des Windes: Seine Schlechtigkeit weht einfach dahin. Sein schlimmstes Verbrechen – in der japanischen Gesellschaft ernst genug – besteht in seinem launenhaften, egoistischen und grob-destruktiven Verhalten. Er ist ein unbeherrschter Halbwüchsiger, der sich in dem ergeht, was man *mewaku kakeru* (Unheil stiften) nennt – dieses Verb wird übrigens von den Japanern oft benutzt, wenn sie ihr Benehmen in Asien während des Krieges beschreiben. Auch ihre Gewalttätigkeit war wie der Wind; daß er oft wütete wie ein Orkan, war nicht ihre Schuld. Es geschah einfach.

Susanoos Bestrafung ist eine in der traditionellen Gesellschaft übliche: Er wird verbannt, muß sich als Streuner durchschlagen. Dies ist ein unangenehmes Schicksal, aber es macht ihn zu einem recht typischen japanischen Helden.[14] Der gewalttätige Mann, der die gesellschaftlichen Regeln bricht, wird in Japan – jedenfalls in der Literatur – nicht immer verurteilt. Es sind gesellschaftliche Spielregeln und nicht abstrakte Moralprinzipien, die das japanische Verhalten bestimmen; sie sind allerdings so streng, daß man ein Held sein muß, um sie zu brechen. Dies ist nur möglich, wenn man sich außerhalb der Gesellschaft befindet, denn letzten Endes ist die Gemeinschaft stets stärker als das Individuum.

Es gelingt den Japanern also, in ihrer Heldenverehrung beides gleichzeitig zu haben: Die Sicherheit eines geschlossenen gesellschaftlichen Systems wird bewahrt, doch der heroische Außenseiter läßt die Menschen aus zweiter Hand von der verbotenen Frucht des extremen Individualismus kosten. Darüber hinaus werden die ungestüme Gewalttätigkeit des aufsässigen Helden *(burai)* und seine Verachtung für die Regeln der Gesellschaft manchmal als Ausdrucksformen der Aufrichtigkeit empfunden, als unverfälschte Natur, die sich gegen die von Menschen gemachten Vorschriften behauptet. Letztlich ähnelt der Held vor allem einem zornigen Kind, das tobend gegen verständnislose Erwachsene aufbegehrt. Deshalb gilt der brüllende Windgott keineswegs als Muster des Bösen, sondern er wird mit einer gewissen liebevollen Nachsicht betrachtet. Seine Schlechtigkeit ist nicht böse, sondern einfach ein Teil des menschlichen Wesens, den zu unterdrücken zivilisierte Menschen lernen können, was ja auch Susanoo selbst gelingt, nachdem er höchst ehrbar die Reis-Prinzessin geheiratet hat. Mit ihr beginnt er ein Leben von äußerst fader Häuslichkeit.

Amaterasu reagiert zunächst recht nachgiebig auf die Ausschreitungen ihres wilden Bruders. Sie duldet seine Launen wie eine liebende Mutter, die für die Fehler ihres Jungen blind ist: Schließlich kann er nichts für seinen Charakter. Als er schließlich zu weit geht, ist sie es, nicht er, die sich in die Höhle zurückzieht. Daraus könnte man schließen, wie es viele flüchtige Beobachter des japanischen Lebens tun, daß die Männer ihre Frauen wie verwöhnte Tyrannen beherrschen. Dies ist jedoch eine oberflächliche Ansicht, denn auf einer ganz elementaren Ebene (und Shinto ist recht elementar) üben die Frauen eine unglaubliche Macht über ihre Männer aus.

In den Mythen ist die Magie der Vagina stärker als die des Phallus. Es gibt einen phallischen Gott namens Sarutahiko, der mit einer langen roten Nase gesegnet ist. Dieser wandelnde Penis, das Symbol der Lebenskraft, ist so mächtig, daß Dämonen bei seinem Anblick die Flucht ergreifen. Und doch wird erzählt, daß sogar er seine Kraft einbüßte und erschlaffte wie eine welke Blume, als das Furchtbare Himmelsweib seine Rockschnur löste.[15]

Die Zurschaustellung der Geschlechtsteile, mit der das Furchtbare Weib die Götter so sehr belustigte, hatte wahrscheinlich magische Bedeutung. Man hat viele Skulpturen von Göttinnen ausgegraben, die ihre Genitalien zeigen.[16] Dieses Bild wurde später auf Kannon, die buddhistische Göttin der Gnade, übertragen.[17] »Laß uns Kannon anschauen gehen«, ist eine gängige Redewendung für den Besuch eines Striptease-Lokals. Und nur in Japan würde ein international bekannter Filmstar darauf bestehen, bei der öffentlichen Bestattung seiner Mutter ihre Genitalien zu küssen. Darüber wurde in der Presse weithin berichtet, und zwar respektvoll, nicht empört oder auch nur überrascht.[18]

Es gibt viele Legenden über die magischen Eigenschaften des weiblichen Geschlechtsorgans. Um nur eine anzuführen: Zwei Frauen wurden von einer Schar Dämonen gejagt. Sie versuchten, in einem Ruderboot zu fliehen, doch die Dämonen setzten die Verfolgung fort. Im Augenblick höchster Gefahr erschien eine Göttin und riet den Frauen, ihre Geschlechtsteile zu entblößen. Die Göttin selbst machte es ihnen vor. Die Frauen waren zunächst etwas verlegen, folgten dann aber ihrem Beispiel, woraufhin die Dämonen, brüllend vor Lachen, die Jagd aufgaben.[19]

Dieses Gelächter von Göttern, Dämonen und Männern ist nicht nur ein Zeichen der Belustigung, sondern kennzeichnet auch die Befreiung von einer Furcht. Gelächter ist in Japan wie anderswo häufig ein Mechanismus, mit dem Spannung gelöst wird – etwa in der Weise, wie Menschen im Kino über Gewalttätigkeit lachen. Das weibliche Geschlecht mit all seiner undurchdringlichen Rätselhaftigkeit wird in gleichem Maße gefürchtet wie angebetet. Oder, genauer gesagt, die Männer beten es an, weil sie es fürchten. Wie in vielen Kulturen gibt es auch in Japan Legenden über diesen schrecklichen Aspekt der weiblichen Macht: über klammerartige Vaginen, die männliche Genitalien wie Stahlfallen abschneiden.

Der Buddhismus trug dazu bei, diese Ängste zu verstärken. Im buddhistischen Nirwana haben Frauen keinen Platz; sie müssen erst als Männer wiedergeboren werden. Einem bekannten Sutra zufolge »ist die Frau eine Abgesandte der Hölle; sie wird den Keim des Buddha zerstören. Sie sieht heilig aus, doch sie hat das Herz eines Dämonen.«[20]

Der weibliche Körper ist eine Quelle der Unreinheit. Murasaki Shikibu, die Autorin der »Geschichte vom Prinzen Genji« – gewiß kein prüdes Werk –, beschrieb den nackten Körper als »von unvergeßlicher Schrecklichkeit«. Gleichwohl ist Nacktheit in Japan seltsam und paradox zugleich, denn einerseits baden die Menschen in der Öffentlichkeit, in manchen ländlichen Gebieten sogar ohne Trennung der Geschlechter, andererseits sind zahlreiche Schuljungen und alte Damen bei den japanischen Zollbehörden als Halbtagskräfte ausschließlich damit beschäftigt, mit Tinte und Rasiermesser jedes Schamhaar verschwinden zu lassen, das auf importierten Publikationen zu sehen sein könnte. Dagegen kann Striptease der primitivsten Art in Japan ungehindert vorgeführt werden. Moral ist eben sehr von Zeit und Ort abhängig, und nichts ist absolut.

Die Faszination, die die Geschlechtsorgane in religiösen Zeremonien, in Mythen und populären Kunstformen ausüben (man denke zum Beispiel an die groteske Stilisierung männlicher und weiblicher Genitalien in erotischen Holzschnitten), ist ebensosehr eine Feier des Lebens und der Fruchtbarkeit wie eine Form des Exorzismus. Es ist, als könne man die den Geheimnissen der Natur innewohnenden Gefahren durch Gelächter oder Stilisierung, durch die Verwandlung der unverfälschten Natur in von Menschenhand geschaffene Symbole, abwehren. In verschiedenen Teilen Japans gibt es tatsächlich »Lachfeste«, bei denen die Menschen in örtlichen Schreinen lachen, um die Götter zu erfreuen. Im Inneren dieser Schreine finden sich oft Abbilder von weiblichen und männlichen Geschlechtsorganen.

Zwar scheint das absolut Böse in der japanischen Gedankenwelt nicht vorzukommen, doch jede Art der Unreinheit, darunter auch Verletzungen, wunde Stellen, Blut, Tod und sogar simple Unsauberkeit, wird gefürchtet. Das traditionelle Gegenmittel gegen die verunreinigenden Kräfte der Natur ist die Säuberung. Izanagis Waschungen im Fluß Tachibana nach seiner Rückkehr aus der Unterwelt sind ein typisches Beispiel. Gewiß kommen Reinigungen dieser oder jener Art überall in religiösen Zeremonien vor, aber in wenigen Kulturen werden sie so ernst genommen, gehören sie so sehr zum täglichen Leben wie in Japan.

Belege dafür lassen sich an den unterschiedlichsten Orten finden: zum Beispiel im Ring, den die Sumo-Ringer vor jedem Kampf mit reinigenden Salzen bestreuen. Kleine Salzhäufchen sieht man auch vor Privathäusern sowie auf der Schwelle von Bars, Massage-Salons oder an jedem anderen Ort, wo Lust gekauft oder verkauft wird. Das japanische Streben nach Reinheit kommt auch in anderen, weniger offensichtlichen Bräuchen zum Ausdruck: zum Beispiel darin, daß Menschen, die öffentliche Funktionen ausüben, unweigerlich weiße Handschuhe tragen. Politiker, die eine Rede halten, haben weiße Handschuhe an, Taxifahrer verzichten nie darauf, Polizisten und sogar Liftboys in Warenhäusern tragen sie; wohin man in Japan auch geht, überall sieht man dieses zeremonielle Weiß an den Händen der Menschen.

Baden ist ein Kult. Sich sauber zu halten ist eine so universelle Beschäftigung, daß sich sogar in den überfüllten Vorortzügen während der Hauptverkehrszeit in Tokio ein schwacher Seifenduft verbreitet. Zu den meisten Shinto-Festen gehören Baderiten. Die ersten Badehäuser – in den Städten immer noch eine gesellschaftliche Institution – waren Bestandteil der buddhistischen Tempel des 17. Jahrhunderts. Aber wie viele religiöse Bräuche in Japan – das Trinken von *saké* gehört auch dazu – wurde das Baden bald zu einem sinnlichen Erlebnis, das man um seiner selbst willen genoß.

Die Japaner haben die gleiche Einstellung zum Baden wie die Franzosen zum Essen: Sie üben es mit einer Mischung aus Kennerschaft und körperlicher Hingabe aus. Man kann allein baden, aber meist tut man es in Gemeinschaft, wobei man den neusten Klatsch erfährt, während man dem Nachbarn den Rücken schrubbt. Das

Baden ist zu einer Hauptattraktion von Ferienorten geworden, die an heißen Quellen aus dem Boden sprießen. In einem dieser Orte gibt es ein gigantisches herzförmiges Bad, in dem Hunderte von umhertollenden Flitterwöchnern Platz haben. In einem anderen kann man sich für 1500 Yen (etwa 19 Mark) in ein massiv-goldenes Bad von der Gestalt eines riesigen Huhnes setzen. Und es gibt sogar ein Bad, das sich auf Schienen einen Berg hinaufbewegt, so daß man die Aussicht genießen kann, während man in der Wanne sitzt.

Aber das Vergnügen hat in Japan auch seine Kehrseite. Die Säuberungsrituale des Shinto sind ein Beispiel dessen, was man als stoischen Hedonismus der Japaner bezeichnet hat.[21] Wie in vielen Kulturen, allerdings selten in dieser extremen Form, besteht in Japan ein ausgeprägter Glaube, daß physisches Leid und physische Entbehrung reinigende Erfahrungen seien. Bei japanischen Götterverehrungen können die Teilnehmer sinnliche Freude, ja erotische Ekstase empfinden, wenn sie auf schwelenden Scheiterhaufen stehen oder mitten im Winter splitternackt durch eisige Flüsse waten, um nur zwei unbehagliche Beispiele zu nennen.

Diese Feiern heißen *matsuri.* Sie gleichen einem südländischen Karneval oder einer Fiesta, indem sie dem Volk die Möglichkeit nicht nur zum Feiern, sondern auch zum Abreagieren seiner Frustrationen geben. Diese Fiestas wurden vom Buddhismus beeinflußt, beruhen jedoch im wesentlichen auf dem Shinto; sie sind stets ausgelassen und steigern sich manchmal bis zu echter Gewalttätigkeit. Wer ein *matsuri* erlebt, hat den Eindruck, daß hier wie bei einem primitiven Stammestanz ungeheure Energien ständig ins Chaos umzuschlagen drohen. In manchen Dörfern werden riesige Phalli wie Rammböcke durch die Straßen getragen und heftig mit schwankenden weiblichen Symbolen vereinigt, die schwitzende und keuchende Jugendliche aus einem benachbarten Schrein hochhalten.

Der Romanautor Mishima Yukio, der 1970 Selbstmord beging, nannte *matsuri* »eine vulgäre Vereinigung von Menschheit und Ewigkeit, die nur durch einen Akt frommer Unmoral wie diesen vollzogen werden kann«.[22] Was ihn als Jungen schockierte und offenbar erregte, war diese »Äußerung des ausschweifendsten und unverhülltesten Entzückens auf der Welt ...«[23]

Schmerz und Ekstase, Sex und Tod, Anbetung und Furcht, Reinheit und Unreinheit sind entscheidende Elemente des *matsuri.* Die Shinto-Götter haben sehr japanische Neigungen: Sie verlangen keine Opfer – abgesehen von einigen Lebensmitteln –, keine Gebete oder Glaubensbekenntnisse, sondern sie wollen unterhalten werden wie die Sonnengöttin, sie wollen feiern und lachen. Vor allem wünschen sie sich Schauspiele und Maskeraden – je aufreizender desto besser. In gewissem Sinne laden sie die Menschen dazu ein, genau die Tabus zu brechen, die sie selbst symbolisieren.

Diese den Göttern gewidmeten Darbietungen bilden die Grundlage der Volkskultur in Japan. Dieser primitive, oft anstößige, häufig gewalttätige Aspekt der japanischen Kultur hat sich bis heute erhalten, obwohl man von offizieller Seite seine wüsteren Manifestationen oft mißbilligt und versucht hat, ihnen nüchternere, fremdere Formen überzustülpen.

Die erste Darstellerin eines solchen Schauspiels war natürlich das Furchtbare Himmelsweib. Ihr heiliger Striptease war das Vorbild dessen, was später als *Kagura* (wörtlich: »das, was die Götter erfreut«) bekannt wurde. *Kagura* wird zwar noch in Schreinen vorgeführt, aber es hat viel von seiner Anziehungskraft für das Volk verloren. Sein Geist lebt jedoch noch in moderneren dramatischen Formen weiter, etwa im zeitgenössischen Striptease-Salon.

Das »Toji Deluxe« ist ein bekannter Striptease-Salon in Kyoto. Es ist ein greller, neonbeleuchteter Ort in einer dunklen, öden Straße hinter dem Bahnhof. Der Eingang ist mit großen Girlanden von Plastikblumen geschmückt, die an bunte Trauerkränze erinnern. Der Kunde wird duch einen purpurn angestrahlten Flur in einen Innenraum geführt, wo die Vorstellung stattfindet. Es ist ein riesiger Saal, der in warmes rosiges Licht getaucht ist. In der Mitte steht eine große, langsam rotierende Bühne.

Hoch über den Zuschauern sind weitere Drehbühnen aus durchsichtigem Kunststoff angebracht. Die Wände und Decken sind völlig mit Spiegeln ausgekleidet, so daß die etwa zehn Mädchen zu einer Art kubistischem Haremsgemälde vervielfältigt werden.

Die Zuschauer werden von einer männlichen Stimme, die durch einen Lautsprecher schnarrt, willkommen geheißen, und mehrere Frauen in dünnen Nachthemden hopsen auf die Bühnen (einige übergeben ihre Babys an Kolleginnen hinter den Kulissen); jede trägt eine Art Picknickkorb, der säuberlich mit bunten Tüchern bedeckt ist. Diese Körbe werden auf die Bühne gestellt, die Tücher sorgfältig ausgebreitet. Dann packen die Mädchen mit einem erlesenen Gefühl für die Etikette ihre Ausrüstung, nämlich Vibratoren, Gurken und Präservative, aus und reihen sie adrett aneinander, als bereiteten sie eine traditionelle Teezeremonie vor.

Danach stehen die Mädchen auf und nehmen zu dem laut und kratzend aus den Lautsprechern dröhnenden »Strangers in the Night« ein paar flüchtige Posen ein. Es handelt sich weniger um einen Tanz als um eine Aneinanderreihung lebender Bilder. Ihre Gesichter bleiben ungerührt. Japanische Tänzer, ob klassisch oder modern, scheinen häufig eine Maske völliger Distanziertheit zu tragen, als seien ihre Bewegungen automatisch, als sei der menschliche Wille in Unterwürfigkeit erstarrt.

Aber dann bricht sich ein leichtes Lächeln Bahn: nicht das plastische Grinsen amerikanischer Showgirls oder die aufgesetzte Ungezogenheit des französischen Varietés, sondern eher eine mütterliche Versicherung, daß es wirklich nichts zu fürchten gibt.

Immer noch lächelnd fordern sie Besucher aus dem Publikum auf, sich ihnen auf der Bühne anzuschließen. Errötende und kichernde, elegant gekleidete Männer, für gewöhnlich auf Betriebsausflug, werden von ihren Kollegen auf die Bühne geschoben. Ihre anschließenden Versuche, sich den Tänzerinnen sexuell zu nähern, sind Teil der Vorstellung. Wie unter diesen Umständen zu erwarten, scheitern die meisten Versuche, sehr zur Erheiterung des Publikums.

Aber die Show muß weitergehen, und die jungen Firmenangestellten, immer noch errötend und kichernd, müssen hastig die Bühne wieder verlassen; ungeschickt, mit um die Knöchel schlackernden Hosen, stolpern sie zu ihren Sitzen zurück. Das beste, die eigentliche Vorstellung, für die die meisten Männer bezahlt haben, kommt erst noch: der *Tokudashi* (besonderes Ereignis), aus unmißverständlichen Gründen auch als »Öffnung« bekannt.

Die Mädchen rutschen zum Rand der Bühne, hocken sich hin, lehnen sich so weit wie möglich zurück und öffnen, nur ein paar Zentimeter von den glühenden Gesichtern in der ersten Reihe entfernt, langsam die Beine. Das Publikum, das plötzlich ganz ruhig geworden ist, beugt sich vor, um dieses hypnotische Schauspiel, diesen magischen Körperteil, der in all seiner rätselhaften Pracht enthüllt wird, besser sehen zu können.

Die Frauen, die immer noch mütterlich lächeln, bewegen sich krebsartig von einem Zuschauer zum anderen und ermuntern ihn sanft, genauer hinzuschauen. Um den Männern bei ihren Entdeckungen zu helfen, verteilen sie Vergrößerungsgläser und kleine Taschenlampen, die von Hand zu Hand gehen. Die ganze Aufmerksamkeit richtet sich auf diesen einen Teil der weiblichen Anatomie. Die Frauen sind keine erniedrigten Objekte der männlichen Lust, sondern scheinen die Situation uneingeschränkt zu beherrschen, wie matriarchalische Göttinnen.

Die Spannung dieser bemerkenswerten Zeremonie entlädt sich am Ende durch wilden Applaus und lautes, befreiendes Lachen. Mehrere Männer holen Taschentücher hervor, um sich den Schweiß von der erhitzten Stirn zu wischen.

All das ist weit von der strengen, beherrschten, hochgradig verhaltenen, melancholischen Schönheit entfernt, welche die meisten Menschen im Westen heute mit Japan in Verbindung bringen. Der Kontrast zwischen der einheimischen, vom Shinto inspirierten Volkskultur und der aristokratischeren, vom Buddhismus inspirierten Ästhetik ist tatsächlich so stark, daß man fast von zwei getrennten Kulturen sprechen könnte.[24]

Dies hat zum Teil mit der Klassenzugehörigkeit zu tun. Ausländischer Einfluß wird im allgemeinen zuerst von jenen wahrgenommen, die Zeit und Geld haben, sich exotischen Moden hinzugeben. Vieles in der aristokratischen Tradition wurde aus weltoffeneren Gesellschaften (hauptsächlich China und Korea) importiert. So waren die ersten Buddhisten in Japan Aristokraten am Hof des Prinzen Shotoku zu Beginn des 7. Jahrhunderts. Und während der Heian-Zeit (794–1185) schrieben alle männlichen Literaten in chinesischer Sprache – die Frauen schlossen sich ihrem Beispiel nicht an und waren damit die Wegbereiter der einheimischen japanischen Literatur.

Kulturelle Importe durch die Oberschicht sind kein typisch japanisches Phänomen. Im 19. Jahrhundert wurde die französische Kultur in den Salons der europäischen Oberschicht gierig aufgenommen.

Aber der Einfluß ausländischer Importe, die gewöhnlich einen weit höheren Entwicklungsstand hatten, auf eine isolierte Inselkultur war enorm und in mancher Hinsicht traumatisch. Zudem waren der Buddhismus und der Konfuzianismus mit ihrem starken Nachdruck auf Ethik und Moral nützliche Instrumente zur Kontrolle der Massen. Im 7. Jahrhundert meinten die Herrscher Japans, daß der Buddhismus »ausgezeichnet zum Schutze des Staates geeignet«[25] sei.

Doch die einheimische Tradition ging nie unter. Im Unterschied zu Europa, wo das Christentum recht erfolgreich alte Riten auslöschte oder zumindest ersetzte, wurden die primitiven Kulte in Japan nie von komplizierteren offiziellen Bekenntnissen verdrängt. Die Trennungslinien, besonders auf der volkstümlichsten Ebene, sind etwas verschwommen, aber buddhistische Tempel und Shinto-Schreine existieren immer noch Seite an Seite. Man hält die Riten beider Bekenntnisse ein, wenn auch nicht immer zur gleichen Zeit oder am gleichen Tag. Dies könnte auf das geringe japanische Interesse an Ideologien oder Dogmen zurückzuführen sein. Statt dessen wird den äußeren Merkmalen, dem jederzeit angemessenen Verhalten, größere Bedeutung beigemessen, denn »der Schein« ist wichtiger als »das Sein«.[26]

Die aristokratische Kultur betont unter dem Einfluß des Buddhismus Zurückhaltung und nüchterne Vollkommenheit auf fast krankhafte Weise: Es ist kein Wunder, daß die Japaner, ob hohen oder niedrigen Standes, buddhistische Rituale verwenden, um ihre Toten zu bestatten. In der volkstümlichen Shinto-Kultur wird alles Menschliche und Sinnliche unterstrichen und zuweilen grotesk übertrieben. Deshalb ist es wiederum kein Wunder, daß die Eheschließung gewöhnlich einer Shinto-Zeremonie folgt, wenn es auch heutzutage viele junge Paare, die nicht gläubig oder nur formell Angehörige der Kirche sind, modischer finden, in christlichen Kirchen zu heiraten, wo man diesem Wunsch nur allzu gern entspricht. Im Hinblick auf die traditionelle Kultur bedeutet das, daß die vom Zen-Buddhismus durchdrungene Strenge des No-Theaters neben der heftigen Überspanntheit des Kabuki existiert.

Doch wenn man einen Japaner fragte, ob er Buddhist oder Shintoist sei, würde man ihn in Verlegenheit bringen. Beides, wäre die wahrscheinlichste Antwort. Vielleicht würde er murmeln, daß die

Japaner nicht religiös seien. Es gibt jedoch verborgene Konflikte zwischen der je nach der geschichtlichen Periode vom Buddhismus, Konfuzianismus oder sogar Staatsshinto gestützten Moral der Herrscher sowie ihrer Beamten einerseits und der Lebensweise des Shinto andererseits. Die Macht hat in Japan stets weniger auf den Buchstaben des Gesetzes als auf einer Art gesellschaftlichem Totalitarismus beruht. Die Menschen wurden oft gezwungen, importierte Verhaltensregeln zu befolgen, die ihnen im Grunde nicht zusagten. Deshalb gab es unter der Oberfläche stets ein gespanntes Verhältnis zwischen offizieller und volkstümlicher Kultur. Je stärker der offizielle Druck, desto grotesker waren die Erscheinungsformen der Volkskultur. Dies war am deutlichsten während der Edo-Zeit (1615–1867), deren Einfluß auch heute noch spürbar ist.

Vom Augenblick ihrer Machtübernahme an waren die Tokugawa-Shoguns, die während der gesamten Edo-Zeit herrschten, bestrebt, alles zu unterdrücken, was die geringste Bedrohung ihrer Autorität darstellen konnte. Der Glauben, der der autoritären Regierung am dienstbarsten schien, war der Konfuzianismus, besonders die Schule Chu Hsis, eines chinesischen Philosophen aus dem 12. Jahrhundert, die Loyalität und Pflichterfüllung betonte – ursprünglich den eigenen Eltern gegenüber, doch da sich dies bequem auf die jeweiligen Herrscher ausdehnen ließ, faktisch auch den Tokugawa-Herrschern gegenüber. Man muß hervorheben, daß Loyalität in Japan zu weit absoluterer Ausprägung gelangte als im chinesischen Vorbild.

Da sie schreckliche Angst vor Unordnung hatte, versuchte die Tokugawa-Regierung mit unterschiedlichem Erfolg, die hedonistischen, ausschweifenden und erotischen Aspekte der Volkskultur einzuschränken. Dieses Tauziehen zwischen Behörden und Bevölkerung setzt sich auch heute noch fort. Zensur und andere Formen der Kontrolle beruhten auf der offiziellen Moral, die nicht im religiösen Sinne verinnerlicht war, sondern alles einschloß, was die Macht des Staates untermauerte. Die Macht des Staates *war* die offizielle Moral.[27]

Zum Beispiel wurde homosexuelle Prostitution im Jahre 1648 offiziell verboten, obwohl niemand Homosexualität für sündhaft hielt. Besonders unter den Samurai galt sie als durchaus normal, sogar wünschenswert. Der Grund für diese scharfe Maßnahme bestand darin, daß Krieger der Oberschicht Umgang mit Schauspielern der Halbwelt pflegten. Schlimmer noch, dadurch wurden ihre Bräuche beeinflußt. Dies konnte nicht akzeptiert werden, denn die Macht der Tokugawa-Shoguns stützte sich auf starre Klassentrennung.

Auch die untertänige Stellung der Frau in der Feudalgesellschaft wurde vom Konfuzianismus gebilligt. Der Gelehrte Kaibara Ekiken (1630–1714) schrieb, eine Frau müsse »ihren Gatten als ihren Gebieter ansehen und ihm mit all der Ehrfurcht und Verehrung, deren sie fähig ist, dienen. Die Hauptaufgabe der Frau, ihre Pflicht während des ganzen Lebens, ist es zu gehorchen.« Dies scheint weit entfernt von der Welt der Sonnengöttin und Izanamis, wo Schamaninnen herrschten und sogar, wie Himiko im 3. Jahrhundert n. Chr., zu Königinnen des Landes wurden; weit entfernt auch vom Heian-Hof, wo Damen, die ihre Gunst wahllos verteilten, wenn nicht über die wirkliche Macht, so doch wenigstens über den Geschmack urteilten. Die Tokugawa-Regierung gab sich alle Mühe, auch die letzten Spuren des Matriarchats für immer zu verwischen.

Sie konnte ihre Ziele bis zu einem beträchtlichen Grade verwirklichen. Menschen gerieten in Schwierigkeiten oder sogar in Gefahr, wenn sie sich wie unabhängige Individuen verhielten. Jeder wurde nach seinem Rang in der sozialen Hierarchie beurteilt – ein Brauch, der sich leider erhalten hat. Die einzige Fluchtmöglichkeit aus diesem repressiven System boten, wie stets, das Schauspiel, die *matsuri,* die grausame Welt der Theater und Bordelle.

Innerhalb der strikten Grenzen lizenzierter Gebiete, die von der Regierung genehmigt und kontrolliert wurden, durfte man sich gehenlassen. Die Götter wurden von Frauendarstellern, männlichen Prostituierten, Holzschnitzern und Kurtisanen unterhalten. Die städtische Volkskultur der Edo-Zeit war, besonders während des wirtschaftlich relativ erfolgreichen 17. Jahrhunderts, aufs engste mit dieser beschränkten Welt des Vergnügens verbunden. Schriftsteller, Musiker, Schauspieler und Maler waren sämtlichst in der offiziell verachteten, doch allgemein hochgeschätzten »schwebenden Welt« zu finden. Die Bedeutung dieses Sachverhalts läßt sich nicht überschätzen. Man könnte sagen, daß sich im wesentlichen wenig geändert hat: Von Gewalt durchdrungene Unterhaltung und groteske Erotika sind immer noch wichtige Ventile in einem auch weiterhin tyrannischen Gesellschaftssystem. Sie haben deshalb ein weit größeres gesellschaftliches und politisches Gewicht als ähnliche Erscheinungen im Westen.

Nach der Meiji-Reform im Jahre 1868, als das Tokugawa-Regime endete, trat Japan in die Ära der »Zivilisation und Aufklärung« *(Bunmei Kaika)* ein. Es nahm in der gleichen undifferenzierten Art Entlehnungen beim Westen vor, wie es dies elf Jahrhunderte zuvor bei China getan hatte. Das bedeutete jedoch nicht, daß die von den Tokugawa hinterlassene soziale Unterdrückung sich hätte abschütteln lassen wie der heimische Kimono. Der Einfluß des damals noch stark puritanischen Westens trug im Gegenteil dazu bei, die Sonnengöttin noch tiefer in ihre Höhle zu verbannen.

Von seiner selbstauferlegten Isolation befreit, wurde Japan ein wenig gehemmt. Die Japaner »waren wie eine besorgte Hausfrau, die den Empfang von Besuchern vorbereitet, indem sie die üblichen Gebrauchsgegenstände in Schränken versteckt und die bequeme Alltagskleidung zur Seite legt, weil sie hofft, die Gäste durch ihren makellosen, idealen Haushalt zu beeindrucken, in dem kein Staubkörnchen zu entdecken ist.«[28] Offenbar waren in den Zügen sogar Schilder angebracht, deren Aufschrift – »SCHENKEL ENTBLÖSSEN VERBOTEN«[29] – die Passagiere von dem alten Brauch abhalten sollte, den Saum ihres Kimonos zu lüften. Man kann ähnliche Schilder immer noch in Hotels westlichen Stils entdecken, wo Ausländer durch den Anblick von Japanern im Schlafanzug oder, schlimmer noch, in Unterwäsche schockiert werden könnten; dieser Aufzug ist jedoch üblich in Hotels, die normalerweise nicht von ausländischen Gästen besucht werden.

Aber seitdem die Japaner zum erstenmal zivilisiert und aufgeklärt wurden, hat sich vieles geändert. Nun, da die »westliche« Kultur auch das einfachste japanische Heim durch Fernsehen, Reklame und organisierte Auslandsreisen erreicht hat, scheint sich das japanische Leben – an der Oberfläche – fast bis zur Unkenntlichkeit gewandelt zu haben. Trotzdem ist hinter der Beton- und Glasfassade des Wirtschaftswunders immer noch genug vorhanden, was die Götter belustigt. Ungeachtet allen Wandels ist Japan ein durch und durch traditionelles Land. Jedes neue Gebäude hat auf dem Dach einen Schrein, der dem Fuchs Inari, dem Hüter der Reisernten und Exportziffern, geweiht ist. In vieler Hinsicht sind die Japaner weiterhin eine Nation von Bauern, die nicht genau wissen, was sie mit ihrem neuen Wohlstand anfangen sollen.

Der Filmregisseur Imamura Shohei hat die moderne Oberfläche Japans eine Illusion genannt. Er sagt: »Die Realität sind jene kleinen Schreine, der Aberglaube und die Irrationalität, die das japanische Bewußtsein unter der Tünche der Straßenanzüge und modernen Technik durchdringen.«[30]

In den letzten paar Jahrzehnten haben die primitiveren Aspekte der japanischen Kultur, die Dinge, »die nach Schmutz riechen« *(dorokusai),* eine Art Renaissance erlebt. Die Japaner sind jetzt, wie es scheint, selbstbewußt genug, sich keine Sorgen um sichtbar werdende Staubkörnchen zu machen – allerdings ziehen es viele immer noch vor, daß Ausländer davon nichts merken. Vor allem seit den sechziger Jahren haben japanische Wissenschaftler ihre lehmigen Spaten in die gröberen Äcker der Volkskultur gestoßen. Manche Kabuki-Stükke, die für eine zivilisierte und aufgeklärte Welt lange als zu vulgär galten, werden wieder aufgeführt, wenn auch in etwas gemilderter Form. Und die *matsuri* erlebten durchs Fernsehen einen enormen Aufschwung.

Dies heißt nicht, daß die Japaner in einer Zeit des ungezähmten sinnlichen Hedonismus lebten und nächtelang auf den Straßen tanzten. Im Gegenteil, manche Kontrollen sind strikter denn je. Richtiger gesagt: Die einstigen Äußerungen gefährlicher, aufrührerischer Spontaneität sind nun in den Bereich harmloser Folklore eingegangen. Aber volkstümliche Äußerungen brauchen der Form nach nicht traditionell zu sein – auf den Inhalt kommt es an. Und ich meine, daß aus den Bildern der Filme, Bücher, Comics und Theaterstücke, die ich behandeln werde, ersichtlich sein wird, wie nahe die modernen Japaner, allen Wechselfällen der Geschichte zum Trotz, den von ihnen geschaffenen, ursprünglichen Göttern immer noch stehen.

2

Die ewige Mutter

Oh, wäre meine teure Mutter
Doch ein Edelstein
Den ich in meinen Haarknoten stecken
Und stets über mir tragen könnte.

Manyoshu, 8. Jahrhundert

Man erzählt, daß Kamikaze-Piloten immer dieselben berühmten letzten Worte hinausgebrüllt hätten, bevor sie ihre Flugzeuge auf amerikanische Schlachtschiffe niederstürzen ließen: »Lang lebe der Kaiser!« (»Tenno Heika banzai!«) In manchen Fällen mag dies zugetroffen haben, aber die meisten riefen, wie weniger ehrfürchtige Gewährsleute versichern, mit verängstigter Stimme einfach nur, so laut sie konnten: »Mutter!«

Unlängst besuchte ich einen alten Kamikaze-Fliegerhorst. Das am häufigsten verkaufte Souvenir in dem schmuddeligen Museum war ein Plattenalbum mit dem Titel »Die Mutter des Kamikaze-Piloten«:

Du bist die Mutter des Selbstmordpiloten
Also weine bitte nicht
Lache, wenn du uns fortschickst
Wir zeigen dir, wie man stirbt
Mutter, o Mutter!

Als Takakura Ken, der beliebteste Macho-Star in Gangsterfilmen, in einer seiner vielen Rollen in ein Hochsicherheitsgefängnis gesteckt wird, nachdem er einen rivalisierenden Bandenführer erstochen hat, macht er sich nur um seine Mutter Gedanken. Er hört – und wir mit ihm – die Stimme seiner Schwester auf der Tonspur: »Lieber Bruder, weißt du, daß Mutter jeden Tag deinen Namen ruft?« An dieser Stelle verlieren der abgebrühte Gangsterheld und seine Fans im Publikum die Fassung und beginnen zu weinen.

Ein superreicher Geschäftsmann von über siebzig Jahren, mit zweifelhaften politischen und kriminellen Beziehungen, hat einen teuren Feldzug gestartet, um sein beflecktes öffentliches Image aufzupolieren. Wie? Indem er Werbeminuten im Fernsehen kauft und Bilder zeigen läßt, wie er als junger Mann seine Mutter galant auf dem Rücken trug.

Jeden Abend suchen Tausende von japanischen Geschäftsleuten in winzigen Bars, die zuweilen »Wie bei Muttern« oder einfach »Mutter« heißen, Zuflucht vor dem Wirtschaftswunder. Dort ziehen sie sich mit Hilfe von Whisky und Wasser in die frühe Kindheit zurück und suchen die stets aufmerksamen Ohren von Damen, die sie »Mama-san« nennen und die mit der geübten Geduld von Psychiatern ihren Problemen lauschen: daß ihre Ehefrau ständig nörgelt, der Abteilungsleiter in der Firma nichts taugt und niemand ihre harte Arbeit zu schätzen weiß. Nach ein paar freundlichen Ratschlägen und vielen tröstenden Ermunterungen der Mama-san taumeln die Wirtschaftskrieger Japans nach Hause, wobei sie einander stützen, sich gegenseitig auf den Rücken springen und vor purer Freude kreischen, weil sie wieder acht Jahre alt sind.

Zu Hause wartet *kachan* – wörtlich »Mami«, aber häufig auch für die Ehefrau benutzt – auf ihren Gatten. Sobald er hereingestolpert ist, zieht sie ihm Schuhe und Socken aus, gibt ihm, wenn nötig, etwas zu essen, hört sich ein paar trunkene Beschimpfungen an und bringt ihn ins Bett.

Wenig scheint sich verändert zu haben, seit Susanoo nach seiner Mutter brüllte, statt, wie ihm befohlen, die Herrschaft über das Meer anzutreten; oder seit seine Schwester Amaterasu sich geduldig mit seinem anstößigen Verhalten abfand. Oft kann man sich des Eindrucks kaum erwehren, daß in Japan in den Beziehungen zwischen Mann und Frau jede Frau eine Mutter und jeder Mann ein Sohn ist.

Kurt Singer, einer der witzigsten ausländischen Beobachter des japanischen Lebens in den dreißiger Jahren, schrieb dazu:

> Wenn man die japanische Mutter auf der Straße sieht, wie sie gelassen dahinschreitet und vor sich hinsummt, ihr Kind auf den

Rücken gebunden, hat man das Gefühl, daß der Strom des japanischen Lebens sie durchläuft und sich in ihr auffrischt. Die überbeschäftigten und übermäßig gehemmten Männer erscheinen, im Vergleich mit ihr, als bloßer Auswuchs, unansehnlich und ohne Glaubwürdigkeit; nützliche oder schädliche Werkzeuge, die kaum in das Rätsel der Existenz eingeführt sind.[1]

Niemand ist dem Zustand der Göttlichkeit näher als ein japanisches Kind, besonders ein Junge, vor allem wenn er der älteste Sohn ist. Dies ist kein frivoles Gerede, wie ein hervorragender amerikanischer Wissenschaftler bestätigt:

> Man kann eine Analogie herstellen zwischen einem Kind, das einen Wutanfall hat, und einem Gott im japanischen Pantheon, der seinen Zorn abreagiert, indem er den Menschen Ungemach bereitet. Man erwartet, daß sowohl das Kind wie der Gott von irgendeinem Friedensstifter beschwichtigt und beruhigt werden. Der Volksglaube meint sogar, daß ein Kind eine Gabe Gottes oder selbst ein Gott sei, der versorgt werden muß.[2]

Beschwichtigung scheint die Lieblingstaktik der japanischen Mutter zu sein. Schlechtes Benehmen, sogar unverhüllter Zerstörungsdrang »des göttlichen Tyrannen«, wie Singer ihn nennt, wird oft nur mit einem nachgiebigen Lächeln und sofortiger Vergebung beantwortet. Mädchen werden nicht so sehr verwöhnt, denn man erzieht sie zu Müttern, die ja eher geben als nehmen. Die Beschwichtigungstaktik scheint zur Zeit auch im Westen modern zu sein. In Japan ist jedoch bemerkenswert, wie lange diese Methode angewendet wird. Es ist durchaus üblich, auch ein sechsjähriges Kind noch mit Süßigkeiten, sogar vor den Mahlzeiten, zu füttern, um einen Wutanfall zu überwinden.

Man behandelt kleine Kinder in gewisser Weise wie Betrunkene und Ausländer. Sie werden für das, was sie sagen oder tun, nicht verantwortlich gemacht, denn sie kennen keine Scham. Man muß sie verwöhnen, nicht bestrafen. Dieser wunderbare Zustand der Gnade ist ein guter Grund für Ausländer, in Japan zu leben, und für japanische Männer, einen großen Teil ihrer Freizeit im Rausch zu verbringen oder diesen, wenn nötig, sogar vorzutäuschen.

Viele Elemente der traditionellen Kindererziehung scheinen passive Abhängigkeit zu fördern. Ob am Tag oder in der Nacht, das Kind ist selten allein, denn es schläft gewöhnlich bei der Mutter. Wenn es das Haus verläßt, wird es nicht in einem Kinderwagen geschoben, so daß es sich allein mit der Welt konfrontiert sieht, sondern ist in einer behaglichen Hülle fest auf den Rücken der Mutter gebunden. Wenn sich die Mutter verbeugt, tut das Kind das gleiche, es eignet sich also automatisch die feine Lebensart an, während es den Herzschlag der Mutter spürt. Deshalb hängt emotionale Sicherheit fast völlig von der physischen Gegenwart der Mutter ab.

In den schlimmsten, jedoch nicht seltensten Fällen führt dies zu einer klammerartigen Beziehung, die jede individuelle Unabhängigkeit unterdrückt. Kinder lernen, daß es am besten ist, passive Abhängigkeit zur Schau zu tragen, wenn man sich Gunstbeweise und Zuneigung sichern will. Im Japanischen gibt es dafür ein Verb: *amaeru,* laut Wörterbuch zu übersetzen als »die Liebe eines anderen beanspruchen; das Kleinkind spielen«. Dem Psychiater Doi Takeo zufolge ist dies der Hauptschlüssel zum Verständnis der japanischen Persönlichkeit.[3] Dieses Verhalten setzt sich auch im Leben der Erwachsenen fort: Jüngere muten es Älteren in Firmen oder beliebigen anderen Gruppen zu, Frauen verhalten sich Männern, Männer ihren Müttern und manchmal ihren Ehefrauen gegenüber so, die japanische Regierung tut es im Umgang mit stärkeren Mächten, etwa den Vereinigten Staaten. Eine Erziehung, welche diese Art passiver Abhängigkeit fördert, trägt natürlich wenig dazu bei, persönliche Initiative oder Verantwortungsbewußtsein zu entwickeln.

Eine zusätzliche Komplikation besteht darin, daß die Mutter die Abhängigkeit des Kindes benötigt, um ihre eigenen emotionalen Bedürfnisse zu befriedigen. Der Versuch des Kindes, sich dem Wunsch der Mutter zu widersetzen (also unabhängig zu handeln), löst meist Besorgnis bei der Mutter aus, da sie meint, nicht mehr benötigt zu werden.[4]

Dieses Phänomen hat sich in letzter Zeit wahrscheinlich noch verstärkt. In dieser Epoche der Geburtenkontrolle und der Kleinfamilie sind Ehefrauen, eingepfercht in kleinen Hochhauswohnungen und nur mit einem Fernsehapparat als Gesellschaft, sehr leicht auf ihre Kinder fixiert. Sie geben ihnen oft die einzige Befriedigung und stellen die einzige Verbindung zur Außenwelt, kurz, den einzigen Grund zu leben dar, besonders wenn sich ihre Ehe nicht länger aus romantischen Illusionen nährt.

Daher ist es kein Wunder, daß die Trennung von der Mutter in einem späteren Entwicklungsstadium so traumatisch ist. Die Mutter versucht, die Bindung aufrechtzuerhalten, solange es geht. Das Kind behält eine lebenslange Sehnsucht (zweifellos mit mehr oder weniger unterdrückter Aggression gemischt) nach jenem frühen Kindheitsparadies zurück. Das Verlangen nach diesem Arkadien ist ein sehr wichtiger Aspekt der japanischen Kultur, denn es kann kollektiv wie individuell zum Ausdruck kommen.

Der Romanautor Tanizaki Junichiro (1886-1965) ist ein gutes, wenn auch vielleicht etwas exzentrisches Beispiel. Er konnte seine Mutter nicht vergessen, die schöne Seki, »an deren Brüsten ich saugte, bis ich sechs Jahre alt war.«[5] Dies ist übrigens nicht ungewöhnlich in Japan, wo die Kinder meist sehr spät entwöhnt werden. In *Yosho Jidai* (»Tage meiner Jugend«, 1957) schrieb er über seine Mutter, daß »sie nicht nur ein wunderschönes Gesicht hatte, sondern auch die Haut ihrer Schenkel war so herrlich, so weiß und zart, daß ich jedesmal in Entzücken geriet, wenn ich sie beim gemeinsamen Bad anschaute.«

Tanizakis Mutter-Verehrung war wie ein Kult. Offenbar hatte er eine enge Beziehung zu seinem Großvater, der, was bei Japanern höchst selten ist, der griechisch-orthodoxen Kirche angehörte. Tanizaki erinnerte sich, wie sein Großvater zur Jungfrau Maria betete und wie er selbst als kleiner Junge »Maria betrachtete, die das Jesuskind hielt . . . mit einem Gefühl fast unbeschreiblicher Ehrfurcht beobachtete ich diese barmherzigen, seelenvollen Augen und wäre am liebsten nicht von ihrer Seite gewichen.«[6]

Eine von Tanizakis besonders elegischen Muttergeschichten ist *Yume no Ukibashi* (»Die Brücke der Träume«), die er im Jahre 1959 schrieb. Der Held Tadasu wird von Erinnerungen an seine beiden Mütter heimgesucht: an seine leibliche Mutter, die starb, als er fünf Jahre alt war, und an seine Stiefmutter. Oft verschmelzen die beiden in seiner Vorstellung, und er kann sie nicht mehr voneinander unterscheiden. Er entsinnt sich jedoch, daß er bei seiner ersten Mutter schlief, »einer kleinen, zarten Frau mit prallen, winzigen, kloßartigen

Füßen...« (Tanizaki war ein Experte, was die Füße von Frauen anging.) Er saugte an den Brüsten seiner Mutter, und »die Milch strömte prächtig hervor. Die verschmelzenden Düfte ihres Haares und der Milch lagen über ihrem Busen, umgaben mein Gesicht. Trotz der Dunkelheit konnte ich ihre weißen Brüste immer noch schwach erkennen.«[7]

Einige Jahre später, nach dem Tod seiner Mutter, schlief er bei seiner Kinderfrau und erinnert sich immer noch »an jene süße, verschwommen weiße Traumwelt dort an ihrem warmen Busen, unter den verschmelzenden Düften ihres Haares und der Milch ... Warum war diese Welt verschwunden? ... War es das, was der Tod mit sich brachte?« Wiederum fällt dem Leser Susanoos Sehnsucht nach seiner Mutter in der Unterwelt ein. Gibt es vielleicht eine Verbindung zwischen der Verehrung der Mutter und dem Todeswunsch? Singer merkte an, daß »die Bereitschaft der Japaner zu sterben, ihr Leben wegzuwerfen oder durch eigene Hand umzukommen, diesem Wunsch ihres göttlichen Vorfahren entsprechen mag.«[8]

Dies schrieb er zu einer Zeit (am Ende des Zweiten Weltkriegs), da viele Japaner eine größere Bereitschaft zeigten, diese Welt zu verlassen, als heute üblich ist. Aber selbst wenn ich diese Tatsache berücksichtige, habe ich meine Zweifel, ob der angebliche japanische Todeswunsch so wörtlich zu nehmen ist. Die von Tanizaki beschriebene Sehnsucht richtet sich weniger auf den Tod als auf jene verschwommen weiße Traumwelt, jenen überaus sinnlichen Zustand der Unbewußtheit. Viele Meditationstechniken des Zen wollen genau das erreichen: die Betäubung, wenn nicht gar Zurückweisung des bewußten Denkens, damit man in selbstverleugnender Sinnlichkeit wie in einem warmen japanischen Gemeinschaftsbad versinken kann.

Als der Held etwa vierzehn Jahre alt ist, bekommt seine Stiefmutter ein Kind, das rasch zur Adoption in ein fernes ländliches Gebiet gebracht wird. Dadurch wird die Illusion erhalten, daß die zweite Mutter mit der ersten identisch sei. Der Held kehrt auch bald zu seinen alten Gewohnheiten zurück: »... Ich beugte mich nieder und barg das Gesicht an ihrem Busen und saugte gierig die Milch, die hervorsprudelte. ›Mama‹, flüsterte ich instinktiv mit der Stimme eines verwöhnten Kindes.«

Der paradiesische Zustand der frühen Kindheit setzt sich jedoch nicht ewig fort. Ungefähr im Alter von sechs Jahren werden Kinder der Obhut von Schullehrern und anderen aushäusigen Erziehungspersonen übergeben. Von diesem Zeitpunkt an werden die Ketten der sozialen Konformität immer fester. Die psychologische Bedeutung dieser Tatsache kann nicht überschätzt werden. Die verzogenen kleinen Götter, die im Mittelpunkt eines sie hätschelnden Universums lebten, müssen plötzlich strenge Konformisten werden. Der Schock ist erheblich, denn im Gegensatz zu den meisten westlichen Kindern, denen zumindest als Ideal beigebracht wird, daß sie nicht die einzigen auf der Welt sind, ist das japanische Kind völlig unvorbereitet. Schlimmer noch, es wird sich diesen Gedanken nie ganz aneignen können. Untertänige Konformität und rücksichtsloser Egoismus wechseln sich in der Persönlichkeit vieler Japaner mit beunruhigender und unberechenbarer Leichtigkeit ab.

Das Leben ist besonders schwer für Jungen, da sie etwas leisten sollen. Durch ihren künftigen Erfolg kommen die Familien zu Wohlstand. Nur durch die Leistungen ihres Sohnes kann die Mutter ihre Macht behaupten. Dies bedeutet, daß ein gehorsamer Sohn die richtigen Prüfungen bestehen muß, damit er die richtigen Schulen besuchen, für die richtigen Firmen arbeiten, ja sogar die richtige Frau heiraten kann.

Während diese gehorsamen Söhne die meiste Zeit über Büchern hocken und sich Fakten einprägen, bestreiten ihre Mütter einen gnadenlosen Wettkampf mit anderen Müttern, wobei die Söhne als Figuren im immerwährenden Spiel des gesellschaftlichen Aufstiegs benutzt werden. Diese sogenannten *kyoiku mamas* (Ausbildungsmamas), die ihre Söhne zum Ablegen von Prüfungen antreiben, übertreffen, was ihren schieren Ehrgeiz betrifft, so manche Bühnenmutter in Hollywood. Dies läßt sich zwar ausnutzen – »Wenn du mir nicht mehr Schokolade gibst, arbeite ich nicht für meine Prüfung« –, aber *kyoiku mamas* sind gemeinhin nicht sehr beliebt.

Schon im Jahre 1894, als das Phänomen noch bei weitem nicht so verbreitet war, schrieb der Romanautor Higuchi Ichiyo eine bissige Kurzgeschichte über eine solche Mutter, »deren Ehrgeiz sich höher erhob als der Berg Fuji, deren gesellschaftliche Stellung sie jedoch zwischen den Hügeln am Fuße des Berges festhielt.« Sie manipuliert eine »gute Ehe« für ihren Sohn, indem sie das Mädchen, das er wirklich liebt, rücksichtslos beiseite schiebt und alle anderen ins Unglück stößt, nur sich selbst nicht.[9]

Wie die jüdische Mutter muß die japanische Mama dauernd leiden und Opfer bringen, was dem Kind – und dies kommt häufig vor – angekreidet werden kann. Jeder Fehlschlag läßt sich als Verrat am Opfer der Mutter betrachten, keine Leistung kann ihre Hingabe je aufwiegen. Schuldgefühl ist eine der dauerhaftesten Säulen mütterlicher Macht.[10] Ein beredter Beweis sind die Briefe von Kindern, die nach nichtbestandenen Prüfungen Selbstmord begangen haben. Die meisten sind ergreifende Bitten um Verzeihung, gerichtet an die Mutter, deren Ansprüche die Kinder nicht erfüllen konnten.

In der japanischen Filmkunst gibt es ein spezielles Genre, das dem Leid der Mütter gewidmet ist, das sogenannte *hahamono*, wörtlich »Mutterdinge«. In diesen demonstrativen Zelebrationen der sich immer wieder opfernden Mutter werden Schuldgefühle und verborgene Aggressionen mit einer Unbarmherzigkeit ausgebeutet, wie sie nur aus vollkommener Unschuld oder äußerstem Zynismus erwachsen kann. Da es letzteren in Japan bemerkenswerterweise nicht gibt, kann man nur annehmen, daß es sich um erstere handelt.

Ein typisches Beispiel des Genres, und gleichzeitig eines der besten, heißt »Nippon no Higeki« (»Eine japanische Tragödie«, 1953) – ein aus vielerlei Gründen sehr angemessener Titel. Die Rolle der Mutter spielt Filmstar Mochizuki Yuko, eine Spezialistin in »Mutterdingen«, die deshalb bis zu ihrem Tod vor ein paar Jahren den liebevollen Beinamen *Nippon no haha* (Mutter Japans) trug. Nachdem sie sich aus der Filmwelt zurückgezogen hatte, nutzte sie dieses Image recht wirkungsvoll für eine politische Karriere. Der Film spielt kurz nach dem Krieg, als Japan zerstört war und jeder sich seine Hungerration zusammenschnorren mußte. Mochizuki Yuko ist eine arme Kriegerwitwe, die für ihren Sohn und ihre Tochter jedes denkbare Opfer bringt. Und wie sie leidet! Ihr Schwager wirft sie aus dem Haus ihres Mannes, und sie versinkt in immer stärkerer Armut, bis sie schließlich als Bardame in einem vulgären Seebad nächtliche Erniedrigungen auf sich nehmen muß. Für die Kinder ist sie zu allem bereit.

Aber danken sie es ihr? Natürlich nicht. Sie verachten ihre Mutter. Die Tochter läuft mit einem verheirateten Lehrer davon, und der

Sohn schafft es, sich von einem reichen Arzt in Tokio adoptieren zu lassen. In einer unerträglich traurigen Szene gegen Ende des Films befiehlt er seiner Mutter, ihn nicht mehr zu besuchen, da er offiziell nicht mehr ihr Sohn sei. Die arme, hingebungsvolle Mutter Japans hat keine andere Wahl, als das zu tun, was arme, hingebungsvolle Mütter in diesen Fällen immer tun: Sie wirft sich vor den nächsten Zug. Das haben sie nun davon! Dann folgt das laute Rascheln von Taschentüchern im Zuschauerraum. Solche Streifen wurden von den Verleihern auf Plakaten als Zwei- oder Drei-Taschentücher-Filme klassifiziert, je nach der erwarteten Zahl der Tränen, die getrocknet werden mußten.

In einem anderen »Mutterding« aus derselben Zeit – es trägt einfach den Titel »Mutter« (»Haha«) – wird eine arme, hingebungsvolle Mutter nach einem Leben liebevoller Pflichterfüllung von ihren brutalen Kindern im Stich gelassen. Ohne jede Zuflucht und ohne jede helfende Hand ist sie gezwungen, sich mit niedriger Arbeit in Fabriken und Krankenhäusern durchzuschlagen. Am Ende wird sie von ihrem einzigen treuen Sohn gerettet, einem Fischer, der nicht wußte, was in seiner Abwesenheit geschehen war. Er verflucht seine Brüder und Schwestern für das, was sie getan haben. Aber die stets verzeihende Mutter lächelt nur selig und ermahnt ihn: »Bitte, sag das nicht, mein Schatz. Ihr seid mir alle gleich lieb.«

Genau darum geht es letzten Endes in jener »süßen, verschwommen weißen Traumwelt« des Mutterbusens: Alle sind gleich, alle sind gleich lieb. Individuelle Unterschiede werden verwischt, genauso wie, im Idealfall, in dem einem Mutterschoß ähnlichen Gruppenleben, das den meisten Japanern am behaglichsten ist. Und wenn sie dieses Leben nicht führen, so träumen sie davon.

Man hört oft, daß japanische Zuschauer sich *anshin* fühlen, wörtlich »friedlich im Herzen«, wenn sie Helden und Heldinnen leiden sehen. Nicht nur Japaner, sondern Menschen überall in der Welt finden es herrlich beruhigend, wenn die Probleme anderer, selbst in einer Fiktion, schlimmer sind als ihre eigenen. Doch japanische Zuschauer, vor allem begeisterte Anhänger der »Mutterdinge«, sind nicht einmal bereit, ein Happy-End zu tolerieren. Die Mutter ist eine Art Sündenbock, niemand könnte ein schlimmeres Schicksal durchleben als sie.

Auch dieser Umstand hat etwas mit den traditionellen Erziehungsmethoden zu tun. Es wurde schon darauf hingewiesen, daß kleine Jungen ihren Zorn und ihre Frustration auslassen dürfen, indem sie auf ihre Mutter einschlagen, ihre Brüste mit den Fäusten bearbeiten und an ihrem Haar ziehen.[11] Sie wünschen sich verzweifelt eine Reaktion, finden jedoch keinen Widerstand. Es ist, als schlügen sie auf eine Gummiwand ein, was ihre Erbitterung nur noch steigert. Japanische Mütter bestrafen ihre Kinder nur selten direkt oder rational. Wie könnten sie auch, da ihnen selbst ein rationales System fehlt?

Im Westen wird die Erziehung immer noch von einem religiösen System abstrakter moralischer Werte sowie von Vernunftgründen beeinflußt, die über die launenhafte Unbestimmtheit menschlicher Beziehungen hinausgehen oder hinauszugehen scheinen. Dies gilt weitgehend sogar für Menschen, die sich bewußt von der organisierten Religion distanziert haben. Das Bedürfnis nach einer moralischen und rationalen Ideologie ist, was auch geschehen mag, Teil unserer Kultur. In Japan mißt man menschlichen Gefühlen und der Hierarchie der Beziehungen weit mehr Bedeutung zu als der Vernunft oder irgendeinem universellen Moralsystem. Es gibt keinen Gott außerhalb oder überhalb der Gesellschaft, der allgegenwärtig wäre. Statt dessen besteht ein komplexes System von Anstands- und Verhaltensregeln für spezifische gesellschaftliche Situationen. Deshalb geraten viele Japaner in einer fremden, also unberechenbaren Umgebung entweder in Panik oder verzichten ganz auf alle Regeln. Die Gesellschaft selbst ist Gott: Wir werden ständig von anderen Menschen beobachtet. Die Hölle, das sind die anderen, aber für viele Japaner scheinen sie eher der Himmel zu sein.

Da Gefühle wichtiger sind als Logik oder Vernunft, sind die Gesetze des japanischen Heims so vage und so zugänglich für emotionale Manipulation wie die Gesetze des Landes selbst. Genau dies tut die japanische Mutter: sie manipuliert mit ihren Emotionen. Schlechtes Benehmen wird nicht mit einem raschen Klaps oder wirkungsvoller Schelte bestraft, sondern führt dazu, daß die Mutter schmollt und dem Kind ihre Liebe entzieht, daß sie sich also wie die Sonnengöttin in ihre Höhle verkriecht, nachdem Beschwichtigung, Bestechung und flehentliches Bitten sich als unwirksam erwiesen haben. *»Oka-*

chan wa kirai yo« (»Mutter liebt dich nicht mehr«), ist eine oft benutzte Drohung. Eine andere ist die der Isolation: »Wir schicken dich fort«, oder »Ich will dich nie mehr sehen«. Da die meisten Kinder in jenen ersten seligen Jahren süchtig nach mütterlicher Liebe werden, wirkt diese Methode gewöhnlich reibungslos.

Im Grunde stilisiert die Mutter sich also selbst zum hingebungsvollen Sündenbock, damit sich das Kind schuldbewußt fühlt, und wenn dies nicht gelingt, droht sie, ihm ihre Liebe zu entziehen. Um diese beiden Themen drehen sich die meisten »Mutterdinge«.

Ein Beispiel für das erste Thema habe ich bereits angeführt: Die Zuschauer fühlen sich wegen des rücksichtslosen Verhaltens der Kinder schuldig und ziehen ihre Taschentücher hervor, wenn Mama sich vor einen Zug wirft.

Ein Beispiel für das zweite Thema liefert ein beliebtes Theaterstück mit dem Titel »Mabuta no Haha« (»Mutter hinter meinen Augen«) – eine verbreitete Wendung für eine seit langem verlorene Mutter. Dieses Stück gehörte zum erfolgreichsten Standardrepertoire von umherziehenden Schauspielertruppen, die auf ländlichen Jahrmärkten und in örtlichen Varietétheatern auftraten. Die erste Filmfassung wurde im Jahre 1931 hergestellt.

Das Stück erzählt von einem jungen Spieler namens Chutaro und seiner einsamen Suche nach der seit langem verlorenen Mutter. Sie wurden während einer der Epidemien getrennt, die Edo im 19. Jahrhundert heimsuchten. Chutaro führt das harte Leben eines geächteten Verbrechers und verbringt zwanzig Jahre damit, genug Geld zu sparen, um seiner Mutter im Alter zu helfen, sollte er sie je wiederfinden.

Wie zu erwarten, erfährt Chutaro nach vielen Abenteuern, bei denen er wenigstens ein Dutzend Männer ermordet – er ist inzwischen ein geübter Fechter –, tatsächlich, wo sie ist. Nachdem sie lange Zeit voller Entbehrungen als Geisha gearbeitet hat, betreibt sie jetzt ein einträgliches Geschäft. Sie hat ein neues Leben begonnen und möchte auf keinen Fall, daß ihr neuer Wohlstand gefährdet wird. Zu diesem reichlich ungünstigen Zeitpunkt betritt ihr Sohn Chutaro, der Hasardeur, das Geschäft. Er zittert vor Rührung, stößt hervor, wer er ist, und erwartet eine tränenreiche Begrüßung. Seine Mutter erbleicht zunächst, reißt sich dann aber zusammen und weigert sich, ihn zu erkennen. Er soll aufhören, sie zu belästigen, und sich davonmachen. Der Held, von Kummer erstickt, bricht zusammen.

Seine Mutter erregt sich immer mehr und behandelt ihren Sohn wie einen Erpresser, der es auf ihr Geld abgesehen hat. Chutaro bricht in ein seltsames, stakkatoartiges Gelächter aus, das für japanische Helden, die der Hysterie nahe sind, typisch ist. Er wirft ihr seine Ersparnisse vor die Füße, entschuldigt sich, falls er ihr Ungelegenheiten gemacht haben sollte, und geht hinaus. Während er, jetzt sehr gefaßt, den Raum verläßt, erhebt sich seine Mutter, die ihre Gefühle kaum noch unterdrücken kann (sie »weint innerlich«, wie eine japanische Redensart besagt), als wolle sie ihn zurückhalten; dann stolpert sie und wirft den Teekessel um; sie zögert einen Augenblick – wird ihr Mutterinstinkt doch noch die Oberhand gewinnen? –, doch dann dreht sie sich um und hebt den Kessel auf, weil sie die Ordnung immer noch dem Chaos vorzieht: Selbst billigste Genrefilme ergehen sich in derart anspruchsvoller Symbolik. Chutaro ist verschwunden. Aber seine Schwester überredet die Mutter, ihm zu folgen. Als sie ihn eingeholt haben, hat Chutaro ein weiteres Dutzend Männer getötet: »Wenn keiner von euch Eltern hat, erwartet keine Gnade von mir.« Seine Mutter und seine Schwester schreien seinen Namen, aber er versteckt sich hinter einem Baum und spricht die berühmten Worte, bei denen stets Taschentücher hervorgeholt werden: »Wie könnte meine Schwester mit einem Taugenichts wie mir leben? Ich schaue die beiden besser nicht an. Wenn ich Mutter sehen will, schließe ich einfach die Augen, und dann ist sie da, genau hinter meinen Augenlidern.«

An dieser Geschichte ist bemerkenswert, daß Chutaro, obwohl er zweifellos »innerlich weint«, nie Groll erkennen läßt. Im Gegenteil, da er weiß, daß die Anwesenheit eines berüchtigten Hasardeurs das Geschäft seiner Mutter und die Aussichten seiner Schwester auf eine gute Ehe beeinträchtigen würde, empfiehlt er sich für immer. Seine Schuld wäre zu groß, würde er sich gegen seine Mutter wenden. In diesem Fall bringt *er* das wahre Opfer.

Aber Opfer werden nie ganz umsonst gebracht. Das Geschäft seiner Mutter mag blühen, aber sie wird trotzdem leiden. Chutaro hat seine Absicht deutlich gemacht, wie ein beleidigtes Kind, das sich umzubringen droht, um sich an Mutter und Vater zu rächen. Dieser

Wettstreit um Schuldgefühle ist in der japanischen Unterhaltung sehr verbreitet, wenn er natürlich auch nie als solcher dargestellt wird: Demonstratives Leid erscheint als Zeichen der Aufrichtigkeit oder ernster Absichten. Mutter wie Kinder schwelgen darin.

Emotionale Erpressung ist in anderen Kulturen natürlich nicht unbekannt – das berühmteste Beispiel, gleichermaßen gefeiert und beklagt, liefert die jüdische Mutter. Aber in Japan sind die Menschen ihr gegenüber ganz besonders schutzlos, denn es gibt keinen Ausweg, kein Mittel, um sich zur Wehr zu setzen. Vernunft hilft nicht weiter, denn dagegen ist die emotionale Erpressung immun, und Humor auch nicht – es gibt keinen japanischen Woody Allen, der sich über die japanische Mama lustig macht. Mit den Worten des Psychiaters Kawai Hayao: »Man kann sich vorstellen, wie schwer es für ein Volk ist, das nie eine patriarchalische Religion gekannt hat, der Großen Mutter die Stirn zu bieten und gegen sie zu kämpfen.«[12]

Humor – und besonders Ironie – erfordert eine gewisse Distanz, doch diese wird von der klammerartigen Mutter-Kind-Beziehung eindeutig verhindert. Die Immunität gegen Vernunft ist vielleicht ernster zu nehmen. Man könnte argumentieren, daß die gesellschaftliche Etikette selbst ein rationales System sei, das emotionaler Manipulation entgegensteht. Aber nicht einmal die gesellschaftlichen Regeln sind klar fixiert. Sie werden in hohem Grade von dem instinktiven Gefühl bestimmt, was in der jeweiligen Situation angemessen ist.

Das Wort *hara* (»Bauch«) wird in vielen Fällen verwendet, in denen man normalerweise vermuten würde, daß es eher auf das Hirn ankäme. *Haragei* (wörtlich »die Kunst des Bauches«) zum Beispiel ist die Fertigkeit, die Motive anderer Menschen zu erraten, zu erahnen, was der andere im Sinn hat. Geschäftsleute und Politiker müssen diese Fertigkeit beherrschen.

Aber die Japaner sind durchaus nicht verärgert über all diese emotionalen Verrenkungen, sondern betrachten sie als ein Zeichen von Wärme und Zärtlichkeit, als Beweis einer typisch japanischen Sensibilität. Sie beschreiben sowohl ihre Mütter wie sich selbst als *yasashii* (sanft, zart, milde). Dies wird westlichen Sitten gegenübergestellt, die auf die Japaner den Eindruck von Kälte, Grobheit, sogar Brutalität machen. Vernunft ist für viele Japaner das genaue Gegenteil von Sensibilität.

Das goldene Zeitalter der sanften, zarten und milden »Mutterdinge« waren die fünfziger Jahre, als Filme, nicht das Fernsehen, der Familie die Hauptunterhaltung lieferten. Damals entstanden »Mutter« und »Eine japanische Tragödie« sowie mehrere Versionen von »Mutter hinter meinen Augen«. Aber dieselben Stereotypen leben heute im Fernsehen in sogenannten Familiendramen munter weiter. Diese Geschichten werden als Fernsehserien gewöhnlich morgens gesendet, zwischen Werbespots für Babypuder und Waschmittel.

Das typische Familiendrama vermittelt traditionelle Anschauungen, ist oft sentimental-volkstümelnd, spielt gewöhnlich in romantischer Ländlichkeit oder behaglichen Stadtvierteln mit warmherzigen Menschen. Um es ganz und gar unwirklich zu machen, siedelt man die Handlung häufig in der Vergangenheit an, als alles noch einfacher und traditioneller war. Die Ereignisse müssen so lange zurückliegen, daß sie einen Hauch von Exotik haben, aber nicht so lange, daß sie allzu fern erscheinen. Die zwanziger Jahre sind ideal, doch auch die unmittelbare Nachkriegszeit ist beliebt, denn damals gab es eine Vielzahl von leidenden Kriegerwitwen.

Die Heldinnen eines Familiendramas verlieren ihren Gatten meist in der zweiten oder dritten Episode. Die übliche Ursache dieser raschen Beseitigung ist der Zweite Weltkrieg. Die Männer werden zum Bahnhof begleitet, wobei man Fähnchen schwenkt und Tränen vergießt, und tauchen dann nie wieder auf. Dies dient einem doppelten Zweck. Es bestätigt den populären Mythos, daß die Japaner die Hauptopfer des Krieges waren, und es schafft die Voraussetzung dafür, daß die Heldin sich nun ganz ihrer Nachkommenschaft widmen kann. Der Kritiker Ishiko Junzo unterstreicht: ». . . ein Grundprinzip des japanischen Mutterfilms besteht darin, daß die Mutter ihre Weiblichkeit opfern muß; sie kann sich nicht verlieben oder eine neue Ehe eingehen. Sie muß für ihre Kinder leben und dann sterben.«[13]

Nur wenige dieser Mütter werden Ärztinnen oder leitende Bankangestellte – ich jedenfalls habe kein einziges Beispiel im Fernsehen beobachten können. Die typische Witwe und Mutter betreibt ein kleines Restaurant, ein öffentliches Bad oder ein Wirtshaus. Diese Arbeiten lassen ihren Mutterinstinkten weiten Spielraum: Die Mutterrolle wird sozusagen öffentlich. Die Heldin wird jedermanns Lieblingsmama. Luxus und Wohlstand sind zwar in Familiendramen anderer Thematik verbreitet, gehören jedoch gewöhnlich nicht zur »Mutterding-Fiktion«. Schließlich muß die Mutter leiden.

Eine der beliebtesten dieser Serien, die erstmals im Jahre 1977 im Fernsehen gezeigt wurde, heißt »Sasurai no Tabi« (»Ein Wanderleben«). Wie wir noch sehen werden, ist das Wandern für den japanischen Helden ein notwendiger Bestandteil seiner Lebensumstände. Die Heldin dieser Serie ist Ryoko, eine Schneiderin in einem bescheidenen Kleiderladen. Sie wird durch Heirat Mitglied einer höheren sozialen Schicht, nämlich der reichen Familie Otani, und Ryokos Schwiegermutter nimmt ihre Anwesenheit sehr übel. Wenn man den besonderen Charakter der Mutter-Sohn-Beziehung in Japan berücksichtigt, kann man sich vorstellen, welche Eifersucht durch eine andere Frau ausgelöst wird. Die Spannungen sind besonders auffällig, wenn alle Beteiligten unter einem Dach wohnen; dies ist heutzutage seltener, erscheint in den Familiendramen jedoch als unabdingbare Konvention.

Als die Schikanen der eifersüchtigen Schwiegermutter unerträglich werden, ist Ryoko gezwungen, das Haus und ihren Mann zu verlassen. Wie die meisten Ehemänner in diesem Genre ist er ein typisches Muttersöhnchen, das keinen Finger hebt, um seine Frau vor den Quälereien seiner Mutter in Schutz zu nehmen. Damit nicht genug, er läßt sich scheiden und heiratet ein Mädchen, das seine Mutter persönlich ausgesucht hat.

Ryokos nun folgendes Wanderleben kann nur mit Hilfe von drei Taschentüchern betrachtet werden, und das einzige, was sie aufrechterhält, ist die Erinnerung an ihren geliebten Sohn Minoru. Seinetwegen kann sie jede Not und Erniedrigung ertragen. Ihr früherer Mann spielt selbstverständlich keine oder nur eine winzige Rolle in ihrem Gefühlsleben. Dadurch wird die nächste Wendung in ihrem unglücklichen Schicksal interessant. Er kandidiert für das Parlament, und Ryoko fällt einem Erpresser in die Hände, der droht, die Karriere ihres ehemaligen Gatten zu ruinieren, indem er ihr anstößiges Leben bloßstellt. (So unwahrscheinlich es klingt, solche Methoden haben in Japan tatsächlich Erfolg.) Ryoko ermordet den Mann und wird sofort verhaftet. Weshalb hat sie es getan? Doch gewiß nicht ihres früheren Mannes wegen. Ryoko selbst gibt die Antwort in einer langen, ergreifenden Rede: Sie habe nicht zulassen können, daß der Schurke das Bild der reinen, schönen Mutter hinter den Augenlidern ihres Sohnes Minoru zerstört. Die Wahrheit über ihr erbärmliches Leben durfte nicht enthüllt werden.

Vor Gericht ereignet sich einer jener wunderbaren Zufälle, die japanische Zuschauer immer wieder erfreuen: Ihr Pflichtverteidiger ist kein anderer als ihr erwachsener Sohn Minoru! Er hört die Wahrheit, ergreift die Hände seiner Mutter in einer quälenden Großaufnahme, die Kamera schwenkt von den Händen zu seinem tränenbedeckten Gesicht, und dann spricht er das Wort, das den letzten Höhepunkt der Serie kennzeichnet: »Okasan!« (Mutter!)

Die Einschaltquoten dieses Programms sind aufschlußreich. Zu Beginn, als die Heldin gerade geheiratet hat und ihre Probleme rein häuslicher Art sind, lagen die Quoten zwischen zwölf und fünfzehn Prozent, was durchaus eindrucksvoll ist. Aber als ihr Leben ruiniert ist und ihr Wanderleben anfängt, stiegen die Einschaltquoten auf neunzehn Prozent empor.[14] Man muß wirklich leiden, um in Japan beliebt zu sein.

Dies bedeutet nicht unbedingt, daß die meisten Zuschauer ebenfalls leiden und sich mit der unglückseligen Heldin identifizieren. Im Gegenteil, eine Hausfrau sagte: »Ich finde es beruhigend *(anshin)*, diese Serie anzusehen, gerade weil die Heldin so ganz anders ist als ich selbst. Wenn es um jemanden wie mich ginge, der ein friedliches, ereignisloses Leben führt, würde ich wahrscheinlich nicht zuschauen.«[15]

Die Geschichte beruht übrigens auf einem englischen Roman, der im Jahre 1910 geschrieben wurde und den Titel *Madame X, A Story of Mother Love* trägt. Der Unterschied ist beträchtlich und bezeichnend. In der ursprünglichen, reichlich naiven Fassung wird die Frau ihres Mannes überdrüssig, weil der an nichts anderes als an seine Karriere denkt. Sie verläßt ihn aus freien Stücken, um ihr liederliches Leben zu führen. Später, als sie sich ihrer Verruchtheit bewußt geworden ist, fleht sie ihn an, sie wieder aufzunehmen. Er weigert sich, bedauert nach einiger Zeit jedoch seine Hartherzigkeit. Inzwischen ist es jedoch zu spät: Sie ist nicht mehr aufzufinden, und das Leben der beiden ist ruiniert.

Die Heldin dieses Melodramas aus der Zeit König Eduards hat

einen starken eigenen Willen. Ryoko hingegen ist ein passives Opfer des Schicksals, und genau das macht sie zu einer typischen japanischen Heldin. Auch die Tatsache, daß ihr Mann nur an seine Arbeit denkt, wäre in Japan schwerlich ein Grund dafür, ihn zu verlassen. Im Gegenteil, diese Eigenschaft würde als eine Quelle der Stabilität, als ganz und gar unterstützungswürdig gelten, zwar nicht immer im realen Leben, aber mit Sicherheit in einem Fernsehstück. Deshalb mußte für die japanische Serie eine böse Schwiegermutter erfunden werden. Und der Mann, der eine andere, von seiner Mutter ausgesuchte Frau heiratet, wäre selbst im England König Eduards schwer vorstellbar gewesen. Die Schwiegermutter, die passive, leidende Heldin, der unter dem Pantoffel der Mutter stehende Gatte – das alles sind japanische Zusätze, die direkt aus einem Kabuki-Drama des 17. Jahrhunderts hätten übernommen sein können.

Dieses Drama läßt an eine andere Erzählung mit dem Titel *Taki no Shiraito* (»Die Wasserzauberin«) denken, die 1933 von Mizoguchi Kenji verfilmt wurde. Izumi Kyoka schrieb diese Erzählung um die Jahrhundertwende. Zum erstenmal in der japanischen Geschichte hatten die Söhne ärmerer, wenngleich nicht der ärmsten Familien damals die Möglichkeit, ihre soziale Position durch eine Hochschulausbildung erheblich zu verbessern. Dies bedeutete jedoch nach wie vor eine beträchtliche finanzielle Belastung, weshalb die übrigen Familienmitglieder, besonders die Mutter und die Schwestern, für die nur wenig Geld übrig blieb, Opfer bringen mußten, damit der Sohn Erfolg haben konnte.[16]

Darüber hinaus brachte der Aufstieg auf der sozialen Stufenleiter diese vom Glück begünstigten Söhne oft in eine ganz andere Welt als jene, der sie entstammten. Scham über ihre einfache Herkunft, die sie häufig verbergen wollten, konnte leicht zu jenen Tragödien führen, über die die Filmbesucher so gerne Tränen vergießen. »Die Wasserzauberin« muß vor diesem Hintergrund gesehen werden.

Nach einer ihrer Vorführungen von Wasserkunststücken in einem provinziellen Varietétheater begegnet Taki einem mittellosen, aber ehrgeizigen jungen Mann und verliebt sich in ihn. Er träumt davon, an der Kaiserlichen Universität (der heutigen Universität Tokio) Jura zu studieren, was damals – und bis zu einem gewissen Grade auch heute noch – den Weg zum Erfolg ebnete. Taki gibt ihm all ihre

Ersparnisse, damit er sich seinen Traum erfüllen kann. Wie die Mütter Japans opfert sie alles für ihren Mann. Und da er eine solche Gönnerin hat, wie könnte er versagen?

Er versagt nicht. Aber das Leben in der Hauptstadt ist so aufregend, daß er allmählich den Kontakt zu seiner Wohltäterin verliert. Das ist schlimm genug, doch wegen der Schulden, die sie seinetwegen auf sich genommen hat, gerät sie in ernste Konflikte mit einem brutalen Wucherer, der sie mit einem Sadismus behandelt, wie er gewöhnlich den Schurken der Kabuki-Bühne vorbehalten bleibt. Nachdem sie lange stumm gelitten hat, wodurch sie noch heroischer erscheint, hält sie es nicht mehr aus und bringt den Wucherer um.

Sie wird verhaftet und vor Gericht gestellt. Wieder einmal ist der Zufall nicht zu überbieten: Ihr Richter ist kein anderer als der Mann, den sie so lange unterstützte. Er ist genauso verblüfft wie sie, denn inzwischen hat er sie völlig vergessen. Doch sie verspürt keinen Groll, sondern blickt stolz zu dem großen Mann auf, während er mit bebender Stimme ihr Todesurteil ausspricht. (Er büßt seine Sünde jedoch, indem er das einzig Richtige tut und Selbstmord begeht.)

Taki ist offensichtlich eher Mutter als Geliebte. Dies ist seit den romantischen Kabuki-Dramen, in denen die Liebhaber oft verweichlichte und hilflose Schwächlinge sind, auf der japanischen Bühne sehr verbreitet. In gewissem Sinne sind alle japanischen Liebesgeschichten Variationen der »Mutterdinge«. Der Mutterkult tritt aus den engen Grenzen seines eigenen Genres heraus, um im romantischen Melodrama Eingang zu finden. Er hat – wie Tanizakis Anbetung der Jungfrau Maria – seine Wurzeln in der religiösen Tradition. Der Kritiker Sato Tadao sieht in Mizoguchis Frauen »das Bild der Sonnengöttin, welches, als eine Form der Frauenanbetung, das japanische Denken seit alten Zeiten beeinflußt hat.«[17]

Die Frau des Generals Nogi, die nach dem Tode des Meiji-Kaisers im Jahre 1912 aus Loyalität tapfer mit ihrem Gatten zusammen Selbstmord verübte, schrieb, daß die vollkommene japanische Ehefrau die »Schutzgöttin« ihres Mannes sein sollte. Im Unglück sei es ihre Pflicht, ihn zu beschützen, nicht umgekehrt.[18]

Eine Zeitschrift mit dem Titel *Junge Dame* brachte im Januar 1982 einen Artikel darüber, »wie wir uns schön machen können«, mit anderen Worten, wie eine Frau auf Männer attraktiv wirken könne.

Eine amerikanische oder europäische Zeitschrift würde der Leserin erklären, was sie tun muß, um sexuell begehrenswert zu sein, und zweifellos verschiedene Puder, Cremes und Sprays vorschlagen. Nicht aber *Junge Dame.* Die Zeitschrift informiert uns: »Die attraktivsten Frauen sind solche, die von mütterlicher Liebe erfüllt sind. Frauen ohne mütterliche Liebe sind Typen, die Männer niemals heiraten wollen... Man muß Männer mit den Augen einer Mutter betrachten.«

Alle Filme Mizoguchi Kenjis scheinen diesen Gedanken zu unterstützen. Nur durch Takis Opfer konnte der junge Mann zu einem erfolgreichen Richter werden. Ein junger Schauspieler in »Zangiku Monogatari« (»Die Geschichte der letzten Chrysantheme«, 1939) verdankt seine Karriere der unermüdlichen Hingabe des Dienstmädchens O-Toku. Sie widmet ihr Leben dem Erfolg ihres Geliebten. Aber seine Schauspielerfamilie will ihm nur dann erlauben, seine Karriere fortzusetzen, wenn er sich nicht mehr mit dem Dienstmädchen trifft. Er fügt sich, wie man erwarten durfte, und während der neue Star geboren wird, stirbt O-Toku.

Der Sohn in »Sansho Dayu« (dt. »Sansho Dayu – Ein Leben ohne Freiheit«, 1954) schafft es, aus einem grausamen Sklavenlager zu entkommen, weil seine Schwester ihn deckt und seine Freiheit mit ihrem eigenen Leben bezahlt. Alle männlichen Personen in Mizoguchis letztem Film »Akasenchitai« (dt. »Die Straße der Schande«, 1956) werden auf verschiedene Weise von ihren Frauen ausgehalten, die in einem schmutzigen Bordell arbeiten. Diese Situation kommt übrigens recht häufig in Kabuki-Dramen vor, in denen Ehefrauen ihre Hingabe zu zeigen pflegen, indem sie sich auf »den schmalen und gewundenen Straßen« der Schande verkaufen.

Mizoguchi wird in Japan oft als *feminisuto* bezeichnet. Wie bei allen japanisch-englischen Begriffen kann man hier nicht vorsichtig genug sein. Mizoguchi setzte sich nie für die Rechte der Frauen ein. Es gibt keine Belege dafür, daß er einen realen Wandel der Verhältnisse, die er so rührend in seinen Filmen beschreibt, ernsthaft für möglich oder sogar für wünschenswert hielt. Es wäre zutreffender, wie die amerikanische Filmkritikerin Audie Bock hervorhob, einen *feminisuto* als einen Frauenverehrer zu definieren.[19] Dies war Mizoguchi zweifellos.

Wie Tanizaki benutzte Mizoguchi neben buddhistischen auch christliche Symbole für seine Verehrung. Die letzte Szene von »Yoru no Onnatachi« (»Frauen der Nacht«, 1948) liefert ein Beispiel. Der Film hat eine für Mizoguchi typische Heldin: eine ruinierte Kriegerwitwe. Von ihrer Familie zurückgewiesen und von ihren Freunden betrogen, endet sie, wie so viele Frauen kurz nach dem Krieg, auf der Straße als *pan-pan,* eine Prostituierte, die sich auf die Angehörigen der amerikanischen Besatzungsmacht spezialisiert. Gegen Ende des Films findet sie ihre Schwester, die mit einer anderen Bande von Prostituierten in eine Schlägerei um Gebietsansprüche verwickelt ist. Die Schwestern, die von allen Seiten gebissen, geschlagen und getreten werden, umarmen einander und weinen vor Elend. Langsam schwenkt die Kamera nach oben und zeigt das verblichene Bild der Madonna und des Kindes an einer zerbrochenen Mauer.

Dies ist, filmisch gesehen, vielleicht nicht das gelungenste Beispiel für Mizoguchis Metaphorik, aber es ist eine gute Illustration dessen, wie man ganz unbefangen ausländische Symbole borgen kann, um japanische Gefühle auszudrücken. Der Logik folgend hätte Mizoguchi ein geeigneteres Idol aus dem exotischen Westen übernehmen müssen: Jesus Christus. In ihrer Bereitschaft, das Kreuz ihrer Männer zu tragen, gleichen Mizoguchis Heldinnen eher Christus als seiner jungfräulichen Mutter. Die Männer sind, wie die Sünder im christlichen Denken, dieses Opfers eigentlich nie ganz würdig. Die Frauen werden beschimpft, zurückgewiesen, verraten und entehrt, aber sie leiden weiterhin für ihre Männer und vergeben ihnen letzten Endes, wie Taki, die zu ihrem Richter aufblickt.

In dieser Hinsicht ähneln sie auch Kannon, der buddhistischen Göttin der Gnade, die eine so große Rolle in Tanizakis Symbolik und auch in den Werken vieler japanischer Schriftsteller spielt.[20] Die Umarmung der barmherzigen Göttin bringt den Männern die Erlösung. In diesem Lichte ist es ganz verständlich, daß die Madonna anstelle Christi gewählt wird. Die Vergebung der Frau, wie jene Gottes im Beichtstuhl, erteilt den Männern Absolution von ihren Sünden. Die Sünde richtet sich in diesem Zusammenhang natürlich nicht gegen den Heiligen Geist, sondern gegen die Mutter, deren Opfer und Hingabe kein Sohn je vergelten könnte.

Mizoguchis Lieblingsschauspielerin, die in den meisten seiner späteren Filme auftrat, war Tanaka Kinuyo. Es heißt, daß Mizoguchi in diese zierliche, rundliche Frau von klassischer Schönheit – rundes Gesicht, kleiner kirschförmiger Mund, schmale Augen – verliebt gewesen sei. Tanaka selbst behauptete, gewiß zu Recht, daß er nicht sie selbst, sondern nur ihr filmisches Bild geliebt habe.

Wir wollen sie mit den moderneren Göttinnen vergleichen, die ein späterer Frauenverehrer, Imamura Shohei, schuf. Die Frauen in seinen Filmen, die, wie japanische Kritiker unweigerlich hervorheben, geradezu nach Schlamm riechen, sind genauso mütterlich wie Mizoguchis Heldinnen. In physischer Hinsicht sind sie sogar noch mütterlicher. Seine Idealfrau ist, seiner eigenen Beschreibung zufolge, »von mittlerer Größe und mittlerem Gewicht, hat einen hellen Teint und glatte Haut. Das Gesicht einer Frau, die Männer liebt. Mütterlich. Ein lauwarmes Gefühl. Gute Genitalien. Saftig.«[21] Darüber hinaus, sagt Imamura, bindet sie sich an Männer, die schwächer als sie sind.[22]

Imamura hält wenig von Mizoguchis Frauen. Er glaubt nicht, daß diese sich aufopfernden Heldinnen wirklich existieren. Aber auch er ist kein Frauenrechtler, obwohl er ebenfalls häufig als *feminisuto* bezeichnet wird. Seine Heldinnen sind nicht nur stärker als Männer – was übrigens auch für Mizoguchis Filme gilt –, sie übertreffen diese sogar auf deren eigenem Gebiet. Und ihre Macht beruht in hohem Grade auf der männlichen Abhängigkeit von der Mutter.

In »Akai Satsui« (»Mordabsichten«, 1964) zum Beispiel sehen wir als Ehemann einen schwachen Jämmerling, der sich im Bett an seine Frau schmiegt, den Kopf zwischen ihren üppigen Brüsten vergräbt und das mittlerweile vertraute Wort »kachan« (»Mami«) murmelt. In »Jinrui Gakku Nyumon« (»Die Pornographen«, 1966) schläft der älteste Sohn, ein gesunder Teenager, immer noch bei seiner Mutter. Seine Geliebte entdeckt, daß er mit jeder anderen Frau impotent ist; als »kachan« stirbt, muß er sich deshalb mit einer Kunststoffpuppe begnügen. Und der letzte Teil der Muttersymbolik: In der abschließenden Einstellung des Films treibt er in einem Boot ins Meer hinaus und verschwindet für immer. Dies ist eine Parodie des Autors Nosaka Akiyuki auf das letzte Kapitel eines im 17. Jahrhundert geschriebenen Meisterwerks von Ihara Saikaku, in dem sich der wollüstige Held nach einem Leben totaler Ausschweifung auf die Suche nach der

»Insel der Frauen« macht und in seinem Boot aufs Meer hinausfährt.

Der vielleicht charakteristischste und, wie ich meine, beste Film Imamuras ist »Nippon Konchuki« (dt. »Das Insektenweib«, 1963). Er beginnt in Imamuras Lieblingslandschaft, dem kalten, schlammigen und rückständigen Nordosten Japans, wo Aberglaube und uralte Bräuche sich noch erhalten haben. Tome, die Heldin, gespielt von Hidari Sachiko, ist das Kind einer verarmten Bauernfamilie, die sie als überzählige Esserin aussetzt. Sie ist gezwungen, sich – wie so viele Mädchen vom Lande – in der Großstadt durchzuschlagen. Imamura zeigt mit seiner üblichen Ironie, wie dieses abergläubische, ungebildete, doch äußerst vitale und zähe Bauernmädchen mit der modernen Welt fertig wird. Sie treibt wie ein Insekt durch Bars, Bordelle und neue religiöse Kulte und macht sich dabei wahllos Männer zunutze.

Irgendwie gelingt es ihr, zu überleben; sie schreibt schlechte Gedichte und betet zu den lokalen Gottheiten des Nordens. Aber letzten Endes wird sie von ihrer eigenen Tochter besiegt, die mit derselben Skrupellosigkeit wie ihre Mutter zuerst deren Gönner verführt und sich dann mit seinem Geld davonmacht. Tome und ihre Tochter verletzen alle gesellschaftlichen Regeln, wann und wo es ihnen paßt. Dabei kommt ihnen wahrscheinlich die Tatsache zugute, daß es, wie wir erwähnt haben, in Japan keine absoluten moralischen Regeln gibt. Dies wurde recht präzise von Francis Ottiwell Adams festgehalten, der das japanische Leben im 19. Jahrhundert beobachtete. In seiner *History of Japan* schrieb er: »Mir scheint, daß die japanische Frau nicht aus religiösen Gründen keusch ist, sondern weil ihr dies von ihren Eltern vorgeschrieben wird. Es ist keine Frage des Prinzips, sondern des Gehorsams. Ich wäre froh, wenn sich das Gegenteil beweisen ließe.«

Es läßt sich nicht beweisen. Dies mag einen Europäer des 19. Jahrhunderts betrübt haben, aber es belustigt Imamura, wie es viele Belletristikautoren während der Edo-Zeit, etwa Ihara Saikaku, belustigte. Imamura sieht seine Heldinnen als Symbole des japanischen Lebens: des unverfälschten, vitalen – man ist beinahe versucht zu sagen: unschuldigen – Lebens, wie es immer noch in den Landgebieten Japans zu finden ist. Nicht Kannon oder die Madonna sind

Imamuras Symbole, sondern die Schamanin, die schlammige Göttin des Dorfes. Er benutzt dieses Bild immer wieder, sogar in seinem Dokumentarfilm »Ningen Johatsu« (»Ein Mann verschwindet«, 1967). Die mit der Handkamera gedrehten Cinéma-Vérité-Szenen werden von Aufnahmen der Dorfbewohnerinnen unterbrochen, die, wie die Hexen in »Macbeth«, mit starkem ländlichen Akzent zu den Geistern sprechen.

Ein anderer Film »Kamigami no Fukaki Yokubo« (»Legenden von einer südlichen Insel«, 1968), der auf einer winzigen Insel im Pazifik gedreht wurde, endet damit, daß eine Schamanin auf den Gleisen eines Touristenzuges tanzt. Wir sehen sie, aber die knipsenden Touristen mit ihren regenbogenfarbenen Bermuda-Shorts können sie nicht mehr sehen, da sie von der modernen Welt geblendet sind.

Alle Frauen Imamuras sind in gewisser Weise Schamaninnen, die mit den dunklen Rätseln der Natur und damit mit den frühesten Göttern vertraut sind. Es wirft ein interessantes Schlaglicht auf die moderne japanische Geschichte, daß Tanazaki und Mizoguchi, beide am Ende des letzten Jahrhunderts geboren, christliche sowie buddhistische Symbole vorzogen, während Imamura und andere moderne Künstler zu den ältesten einheimischen Traditionen zurückkehren. Aber die älteren Generationen waren nicht ganz so besessen von der Suche nach dem »japanischen Wesen«; sie waren gefestigter in ihrer kulturellen Identität als die Schriftsteller und Regisseure der Nachkriegszeit, die buchstäblich auf den Trümmern der nationalen Niederlage aufbauen mußten. Die Werke von Imamura, Shinoda, Shindo und vielen anderen können als Suche nach den japanischen Wurzeln betrachtet werden, um einen modischen Ausdruck zu benutzen. Vor allem Imamura ist oft mit einem Anthropologen verglichen worden, der unter dem Schlamm nach einem Sinn forscht. Wenn Japaner von der Idee ihrer nationalen Identität besessen sind, wenden sie sich unweigerlich dem Shinto zu, und das führt wie von selbst zu den matriarchalischen Göttinnen, die seine Hauptstütze sind.

3

Der heilige Stand der Ehe

Von einem gewissen Alter an, ungefähr um die Fünfundzwanzig, wird man von unbekannten Gesprächspartnern im Zug als erstes gefragt, ob man verheiratet ist. Wenn man bejaht, betrifft die nächste Frage die Zahl der Kinder. Für Frauen ist dieses Alter niedriger, und wer beide Fragen verneint, brandmarkt sich als Person, die von der Norm abweicht. Was unverheiratete Mütter angeht, so weichen sie nicht nur von der Norm ab, sondern sind im besten Falle zu bemitleiden, im schlechtesten mit Mißbilligung zu betrachten. Japan ist in vielen Bereichen – und die Ehe gehört dazu – eine in der Tradition verhaftete Gesellschaft.

Die Ehe ist in den meisten Teilen der Welt ein Passierschein in die Achtbarkeit, doch der Druck ist in Japan besonders schonungslos. Wenn eine Frau vollauf anerkannt werden will, muß sie Ehefrau und Mutter sein – gleichgültig, ob der Mann am Leben ist oder nicht –, denn nur dann kann sie *ichininmae* genannt werden, ein beliebter Ausdruck, der sowohl »erwachsen« als auch »achtbar« bedeutet. Die Massenmedien – Zeitungen, Comics, Filme, Zeitschriften, Fernsehen – tun das Ihre, um diese Botschaft zu vermitteln.

Man schaue sich etwa an, wie unverheiratete Karrierefrauen in Fernsehdramen dargestellt werden. Dies an sich ist übrigens schon eine neue Entwicklung, denn unverheiratete Frauen in der filmischen oder literarischen Unterhaltung waren früher fast ausschließlich Prostituierte, Geishas, Bardamen und andere Angehörige der »schwebenden Welt« des Nachtlebens. Heute machen Frauen etwa vierzig Prozent der japanischen Arbeitskräfte aus.[1] 52 Prozent aller Büroangestellten und 37,7 Prozent des gesamten Verkaufspersonals sind Frauen. Das Durchschnittseinkommen der Frauen beträgt jedoch nur 59,4 Prozent des Einkommens der Männer, und nicht mehr als

6,7 Prozent der Frauen arbeiten in leitenden Stellungen. Von Frauen wird in der Regel erwartet, daß sie bezaubernd aussehen, Telefonanrufe höflich beantworten und den grünen Tee kochen, der japanische Belegschaften mit Energie versorgt. Die meisten Frauen arbeiten außerdem nur vor der Ehe oder nachdem ihre Kinder erwachsen sind oder wenigstens zur Schule gehen.

Die »Bürodamen« in Fernsehserien sind ganz anders. Sie sind im allgemeinen unverheiratet und führen, oberflächlich betrachtet, ein glamouröses Leben, dem nur die wenigsten Zuschauerinnen nacheifern könnten. Es handelt sich um das wunderbare Leben, das sich Millionen von *Cosmopolitan*-Leserinnen erträumen. Die Heldinnen sind Modeschöpferinnen oder gutbezahlte Sekretärinnen in eleganten Werbeagenturen, umgeben von schneidigen jungen Angestellten, die nur darauf warten, eingefangen zu werden.

Okura Junko, die Heldin von »Hanayaka na Koya« (»Die blendende Wüste«), gehört zu diesem Typ. Sie ist alleinstehend, hübsch, etwas über Dreißig und eine erfolgreiche Modeschöpferin – kurz, all das, was eine moderne Frau zu sein wünscht. Tatsächlich wollen laut Regierungsangaben immer mehr Mädchen unverheiratet bleiben und weiterarbeiten, wenn sie »den Richtigen« nicht bis Ende Zwanzig gefunden haben.[2] Aber ist Junko glücklich? Nein, sie ist betrübt. Ihr Leben mag, wie der Titel der Serie andeutet, blendend sein, aber es ist gleichzeitig eine Wüste. Einmal klagt sie, daß »es das Ende von allem ist, wenn eine Frau wird wie ich«. Dies ist natürlich ein beruhigender Gedanke für die vielen Hausfrauen, die sich solche Programme ansehen.

Die Ehe ist notwendig für das Glück einer Frau, auf die Liebe kommt es dagegen weniger an. Nach der Moralauffassung der Samurai(Krieger)-Kaste im traditionellen Japan waren Romantik und Ehe zwei völlig unterschiedliche Dinge; persönliche Gefühle waren bedeutungslos für die Interessen des Clans und ihnen manchmal sogar schädlich. Bei den zahlreichen Landbewohnern sah das anders aus: Sie heirateten häufig aus Liebe.[3] Doch das moderne Japan ist stark von der Samurai-Mentalität beeinflußt worden, und Liebe erscheint zwar immer wünschenswerter, gilt aber noch nicht als wesentlich für den Erfolg einer Ehe.

Eine der unheimlichsten Szenen einer traditionellen Hochzeit kommt in einem von Ozu Yasujiro inszenierten Film vor. Er trägt den Titel »Banshun« (»Später Frühling«). Die erwachsene Tochter besteht darauf, bei ihrem verwitweten Vater zu leben. Aber er erklärt ihr geduldig, daß »die Ehe ein notwendiger Schritt im Laufe des menschlichen Lebens ist«. Schließlich wird sie mehr oder weniger überlistet, einen Mann zu heiraten, den sie kaum kennt. Wir sehen, wie sie fest in den zeremoniellen Kimono eingeschnürt wird. Ihr Gesicht zeigt keine Spur von Freude, alle Gefühle sind unter der Maske des kreideweißen Make-ups verborgen. Die letzte Einstellung des Films ist ihrem Vater gewidmet, der jetzt ganz allein ist. Er sitzt auf seinem Stuhl und schält eine bittersüße Frucht; nur ein leichtes Zucken in seiner Kehle verrät seine Einsamkeit. So ist das Leben, will Ozu sagen, und in der traurigen Unvermeidlichkeit seines Verstreichens liegt große Schönheit.

Dieser Film wurde im Jahre 1949 gedreht, und Ozu gilt trotz seines großen Namens in der Filmkunst heute als sehr altmodisch. Die Dinge hätten sich geändert, wird einem versichert. Das stimmt ... aber nur in gewissem Grade. Es trifft zu, daß Liebesheiraten *(renai kekkon)* viel häufiger geworden sind und daß sich die Wirkung der »Samuraisierung«[4] langsam abschwächt. Fernseh- und Filmheldinnen, die auf dem Recht beharren, selbst ihren Partner zu wählen, werden sogar mit einer gewissen Billigung gezeigt. Trotzdem werden immer noch bis zu fünfzig Prozent aller Ehen in Japan von Eltern und Vermittlern arrangiert (vielleicht teilweise deshalb, weil Jungen und Mädchen einander in einer Gesellschaft nur schwer begegnen können, wo die Geschlechter bei der Arbeit und in der Freizeit weiterhin streng getrennt sind). Man hat natürlich das Recht, potentielle Ehepartner abzulehnen, aber dies hat, besonders in konservativen Familien, seine Grenzen. Viele Mädchen – und auch Jungen – entscheiden sich immer noch für die Person, die ihre Eltern für am besten geeignet halten. »Ich habe nichts gegen ihn (oder sie)«, reicht zunächst aus.

Einen faszinierenden Einblick in die zeitgenössische Haltung gegenüber der Ehe bieten jene großen architektonischen Zuckerkuchen, die als Trauungspaläste bekannt sind. Sie stellen eine Art zeremonielle Fließbänder dar, die die glücklichen Familien vom ersten Ritual bis hin zum Abschlußbankett befördern. Im Laufe eines einzigen Tages werden so viele Menschen durch diese Einrichtungen geschleust, daß die Tische abgeräumt werden müssen, während man noch Trinksprüche ausbringt. Der einzige Vorteil dieser unziemlichen Hast besteht darin, daß langatmige Redner manchmal veranlaßt werden, sich etwas kürzer zu fassen, wenn sie die nächste Familie sehen, die schon nervös an der Tür wartet.

Überall wird Werbung für diese Institutionen gemacht: in U-Bahnen, Bussen, Zeitschriften, im Fernsehen. Da sie einem natürlichen Ereignis im Leben jedes einzelnen gewidmet ist, scheint es nur logisch, daß man sie oft Seite an Seite mit der Reklame für einen »schönen, ruhigen Friedhof« sehen kann.

Die in diesem Zusammenhang verwendeten Werbetexte sind bemerkenswert. Ich erinnere mich ganz besonders an einen, der in riesigen Lettern unter dem großformatigen Foto eines deprimiert dreinschauenden Jungen in enganliegendem Anzug stand: »Heirate! Der letzte Akt kindlicher Ehrfurcht.« Man heiratet seinen Eltern zuliebe, um seine gesellschaftlichen Verpflichtungen zu erfüllen.

Ich möchte nicht des Zynismus verdächtigt werden. Es gibt keinen Grund für die Annahme, daß traditionsgemäß arrangierte Ehen, befreit von romantischen Erwartungen, geringere Erfolgsaussichten hätten als die romantischen Ehen westlicher Prägung, in denen die Frau gleichzeitig eine Madonna und eine Hure sein soll. Es gibt gute Gründe für die Annahme, daß genau das Gegenteil zutrifft. Die Scheidungsquote ist jedenfalls in Japan niedriger: etwa ein Prozent, verglichen mit ungefähr vier Prozent in den Vereinigten Staaten und 2,5 Prozent in Großbritannien.[5]

Dies soll nicht heißen, daß Romantik nicht als Ideal, vor allem in Frauenzeitschriften, gefördert würde. Viele junge Mädchen sehen es als ihr Lebensziel, mit ihrem Geliebten »happee« zu sein, ihr ganzes Leben in der Leidenschaft einer »romanchiku moodo« zu verbringen. Unglücklicherweise könnte der Gegensatz zur Realität in den meisten Fällen nicht stärker sein, denn die Gesellschaft ist noch nicht darauf eingerichtet, diese Träume zu erfüllen.

Vielleicht liegt hier die Erklärung dafür, daß die meisten Scheidungsfälle in den letzten Jahren nicht auf den Klagen der Männer, sondern der Frauen beruhen.[6] Dies ist ein dramatischer Wandel, verglichen mit Vorkriegsjapan, als Ehemänner ihre Frauen noch zurück nach Hause schicken konnten – oft infolge von Problemen mit tyrannischen Müttern –, während die Frauen kein derartiges Recht hatten. Wer nach Hause geschickt wurde, brachte Schande über seine Familie. Seit 1948 sind Ehemänner und Ehefrauen vor dem Gesetz gleichberechtigt, und der wirtschaftliche Einfluß der Frauen hat sich in einer industriellen Gesellschaft natürlich vergrößert. Aber alte Bräuche sterben nur langsam ab. Die Idee, daß es für eine Frau entehrend sei, geschieden zu werden, ist immer noch wirksam und wird von den Massenmedien gefördert, zum Beispiel in den beliebten Fernsehprogrammen über das »wirkliche Leben«.

Diese traurigen Sendungen werden morgens ausgestrahlt, damit möglichst viele Hausfrauen sie sehen können. In ihnen treten »wirkliche Menschen« mit »wirklichen Problemen« auf. Frauen, die sich aus katastrophalen Ehen davongemacht haben, werden vor die Kameras gezerrt und zur Belustigung der Zuschauer mit ihren wütenden Gatten konfrontiert. Der Ehemann umklammert oft, Mitleid heischend, zwei heulende Kinder, die von dem Geschrei im gleißenden Licht der Studioscheinwerfer in Angst und Schrecken versetzt werden. »Sieh nur, was du ihnen antust!« brüllt der Mann und zeigt auf die zusammengekauerten Kinder. Er wird lauthals unterstützt von einem Gremium gutbezahlter »Ratgeber«, gewöhnlich Berühmtheiten aus dem Showbusiness oder Pop-Psychiater, die mehr Zeit im Fernsehstudio als in ihren Sprechzimmern verbringen. Von diesen Fernsehsachverständigen wird die Frau meist so sehr eingeschüchtert, daß sie – in unerbittlicher Großaufnahme krampfhaft schluchzend – sich bereit erklärt, zu ihrer jämmerlichen Existenz heimzukehren.

Das Fernsehen, das modernste der Massenmedien, ist in vieler Hinsicht auch das altmodischste, eben weil es so populär ist. Traditionelle Werte sind beruhigend und werden kaum jemanden verärgern. Konservatismus ist gut für das Geschäft. Hier muß hinzugefügt werden, daß auch die Presse – seien es Skandalblätter oder seriöse Zeitungen – die Grundwerte der Mehrheit der Japaner nur selten angreift. Zwar attackiert sie die Regierung von Zeit zu Zeit, doch sie ist viel weniger unabhängig als die amerikanische oder die westeuropäische Presse. Weit davon entfernt, die elementaren Voraussetzungen, auf denen die japanische Gesellschaft beruht, zu unterminieren, betrachtet sie sich selbst eher als die konfuzianistische Hüterin des öffentlichen Status quo.

Es gibt eine Art von Geschichten, die *kanzen choaku* heißen, wörtlich »Belohne das Gute, bestrafe das Böse«. Dies scheint der Idee zu widersprechen, daß im japanischen Denken kein absolut Gutes oder Böses existiert. Aber davon kann keine Rede sein, denn diese moralischen Geschichten basieren hauptsächlich auf konfuzianistischen Verhaltensregeln. Sie spielen gewöhnlich in der Edo-Zeit, als diese Regeln am stärksten ausgeprägt waren, und der Star ist häufig ein Samurai, der jedermann eine Art erleuchteter Gerechtigkeit zuteil werden läßt. Typischerweise hat diese Gerechtigkeit wenig mit Gesetzbüchern zu tun. Alles wird, wie es in Japan heißt, Fall für Fall behandelt. Diese weisen Samurai sind im Kino fast ausgestorben, doch im Fernsehen leben sie zur Erbauung der Familie in erstaunlich unverfälschter Gestalt weiter, wie so viele Überbleibsel aus der Vergangenheit.

Das vollkommene Beispiel ist eine Serie mit dem Titel »Chohichiro Tenka Gomen«. Sie spielt im 18. Jahrhundert, und der Held ist ein weiser Samurai namens Chohichiro. In einer typischen Episode erscheint eine Frau, die es in Edo zu einer erfolgreichen Kammhändlerin gebracht hat. Der Haken ist jedoch, daß sie ihren Mann und ihr Kind in ihrem Dorf zurücklassen mußte, um Erfolg zu haben. Nun, da sie es geschafft hat, möchte sie ihr Kind zurückhaben. Nach einer langen und komplizierten Suche findet sie ihre Tochter, die sie nicht erkennen will oder kann – die klassische Situation der Entfremdung zwischen Mutter und Kind.

Die Mutter ist verzweifelt, aber genau in diesem Moment greift der Samurai-Held Chohichiro ein. Die Frau erzählt ihm ihre traurige Geschichte: wie ihr Mann alles Geld vertrunken habe, wie ihre Tochter krank geworden und wie sie selbst in die Hauptstadt gekommen sei, um Geld für die Rettung des Kindes zu verdienen. »Ich habe alles nur für das Kind getan«, weint sie. Eine gute »Mutterding«-Heldin, sollte man meinen. Aber der strenge Krieger mit seiner überlegenen Weisheit beschließt, ihr gründlich die Meinung zu sagen: »Entweder benimmst du dich wie eine gute Mutter, oder du kommst in die Hölle!« (Die Helden in solchen Programmen neigen dazu, in Form dröhnender Ausrufe zu sprechen.)

Dann geht die Geschichte weiter. Wie sich herausstellt, will ihr Bürovorsteher, ein böser kleiner Mann, ihr Geschäft an sich bringen.

Mit Hilfe eines bestechlichen Beamten und mehrerer anderer zwielichtiger Typen entführt er das Kind seiner Chefin. Die Frau wird gezwungen, im Austausch für das Mädchen die Besitzurkunden ihres Geschäftes auszuhändigen. Nach dieser üblen Tat beschließen die Schurken, Mutter und Tochter umzubringen, da sie, wie es so schön heißt, zuviel wissen. Doch bevor es dazu kommt, taucht wieder der Held wie ein *deus ex machina* auf.

Nun folgt ein klassisches Klischee derartiger Zeitstücke: Der Held enthüllt seine wahre Identität als Verwandter des Shogun. Mit einer bombastischen Geste reißt er sich den Kimono auf, um sein erhabenes Familienwappen zu zeigen. Sofort fallen die Schurken zu Boden und wühlen mit den Köpfen im Staub wie kriechende Hunde. Dies ist Feudaltheater, wie es besser nicht sein kann! Der strahlende Prinz kennt jedoch keine Gnade. Er zwingt sie, aufzustehen und, einer nach dem anderen, bis zum Tode zu kämpfen. Und nach einer geschickten Handbewegung hier und einem wohlberechneten Hieb dort rollen überall Köpfe über den Fernsehschirm.

Dieses einstündige Drama endet mit einer letzten Moralpredigt des Helden an die Mutter: »Ich hoffe, du wirst dich bessern und von nun an eine wirkliche Mutter werden!« Tief gerührt verspricht sie es, und wie durch ein Wunder erkennt das Kind seine Mutter zum erstenmal. »Okasan!« (»Mutter!«), kreischt es und wirft sich in ihre Arme. Wir sehen auch den betrunkenen Vater, aber stets nur als unbedeutende Gestalt, die im Hintergrund umherschlurft. Wahre Mütterlichkeit hat nicht das geringste mit ihm zu tun, ob er betrunken oder nüchtern, gut oder schlecht ist.

Natürlich ist das Fernsehen nur ein unvollkommener Spiegel der Gesellschaft. Nicht jeder Japaner hält sich an die strikt konfuzianistische Moral, die in diesen Stücken vorgelebt wird. Immer mehr Frauen erfüllen neben der Mutterrolle noch andere Aufgaben. Aber selbst wenn die nationalen Massenmedien nicht die Realität widerspiegeln, bieten sie doch ein Bild dessen, was als schicklich gilt – wie es Hollywood bis vor nicht allzu langer Zeit in bezug auf Amerika tat.

Dies trifft nicht nur auf Phantasieprodukte zu. Wirkliche Menschen, die im Blickpunkt stehen, müssen in der Öffentlichkeit auf eine Weise moralischen Stereotypen gerecht werden, die sehr an das Hollywood der vierziger und fünfziger Jahre erinnert. Dies gilt besonders für jene Superstars des Fernsehens, die für das ganz junge Publikum produziert werden: die *talentos* – ein japanisch-englischer Begriff, der Darsteller ohne spezifisches Talent, Alleskönner mit hübscher Physiognomie bezeichnet. *Talentos* singen und tanzen in Varieté-Shows, spielen in Teenagerfilmen, lächeln nach Kräften und tun das, was ein Heer von Produzenten, Werbefachleuten und Agenten aller Art ihnen befiehlt.

Talentos sind Erzeugnisse der Werbefirmen, welche die ausgeklügeltsten Marketingmethoden benutzen. Ihr Ruhm hält selten lange an, aber während sie im Rampenlicht stehen, macht ihre unvermeidliche Allgegenwart sie zu einem wichtigen gesellschaftlichen Faktor. Alles, was sie sagen oder tun, wird sofort durch Klatschblätter und Fernsehshows an Millionen von Fans übermittelt. Was sie sagen, wird sorgfältig von denen programmiert, die sie geschaffen haben. Es weicht nie von der konservativsten gesellschaftlichen Moral ab: wie herrlich es sei, Japaner zu sein, wie sehr sie die Hilfe Älterer zu schätzen wüßten, daß harte Arbeit die Haupttugend des japanischen Volkes sei und schließlich, wie gern sie heiraten und Kinder aufziehen würden. Die populäre Presse bringt sogar bekannte Homosexuelle – was allerdings nie offen eingeräumt wird – dauernd mit mehr oder minder geeigneten Partnern in Verbindung; dieses Rätselspiel dauert so lange, bis sie endlich ihr Jawort geben.

Natürlich gibt es den einen oder anderen erfolgreichen Unterhaltungskünstler, der unverheiratet bleibt, aber er wird sehr darauf bedacht sein, gebührende Reue zu zeigen. Bei jedem Auftritt betont er mit professioneller Meisterschaft, wieviel glücklicher er als gewöhnlicher Ehegatte sein würde. Unterdessen nimmt seine Beliebtheit zu.

Die Reaktion auf Skandale, wenn sie enthüllt werden (wofür die vielen Boulevardblätter sorgen), ist genauso leicht vorherzusehen. Natürlich haben die Japaner so viel Spaß daran, pikante Geschichten zu lesen, wie jeder andere. Aber die Strafen, die schuldige *talentos* treffen, sind höchst seltsam. Nachdem ein weiblicher *talento* verhört – nicht einmal verhaftet – worden war, weil sie mit Freunden in einem Hotelzimmer Haschisch geraucht hatte, wurden alle ihre Verträge aufgelöst, darunter auch der für eine lukrative Tampon-Reklame. Dies wäre auch im Hollywood der vierziger Jahre durchaus denkbar gewesen: Robert Mitchum wurde verhaftet, weil er Haschisch geraucht hatte. Doch die folgende Szene hat eindeutig japanische Merkmale: Die Frau wurde zu einer erniedrigenden öffentlichen Entschuldigung im Fernsehen gezwungen, etwa nach Art der Selbstkritik in China während der Kulturrevolution; sie versicherte, wie leid ihr die Sache tue und wie schrecklich die Wirkungen von Haschisch sein könnten. Erst nach dieser tränenreichen Demonstration von Ehrlichkeit und guten Absichten legte sich der Zorn der gemeinsinnigen Medien, und sie durfte wieder für Tampons Reklame machen und in Shows zum Mitsingen auftreten.

Sagara Naomi, eine andere Sängerin, hatte weniger Glück. Eines schicksalhaften Tages plauderte ihre lesbische Geliebte das Geheimnis in einer Fernseh-Talkshow aus. Niemand kannte den Grund, aber infolgedessen wurde Sagara aus dem Fernsehen verbannt, solange der Vorfall in der, zugegeben unbeständigen, öffentlichen Erinnerung haftete. Sagaras Problem war schwerlich auf eine der lesbischen Liebe etwa zugeschriebene Verruchtheit zurückzuführen. Homosexualität als solche ist in Japan nie eine Sünde gewesen. Ihr Problem bestand darin, daß es ihr nicht gelungen war, ihre Freundin zu zügeln. Sie hatte die Fassade des Anstands durchbrochen, Peinlichkeit ausgelöst, das soziale Gefüge gefährdet, und natürlich war sie auch noch unverheiratet. Niemand scheint sich für das zu interessieren, was jemand in seinen eigenen vier Wänden tut, solange er sich in der Öffentlichkeit an die Regeln hält. Schließlich ist es durchaus akzeptabel, wenn ein japanischer Ministerpräsident mehrere Mätressen unterhält, solange er kein Junggeselle ist – und dann wäre er natürlich gar nicht erst Ministerpräsident geworden.

In gewisser Weise übernehmen die *talentos* in Japan die Funktion der Monarchie: Sie sind nicht nur Unterhaltungskünstler, sondern auch Muster an Anstand, Pop-Hoheiten sozusagen. Die *talento*-Welt hatte sogar einen Prinzen Charles und eine Prinzessin Diana: Yamaguchi Momoe und Miura Tomokazu. Sie eine niedliche Sängerin und Schauspielerin, er ein gutaussehender Schauspieler von – bestenfalls – durchschnittlicher Begabung. Beide waren ungeheuer populär, besonders nachdem sie in verschiedenen Filmen das romantische Paar gespielt hatten.

Im triumphalen Sommer des Jahres 1980 waren sie als die »Goruden Combi« (»Goldene Liaison«) bckannt. Sie waren das tugendhafteste, hübscheste, höflichste, am typischsten japanische Paar des Jahrzehnts. Als sie, mit oder ohne Zureden ihrer Produzenten, beschlossen zu heiraten, waren die Massenmedien – und damit die ganze Nation – außer Rand und Band. Kein Tag verging ohne eine Fernsehsondersendung, eine »Goruden Combi«-Ausgabe oder ein exklusives Interview. Es war eine Hochzeit wirklicher Pop-Hoheiten: Sie wollte von der Bühne abtreten, seine Karriere war eigentlich nie ganz in Schwung gekommen – weshalb sollten sie also nicht versuchen, am Ende noch das große Geld zu machen? Die Realität ist unwichtig, nur auf das, was schicklich und einträglich ist, kommt es an.

Alle traten in der Darbietung auf: seine Mutter, Momoes erste Lehrerin, sein bester Freund, ihre Schwester. Es gab sogar eine echte »Mutterding«-Rührgeschichte über ihre im Stich gelassene Mutter, die alles für ihre Kinder geopfert hatte. Momoe weinte darüber mindestens zweimal jede Woche ausgiebig im Fernsehen. Die nationale Fernsehgesellschaft NHK widmete dem bevorstehenden Ereignis zwei abendfüllende Sondersendungen. Zeitungen und Zeitschriften übertrafen einander mit langen Artikeln über ihre Fertigkeiten als Hausfrau und seine Lieblingsgerichte. Momoe selbst schrieb ein in großer Eile publiziertes Buch über die angemessene Rolle der Frauen in der japanischen Gesellschaft. Die »Sayonara«-(Abschieds-) Konzerte waren nicht mehr zu zählen.

Am eindrucksvollsten war jedoch die Tatsache, daß Yamaguchi Momoe, ein viel größerer Star als ihr Verlobter, beschlossen hatte, ihre gewinnbringende Karriere für immer aufzugeben, um »für Tomokazu zu sorgen«. Sie hatte genau das Richtige getan – es war das vorbildlichste, erhebendste, schicklichste Ereignis des Jahrzehnts. Seitdem sind zwei Jahre vergangen. Seine Filmkarriere ist praktisch zum Stillstand gekommen, wenn er auch in Werbesendungen für Männerkleidung und Zigaretten immer noch eine gute Figur abgibt. Inzwischen spekulieren die Zeitschriften über ihr »come backu consato«.

4

Die Frau als Dämon

Im Leben jedes Mannes kommt der Zeitpunkt, an dem er – manchmal mit erheblicher Bestürzung – begreift, daß die Wünsche und Bedürfnisse von Frauen über das rein Mütterliche hinausgehen. Zum Beispiel die Tatsache, daß Frauen sexuelle Wünsche haben, ist für manche eine Freude, für andere eine Quelle heftiger Beklemmung. Beide Reaktionen sind in Japan genauso weit verbreitet wie anderswo auch, aber für ein Land, das international als Paradies ungehemmten erotischen Genusses – Geishas, gemischte Bäder und so weiter – bekannt ist, spielt Beklemmung eine bemerkenswert große Rolle in der Volkskultur.

Wieder einmal spüren wir den festen Griff der Matriarchin. Dies wird zum Beispiel im Schaffen Terayama Shujis, des Dichters, Dramatikers, Fotografen und avantgardistischen Filmemachers, deutlich. Er war, zumindest in seiner Arbeit, von seiner Mutter besessen. Eine Szene, die in vielen seiner Werke erscheint, ist die eines jungen, hübschen Knaben, der von einer schlampigen älteren Frau, der Karikatur einer Hure, verführt wird. Darauf folgt dann irgendein Ausdruck der ungezügelten Aggression gegen die Mutter, etwa Chöre, die »Bitte, stirb, Mutter!« schmettern. In einem seiner Bücher zeigt Terayama in Fetzen gerissene oder unter zersplittertem Glas gerahmte Fotos seiner eigenen Mutter.[1] Dies scheint symptomatisch für den größten Teil seiner Arbeiten zu sein.

Da so viele moderne und traditionelle Künstler ähnliche Voreingenommenheit an den Tag legen, muß man vermuten, daß sie etwas tief in der japanischen Kultur Verwurzeltes widerspiegelt. Offenbar vergibt man der Frau ihren Sündenfall nicht so leicht. Sie wird als mütterliche Göttin angebetet, doch auch als Dämon gefürchtet. Wird die mütterliche Maske abgerissen, kommt ein furchterregender Geist zum Vorschein.

Dies ist ein verbreitetes Thema im Volksglauben wie in der klassischen Literatur. Ein berühmtes Drama mit dem Titel »Dojoji«[2], das nicht nur im No-, sondern auch im Kabuki-Theater aufgeführt wurde, handelt von einer dieser Dämoninnen namens Kiyohime. Sie verliebt sich in einen jungen Priester. Aber da er ein Keuschheitsgelübde abgelegt hat, versucht er, ihren Avancen zu entgehen. Sie verfolgt ihn immer heftiger, bis sie sich schließlich in eine zischende Schlange verwandelt. Der entsetzte Priester versteckt sich unter einer großen Glocke, doch auf dem Höhepunkt windet sich die Schlange um die Glocke und vernichtet sie und den Priester mit den tödlichen Flammen, die aus ihrem Rachen hervorzüngeln.

Auch viktorianische Engländer beharrten auf der Dichotomie zwischen der keuschen Frau und dem sexuell entfesselten Weib, doch diese Tatsache hatte weniger mit der herrschenden Muttergestalt als mit der Moral jener Epoche zu tun, die »achtbaren« Damen keine Sexualität zugestand. In Japan war dies nie der Fall. Am Beispiel der Göttin Izanami zeigt sich, daß Reinheit und Unreinheit derselben Person eigen sein können. Das gleiche Prinzip läßt sich bei den tantrischen Gottheiten Indiens beobachten, die entweder als schöne Frauen, welche die Lebenskraft in Männern entfachen, oder als Menschenfresserinnen erscheinen, die mit Leichengirlanden geschmückt sind.

Die Verwandlung keuscher Frauen in Dämonen wird auch in der modernen Literatur beschrieben. Beispiele finden sich wiederum bei Tanizaki Junichiro, der auf diesem Gebiet ein beachtlicher Kenner war. 1910, im Alter von 27 Jahren, schrieb er »Shisei« (»Der Tätowierer«)[3], eine Kurzgeschichte über einen Tätowierkünstler, der von der Idee besessen ist, die vollkommene Frau zu finden und sie sozusagen als Leinwand für seine Bilder zu benutzen. Als er tatsächlich eine solche Frau findet, eine junge Geisha mit »exquisit geformten Zehen«, betäubt er sie in seinem Atelier, »läßt seine Seele in die Tinte einfließen und ätzt sie in ihre Haut«. Nachdem sie erwacht, sieht sie zu ihrem Abscheu eine große schwarze Spinne, die ihren Rücken bedeckt, und »mit jedem bebenden Atemzug zuckten die Beine der

Spinne, als wären sie lebendig«. Von nun an, bedeutet ihr der Künstler, werden alle Männer ihre Opfer sein.

Der Fuß mit den »exquisit geformten Zehen, mit Nägeln wie die schillernden Muscheln am Strand von Enoshima, einer perlengleich gerundeten Ferse, einer glänzenden Haut, wie in das klare Wasser eines Gebirgsquells getaucht«, wird zu einer Waffe, »die mit dem Blut der Männer gespeist wird und mit der man auf ihren Körpern herumtrampeln kann«.

Mishima Yukio schrieb über Tanizakis Faszination von der dämonischen Frau, der metaphysischen *femme fatale:* Wenn »die reine Liebe für die Mutter mit sexuellem Begehren verwechselt wird, findet sofort eine Verwandlung statt. Sie wird zu einer typischen Tanizaki-Frau, wie das Mädchen in ›Der Tätowierer‹. Ihr schöner Körper birgt ein dunkles, grausames und böses Element. Wenn wir genauer hinsehen, wird jedoch klar, daß es sich nicht um eine den Frauen angeborene Verderbtheit handelt. Es ist eher eine von den Männern begehrte Verderbtheit, eine Widerspiegelung der männlichen Lust.«[4]

Der typische Held Tanizakis betet die Füße an, die auf ihm herumtrampeln. Und je mehr sie ihm zusetzen, desto stärker betet er sie an. Dieses erotische Spiel steigert sich immer weiter und endet zuweilen wirklich mit dem Tod, was zweifellos den wohligen Schauder verstärkt. In diesen Zusammenhang gehören vor allem seine späteren Charaktere, etwa der alte Professor in »Kagi« (»Der Schlüssel«, 1956) oder Utsugi Tokunosuke in »Futen Rojin Nikki« (»Tagebuch eines wahnsinnigen Alten«, 1962), die beide über Siebzig und den grausamen Versuchungen ihrer weiblichen Idole nicht gewachsen sind.

Sex ist buchstäblich ein Tanz mit dem Tode. Jedesmal, wenn Utsugis Schwiegertochter Satsuko ihm einen besonderen Gefallen erweist und ihm gestattet, ihr die Füße zu lecken, schießt sein Blutdruck gefährlich empor. Nachdem er bei einer dieser Vergnügungen fast umgekommen ist, schreibt er in sein Tagebuch:

> Der Gedanke, wirklich zu sterben, erschreckte mich. Ich versuchte, mich zu beruhigen, redete mir selbst zu, mich nicht aufzuregen. Das Seltsame ist jedoch, daß ich dabei nicht aufhörte, ihre Füße zu

> lutschen – ich konnte nicht aufhören. Je mehr ich aufhören wollte, desto stärker lutschte ich, wie ein Dummkopf. Obwohl ich glaubte, sterben zu müssen, lutschte ich immer weiter. Angst und Erregung und Lust wechselten sich ab.

Der wahnsinnige Alte möchte das Spiel sogar noch nach seinem Tode fortsetzen. Er beabsichtigt, statt des üblichen Bildnisses von Kannon, der Göttin der Gnade, einen Abguß der Füße seiner Schwiegertochter auf sein Grab setzen zu lassen, damit sie für immer auf ihm herumtrampeln kann. Dann wird er »das volle Gewicht ihres Körpers und den Schmerz und die samtige Glätte ihrer Füße spüren«.

Der Held einer früheren Geschichte (»Aguri«, 1922) gibt sich ähnlichen Phantasien über seine böse Versucherin hin. Er malt sich seinen eigenen Tod aus und träumt davon, wie sein Geist dann seine Geliebte treffen wird, die ihre schönen Beine in Seidenstrümpfen und Strumpfbändern zur Schau stellt:

> »Ich werde den alten Leichnam so kräftig umarmen, wie ich nur kann«, wird sie sagen, »ihn umarmen, bis seine Knochen knacken und bis er schreit: ›Hör auf! Ich halt's nicht mehr aus!‹ Wenn er nicht nachgibt, werde ich einen Weg finden, ihn zu verführen. Ich werde ihn lieben, bis seine welke Haut in Fetzen reißt, bis sein letzter Blutstropfen ausgequetscht ist, bis seine trockenen Knochen auseinanderfallen. Dann müßte sogar ein Geist befriedigt sein.«[5]

Georges Bataille schrieb, daß Erotik bis an den Rand des Todes getriebene Lebensfreude sei.[6] Davon finden sich Anklänge in Tanizakis Werk, doch seine Symbolik kommt einer auch in Indien, China und Tibet zu findenden Tradition näher: der Vorstellung, daß jeder Lebensfunke von einer dämonischen Leidenschaft verzehrt wird, der höchsten Vereinigung von Eros und Thanatos. Traditionsgemäß ist es jedoch häufig die Dämonin, die als Skelett beschrieben wird, nicht das männliche Opfer. Dabei läßt sich zum Beispiel an einen Druck von Kunisada denken, auf dem sich ein Samurai – in der Illusion, daß es sich um seine Frau handelt – auf einem Friedhof mit einem schrecklichen Skelett vereinigt. Auf einem anderen Druck Kunisadas mit dem Titel »Hölle der großen Hitze« sehen wir die Hölle eines

Lüstlings, dessen grotesk verlängerter Penis von schauderhaften Geistern mit Schamlippen anstelle von Köpfen gefressen wird.

Das jüngste Beispiel eines Mannes, der von der weiblichen Leidenschaft verzehrt wird, führt Oshima Nagisa mit seinem Film »Ai No Korrida« (dt. »Im Reich der Sinne«, 1976) vor. Ein Liebesverhältnis zwischen einem Gangster und einer Prostituierten verwandelt sich in eine immer enger werdende Schlinge der Leidenschaft und führt schließlich zu einem gewaltsamen Tod. Sex wird zu ihrem klaustrophobischen Universum, und nachdem das Mädchen ihren Liebhaber während eines ekstatischen Höhepunktes erwürgt hat, schneidet sie ihm zum Zeichen der endgültigen Besitzergreifung den Penis ab. Es ist ein schöner, doch erschreckender Film; er drückt die Ambivalenz von Furcht und Sinnlichkeit, die so charakteristisch für die japanische Psyche ist, vollendet aus.

Tanizaki war ein ungewöhnliches Individuum, doch gleichzeitig ein Repräsentant seiner Kultur und seiner Zeit. Nichtsdestoweniger ist Tanizakis typische Versucherin – oder die »Ewige Frau«, wie er sie oft nannte – weit von der reinen japanischen Mutter entfernt, genauso wie von den keuschen, jungfräulichen Mädchen, die Kawabata in seinen Romanen am liebsten darstellte.

Tanizakis Venus ist zwar auch jung, doch kaum unschuldig; sie ist meist recht vulgär, eine frühere Nachtclubtänzerin oder Kellnerin, und sie hat einen durch und durch modernen Geschmack, kurz, sie ist »verwestlicht« (niemals jedoch aus dem Westen). Der Held in »Aguri« träumt von seiner Geliebten als »dem Bildnis der ›Frau‹ unter dem Kimono . . . Er pflegte ihr die unförmige, unkleidsame Tracht auszuziehen, jene nackte ›Frau‹ für einen Moment zu enthüllen und ihr dann westliche Kleidung anzuziehen . . . Als sei ein Traum wahr geworden.«

Wie die meisten seiner Landsleute hatte Tanizaki dem Westen und seinen Frauen gegenüber zwiespältige Gefühle. Abendländische Dinge sagten ihm zu, aber meist nur aus der Ferne. Eine Zeitlang wohnte er in einem Ausländerviertel von Yokohama, er nahm sogar Englischstunden und versuchte, tanzen zu lernen[7], aber er konnte sich nie entschließen, in den Westen zu reisen. Wie viele Intellektuelle zog er es vor, daß seine Ideale rein und möglichst unbefleckt von der Realität waren.

Er schrieb einmal in einem Essay mit dem Titel »Ai to Shikijo« (»Liebe und Sex«), daß westliche Frauen am besten aus der Ferne betrachtet werden müßten. Sie seien besser proportioniert als Japanerinnen, aber »sie sind enttäuschend, wenn man zu nahe an sie herangeht und sieht, wie grob und behaart ihre Haut ist«. Er schloß, daß westliche Frauen angeschaut, sogar bewundert, aber nicht angerührt werden sollten. Diese Worte fassen, wie mir scheint, die übliche Haltung japanischer Intellektueller dem Westen gegenüber recht gut zusammen.

Überlegenheits- und Minderwertigkeitsgefühle gegenüber dem Westen vermischen sich in Japan auf seltsame Weise, was besonders zu Tanizakis Lebzeiten galt, als der wirtschaftliche Niedergang der westlichen Welt noch nicht so offensichtlich war wie heutzutage. Der Protagonist in »Chijin no Ai« (»Ein verliebter Tor«, 1924), einem noch unübersetzten Meisterwerk, erklärt, daß er nur zu gern eine westliche Frau heiraten würde, wenn er das Geld oder die gesellschaftliche Möglichkeit dazu hätte. Aber er gesteht: ». . . selbst wenn ich das Geld hätte, würde es mir wegen meines Aussehens an Selbstvertrauen fehlen. Ich bin klein, dunkelhäutig, und meine Zähne ragen in alle Richtungen.« Deshalb entscheidet er sich für eine westlich wirkende Japanerin.

Die ästhetische Faszination, die der Westen ausübt, ist auch im modernen Japan zu beobachten. Modezeitschriften lassen in Japan entworfene Kleidungsstücke von Blondinen aus Schweden oder Kalifornien vorführen; Kleiderpuppen mit westlichen Zügen stehen steif in japanischen Schaufenstern; Studenten schmücken die Wände ihrer Wohnheime mit Pin-ups aus der Zeitschrift *Playboy*. Andererseits scheinen sie jedoch, wie Tanizaki, Japanerinnen traditionelleren Typs, drall und mütterlich, als Freundinnen und Ehefrauen zu bevorzugen.

Diese ästhetische Schizophrenie war während der Meiji-Zeit, in der Tanizaki aufwuchs, besonders ausgeprägt. Japan wollte ein moderner Staat sein oder wenigstens so aussehen. Und modern zu sein bedeutete damals – in der Ästhetik ebenso wie in Politik und Wirtschaft –, westlich zu sein. Tanizakis *femmes fatales* mußten unter dem Einfluß des Westens entstanden sein. Die romantische Idee der *femme fatale* rührt in erster Linie aus Europa her und war besonders im

19. Jahrhundert in Mode. Die Beispiele von Frauen in der japanischen Literatur, die ihre dämonischen Kräfte gegen Männer einsetzen, sind im großen und ganzen wörtlich zu nehmen: dämonisch-eifersüchtige oder rachedürstige Geister, Frauen in Fuchs- oder Schlangengestalt.

Die grausame Versucherin, die nur ihre irdischen Kräfte nutzt, ist seltener und wird praktisch nie angebetet. In der japanischen Mythologie gibt es keine Salome, und der japanische Film kennt keine Marlene Dietrich oder Mae West. Tanizaki spielte darauf an, als er schrieb, daß »der größte Einfluß, den die westliche Literatur auf uns ausübte, die Befreiung der Liebe und sogar des sexuellen Begehrens war«.[8] Laut Tanizaki war sexuelle Liebe in der vor-modernen japanischen Literatur nie als ernstes Thema behandelt worden. Bis dahin sei die Liebe meist als ein Spiel oder als Ursache eines Selbstmordopfers dargestellt worden. Ob er damit recht hatte (worüber sich streiten läßt), ist unerheblich. Interessant ist jedenfalls, daß der westliche Einfluß in seiner eigenen Vorstellung zu seiner meisterhaften Analyse der Libido beitrug. Er mochte die europäische Literatur des 19. Jahrhunderts und kannte zweifellos ihre romantischen Tendenzen, in denen die zerstörerischen Kräfte des »ewig Weiblichen« eine so wichtige Rolle spielten.

Wie wir jedoch gesehen haben, trägt die Erschaffung des ewig Weiblichen in Tanizakis Romanen Frankensteinsche Züge. Dies gilt besonders für Naomi, das Mädchen in »Ein verliebter Tor«. Sie arbeitet zunächst als Kellnerin in einem schäbigen Bezirk Tokios, »dessen Name genügt, um die meisten Leser ihre Herkunft ahnen zu lassen«. Ihr Erschaffer, Joji, ist ein sparsamer, unscheinbarer Techniker bei einer Elektrofirma. Die einzige Frau in seinem Leben, von Naomi abgesehen, ist seine Mutter. Joji beschließt, die fünfzehnjährige Kellnerin zu adoptieren, und träumt davon, sie in eine »elegante, moderne Frau« zu verwandeln, »mit der man überall hingehen kann, ohne sich zu schämen«. Er versucht, ihr Englisch beizubringen, sie nehmen gemeinsam an Tanzstunden teil, und er läßt sie teure westliche Kleidung anziehen. Aber der Erschaffer ist, wie gewöhnlich, dazu verdammt, von den Kräften, die er entfesselt hat, verschlungen zu werden. Naomi wird zu einer verwöhnten Göttin, die ihre ausländischen Liebhaber sooft wechselt wie ihre Kleidung, während ihr

Wohltäter sich in ihren kriechenden Sklaven verwandelt, sein Wille ist völlig gebrochen, und er leckt die Füße, die ihm ins Gesicht treten.

Die Gestalt Naomis soll auf Tanizakis Schwägerin beruhen, in die er eine Zeitlang verliebt war, offenbar ohne allzu großen Erfolg. Aber sie ist auch eine Karikatur der modernen japanischen Frau, der sogenannten *moga* (*modan garu* = modernes Mädchen), des Backfisches der wilden zwanziger Jahre, der die Nächte durchtanzte. Der *succès de scandale* des Buches war so groß, daß dieses Benehmen, beispielhaft von Naomi vorgeführt und weithin von anderen nachgeahmt, als »Naomismus« bekannt wurde.

Naomismus bedeutete im wesentlichen den Zusammenbruch der traditionellen Zwänge. Die »Frau« unter dem Kimono wurde enthüllt. Unverfälschte Leidenschaft brach sich Bahn. Die Verwestlichung war, besonders vor dem Krieg, in mancher Hinsicht wie die Büchse der Pandora. Daher lassen sich der Tod der Mutter und die Geburt der bösen Versucherin in Tanizakis Werk als Metapher für den Verlust der traditionellen japanischen Vergangenheit ansehen. Der Westen, so anziehend wie trügerisch, beschmutzt diese mythische, unwiederbringliche Vergangenheit. Das Blühen des extremen Nationalismus, das zu dem unheilvollen militaristischen Abenteuer führte, folgte sehr bald nach dem goldenen Zeitalter des Naomismus.

Naomi erblickte nicht einmal zwanzig Jahre nach einer Frau das Licht der Welt, die sehr viel mit ihr gemeinsam hatte: Rosa Fröhlich in Heinrich Manns Roman *Professor Unrat,* besser bekannt als Lola-Lola in von Sternbergs Film »Der blaue Engel«. Ich bezweifle, daß Tanizaki sich dessen bewußt war, aber die beiden Frauen sind einander bemerkenswert ähnlich. Beide sind schöne, vulgäre Versucherinnen, deren sexuelle Macht ihre kläglichen männlichen Sklaven an den Rand des Wahnsinns treibt. Beide, jede zu ihrer Zeit, standen für den Zusammenbruch einer alten Ordnung: des bourgeoisen, kleinstädtischen Deutschland und des traditionellen Japan.

Die Angst vor weiblicher Macht braucht nicht unbedingt zu männlichem Masochismus zu führen. Sklavische Abhängigkeit kann sich genauso leicht in Aggression verwandeln. Dies kommt, mehr oder weniger verschlüsselt, in Mizoguchis Filmen zum Ausdruck. Die brutale Erniedrigung seiner Frauen wird mit so liebevoller Sorgfalt ausgemalt, daß sie wie eine Art ästhetischer Rache erscheint. In diesem Sinne ähnelt Mizoguchi jenem anderen großen Sensualisten des frühen Films: Erich von Stroheim, dem berüchtigten Hollywood-Deutschen der zwanziger Jahre.

Hinter seiner übertrieben diktatorischen Fassade war von Stroheim ein Moralist. Seine Filme handeln davon, wie Menschen durch Geld und Macht verdorben werden, und von den Demütigungen, die sie einander deshalb zufügen. Seine moralische Entrüstung war, wie die Mizoguchis, gewiß echt, doch man kann sich des Gefühls nicht erwehren, daß sie von seinem Ästhetizismus überlagert wurde. Verderbtheit hat auch erotische Züge; sie ist natürlich schlecht, doch auf eine faszinierende und wunderschöne Weise.

Mizoguchis Einstellung zu Frauen war genauso zwiespältig. Er ließ sich mit vielen Frauen ein, vor allem im Bordellviertel seines geliebten Kyoto. Wie von Stroheim galt er als Mann, der Frauen erniedrigt. Und es heißt, daß seine Ehefrau an der Syphilis starb, mit der er sie ansteckte. Es gibt eine bekannte Geschichte darüber, daß er einmal in einer venerologischen Klinik, in einem Raum voll von Prostituierten, zusammenbrach, ihnen erklärte, daß alles seine Schuld sei, und sie immer wieder um Verzeihung bat. Ob diese Geschichte zutrifft oder nicht, sie scheint für ihn charakteristisch zu sein. Er verehrte und haßte die Frauen, und vor allem wollte er, daß sie ihm ihre Erniedrigung vergaben.

Er hatte auch eine Neigung zu tiefer Religiosität und nahm das Votivbild des buddhistischen Heiligen Nichiren mit sich zu Filmfestspielen.[9] Mizoguchis Ästhetik ist von dem durchdrungen, was die Japaner *mono no aware* nennen, das Pathos der Dinge oder *lacrimae rerum.* Es ist eine melancholische, geradezu tragische Empfindsamkeit, die von der buddhistischen Resignation vor dem Leid des Lebens inspiriert wird. Ja, das Leben ist traurig, aber was kann man dagegen tun? Kann Trauer nicht auch sehr schön sein? Diese Haltung liegt dem größten Teil der traditionellen japanischen Kunst zugrunde. So wird die gequälte Frau, auf dem Boden hingestreckt (sein Lieblingsbild), die ganze Grausamkeit des Lebens erleidend, in Mizoguchis Werk zu einem Symbol von großer und melancholischer Schönheit.

Aber Aggression ist keineswegs immer so verhohlen oder so schön.

Die moderne japanische Pornographie ist ungeheuer sadistisch, wie jeder herausfinden kann, der nur fünf Minuten in einem japanischen Buchladen verbringt. Dies ist kein neues Phänomen. Einige der extremsten Beispiele ästhetischer Grausamkeit sind in der sogenannten dekadenten Kunst der späten Edo-Zeit (Mitte 19. Jahrhundert) anzutreffen, in den Holzschnitten Kuniyoshis und besonders in denen seines Schülers Yoshitoshi oder in den grotesk brutalen Gemälden Ekins. Sie teilten eine künstlerische Vorliebe für gefolterte Frauen. Eines der aufschlußreichsten Bilder Yoshitoshis zeigt eine schwangere Frau, die mit dem Kopf nach unten über einem Feuer aufgehängt ist, während ein häßliches altes Weib das Messer schärft, um ihr den Bauch aufzuschlitzen. In einem fast identischen Holzschnitt desselben Künstlers sehen wir einen Mann, der eine hängende Frau tatsächlich in Stücke schneidet.

Diese Art der Folter ist fast ein Klischee in der japanischen Kunst und, wie es scheint, auch in der Realität: Sie wird zum erstenmal im Nihonshoki erwähnt, einer japanischen Geschichtschronik des 8. Jahrhunderts. Offenbar ließ der Kaiser Buretsu im Jahre 500 n. Chr. »den Bauch einer schwangeren Frau zur Untersuchung der Gebärmutter öffnen«. In dem Kabuki-Drama »Hitori Tabi Gojusantsugi« von Tsuruya Namboku wird eine schwangere Frau gefoltert, aufgeschlitzt und ihr Kind in die Luft geworfen. Diese Form der Gewalttätigkeit ist vielleicht der extremste Ausdruck des Zorns darüber, daß das reine Paradies der frühen Kindheit verloren ist. Gleichzeitig verletzt sie eines der strengsten Tabus. Auf widernatürlichste Art wird der Übergang zwischen Leben und Tod auf den Kopf gestellt.

Ästhetische Grausamkeit dient in Japan – wie anderswo auch – dazu, Angst zu beseitigen, die Dämonen auszutreiben. Da weibliche Leidenschaft – schließlich birgt sie das Geheimnis des Lebens – für dämonischer gehalten wird als die schwächere männliche Variante, und da die Frau von elementarer Unreinheit ist und Männer so gefährlich irrezuführen vermag, muß sie am stärksten leiden.

Nach dem zu urteilen, was ohne weiteres erhältlich ist, gibt es nicht viele Länder, die stärker von Pornographie überschwemmt sind als Japan. Es hat vielleicht nicht die härteste Pornographie, gewiß aber den größten Anteil. Die kleinsten Vorstadtbuchläden haben einen großen Bestand an pornographischen Zeitschriften, Comics und Büchern. Es gibt Automaten, günstig an Straßenecken aufgestellt, die eine weite Vielfalt von Porno-Comics und »schmutzigen Bildern« anbieten. Eine der größten noch überlebenden Gesellschaften der einst bedeutenden japanischen Filmindustrie produziert heute – abgesehen von gelegentlichen Kinderfilmen – nichts als Soft-Pornos, und zwar einen Streifen pro Monat.

Im frühen Stadium der japanischen Geschichte, als man die Natur anbetete, gab es keine Pornographie. Sie kann neben natürlicher Unschuld nicht existieren. Die aus Holz oder Stein gemeißelten Phalli und Vulven waren – und sind manchmal immer noch – magische Gegenstände, die in Ritualen zur Förderung guter Ernten und weiblicher Fruchtbarkeit verwendet wurden. Bezeichnenderweise stammen die ersten Beispiele dessen, was man vielleicht Pornographie nennen könnte, nämlich obszöne Zeichnungen, ungefähr aus dem 10. Jahrhundert, als die buddhistische Moral einige Jahrhunderte Zeit gehabt hatte, ihren Einfluß geltend zu machen.[10] Diese Zeichnungen von Mönchen, die alle möglichen Possen treiben, und Äbten, die adlige Damen angenehm unterhalten, können durchaus Teil einer Volksreaktion auf einen im Grunde immer noch fremden Glauben gewesen sein. Außerdem dienen sie auch der gesellschaftlichen Satire und nicht nur rein erotischem Kitzel. Die Tatsache, daß diese frühen erotischen Zeichnungen *warai-e* (komische Bilder) genannt wurden, deutet gewiß nicht auf ein starkes Gefühl der Sünde hin, wie sehr buddhistische Warnungen auch mit dem Höllenfeuer gedroht haben mögen.

Die Spannung zwischen dem sinnlichen, hedonistischen Aspekt der japanischen Kultur und einer von den Behörden auferlegten, importierten Moral (im mittelalterlichen Japan spielte die Geistlichkeit eine starke politische Rolle) erreichte ihren Höhepunkt während der Edo-Zeit (1615–1867). Diesmal war es nicht der Buddhismus, sondern der Konfuzianismus, von dem die Regierung meinte, daß er am besten geeignet sei, die Bevölkerung unter Kontrolle zu halten.

Die Menschen in den Städten konnten ihren Gefühlen in der Kabuki-Kultur der lizenzierten Orte Luft machen: in den Theatern, Teehäusern und Bordellen. Pornographie spielte dabei eine wichtige

Rolle. Die meisten populären Künstler, auch die berühmtesten wie Utamaro oder Hokusai, fertigten erotische Bilder an, und sehr viele Autoren schrieben erotische Literatur. Viele pornographische Darstellungen waren Satiren auf die spießigen konfuzianistischen Klassiker; darin gleichen sie den Erotika des 10. Jahrhunderts, die den Buddhismus verspotteten.[11] Allerdings war alles streng verboten, was irgendwie als Kritik, und sei sie noch so indirekt, an der Regierung ausgelegt werden konnte.

Pornographie war unter der Tokugawa-Herrschaft nicht nur das heimliche Hobby einer sozial frustrierten Oberschicht, wie im viktorianischen England oder im kaiserlichen China, sondern auch die spontane Ausdrucksform eines Volkes, dessen Spontaneität auf jedem anderen Gebiet unterdrückt wurde. Deshalb stellen gewisse japanische Kritiker und Wissenschaftler die Kabuki-Kultur gern als eine Art politischen Protest dar. Das ist fragwürdig. Politischer Protest benötigt eine Ideologie, sei sie politisch, religiös oder beides. Daran fehlte es der Kabuki-Welt mit Sicherheit. Es stimmt jedoch, daß Kaufleute, Handwerker und sogar Samurai, die mehr als alle anderen unter den Einschränkungen der konfuzianistischen Moral litten, ungeachtet ihres Wohlstandes in politischer Hinsicht mundtot waren. Deshalb gewannen Pornographie und von Gewalt geprägte Unterhaltung in gewissem Sinne eine subversive Bedeutung, die weit über ihre ursprünglichen Absichten hinausging.

Selbst heute noch sieht eine große Zahl von Kritikern, Filmemachern, Schriftstellern und politischen Aktivisten Pornographie als subversive Waffe gegen die Behörden. Und wieder spielt eine ausländische Religion in diesem Zusammenhang eine Rolle. Seit dem 19. Jahrhundert hat das Christentum seinen Schatten auf die offizielle Moral geworfen. Japanische Politiker und Gesetzgeber sind zwar keine Christen, doch die seit der Meiji-Reform im Jahre 1868 verabschiedeten Anti-Obszönitätsgesetze sind zweifellos von dem Wunsch beeinflußt worden, in westlichen Augen als »zivilisiert« zu erscheinen.

Deshalb geht Pornographie manchmal immer noch mit einem seltsam paranoiden Nationalismus einher. Zum Beispiel stand der Film »Kuroi Yuki« (»Schwarzer Schnee«, 1965), inszeniert von Takechi Tetsuji, im Mittelpunkt eines berühmten Prozesses. Der Film erzählt von einem impotenten jungen Mann, der seinen Kitzel daraus bezieht, daß er amerikanische Soldaten erschießt und beim Liebesakt einen geladenen Revolver in der Hand hat. Der Zusammenhang zwischen amerikanischer Besatzung und japanischer Impotenz ist übrigens ein verbreitetes Thema in der Arbeit von Künstlern, die diese Periode erlebten. Man hat sogar den Eindruck, daß der verlorene Krieg eine höchst traumatische physiologische Wirkung ausübte. Jedenfalls wurde Takechis Film zunächst seines pornographischen Inhalts wegen verboten, und die Polizei von Tokio strengte sogar ein Verfahren gegen ihn an. Schließlich gewann er diesen Prozeß, aber erst, nachdem die japanischen Intellektuellen sehr viel Aufhebens von der Sache gemacht hatten.

Takechi sah seinen Film als eine politische Äußerung gegen den »amerikanischen Imperialismus«, eine beliebte Zielscheibe in jenen stürmischen Tagen. Er beschreibt sich selbst immer noch als einen *minzokkushugisha* (wörtlich »ethnischer Nationalist«) - eine Position, die stark rassistische Anklänge hat. Im Film ist dies offensichtlich: Der junge Held ermordet nicht einfach einen GI, sondern natürlich einen schwarzen GI. (Daraus wurde übrigens ein Klischee: Wenn GIs in japanischen Pornofilmen gezeigt werden - unweigerlich dabei, japanische Jungfrauen brutal zu vergewaltigen -, handelt es sich meist um Schwarze, damit der Frevel noch schlimmer wirkt.)

Takechi, der auch die Produktion eines Films unter ethnischen Gesichtspunkten betrachtet - »Die Produktion eines japanischen Films muß unsere einzigartigen geistigen Werte widerspiegeln« -, beschrieb den Angriff auf seine Arbeit ganz im Sinne der Tradition:

> Die Zensoren gingen massiv gegen »Schwarzer Schnee« vor. Ich gebe zu, daß in dem Film viele Nacktszenen vorkommen, aber es sind psychologische Nacktszenen, welche die Schutzlosigkeit des japanischen Volkes vor der amerikanischen Invasion symbolisieren. Souffliert von CIA und US-Armee, behaupten sie, mein Film sei unmoralisch. Das ist natürlich eine alte Geschichte, die man seit Jahrhunderten kennt. Als Kabuki-Dramen während der Edo-Zeit unterdrückt wurden, Frauen wegen der Gefahr der Prostitution und junge Schauspieler wegen der Gefahr der Homosexualität nicht auftreten durften, hieß es, daß die öffentliche Moral gewahrt

werden solle. In Wirklichkeit handelte es sich um widerliche politische Unterdrückung.[12]

Ironischerweise werden wieder einmal Ausländer herangezogen und verantwortlich gemacht. Interessant ist nicht, daß »Schwarzer Schnee« eine überzeugende politische Aussage enthielte – davon kann keine Rede sein –, sondern daß sowohl der Autor wie die Behörden den Film so einschätzen. Das gleiche gilt für Oshimas »Im Reich der Sinne«, einen viel besseren Film. Unter der nicht unvernünftigen Parole »Was gibt's denn an Obszönität auszusetzen?« hat Oshima seit Jahren einen mutigen Kampf in den Gerichtssälen geführt. Dadurch wurde ein Film, der ausschließlich mit Sex zu tun hat, wiederum zu einem Politikum. Sogar völlig kommerzielle Pornofilme werden auf dem Universitätsgelände und in Nachtcafés oft als subversive Äußerungen betrachtet.

In Wirklichkeit glauben japanische Intellektuelle, die sogenannten »interi«, wahrscheinlich nicht, daß die Hersteller von Soft-Pornographie politische Aktivisten seien. Aber es ist sicher, daß pornographische Bücher, Filme und Comics als Waffen in dem dauernden Streit zwischen der »schlüpfrigen« Kultur des Volkes (mit den »interi« als selbsternannten Vertretern) und den Behörden gelten, die versuchen, diese Volkskultur auszulöschen.

Ein typisches Beispiel dieses fortgesetzten moralischen Kampfes ist »die große Schamhaardebatte«. Vergewaltigung, Sadismus, Folter – all das ist in populärer Unterhaltung zulässig, doch die offizielle Grenze wird gezogen, wenn Schamhaar zu sehen ist. Dies läßt eher an Schulmeister denken, welche die Schopflänge ihrer Schüler messen, als an eine tiefverwurzelte moralische Überzeugung.

Die offiziellen Richtlinien werden ständig von Filmdirektoren, Fotografen und Künstlern – keineswegs alle aus dem Pornogeschäft – auf die Probe gestellt und bis ins Absurde verzerrt: Frauen in Comics hocken sich unbeholfen vor Männer, die aufnahmebereiten weiblichen Mündern und Händen unsichtbare Speere entgegenrecken; Mädchen werden in den durchsichtigsten Höschen fotografiert, die absolut nichts verbergen, oder sie rasieren das anstößige Haar einfach ab, was alles aus irgendeinem Grunde akzeptabler macht. »Das Volk« scheint die letzte Runde in diesem seltsamen Kampf gewonnen zu haben, denn die Regierung hat angekündigt, daß »die Zahl schwarzer Pünktchen und Quadrate auf Bildern, welche die Behörden als schädlich für die öffentliche Moral ansehen, um etwa fünf Prozent verringert wird«.

In vielen westlichen Pornofilmen, sogar der primitivsten Art, wird wenigstens zuweilen angedeutet, daß beiderseitiger Genuß zum sexuellen Akt gehört. In Japan geschieht dies ganz selten: Entweder ist die Frau das unschuldige Opfer einer Vergewaltigung oder ein zwanghaft männerfressendes Ungeheuer, das von seiner sexuellen Wildheit verzehrt wird. Das eine führt oft zu dem anderen: Die geschändete Unschuld wird zu einem männerfressenden Ungeheuer. In beiden Fällen wird sie dafür bestraft, daß sie ihre mütterliche Maske abgelegt hat. Wirklich bemerkenswert ist jedoch, daß sie diese Maske nach alledem oft wieder anlegen kann.

Ein faszinierendes Beispiel ist ein »politischer« Pornofilm, gemeinsam inszeniert von Wakamatsu Koji und Adachi Masao, der wegen angeblicher Verbindungen zu den japanischen »Rote Armee«-Terroristen später in den Nahen Osten flüchtete. Der Film hat eine »Botschaft«, ist aber völlig kennzeichnend für kommerzielle Erotika in Japan. Er trägt den Titel »Taiji ga Mitsuryu Suru Toki« (»Wenn der Fötus wildern geht«, 1966). Der Leiter eines Warenhauses lockt eine seiner Verkäuferinnen zu sich in die Wohnung. Dort bindet er sogleich ihre Hände und Füße an sein Bett, um sie mit Kerzen, Peitschen und sogar einem Rasiermesser zu foltern. Während dieser [illegible] Zeremonie trägt er blendendweiße Handschuhe.

Gerade als es unerträglich zu werden beginnt (allerdings schien es die Japaner, die sich den Film gemeinsam mit mir ansahen, kalt zu lassen), verwandelt sich die Szene in eine Illusion: Die Betonwand des Schlafzimmers wird zu einem riesigen Schoß, der den Leiter des Warenhauses in sich hineinsaugt. Er schreit: »Okasan!« (»Mutter!«). Das Mädchen, dem Blut aus zahlreichen Wunden tropft, singt dann ein zärtliches Wiegenlied, bis der Mann, erschöpft von seinen Anstrengungen, einschlummert wie ein Baby.

In einer Besprechung des Films nannte der Kritiker und Spezialist für deutsche Literatur Tanemura Suehiro, ein etwas blumiger »interi« mit einer Vorliebe für das Makabre, diese Folterung eine »Reinigungszeremonie«: »Gereinigt von der Peitsche, verwandelt sich die Frau in einem Meer von Blut in einen ungeborenen Fötus. Mit Stricken zusammengeschnürt, wie ein Tier, das von einer Schlange verschlungen wird, macht sie die Geburtswehen durch.«[13] Indem der Held die sexuelle Frau derart bestraft oder »reinigt«, gewinnt er offenbar seine »süße, verschwommen weiße Traumwelt« des mütterlichen Busens zurück. (Ein ganz ähnlicher Prozeß spielt sich bei vielen Shinto-Festen ab. Sie beginnen ebenfalls mit oft schmerzhaften Läuterungszeremonien und enden mit einer sich windenden Masse nackter Körper, ohne Ego oder Identität, die in einem pechschwarzen Schrein zusammengepreßt sind.)

Bevor Sexualität geläutert werden kann, muß sie sich zunächst manifestieren. In der japanischen Pornographie geschieht dies gewöhnlich durch Vergewaltigung. Die Opfer sind Symbole der Unschuld: Schulmädchen in Uniform, Krankenschwestern, jungverheiratete Hausfrauen und so weiter. Diese Frauen verlieben sich *immer* in ihren Vergewaltiger. Oder vielleicht ist Liebe nicht das richtige Wort: »Sie werden von ihren Körpern verraten« – so drücken sich die Filmverleiher auf ihren Reklamezetteln aus. Die Frauen werden süchtig nach der verbotenen Frucht; sie sind verunreinigt, oder, besser gesagt, die ihnen innewohnende Unreinheit manifestiert sich.

Diese Unreinheit zeigt man oft zu Beginn des Filmes auf eine sehr buchstäbliche Weise: Das weibliche Opfer wird zum Beispiel durch ein Reisfeld geschleift oder auf eine Müllkippe geworfen oder nackt auf die Straße gejagt. Das ist, kurz gesagt, genau das, was sich am Anfang einer Shinto-Zeremonie ereignet, wenn Männer sich im Schlamm wälzen oder nackt durch das Dorf laufen.

Nur wenige Frauen in der japanischen Pornowelt werden aus freien Stücken zu wilden Bestien. Ihre Unreinheit ist, wie im Falle Izanamis, einfach eine Folge der Natur. Sie ist keine Sünde, da die Frauen nichts dagegen tun können, aber sie können ihr auch nicht entkommen, denn sie liegt ihnen im Blut. Das ist der Sinn der folgenden Ankündigung, die eine Herstellerfirma von Soft-Pornos verteilte: »Dies ist die Geschichte von drei Schwestern. Sie werden Huren – weniger aus eigenem Willen als wegen des sündhaften Blutes ihrer Eltern, das sich mit ihrem Blut mischt.«[14] Oder: »Ein Mädchen wie Natsuko mag noch so keusch sein, sobald sie vergewaltigt wird, muß die traumatische Erfahrung ihr ganzes Leben ändern.« Verständlicherweise, denkt der Leser, aber dann heißt es in dem Pamphlet weiter: »Nachdem sie gewaltsam in einem Lift angegriffen wurde, hatte Natsuko in ihrem Zimmer krampfhaft über den Verlust ihrer Jungfräulichkeit geschluchzt. Dann ändert sie sich, zur Verblüffung ihrer Freundinnen, völlig. Natsuko stellt allen Männern nach, die sie glaubt sich angeln zu können.«[15]

Wenn es um Blondinen geht (alle Ausländerinnen in dieser Phantasiewelt sind blond), ist die Sache noch eindeutiger: Diese blauäugigen Frauen müssen nicht einmal vergewaltigt werden, bevor ihre Wildheit zutage tritt. In einem der vielen erotischen Comics – Millionen werden jede Woche verkauft – fand ich folgende Geschichte: Eine blonde Ausländerin, die in einem Apartment-Haus in der Vorstadt lebt, verführt jeden kräftigen jungen Japaner, dessen sie habhaft werden kann: den Milchmann, den Briefträger, den Wäschereiangestellten. Einfach niemand ist vor dieser männerverschlingenden Tigerin sicher. Endlich beschließen die Männer, daß etwas getan werden muß, lauern der Frau auf, fesseln sie an einen Baum und foltern sie. »Oh!« ruft sie (in japanischen Comics rufen Ausländer immer »Oh!«), »in meinem Land ist das, was ich getan habe, ganz normal.« Die Männer sind natürlich entsetzt und foltern sie noch mehr.

Der eigentliche Geschlechtsakt ist auf der Leinwand meist ein freudloses, krampfhaftes Zappeln, das hinter einem Stuhl oder einer Blumenvase gefilmt wird, damit die bösen Genitalien nicht sichtbar werden. Das Opfer ist nackt, doch der Mann ist gewöhnlich bekleidet und zieht die Hose nur selten weiter als bis zu den Oberschenkeln hinunter. Manchmal braucht die Hose überhaupt nicht hinuntergezogen zu werden, denn Peitschen, Kerzen, Pistolen und Schuhanzieher übernehmen die Aufgabe der Natur.

Wenn man zum x-ten Mal solche Schuhanzieherszenen gesehen hat, wird deutlich, worum es in diesen Filmen wirklich geht, insbesondere, welche Angst ausgetrieben wird: die verzweifelte Furcht vor männlicher Unzulänglichkeit.[16] Die Pornographen machen daraus kein Hehl. In Japan ist die Pornographie bemerkenswert ehrlich, was ihre Absichten betrifft. Doch der Zynismus dieser von Angst erfüllten Darbietungen geht noch weiter. Dem Überfall folgt oft die selbstquälerische Beichte des Vergewaltigers, daß er sich nur so Befriedigung verschaffen könne. Das ist das Signal für das Wiedererwachen der mütterlichen Instinkte, und am Ende trösten die Opfer ihre Angreifer.

Natsuko verliebt sich im Fahrstuhl in den Vergewaltiger, der, wie sich herausstellt, ein impotenter Lastwagenfahrer ist. Junko, eine jungverheiratete Hausfrau, kümmert sich um einen Dieb, der in ihre Wohnung einbricht und sie mit einem Klappmesser mißhandelt. Die Sexszenen, die sich an die männliche Beichte anschließen, scheinen direkt aus den »Mutterdingen« zu stammen. Jedenfalls beinahe ...

Wie besessen umarmen die Männer ihre früheren Opfer, saugen wild an ihren Brüsten, sabbern und schmatzen mit den Lippen. Liebesszenen heißen traditionsgemäß *nureba,* feuchte Szenen. Sinnliche Erlebnisse werden in Japan oft mit Wasser, dem mütterlichsten aller Symbole, assoziiert. Deshalb folgen in Comics und Filmen nach dem Höhepunkt der Sexszenen oft Aufnahmen von donnernder Brandung oder sprühenden, schäumenden Wasserfällen. Beide gehören zu den Standardklischees des Genres. Ein beliebtes Mittel, Liebe noch feuchter – und noch infantiler – erscheinen zu lassen, besteht darin, irgendeine Flüssigkeit, zum Beispiel Bier, Reiswein oder – was am allerbesten ist – Milch über die Brüste der Frau zu gießen, damit der Mann sie abschlecken und sich an ihnen reiben kann.

Die Mischung aus Grausamkeit und Verehrung, der sentimentale Sadismus sozusagen, der sich in den »Mutterdingen« und in Mizoguchis Filmen zeigt, ist auch in der Pornographie recht deutlich. Wie nicht überraschen dürfte, vereinen die beliebtesten Pornostars die Elemente von Wildheit und Mütterlichkeit. Das berühmteste Beispiel ist eine Frau namens Tani Naomi. Diese Schauspielerin, die erst vor kurzem entschied, daß sie nun endlich Schluß machen wolle, verbrachte beinahe ihre ganze Karriere damit, gefesselt, mit Peitschen geschlagen und von impotenten Scheusalen mit Schuhanziehern vergewaltigt zu werden. Je mehr sie litt, desto populärer wurde sie, wie die Mütter in den Fernsehdramen. Fans wie Kritiker priesen lyrisch den »süßen Blick in ihren Augen«, während sie mit irgendeinem schrecklichen Instrument gefoltert wurde.

Tani Naomi sah sogar aus wie eine japanische Mutter; ihr üppiger

Busen war in einen weiten Kimono gehüllt. Sie war das ideale Objekt, an dem die Männer ihre Ängste auslassen konnten, wie die geduldige Mutter, die von ihren Söhnen geknufft wird. Sie war die versklavte Muttergöttin, die passive Trägerin des Kreuzes männlicher Unzulänglichkeit.

Manchmal fragt man sich, wer die wirklichen Opfer in diesen Filmen sind. Ist es letzten Endes tatsächlich die Frau, die am meisten leidet? Zweifellos in physischer Hinsicht, aber vielleicht nicht in geistiger. Betrachten wir zum Beispiel den durchschnittlichen Ehemann der Vergewaltigungsopfer: Er wird stets als passiver Kümmerling dargestellt, als jemand, den man bei Partys in der Ecke sitzen läßt; als typischer »Gehaltsempfänger«, der seine Freizeit in Pornokinos verbringt oder zur Hauptverkehrszeit in Vorortzügen Pornocomics liest, zusammengepfercht mit anderen, die genauso sind wie er, die das Gesicht hinter ähnlicher Literatur verbergen und manchmal das erdrückende Gedränge ausnutzen, um eine unglückliche junge Sekretärin zu begrapschen, die aus Schüchternheit nicht protestiert. (Diese verstohlene Art der Mißhandlung ist in Japan sehr verbreitet, und der anonyme Angreifer, der sogenannte *chikan,* ist in Pornophantasien eine populäre Gestalt.)

Sind damit die männlichen Leser nicht die eigentlichen Opfer? Die sechsundzwanzigjährige Shimako in dem Film »Heiße Haut der Liebesjägerin« hat einen impotenten Ehemann, und »ihre Nächte sind unglaublich lang«, wie es in der Werbebroschüre heißt. Sobald ein anderer Mann sie überfallen hat, verwandelt sie sich in eine nymphomane Furie mit einer unersättlichen Gier nach der Peitsche.

Man spürt den Masochismus des unzulänglichen Hahnreis und, wie impliziert wird, vieler Männer im Publikum. Die weiblichen Opfer in diesen Phantasien geben sich oft Abteilungsleitern und Bürovorstehern hin, um den Arbeitsplatz ihres Gatten zu retten oder den Bankrott abzuwenden. In diesen Geschichten besteht, wie im wirklichen Leben, eine enge Verbindung zwischen Impotenz und finanziellen Problemen. Die Angreifer gehören natürlich genau zu dem Menschenschlag, der den »Gehaltsempfängern« (Büroangestellte), welche die Mehrheit des Publikums bilden, das Leben schwermacht. Noch pikanter ist die Tatsache, daß es den Phantasiefrauen durchaus Spaß macht, von diesen Bestien vergewaltigt zu werden; in den leidenschaftlicheren Szenen pflegen sie zu rufen: »Oh, du bist soviel besser als mein Schwächling von einem Mann!«

Natürlich sind diese Phantasien nicht auf die Japaner beschränkt. Man braucht sich nur die Leserbriefspalten eines britischen oder amerikanischen Nacktmagazins anzusehen, um das zu begreifen. Es fällt auf, wie häufig dieselben Stereotypen vorkommen und mit welcher Hysterie sie dargeboten werden. Die Kombination von fast erdrückender körperlicher Intimität während der Kindheit und der sozialen Repression, die sich anschließt; die Idealisierung der Mutter und das Trauma bei der ersten Entdeckung weiblicher Sexualität – all das könnte überall vorkommen, aber es scheint, daß der Schock nirgends so vernichtend und verbreitet ist wie in Japan.

5

Das menschliche Kunstwerk

Liebe zur Natur gilt allgemein als Grundlage der japanischen Ästhetik. Es heißt, daß der Mensch sich in China und Japan in die Natur einfüge; es gebe keine Abspaltung wie im Westen, wo der Mensch dazu neige, die Kräfte der Natur zu bekämpfen. Dieses Argument wird häufig durch Hinweise auf traditionelle Schriftrollen oder Tintezeichnungen untermauert, in denen der Mensch nur einen bescheidenen, zuweilen fast unsichtbaren Platz beansprucht. Die Landschaft dient hier nicht einfach als Hintergrund für die Darstellung des Menschen, sondern der Mensch ist ein Teil des natürlichen Milieus.

In der Kunst und im Alltagsleben benutzen die Japaner gern Bilder der Natur, um menschliche Emotionen auszudrücken. Japanische Romanautoren verstehen es meisterhaft, Naturmetaphern und -bilder in ihre Geschichten einzuflechten. Und die Briefe und Postkarten eines Japaners beginnen immer mit einer kurzen Beschreibung des Klimas.

Das traditionelle japanische Haus ist, im Gegensatz zu manchen anderen Ländern, nicht wie eine Steinfestung gebaut, die den Elementen widerstehen kann. Statt dessen ist es ein zerbrechlich wirkendes Holzgebäude, das an allen Seiten zu öffnen ist. Es erscheint so unbeständig wie die Jahreszeiten selbst.

In traditionellen Gemälden gibt es keinen Fluchtpunkt. Man blickt auf die Szene hinunter, und je höher die Gegenstände auf dem Bild sind, desto weiter ist die Szene entfernt. Dies schafft die Illusion von Tiefe, aber es ist keine dreidimensionale Illusion; jeder Schatten fehlt, nichts steht für sich allein: Mensch, Haus, Natur – alles verschmilzt miteinander.

Diese Weltsicht ist sowohl in der Shinto-Tradition als auch in der buddhistischen Religion verwurzelt. Im Shinto ist alles, was zur Natur gehört, potentiell heilig. Nach buddhistischer Auffassung sind die Menschen nur ein einzelnes Element im natürlichen Zyklus von Leben und Tod. Jeder könnte im nächsten Leben als Frosch oder Mücke wiederkehren.

Der Mensch ist ein untrennbarer Teil der Natur. Aber wird er dadurch zu einem natürlichen Wesen? Wir wollen eine weitere Analogie betrachten: Die Natur ist eine fruchtbare Mutter, die uns mit Speise und Trank versorgt. Doch – und das ist der Haken – die Natur kann auch schreckliche Kräfte der Vernichtung in sich bergen; sie kann plötzlich verheerende Erdbeben, mörderische Taifuns und Sturmfluten ausbrechen lassen. Wie die Frau, die andere rätselhafte Kraft, die unvermittelt tobende Leidenschaften entfesseln kann, muß die Natur gezähmt oder zumindest kontrolliert werden.

Die japanische Einstellung der Natur gegenüber ist deshalb nicht einfach von Liebe geprägt, sondern auch von einer tiefen Furcht vor ihren unberechenbaren Kräften durchdrungen. Die Natur wird zwar verehrt, doch erst, nachdem Menschenhand sie umgestaltet hat. All jene schönen Gärten, die sich »auf natürliche Weise« den japanischen Häusern anpassen, sind rein künstlicher Art. Nichts Wildes darf in ihnen wachsen – manche der geschätztesten Gärten bestehen ausschließlich aus Steinen. Die japanische Liebe zur Natur erstreckt sich nicht auf die unverfälschte Natur, vor der die Japaner Abscheu zu empfinden scheinen.

Dies schließt natürlich die menschliche Natur ein. Baudelaires Maxime »La femme est naturelle, c'est à dire abominable« steht genau im Einklang mit traditionellen japanischen Gefühlen. Menschen, besonders Frauen, müssen sozusagen umgeformt, ritualisiert und, so weit wie möglich, in Kunstwerke verwandelt werden. Natürlich spielt die Form eine große Rolle bei dem, was jeder von uns wo auch immer in der Welt tut – und aus ähnlichen Gründen. Auch gewisse Teile der westlichen Gesellschaften waren – und sind manchmal noch – von Fragen des Stils besessen. Viele Kulturen jedoch – darunter auch jene Chinas und Koreas, der engsten Nachbarn Japans – lassen individueller Spontaneität mehr Spielraum, als es in Japan die Regel ist. Die traditionelle japanische Ästhetik drückt sich oft in einer künstlichen und recht anonymen Art der Schönheit aus. In seinem Roman *Insel der Puppen* (*Tade o Kuu Mushi,* 1928) beschreibt Tanizaki diesen Sachverhalt, bezogen auf ein Puppentheater:

> War die wirkliche Koharu [Name einer Kurtisane und einer Gestalt in dem Puppenspiel] nicht vielleicht eine »puppenhafte« Frau? Ob sie es nun war oder nicht, die vom Theaterpublikum gesuchte Idealgestalt verkörperte sicherlich nicht die Koharu der Schauspieler, sondern die Koharu dieser Puppe. Die klassische Schönheit blieb entrückt, verhalten, darauf bedacht, nie zuviel Eigenleben zu zeigen, und diese Puppe hier entsprach durchaus jenen Erfordernissen. Eine eigenwilligere, farbigere Gestalt würde die gewünschte Wirkung zunichte gemacht haben ... Vielleicht war diese Puppe wirklich die »ewige Frau«, wie die japanische Überlieferung sie sah ...

In demselben Roman kommt eine andere Puppenfrau namens O-Hisa vor. Sie ist die Geliebte eines alten, mit makellosem Geschmack ausgestatteten Lebemannes in Kyoto. Oder, genauer gesagt, sie ist, wie sein Schwiegersohn Kaname es ausdrückt, »eine der Antiquitäten seiner Sammlung«. Der alte Mann läßt sie alte Seidenkimonos anziehen, die »schwer und steif wie Fesseln« sind. Sie darf sich nur traditionelle Puppenspiele ansehen und wenig nahrhafte japanische Delikatessen zu sich nehmen. Der alte Mann bildet und kultiviert sie als »seine kostbare Puppe«. Kaname beneidet seinen Schwiegervater ein wenig. Wenn er an seine eigenen komplizierten Probleme denkt, scheint ihm eine Frau wie O-Hisa die Lösung zu bieten. »Also tut man zweifellos besser, sich in jene Art von Frau zu verlieben, die man wie eine Puppe hätscheln kann ... so schien für ihn das Leben des alten Mannes ... einen tiefen inneren Frieden zu bergen, der mühelos und ohne Vorübungen errungen wurde. Könnte er doch nur dem Beispiel des alten Mannes folgen, so dachte Kaname bei sich.«[1]

Die Ästhetik der menschlichen Puppe wird in Kawabata Yasunaris Roman *Nemureru Bijo* (»Haus der schlafenden Schönheiten«, 1961) bis ins Extrem fortgeführt. Junge Mädchen in einem teuren und äußerst spezialisierten Bordell werden mit Drogen in tiefen Schlaf versetzt, damit sie reichen alten Männern als stumme und völlig passive Bettgefährtinnen dienen können. »Für die alten Männer, die soviel Geld bezahlten, war es ein Segen, neben einem dieser Mädchen zu liegen. Da sie das Mädchen nicht wecken durften, brauchten sie sich der Unzulänglichkeiten des Alters nicht zu schämen. Außerdem konnten sie all ihren Phantasien und all ihren Erinnerungen an Frauen, die sie gekannt hatten, freien Lauf lassen.«

Kawabata vergleicht diese schlafenden Schönheiten mehrere Male mit buddhistischen Gottheiten, die den alten Männern Erlösung und Vergebung ihrer Sünden gewähren. »Vielleicht ist sie die Inkarnation Buddhas«, denkt der alte Mann. »Es ist möglich. Schließlich gibt es Geschichten darüber, daß Buddha in der Verkleidung einer Lustdienerin, einer Prostituierten, auftrat.« Diese betäubten Mädchen – und der Buddha – sind nicht nur puppenartig, scheinbar ohne persönliche Identität wie rätselhafte buddhistische Skulpturen, sondern auch jungfräulich und rein. Man kann sich ihnen auf erotische Art nähern, doch sie bleiben letzten Endes unangreifbar, da sie unschuldige schlafende Gegenstände sind. Nur durch so reine Unschuld, will Kawabata offenbar sagen, ist Erlösung und Versöhnung mit dem Tode möglich.

Eine vergleichbare Situation zeigte Wakamatsu Koji kürzlich in einem Film mit dem Titel *Mizu no Nai Puru* (»Teich ohne Wasser«, 1982). Ein junger Fahrkartenschaffner in einer U-Bahnstation findet die perfekte Methode, junge Frauen zu vergewaltigen. Er schleicht sich nachts an ihre Wohnungen heran und sprüht mit einer Sprühdose Chloroform in ihre Zimmer. Wenn sie hinreichend betäubt sind, vergeht er sich auf absonderliche Weise an ihnen. In einer Szene drapiert er drei nackte Mädchen, die alle tief schlafen, um eine festlich gedeckte Tafel und schminkt ihre Gesichter sorgfältig mit Lippenstift und Rouge. Die gespenstische Schönheit dieser seltsamen, stummen Tableaus wird gelegentlich vom Aufblitzen seiner Polaroidkamera untermalt. Dies ist für japanische Verhältnisse kein außergewöhnlich bizarrer Film. Der unbekannte Vergewaltiger ist in der japanischen Unterhaltung eine so verbreitete Gestalt, daß die Wunschvorstellung völliger Anonymität sehr tief verwurzelt sein muß. Unzweifelhaft ist in dem Film starke Sympathie für den anonymen Angreifer zu spüren. In der letzten Standaufnahme streckt er uns die Zunge heraus: er hat es der Welt gezeigt. Es gibt eine denkbare soziale Erklärung: In Japan ist es schwer, allein zu sein, in einem traditionellen Heim geradezu unmöglich. Und die Komplexität menschlicher Beziehungen, die voll von Pflichten und Verbindlichkeiten sind, kann in einer Gesellschaft, in der man auf keinen Fall das Gesicht verlieren darf, schwer zu ertragen sein.

Andererseits herrscht allgemeines Entsetzen vor der Einsamkeit, davor, von der physischen Nähe der anderen getrennt zu sein. Die Anonymität der Menge scheint eine Lösung zu bieten. Man wird durch die Gegenwart anderer beruhigt, ohne wirklich mit ihnen Gedanken austauschen zu müssen. So kommt es dazu, daß an jedem durchschnittlichen Tag in Tokio Tausende von Menschen mit ausdruckslosen Gesichtern in langen, stummen Reihen wie bedrückte Fließbandarbeiter dasitzen und sich von Spielautomaten *(pachinko)* hypnotisieren lassen. Und so entsteht auch das Wunschbild vom anonymen Vergewaltiger.

Die Vorliebe für Puppenfrauen zeigt sich auch in vielen anderen, weniger perversen Verhaltensweisen. Zum Beispiel werden die in modernen Warenhäusern beliebten Liftgirls speziell dazu ausgebildet, so puppenartig wie möglich zu sein. Elegant mit Uniformen und blütenweißen Handschuhen bekleidet, grüßen sie die Kunden mit gekünstelten Falsettstimmen und machen dann wie Spielzeugsoldaten rituelle Armbewegungen, um die Fahrtrichtung der Aufzüge anzuzeigen: nach oben und unten, nach links und rechts, immer nach dem gleichen Muster.

Diese Mädchen werden nicht nur dazu gedrillt, wie Frauendarsteller auf der Bühne zu sprechen, sondern sie müssen auch die Präzision der zeremoniellen Verbeugung wie eine Kunstfertigkeit erlernen. Ein stolzer Personalchef führte mich einmal durch ein Ausbildungszentrum. Er erklärte mir, wie man den Mädchen mit Hilfe einer Maschine die perfekte Verbeugung beibringt. Es ist eine Vorrichtung aus rostfreiem Stahl, die in der Mitte eines makellos sauberen Raumes steht. Eine Stahlstange auf dem Rücken der Mädchen ließ sie den Körper im gewünschten Winkel abknicken: fünfzehn Grad, dreißig oder fünfundvierzig, was alles sorgfältig von einer Digitalanzeige registriert wurde. »Wissen Sie, das Gerät ist nicht nur für Neulinge«, versicherte mir der Personalchef und half einer jungen Angestellten mit einem Stock nach, »auch Frauen, die schon länger bei uns sind, benutzen es von Zeit zu Zeit, um Verbeugungen zu üben.« In manchen Warenhäusern ging man sogar noch einen Schritt weiter und beschloß aus wirtschaftlichen Gründen, echte Puppen statt lebendiger zu verwenden. Das war ein Fehler, denn die Kunden beschwerten sich, weil sie die »menschliche Note« vermißten.

Das Fernsehen ist ein außergewöhnlicher Schaukasten für Puppenfrauen. In Shows am späten Abend beispielsweise kann man sogenannte »Maskottchen-Mädchen« beobachten, deren einzige Aufgabe darin besteht, auf einem Stuhl zu sitzen, herausfordernd in die Kamera zu blinzeln und absolut stumm zu bleiben. Ähnliches kommt auch im Westen vor: etwa bei Automobilausstellungen, wo Mädchen dekorativ auf Kühlerhauben sitzen. Doch im westlichen Fernsehen müssen Bikinischönheiten zumindest irgendeine Funktion *vortäuschen,* und sei es nur, daß sie einem Quizmaster Requisiten bringen. In Japan sind sie einfach nur anwesend, passiv und hübsch.

Teenager-*talentos* sind häufig Puppen. Sie sind in solchem Maße der Choreographie, der Regie und dem allgemeinen Drill unterworfen, daß jedwede eventuell einmal vorhanden gewesene Spontaneität wenig Überlebenschancen hat. Jede Bewegung, jede Geste, jedes Lächeln, jeder Satz ist das Ergebnis gründlicher Ausbildung. Das extremste Beispiel der letzten Jahre war ein Gesangsduo namens »Pink Lady«: zwei langbeinige Mädchen, deren schwindelerregende Beliebtheit etwa drei Jahre anhielt. Sie sangen und tanzten nicht nur in völliger Übereinstimmung, sondern sie sprachen sogar im Gleichklang, und stets mit den Falsettstimmen von Liftgirls.

Nach ein paar Jahren begann hin und wieder ein schwacher Funken aufsteigender Menschlichkeit durch die Plastikfassade durchzuscheinen – eine zarte Andeutung, daß »Pink Lady« in Wirklichkeit menschliche Wesen und nicht bloß ausgeklügelte Roboter waren. Genau zu diesem Zeitpunkt fing das ganz junge Publikum an, ihre Göttergleichheit anzuzweifeln. Als die Puppen so lebendig geworden waren, daß sie einen Auftritt in der hochangesehenen Fernseh-Neujahrsshow ausschlugen, war das Ende ihres Ruhms besiegelt.

Unzweifelhaft haben viele sogenannte »Prominente«, etwa im amerikanischen Fernsehen, ihren Auftritt genauso sorgfältig einstudiert und sind genauso weit von ihrem »wirklichen Ich« entfernt wie die Japaner. Der Auftritt ist jedoch von anderer Art: In den Vereinigten Staaten probt man, um natürlich, zwanglos, kurz gesagt, echt zu wirken. Man benimmt sich »natürlich«; die Zuschauer sollen nicht merken, daß alles nur vorgetäuscht ist. Fernsehdarsteller sind schließlich Persönlichkeiten.

In Japan ist es meist genau umgekehrt. Die Zuschauer interessieren sich kaum für das »wirkliche Ich«, und man macht keinen Versuch, die Täuschung zu verbergen. Im Gegenteil, Künstlichkeit wird oft um ihrer selbst willen geschätzt. Die Darsteller bemühen sich nicht, zwanglos oder »echt« zu wirken, denn es ist ja gerade die Form, die Kunst der Täuschung, wenn man so will, auf die es ankommt. Das soll nicht heißen, daß sich professionelle Fernsehdarsteller in Japan sämtlich wie anonyme Bestattungsunternehmer verhielten. Oft gilt die entgegengesetzte Regel: Das Fernsehen erlaubt einem, sich auf unerhörte Art zu benehmen – etwa wie ein wahnsinniger Clown zu schreien und zu kreischen –, denn es ist nicht die wirkliche Welt. Dieses Verhalten ist, wie man nicht zu unterstreichen braucht, genauso gekünstelt wie das der förmlich Auftretenden.

Wenn wir das traditionelle Puppentheater betrachten, wird der kulturelle Unterschied deutlich. In westlichen Theatern bleiben die Puppenspieler verborgen, damit die Puppen so echt wie möglich wirken. In Japan stehen sie mit den Puppen auf der Bühne, denn es gibt keinen Grund, sie zu verbergen. Das Publikum will sie sehen, damit es ihre Fertigkeiten beurteilen kann – diese Einstellung ist vergleichbar mit jener der frühesten japanischen Filmzuschauer, die von dem Vorführgerät genauso fasziniert waren wie von den flimmernden Bildern auf der Leinwand. Der Unterschied besteht also darin, daß die amerikanischen Prominenten wie die japanischen *talentos* Puppen oder Marionetten sein mögen, daß aber das durchschnittliche amerikanische Publikum davon nichts wissen will, während der japanische Zuschauer Wert darauf legt.

Das gleiche Prinzip gilt auch für das gesellschaftliche Leben. Je förmlicher eine Gesellschaft, desto offensichtlicher sind die Rollen, welche die Menschen spielen. In dieser Hinsicht sind die Japaner alles andere als »unergründlich«. Es gehört überall zum gesellschaftlichen Leben, daß man schauspielert, das heißt sich bewußt in einer vorgeschriebenen Weise verhält. Aber eine immer größer werdende Zahl von Menschen im Westen ist so besessen von der Idee, »echt« zu wirken, daß sie sich selbst glauben machen, sie schauspielerten nicht, sondern seien ganz und gar natürlich. Im Extremfall gilt selbst Grobheit als lobenswerte und ehrliche Methode, »man selbst« zu sein. In Japan ist es in den meisten Fällen nach wie vor notwendig, persönliche Neigungen der gesellschaftlichen Form unterzuordnen. Da sie ein höfliches Volk sind, verbringen die meisten Japaner den größten Teil ihrer Zeit damit, eine Rolle zu spielen.

Dies ist der Mehrheit natürlich bewußt. Der Gegensatz zwischen der öffentlichen und der privaten Persönlichkeit ist oft verblüffend. Sobald ein Liftgirl nicht mehr im Dienst ist, wird ihre Stimmlage ein paar Oktaven tiefer: Sie verwandelt sich in eine ganz andere Person. Gewiß haben Japaner individuelle Persönlichkeiten wie alle anderen Menschen, aber persönliche Gefühle werden für jene (oft alkoholischen) Anlässe aufbewahrt, bei denen Vertraulichkeit am Platze ist. Die dabei geäußerten Gefühle scheinen oft übermäßig sentimental, aber auch dies ist natürlich eine Variante der Schauspielerei.

All diese Faktoren tragen dazu bei, daß das Leben in Japan auf einen Außenseiter höchst theatralisch wirkt. Sogar die Kleidung scheint häufig etwas bühnenmäßig. Japaner wollen im allgemeinen nicht einfach als Individuen, sondern als Angehörige einer Gruppe oder eines Berufsstandes identifiziert und kategorisiert werden. Kein japanischer Koch, der auf sich hält, würde sich ohne seine hohe weiße Mütze sehen lassen; »interis« (Intellektuelle) tragen Baskenmützen und Sonnenbrillen zur Schau, wie Exilanten der zwanziger Jahre am Rive Gauche in Paris. Und Gangster tragen grelle Nadelstreifenanzüge über dem tätowierten Körper. Kurz, jeder ist seiner Rolle entsprechend gekleidet. Sogar Landstreicher mit ihren unmöglichen Fetzen und Haaren, die als geflochtene Taue bis zur Hüfte hinunterhängen, sehen aus wie Bühnenvagabunden.

Diese Neigung, sich stilisierten Mustern anzupassen, ist in den traditionellen Künsten vielleicht am deutlichsten. Solche Muster oder Formen heißen *kata*. Das Kabuki-Theater zum Beispiel beruht auf *kata:* einer Reihe traditioneller Posen und Bewegungen, die man von Jugend auf lernt, indem man die Meister nachahmt. Deshalb ist die Choreographie jeder Bühnenrolle seit Jahrhunderten bis in die kleinste Einzelheit unverändert geblieben, abgesehen von nur für Kenner ersichtlichen winzigen persönlichen Zusätzen durch berühmte Schauspieler. Bezeichnenderweise wurden viele dieser Posen und Gesten des Kabuki direkt vom Puppentheater übernommen.

Aber *kata* kommen auch in modernerer Aufmachung daher. Im Gegensatz zu einem Franzosen oder einem Italiener erfindet ein japanischer Koch in der Regel keine eigenen Rezepte. Statt dessen lernt er die *kata* seines Berufes, indem er die Bewegungen seines Meisters imitiert (und zwar im buchstäblichen Sinne, denn in der japanischen Küche ist es wichtiger, die Speisen geschickt zu schneiden und zu zerkleinern, als verschiedene Zutaten zu mischen). Die Zubereitung rohen Thunfisches erlernt man im Grunde auf die gleiche Weise wie etwa Karatetritte: durch endlose Nachahmung von Mustern.

Kata – ob es nun darum geht, Fisch zu schneiden, einen Gegner beim Judo auf die Matte zu werfen, Blumen zu stecken oder eine bestimmte Rolle in der Gesellschaft zu spielen – sollten im Idealfall in Fleisch und Blut übergehen. Dafür gibt es den Begriff *karada de oboeru:* mit dem Körper lernen, wie ein Kind schwimmen lernt oder gar sich zu verbeugen, wenn es noch auf den Rücken der Mutter gebunden ist. Dieses Training vollzieht sich manchmal unter erheblichen Schikanen von Meistern und älteren Kollegen, was seinerseits als eine Art charakterliche Formung gilt, vergleichbar etwa dem System der Bedienung älterer durch jüngere Schüler in alten britischen Public Schools. Nur ein Schüler, der dies sehr lange aushält, kann je darauf hoffen, ein Meister zu werden. Ein Kochlehrling, der drei Jahre seines Lebens damit verbracht hat, die perfekte Methode zu erlernen, wie eine Reiskugel in der linken Hand zu formen sei, ist natürlich der letzte, der diesen mühsamen Lernprozeß kritisiert: Er ist zu lange und zu streng gedrillt worden.

Bewußtes Denken wird auf dem Weg zur Vollkommenheit als Hindernis betrachtet. Ein japanischer Meister erklärt nie etwas. Weshalb man etwas tut, ist unwichtig, es kommt allein auf die Form an. Auf überfüllten Bahnsteigen sieht man dauernd Geschäftsleute, welche die Bewegungen eines Golfschwunges üben, oder Studenten, die endlos den Wurf eines Baseballs wiederholen, ohne Ball natürlich. Baseball und Golf sind alles andere als traditionelle japanische Künste oder intellektuelle Tätigkeiten, doch die Methode, sie zu erlernen, ist völlig traditionell. Man glaubt, daß jemand, der die vorgeschriebenen Bewegungen perfektioniert, den Ball automatisch treffen wird, wie durch eine mystische Kraft – genau wie der be-

1 Frau mit Affengesicht auf einem alten Fruchtbarkeitsstein.

2 Fruchtbarkeitsgöttin mit männlichem Symbol.

3 Steinphallus und -vagina.

4 Tanz des Furchtbaren Himmelsweibs in dem Film *Nihon Tanjo* (Geburt Japans), der 1955 von Inagaki Hiroshi gedreht wurde.

5 Striptease auf japanisch.

6 Das Liebespaar in Mizoguchis *Taki no Shiraito* (Die Wasserzauberin).
7 Chutaro wird in dem Film *Mutter hinter meinen Augen* von seiner Mutter zurückgewiesen.
8 Die »Mutter Japans« (Mochizuki Yuko) versucht in dem Film *Eine japanische Tragödie,* ihren Sohn zurückzuhalten.
9 Imamura Shoheis Lieblingsschauspielerin Hidari Sachiko in *Das Insektenweib.*

10 Mutter und Sohn *(Der Goldjunge und die Bergmutter)* auf einem Druck von Utamaro (1796–9).

rühmte Zen-Bogenschütze, der mit geschlossenen Augen ins Schwarze traf, nachdem er jahrelang nur den Bogen gespannt hatte. Man ist fast versucht zu sagen, daß die Form im Idealfall das Individuum – nicht umgekehrt – meistern soll.

Ein bekannter japanischer Kulturkritiker macht eine klare Unterscheidung zwischen dieser Art der *kata*-Kultur, die er den »Weg der Kunst« *(geido)* nennt, und einer spielerischen, volkstümlichen Kultur, die den Inhalt über die Form stellt. Der »Weg der Kunst« ist diesem Kritiker gemäß »stark religiös und von der aristokratischen Mentalität der Kriegerschicht durchdrungen. Der andere Kulturtyp entzieht sich auf dem Höhepunkt seiner Entwicklung der Religion und beruht auf dem spielerischen Geist *(asobi no seishin)* des gewöhnlichen Volkes.«

Eine ähnliche Unterscheidung ließe sich in den meisten Ländern treffen, aber ist sie wirklich stichhaltig? Die Antwort muß lauten: Nur teilweise. Offenkundig gibt es einen Unterschied zwischen aristokratischer Kunst und volkstümlichem »Spiel«. Aber die beiden Traditionen beeinflussen und speisen sich gegenseitig; deshalb ist zweifelhaft, daß man wirklich den Anspruch erheben kann, die eine sei die Kunst der Form und die andere die Kunst des Inhalts. Allerdings ist erstaunlich, wie sehr die Japaner sogar bei ihren volkstümlichen und spielerischen Tätigkeiten an die *kata*-Regeln gebunden bleiben.

6

Die Kunst der Prostitution

Das klarste Beispiel für die Überschneidung von Leben und Theater bietet die größte Puppenfrau aller Zeiten, jenes so oft mißverstandene Symbol Japans: die Geisha. Sie ist sicherlich das höchste menschliche Kunstwerk. Ein Kunstwerk, das volkstümlich und spielerisch sowie in hohem Maße ästhetisch ist – oder war. Als solches symbolisiert sie den japanischen Schönheitssinn. Alles, was sie tut, ist nach streng ästhetischen Regeln stilisiert. Ihr »wahres Ich« – wenn es so etwas geben sollte – ist sorgfältig hinter ihrer professionellen Persönlichkeit verborgen (wenn dies das richtige Wort ist). Wie Kabuki-Schauspieler und Sumo-Ringer trägt sie gewöhnlich den Namen einer früheren Berühmtheit ihres Standes; und sogar ihre Gesichtszüge sind unter einer dicken Schicht Make-up – so weiß wie der Reis, aus dem es hergestellt ist – kaum zu erkennen.

Die traditionelle Geisha existiert zwar noch, doch immer weniger Mädchen sind bereit oder wirtschaftlich gezwungen, sich mit den Härten und Einschränkungen des Geishalebens abzufinden. Die institutionelle Bedeutung des traditionellen Teehauses ist allmählich so weit gesunken, daß nur noch eine winzige Minderheit von japanischen Männern ein solches Gebäude je betreten hat. Wie so viele klassische Künste ist *geisha asobi* (wörtlich »Spielen mit Geisha«) zu einem sehr teuren Hobby für eine kleine Anzahl von Männern geworden, die es sich leisten können: vorwiegend Politiker und Industriemagnaten, welche die Teehäuser als diskrete Orte benutzen, an denen sie die Beute des Wirtschaftswunders verteilen.

Eine frühere Geisha erzählte mir einmal in Kyoto, daß die meisten Kunden die Regeln des *geisha asobi* nicht mehr kennen. Geishas, die die traditionelle – ziemlich gestelzte – Schlagfertigkeit erlernt haben, ernten nur leere Blicke, wodurch die ganze Sache recht einseitig wird, wie ein Elisabethanisches Kostümstück, das verständnislosen Fußballanhängern vorgeführt wird. Was als eine dramatisierte Version des Lebens begann, ist nun unverfälschtes Theater geworden. Die Manierismen, die einst durchaus *de rigueur* waren, sind für immer in einer gespenstischen Modenschau fixiert. Es ist, als habe man Geisha-Partys gleich lebenden Mahnungen an die traditionelle Vergangenheit bewahrt, gleichsam als teure Zeitmaschinen. (Sie sind tatsächlich sehr teuer; ein Besuch bei einer Geisha-Party – nach den nötigen Einführungen, ohne die man gar nicht erst durch die Tür kommt – kann mehr als 1500 Mark kosten.)

Das Schicksal der Geisha-Party ist eng mit jenem des Kabuki-Theaters verwandt. In alter Zeit wußten die einfachen Theaterbesucher, die sowohl mit den Schauspielern wie mit den Stücken gründlich vertraut waren, ganz genau, wann sie Ermunterungen und häufig derbe Späße zur Bühne hinaufrufen mußten, denn auch dafür gab es Regeln, *kata.* Heutzutage beschäftigt jedes Theater offizielle Claqueure, die strategisch geschickt unter den Zuschauern verteilt sind und an den geeigneten Höhepunkten die Namen der Schauspieler rufen. Dadurch soll ein Anklang an die alte Atmosphäre geschaffen werden. Indessen bemühen sich Besuchergruppen aus der Provinz, den Stücken zu folgen, indem sie mittels Ohrstöpseln aufgezeichneten Erklärungen lauschen. Die Tatsache, daß diese Einrichtungen soviel von ihrer Vitalität verloren haben, ist jedoch nicht entscheidend. Die Mentalität, die dazu beitrug, sie zu gestalten, hat überlebt, wenn auch oft in vulgarisierter Form.

Nachtclub-Hostessen und Bardamen haben den Platz von Geishas und Kurtisanen eingenommen, und die traditionelle, den Freunden japanischer Drucke vertraute »schwebende Welt« hat sich in das *»mizu shobai«,* das »Wassergeschäft«, verwandelt. Zweifellos spielen Frauen eine unvermindert bedeutende Rolle als unterhaltende Kunstwerke, und zwar nicht nur in künstlerischer, sondern auch in gesellschaftlicher Hinsicht. In den folgenden Kapiteln werde ich das wechselnde Erscheinungsbild der – in Ermangelung eines besseren Ausdrucks – Unterhalterinnen behandeln. Damit ihre Wichtigkeit für die moderne Gesellschaft verständlich wird, muß ich einen kurzen Überblick über ihre Geschichte geben. Wenn der Leser sich fragt, was reale Personen in einem Buch über Phantasien zu suchen haben, dann muß er sich klarmachen, daß die Frauen des japanischen Wassergeschäfts Phantasien *sind,* wenn auch lebendige.

Es ist nicht immer leicht, zwischen reinen Unterhalterinnen und Prostituierten zu unterscheiden. Sogar heute hört man, daß manche Hostessen in modernen Nachtclubs Prostituierte seien und andere nicht. Es hängt eben, wie so vieles in Japan, von den Umständen ab. Die Geisha ist jedenfalls keine Prostituierte, obwohl es früher gebräuchlich war, daß ihre Arbeitgeber ihre Jungfräulichkeit für sehr viel Geld an einen besonders bevorzugten Kunden verkauften. Das geschieht nicht mehr. Die Geisha ist eine Unterhalterin, nichts anderes, aber sie ist Teil einer alten Tradition, in der Prostitution eine wichtige Rolle spielt.

Prostituierte waren im 10. und 11. Jahrhundert beliebte Gespielinnen von Aristokraten der Heian-Zeit. Während der Kamakura-Zeit (1185–1333), dem Goldenen Zeitalter der Samurai, wurden Mädchen in vielen Fertigkeiten – neben den eindeutig erotischen – ausgebildet, um den höheren Rängen der Kriegerschicht zu dienen, darunter auch dem Kaiser selbst, der, nebenbei gesagt, kaum etwas anderes zu tun hatte, als mit Mädchen zu »spielen«.

Im 16. Jahrhundert verfügte der Militärherrscher Hideyoshi, daß Prostitution fortan auf besondere, lizenzierte Gebiete zu beschränken sei. Dies kennzeichnete den Beginn einer einzigartigen Kultur, die bis ins späte 19. Jahrhundert blühte und deren Einfluß bis heute zu spüren ist. Niemals in der Geschichte der Menschheit haben Prostituierte eine so herausragende und wichtige Rolle in der Kultur einer Nation gespielt wie die Kurtisanen der Edo-Zeit.

Vom 17. Jahrhundert an dienten die lizenzierten Bordelle den reichsten und mächtigsten Männern Japans sowie begnadeten Dramatikern, Dichtern, Holzschnittzeichnern, Schriftstellern und Musikern als Salon. Manches Lied, das in einem Bordell entstanden ist und die Unbilden eines Kurtisanenlebens vor dreihundert Jahren beklagt, wird immer noch gesungen, höchstwahrscheinlich von einer achtbaren Frau mittleren Alters mit einer Vorliebe für Klassisches.

Die Welt der Prostituierten war genauso hierarchisch organisiert wie die übrige japanische Gesellschaft. Es gab viele Ränge zwischen der höchsten Kurtisane, der *tayu,* und der gewöhnlichen Hure, der *joro* oder der *yuna,* die ihrem Gewerbe in öffentlichen Bädern nachging. Die *tayu* war eine äußerst kultivierte Frau, wenn auch gewöhnlich von niedriger Herkunft. Eine berühmte *tayu* namens Takao, die in der zweiten Hälfte des 18. Jahrhunderts lebte, soll sich meisterhaft auf das Blumenstecken, die Teezeremonie, Dichtung, verschiedene Musikinstrumente, Kunst, Kartenspiele und Weihrauchriechen – seit Heian-Zeiten eine hochgeschätzte Fertigkeit – verstanden haben.[1]

Die *tayu* war nicht nur eine große Künstlerin, sondern auch ein großes Kunstwerk. Der grandiose Eintritt einer berühmten Kurtisane in ein Teehaus – mit einem Gefolge von Spaßmachern, Schülerinnen und Schmeichlern – bestand aus einer Reihe kunstvoller dramatischer Posen, vergleichbar dem Auftritt einer früheren Hollywoodgöttin, die eine angestrahlte Treppe hinabgleitet. Die Wirkung war hoch theatralisch, wie die eines darstellerischen Kunststücks. Mit den Worten des amerikanischen Wissenschaftlers Donald Shively: »Die Gestaltung der ersten Begegnung eines Kunden mit einer Kurtisane, ihre Etikette und ihr charakteristisches Geschäker sind tatsächlich eine erlesene Weiterentwicklung der im primitiven Kabuki-Theater üblichen Sketche darüber, wie man eine Prostituierte auf galante Weise anspricht.«[2]

Schon von Anfang an bestand eine enge Verbindung zwischen Theater und Prostitution. Reisende Unterhalterinnen, oft Tänzerinnen oder buddhistische Geschichtenerzählerinnen, waren häufig auch Prostituierte. Die legendäre O-Kuni, die angebliche Gründerin der ersten Kabuki-Truppe, soll diese Funktionen auf sehr einträgliche Weise verquickt haben. Offiziell war sie eine *miko,* eine Schamanin, die zu einem Schrein gehörte, doch ihre Auftritte, bei denen sie als Mann gekleidet war, dienten als erotische Werbungen für weitere Tändeleien nach der Vorstellung.

Die Behörden, die Ruhestörungen fürchteten, versuchten einzuschreiten, indem sie Schauspielerinnen verboten, auf der Bühne zu erscheinen. Das Ergebnis war, daß Jungen ihren Platz in der Gunst reicher Kunden einnahmen. Ihara Saikaku, ein zynischer Beobachter des Kabuki-Theaters im 17. Jahrhundert, bemerkte, daß »wirklich nichts auf der Welt schmerzlicher ist als die Notwendigkeit, sich unter diesen Umständen seinen Lebensunterhalt zu verdienen. Der Schauspieler und die Kurtisane ähneln einander nur allzusehr in ihrem hoffnungslosen Schicksal.«[3]

In den Vergnügungsvierteln von Edo, Osaka und Kyoto vermischten sich oft Realität und Phantasie. Wirkliche Intrigen, Skandale und tragische Liebesgeschichten wurden fast sofort in die Stücke der Kabuki-Theater einbezogen. Auf erotischen Drucken *(shunga)* wurden berühmte Schauspieler in amourösen Posen mit genauso gefeierten Prostituierten gezeigt, allerdings selten als erkennbare Individuen. Es handelte sich eher um idealisierte Versionen von Menschen, welche die professionellen Namen berühmter Vorgänger trugen. (Dieser Brauch ist immer noch weit verbreitet, sogar wenn überhaupt keine Verbindung zu dem ehrenhaften Vorfahren besteht. Ich habe, zum Beispiel, in überaus schäbigen Varietétheatern drittklassige Unterhalter gesehen, die stolz die Namen großer Kabuki-Familien trugen.)

Prostituierte des 17. Jahrhunderts wurden wie Schauspielerinnen von professionellen Kritikern beurteilt. Die sogenannten *joro hyobanki* waren kritische Führer zu den verschiedenen Vergnügungsvierteln, mit detaillierten Kritiken der Talente ihrer Bewohner. Nach Konzeption und Gestaltung hatten diese Kritiken große Ähnlichkeit mit denen über Schauspieler. Man muß den Vorbehalt machen, daß die Broschüren sich zunächst fast völlig auf die körperlichen Reize der Darsteller und nicht auf ihr künstlerisches Geschick konzentrierten. Aber auch die Prostituierten galten zweifellos als Künstlerinnen, deren Unterhaltung genauso theatralisch war wie das Bühnengeschehen, dem sie nachzueifern trachteten. Um noch einmal Donald Shively zu zitierten: »Während das Kabuki unerwartet erotisch war, könnte das Bordell als Theater der Liebe beschrieben werden, wo Dorfmädchen als kultivierte Schönheiten auftraten und bescheidene Kaufleute sich den Anschein von Staatsmännern gaben.«[4]

Kaum jemand hatte moralische Bedenken, an diesem Spiel teilzunehmen. Solange Männer ihre Pflicht erfüllten und ihre Familien auf eine Weise versorgten, die keine Schande über ihre Vorfahren brachte, stand es ihnen frei, sich sinnlichen Freuden hinzugeben, vorausgesetzt natürlich, daß sie sich diese Freuden leisten konnten. Das Familienleben und das Liebesleben eines Mannes hatten nichts miteinander zu tun. Schließlich hatte er sich seine Frau nicht aus romantischen Gründen gewählt, und Sex als solcher war keine Sünde. Solange das Spiel mit Prostituierten also nur ein Spiel blieb, gab es dagegen keine Einwände. Dies ist, trotz des offiziellen Verbots der Prostitution seit 1958, im großen und ganzen immer noch der Fall.

Das »Spiel« war vielleicht wichtiger als Sex *per se*. Man kann immer noch japanische Geschäftsleute beobachten, die das Vermögen ihrer Firmen in den Nachtclubs von Tokio für nichts anderes als gewagte Dialoge mit den Hostessen ausgeben. Diese Art des professionellen sozialen Verkehrs hat im Fernen Osten eine lange Tradition. Während der Tang-Dynastie (618–906) in China beispielsweise umgaben sich reiche Herren, Gelehrte und Dichter mit hochgebildeten Kurtisanen.[5]

Die Männer, die es sich leisten konnten, hatten wenigstens drei oder vier Frauen zu Hause. Nach den Regeln der konfuzianistischen Moral war es die Pflicht des Mannes, sie alle sexuell zu befriedigen. Aber außer dem Gebären von Kindern, vorzugsweise Söhnen, und der Bewirtschaftung des Haushalts hatten diese achtbaren Matronen wenig Aufregendes zu bieten. Sie waren meist Analphabetinnen und wußten – isoliert, wie sie in den Hinterzimmern des Heims waren – nichts von der Außenwelt. Wenn chinesische Männer von Stand andere weibliche Gesellschaft suchten, mußten sie sich deshalb den Kurtisanen zuwenden, die jedem Gespräch gewachsen waren und daneben vorzüglich singen und tanzen konnten. Die besten Teehäuser waren eher künstlerische Salons als Stätten, an denen man Sex kaufte; zu letzterem Zweck konnte man billige Bordelle aufsuchen, welche vor allem Männer bedienten, die sich nicht mehrere Frauen leisten konnten. Die Beziehung zwischen den Kurtisanen und ihren Kunden war durch eine strenge Etikette geregelt. Sogar wenn es wirklich zu einem sexuellen Verhältnis kam – nicht jeder war allein durch elegantes Geplauder zu befriedigen –, war zunächst kunstvolles Werben am Platze: Austausch von Liebesgedichten, Zurückweisungen, geheime Treffen und schließlich die Zahlung einer großen Summe.

Man kann sich des Gefühls nicht erwehren, daß der eigentliche Liebesakt etwas enttäuschend gewesen sein muß, denn Sex war wiederum nicht das Entscheidende. Es war der elegante Flirt, das kultivierte Werben, kurz, das »Spiel« zwischen Mann und Frau, die Romantik als hohe Kunst, welche die Lebemänner des alten China erregte. Das gleiche scheint während der Heian-Zeit (794–1185) für die Japaner gegolten zu haben oder, genauer gesagt, für die kleine Aristokratie des damaligen Japan, die den eleganten Lebensstil Chinas unter der Tang-Dynastie nachahmte. Doch die Aristokratie *war* die Heian-Kultur, da das übrige Volk viel zu arm war, als daß es sich auf irgendwelche Spiele hätte einlassen können.

Promiskuität war ein Bestandteil des Hoflebens. Dies mag überraschen, wenn man bedenkt, daß Männer und Frauen adliger Herkunft einander nur selten sahen. Die Damen waren in den Frauenquartieren verborgen und konnten mit ihren Liebhabern meist nur Gedichte austauschen, die von Vertrauten übergeben wurden. Sogar wenn ein Liebespaar im selben Zimmer war, saß die Frau häufig hinter einem Schutzschirm. Und nachts, wenn die meisten Rendezvous stattfanden, muß es so dunkel gewesen sein, daß körperliche Intimität sicherlich kein großes visuelles Erlebnis war. Doch wenn man der »Geschichte des Prinzen Genji« oder dem »Kopfkissenbuch«, zwei zeitgenössischen Chroniken des Hoflebens, trauen darf, vergnügten sich die Heian-Aristokraten häufig miteinander im Bett und wechselten ständig die Partner. Aber wie im China der Tang-Zeit waren die Spielregeln kompliziert und streng. Alles hatte den Stil und die Etikette zu wahren. Außerdem durfte das Spiel nie die Verpflichtungen der Familie gegenüber beeinträchtigen.

Die Hierarchie der verheirateten Frauen (es war eine polygame Gesellschaft) mußte respektiert werden, besonders die Position der ersten Frau. Rang und Klassenzugehörigkeit waren von überragender Bedeutung, wenn man einen Ehepartner wählte, denn die Macht einer Familie beruhte weitgehend auf wohlüberlegten Eheschließungen. Die Ehe war, mit anderen Worten, eine politische Einrichtung. Aber obwohl Männer und Frauen viel größere Freiheit als in späteren Zeiten hatten, der Sinneslust zu frönen, gab es in Japan keine Tradition ritterlicher Minne. Liebe als abstraktes Ideal, getrennt von rein sexueller Anziehung, gab es bis vor kurzem im Grunde nicht. Homosexuelle Liebe ist eine mögliche Ausnahme.

Ivan Morris bemerkte:

Das Fehlen jedes Ideals ritterlicher Minne, das Treue, Schutz und romantisches Sehnen mit sich brachte, sowie die Billigung eines hohen Grades an Promiskuität ließen die Beziehungen zwischen

Männern und Frauen in Murasakis Welt leichtfertig und recht herzlos wirken. Man hat den Eindruck, daß, ungeachtet aller in den Gedichten ausgedrückten eleganten Empfindungen, die Liebesverhältnisse jener Zeit, besonders bei Hofe, selten von echten Gefühlen erfüllt waren und es sich oft um reine Verführungsübungen handelte.[6]

Mit anderen Worten, es war ein Spiel, ein *asobi,* das jedoch durch die beherrschende Rolle des guten Geschmacks davor bewahrt wurde, zu etwas Derbem und Anrüchigem zu degenerieren.[7] Der emotionale Höhepunkt einer Liebesbeziehung war vielleicht weniger die nächtliche Leidenschaft als das obligatorische elegante Gedicht, das am folgenden Morgen nach strengen ästhetischen Vorschriften verfaßt werden mußte. In diesen äußerst abgedroschenen Werken war selten von Liebe oder auch nur von der Geliebten die Rede. Statt dessen erwähnte man tränendurchtränkte Kimonoärmel beim Anbruch der Dämmerung oder das grausame Krähen des Hahnes, das die Zeit des Abschieds ankündigte. Ein kultivierter Galan der Heian-Zeit schickte seiner Dame sogar die Feder eines dieser Spielverderber, zusammen mit folgendem Gedicht:

> Nun ist er tot –
> Der herzlose Vogel
> der mit schrillem Schrei den Frieden dunkler Nacht durchbrach
> Doch ach, das Morgenrot kommt stets
> die Freuden wahrer Liebender zu enden.[8]

Es war, als gingen die Menschen Liebesverhältnisse ein, um elegante Seufzer über die melancholische Vergänglichkeit des Lebens auszustoßen. Zweifellos hatten sie Gefühle, doch diese wurden weitgehend von ästhetischen Ritualen und sozialer Förmlichkeit sublimiert. Menschliche Leidenschaft und ihre physische Ausdrucksform wurden nicht von einem abstrakten moralischen Code, etwa Ritterlichkeit oder Sündhaftigkeit, bestimmt, sondern von der Ästhetik, von der Etikette um ihrer selbst willen. Die Liebe war Kunst um der Kunst willen, ein exquisites Theaterstück. Gefühle, welche die Hofdamen nicht auf diese Weise sublimieren konnten, vertrauten sie melancholischen Tagebüchern an, deren literarische Eleganz nie übertroffen wurde.

Die »schwebende Welt« der Vergnügungsviertel während der Edo-Zeit setzte in vieler Hinsicht die beiden eben beschriebenen Traditionen fort: die konfuzianistische Doppelmoral und die Schauspielerei des Heian-Hofes. Das Bedürfnis nach professioneller weiblicher Gesellschaft entstand aus ähnlichen Bedingungen wie im alten China. Obwohl die Japaner im großen und ganzen monogam waren, hatte die konfuzianistische Moral starken Einfluß, und »die kulturellen Kenntnisse der hochklassigen Prostituierten übertrafen bei weitem jene, welche die Ehefrau eines Städters aufzuweisen hatte.«[9]

Die Sitten und Bräuche in den Bordellen der Edo-Zeit wurden von denen des Heian-Hoflebens inspiriert oder waren ihnen direkt nachempfunden. Prostituierte legten sich die Namen adliger Damen aus der »Geschichte des Prinzen Genji« zu.[10] Führer zu den Prostituiertenvierteln, etwa der 1655 zusammengestellte Togensho, wurden im klassischen Stil des Genji und anderer berühmter traditioneller Werke geschrieben. Obwohl diese Publikationen ans Satirische grenzten, verbreiteten sie eine Aura von hocharistokratischem Geschmack.

Natürlich war das alles ein kunstvolles Phantasiegebilde, denn es gab entscheidende Unterschiede zwischen dem dekadenten Leben der Heian-Aristokratie und den Vergnügungsquartieren der Edo-Zeit. Vor allem waren die letzteren im wirklichen Sinne demokratisch. Dies scheint paradox in einem Zeitalter, das nur wenig Raum für soziale Mobilität ließ. Doch gerade die Beschäftigung in Bordellen und Theatern bot eine der wenigen Möglichkeiten, sich von den erdrückenden Klassenbeschränkungen der damaligen Zeit zu befreien. Davon abgesehen, daß alle Klassen, von den Samurai bis hin zu bescheidenen Kaufleuten, die lizenzierten Bezirke sehr zum Ärger der Regierung besuchten, waren die dort aufgeführten Stücke eine Imitation der Gesellschaft selbst.

Im Theater spielten Verfemte – Schauspieler waren gezwungen, in Gettos zu leben – die Rolle großspuriger Samurai und eleganter Hofdamen. Sie putzten sich auf so unerhörte Weise heraus, daß sie die Aristokratie in den Schatten stellten. Kurz gesagt, sie brachen eines der ernstesten Tabus jener Zeit, indem sie den Stil einer höheren Klasse nachahmten. Die Vergnügungsviertel waren buchstäblich eine Bühne, auf der Menschen die Rollen übernehmen konnten, die ihnen im täglichen Leben verwehrt waren. Dies war nahezu subversiv in einer Gesellschaft, die in so hohem Maße auf dem Stil der äußeren Erscheinung beruhte. Man hat diese Schauspieler als religiöse Sündenböcke beschrieben, die Tabus brachen, um sie zu läutern.[11] Eine der traditionellen Funktionen des Festes ist schließlich der rituelle Bruch von Tabus.

Die Aristokratie der Bordelle bestand meist aus Bauernmädchen, die ihre dunkle Haut zum Zeichen der Vornehmheit weiß schminkten und ihren ländlichen Akzent unter einer Kunstsprache verbargen, die auf den höflichen Formen des Kyoto-Dialekts, voll von bombastischen Phrasen und komplizierten Verb-Endungen, basierte.[12] Sogar als Kunde mußte man sich in den Sitten und Bräuchen des Bordells gut auskennen, wenn man nicht als unwissender Tölpel verspottet werden wollte, was für den Edo-Playboy schlimmer als der Tod gewesen wäre.

Es war alles andere als leicht, die Gunst einer hochklassigen *tayu* zu gewinnen. Sie mußte umworben werden, und zwar, genau wie am Heian-Hof, nach den Regeln strenger Etikette. Ein unbeholfener Provinzler, der die Regeln nicht kannte, hatte nicht mehr Chancen bei einer *tayu* als sein modernes Pendant bei einem Topmannequin.

Die oben in diesem Kapitel beschriebenen Leitfäden sollten den gewöhnlichen Mann mit diesen komplexen Regeln vertraut machen und gleichzeitig indirekt seine Phantasie anregen. Auch als sie sich später in ein rein literarisches Genre, die sogenannten *sharebon,* verwandelten, verloren sie nie ganz ihre didaktische Funktion. Die Verfasser dieser besonders während des 18. Jahrhunderts populären Bücher waren oft intellektuelle Angehörige der Samurai-Kaste und Kenner des Bordellebens. In jenen Tagen war es das Ideal jedes Dandys, ein *tsu* zu sein, ein Mann mit Lebenskenntnis, ein Fachmann für Bordelletikette. Die Autoren waren so besessen von den kleinsten Einzelheiten der Unterschicht-Eleganz, daß ihre Bücher heute fast unverständlich sind.

Die typische *sharebon*-Erzählung dreht sich gewöhnlich um einen *tsu* und einen Tölpel, der sich oft als *tsu* ausgibt. Die Komödie geht stets zu Lasten des wichtigtuerischen Dummkopfs, der die Regeln nicht kennt. Aber sie nur zu kennen reicht auch noch nicht ganz aus. Dies ist die Moral eines berühmten Werkes mit dem Titel *Yushi Hogen* (»Das Patois des Lebemannes«), veröffentlicht im Jahre 1770 und geschrieben von einem Autor, der sich »Tada no jiji« (»Nur ein alter Mann«) nennt. Es handelt von einem Vater, der seinen Sohn zum erstenmal mit ins Bordell nimmt – eine nicht ungewöhnliche Einführung in die Freuden des Erwachsenenlebens. Der Vater, ein protziger Langweiler, trägt stolz seine intime Kenntnis der Bordellsitten zur Schau. Der Sohn ist freundlich, bescheiden und höflich zu den Kurtisanen. Wie sich versteht, erweist eines der Mädchen ihm, nicht seinem großmäuligen Vater die Ehre, eine Liebesnacht mit ihm zu verbringen. Ein wirklicher *tsu* versteht es, die Prostituierten zu erfreuen.

Der Markt für erotische Leitfäden ist alles andere als erschöpft: Ein modernes Buch mit dem Titel *Yoru no Kyokasho* (»Ein Lehrbuch des Nachtlebens«) wurde zu einem Bestseller. Es informiert sorgfältig und geduldig darüber, wie man sich in Nachtclubs, Bars und »Cabarets« (billige Nachtclubs) amüsieren kann, ohne sich lächerlich zu machen. Zum Beispiel sollte man folgendermaßen mit einer Bardame plaudern:

> Jeder ähnelt irgendeinem anderen. Dies gilt besonders für Bardamen, die das gleiche Make-up wie Schauspielerinnen und Unterhaltungskünstlerinnen benutzen. Wenn man aber einer Bardame zum erstenmal begegnet, platzt man nicht einfach damit heraus, daß sie wie eine gewisse berühmte Sängerin aussehe. Das tut jeder. Dagegen sollte man so begeistert wie möglich über diese Sängerin sprechen, darüber, wie sexy sie sei und so weiter. Dann läßt man, ganz beiläufig, einfließen, wie sehr die Bardame dem Star ähnelt.

Damals wie heute täuschte der geübte *tsu,* wie die Kurtisanen, aristokratische Nonchalance vor. Er hielt sich an die förmlichen Verhaltensregeln, aber auf eine etwas nachlässige Weise, als müsse er nie erkennbar sein Bestes geben. Dies ist die Art von Eleganz, welche die Japaner *iki* nennen, was häufig und nie ganz korrekt als »Forschheit« oder »Schmiß« übersetzt wird.[13] *Iki* wird von der Patina des Alters und mühsam errungener Erfahrung gefördert. Es läßt sich auch an

Details der Bekleidung ablesen: an der lässig gebundenen Schärpe eines Kimonos oder einem kühnen Muster, das fast ans Vulgäre grenzt. *Iki* ist eine Methode, mit den Regeln zu spielen, ohne sie je ganz zu überschreiten. Es ist eine Ästhetik, die sich direkt vom Leben in den Bordellen ableitet.

Es gab allerdings eine Regel der Halbwelt, die nicht gebrochen werden durfte, und sie traf mehr oder weniger auch auf den Heian-Hof zu: Das Spiel mußte Spiel bleiben – Romantik, nicht Sex war die verbotene Frucht in diesen Vierteln.[14] Es galt als höchst unzivilisiert, sogar ungehobelt, sich zu verlieben. Schließlich mußte die Kurtisane ein Kunstwerk bleiben, ein Geschöpf der Phantasie ohne wahre persönliche Identität. »Eine ehrliche Kurtisane ist so selten wie ein quadratisches Ei«, war eine beliebte Redensart in den Edo-Vergnügungsvierteln.[15] Dies war nicht abwertend gemeint, sondern bedeutete nur, daß Kurtisanen Künstlerinnen waren.

Prostituierte und Schauspieler waren die Beherrscher der Mode und die Superstars ihrer Zeit. Infolgedessen konnten erfolgreiche Schauspieler ziemlich wohlhabend sein und sogar mit den höchsten Kreisen Umgang pflegen. Aber gleichzeitig befanden sie sich auf der untersten Stufe der sozialen Hierarchie. Das Yoshiwara, das größte alte lizenzierte Viertel in Tokio, das heute mit grellen Massagesalons gefüllt ist, wird immer noch an einer Seite von dem Getto der *burakumin* flankiert, religiös verunreinigte Geächtete, die mit den indischen Unberührbaren zu vergleichen sind. Der Umgang mit Geächteten mag den Besuchern einen befreienden Schauder verschafft haben. Inder ließen sich aus dem gleichen Grund mit Tempeldienerinnen ein. Aber wenn das Spiel persönlich und ernsthaft wurde, war es eine direkte Bedrohung des Klassensystems. Außerdem bestand die Gefahr, daß die Liebe zu einer Kurtisane zu finanziellem Ruin führen konnte – ein schweres Verbrechen in einer immer merkantiler werdenden Gesellschaft.

Ein Beispiel dafür, wie ernst die Regierung die Gefahren sozialer Unreinheit nahm, ist die Ejima-Ikushima-Affäre. Ejima (1681–1741) war eine hochrangige Hofdame. Sie war seit neun Jahren die geheime Geliebte eines berühmten Kabuki-Schauspielers namens Ikushima gewesen, als sie beide während einer ausschweifenden Party nach einer Theatervorstellung verhaftet wurden. Dadurch gelangte ihre

Affäre an die Öffentlichkeit, und alle Beteiligten wurden streng bestraft: manche mit dem Tode, andere – wie Ikushima – mit der Verbannung auf eine einsame Insel. Sein Theater wurde dem Erdboden gleichgemacht, alle anderen Kabuki-Theater wurden für drei Monate geschlossen.

Spiel, nicht Liebe – das zumindest war das Ideal. Aber galt es auch immer für das wirkliche Leben? Bis zu welchem Grade waren die Frauen der Vergnügungsviertel tatsächlich lebende Puppen? Die vorgetäuschte Nonchalance auch der elegantesten Dandys und Kurtisanen muß ihre Grenzen gehabt haben. Sie blieben Menschen, wie die Regeln der Phantasiewelt auch aussehen mochten. Offenkundig müssen sich manche verliebt haben, und zuweilen kamen spontane Gefühle, trotz der gesellschaftlichen Gefahren, zum Ausdruck; nicht alles war nur ein leichtfertiger Dialog. Die Spannung zwischen verbotenen Gefühlen und Phantasie, zwischen akzeptierter Sinnlichkeit und ungesetzlicher Liebe, kurz, zwischen Spiel und Realität, war ein wichtiges Thema des volkstümlichen Dramas und der Literatur im vor-modernen Japan. Während sie die Regeln ihrer frivolen Spiele befolgten, sahen sich die Kurtisanen und ihre frohsinnigen Liebhaber einer ganz und gar nicht frivolen Frage konfrontiert: Wie man in der Tokugawa-Gesellschaft leben sollte, ohne seine Menschlichkeit zu verlieren.

Wohl die meisten Romanautoren dachten kaum über dieses Problem nach, sie durchdrangen nur selten die elegante Fassade der künstlichen Erotik. Aber zwei Schriftsteller, die beide im 17. Jahrhundert lebten, schafften es auf ihre unterschiedliche Weise: der Dramatiker Chikamatsu Monzaemon (1653–1725) und der Dichter und Romanautor Ihara Saikaku (1642–93). Chikamatsu war der Sohn eines Samurai, und Saikaku (er ist unter seinem Vornamen bekannt) der Sproß einer Kaufmannsfamilie. Keiner der beiden war streng genommen ein Mann Edos, denn sie wohnten in Osaka beziehungsweise Kyoto, als Edo erst ein aufstrebendes Provinzstädtchen war. Aber beide werden trotzdem als die größten Literaten der Edo-Zeit betrachtet, und beide spiegeln in ihrem Werk die Mentalität wider, die viele Japaner Prostituierten gegenüber bis heute an den Tag legen.

Saikaku, der Kaufmannssohn, ist der typische Städter mit der

Moral eines derben Ladenbesitzers. Solange das Geschäft einträglich ist und die Rechnungen pünktlich bezahlt werden, geht es niemanden etwas an, was man mit seiner übrigen Zeit anfängt. Saikakus Geschichten handeln – im Gegensatz zu jenen der Schriftsteller, die der aristokratischen Tradition folgen – meist von Menschen, die für ihren Lebensunterhalt arbeiten müssen. Geld spielt eine immer wichtigere Rolle in seinem Werk. Er schrieb einmal, daß »Geld der Stammbaum des Städters ist, unabhängig von seiner Geburt oder seiner Familie. Wie glorreich die Vorfahren eines Mannes auch sein mögen, wenn er kein Geld hat, geht es ihm schlechter als einem Affenvorführer.«[16] Sein berühmtester Schelmenroman war *Das Leben einer liebenden Frau* (1686), auf den Mizoguchi seinen klassischen Film »Saikaku Ichidai Onna« stützte, wörtlich »Das Leben einer Saikaku-Frau«, aber im Westen allgemein als »Das Leben der O-Haru« bekannt. Die Geschichte, in der ersten Person als Parodie auf eine buddhistische Beichte geschrieben, handelt von einer hochgebildeten jungen Dame adliger Herkunft namens O-Haru, die als gewöhnliche Straßendirne endet und ihre häßlich gewordenen Züge im Dunkeln verbirgt. Als sie trotzdem keine Männer anziehen kann, setzt sie sich als buddhistische Nonne zur Ruhe. Aber sie nennt ihre einsame Zuflucht »Hütte der fleischlichen Lüste«, und sie knüpft ihre Kimonoschärpe immer noch auf die kecke Art einer Kurtisane vorn zusammen. Und während sie zwei männlichen Besuchern die Geschichte ihrer Erniedrigung erzählt, verbrennt sie süßen Weihrauch, der die Männer eher an Teehäuser als an Tempel erinnert.

Es ist interessant, die ursprüngliche O-Haru Saikakus mit der O-Haru in Mizoguchis Film zu vergleichen. Die ursprüngliche Geschichte handelt von Zügellosigkeit. Saikaku war zu zynisch und kannte seine Zeit zu gut, als daß er O-Haru zu einem Opfer der Gesellschaft gemacht hätte – obwohl er, im Gegensatz zu den meisten seiner Zeitgenossen, keine Illusionen über die Kehrseite der Prostitution hatte. Wie die Mehrzahl seiner amourösen Gestalten ist O-Haru nicht besser, als sie sein sollte. Mehrere Male hat sie Gelegenheit, sich für ein Leben von fader Achtbarkeit zu entscheiden, und jedesmal wählt sie das reizvollere Leben der Ausschweifung. Es liegt ihr im Blut, wie man in der Pornoindustrie sagt.

Insbesondere eine Begebenheit zeigt den Unterschied zu Mizoguchis Verfilmung auf. Saikaku erzählt, wie O-Haru, vom Bordelleben erschöpft, eine Arbeit als ehrbare Hausangestellte annimmt und vorgibt, die Unschuld selbst zu sein. Aber bald hält sie es nicht mehr aus, jedesmal »die Trennwände rascheln« zu hören, wenn ihr leidenschaftlicher Arbeitgeber seine Frau liebt; sie verführt ihn an einem religiösen Feiertag und »läßt ihn den Buddhismus völlig vergessen«. Die Episode endet damit, daß O-Haru splitternackt durch die Straßen von Kyoto läuft und singt: »Ich will einen Mann! Oh, ich will einen Mann!«

Mizoguchis O-Haru dagegen ist das tragische Opfer einer Reihe primitiver, lüsterner Männer. Sie ist es, die von ihrem Chef auf demütigendste Weise verführt wird, und für diese engelhafte Heldin wäre es undenkbar, nackt und wahnsinnig vor Begierde durch die Straßen zu laufen, selbst wenn die Zensoren es gestatteten. Während Saikaku sich mit seiner Erzählung über die buddhistische Beichtgeschichte lustig macht, läßt Mizoguchi seinen Film damit enden, daß O-Haru als wirklich reumütige Nonne von Tür zu Tür geht. Saikakus zynischer Spott ist durch die melancholische Resignation einer wahren Buddhistin ersetzt worden.

Saikakus *Leben einer liebenden Frau* ist eine Satire, nicht auf die Gesellschaft selbst – das wäre bei weitem zu gefährlich gewesen –, sondern auf das absurde Verhalten von Menschen, die immer mehr Lust suchen. Es geht um die Ironie einer universellen psychologischen Wahrheit: Je weiter man sein sinnliches Streben treibt, desto schwerer läßt sich Befriedigung erzielen. Saikakus Gestalten werden gerade durch ihre Schwäche lebendig, doch der Autor zeigt niemals Verachtung. Sie mögen leichtfertige, zügellose Narren sein, aber sie sind unmißverständlich menschliche Narren.

Mizoguchis treuer Drehbuchschreiber Yoda Yoshikata, der das Buch zu O-Haru schrieb, hat oft erklärt, daß der japanische Filmtitel nicht »Das Leben einer Saikaku-Frau«, sondern »Das Leben einer Chikamatsu-Frau« hätte lauten sollen. Diese Auffassung hat vieles für sich. Mizoguchis ambivalenter Moralismus kommt dem Geist des großen Samuraisohnes viel näher. Chikamatsu Monzaemon war moralistischer als Saikaku. Die Angehörigen der Kriegerkaste verachteten die Mühsal des Geldverdienens, obwohl einige von ihnen sich als erstaunlich erfolgreich auf diesem Gebiet erwiesen. Die Art und

Weise, wie Chikamatsu seinen Lebensunterhalt verdiente, nämlich als Dramatiker für das plebejische Puppentheater, galt als überaus schmachvoll. Dies mußte zweifellos zu einer ambivalenten Haltung beitragen. Er lebte zwar unter der Kaufmannsschicht und schrieb über ihre Angelegenheiten, sogar mit einigem Mitgefühl, doch er gehörte nie wirklich zu ihnen, sondern blieb ein Außenseiter. Sein Tonfall unterscheidet sich deutlich von Saikakus belustigtem Zynismus. Seine Stücke, in dem romantischen, doch realistischen Stil geschrieben, den die Kaufmannsklasse von Osaka bevorzugte, sind oft Dramatisierungen recht kläglicher Liebesgeschichten zwischen Büroangestellten und Prostituierten und beruhen auf damals aktuellen Skandalen. Diese Affären sind schäbig, und die Beteiligten unbedeutend, einfältig sogar, vor allem die Männer: Büroangestellte, Ladenbesitzer oder bescheidene Händler, denen nichts gelingen will. Aber am Ende schaffen sie es, sich über ihre eigene Banalität zu erheben; sie wirken sogar würdevoll, oft dadurch, daß sie ihre Ehre auf klassische Samurai-Manier retten, nämlich durch Selbstmord. Am wichtigsten ist jedoch, daß Liebe über rein sexuelle Verblendung hinausgeht: Sie mag ihre Verfechter letzten Endes zerstören, aber sie ist real, nicht nur ein Spiel.

Eines von Chikamatsus beliebtesten Dramen ist »Doppelselbstmord in Sonezaki«, 1703 geschrieben und seitdem vielfach verfilmt. Die letzte Filmfassung, bei der Puppen anstelle von Schauspielern verwendet wurden, entstand erst 1981. Das Stück dreht sich um Tokubei, einen einfachen Verkäufer, der sich in eine ebenso niedriggestellte Prostituierte namen O-Hatsu verliebt. Aus diesem Grund weigert er sich, ein Mädchen zu heiraten, das sein Onkel ihm gewählt hat, und muß dessen Mitgift zurückgeben. Unbedachterweise hat der gutmütige Verkäufer dieses Geld jedoch an Kuheiji verliehen, einen klassischen Schurken. Als er es zurückfordert, wird Tokubei von Kuheijis Helfershelfern verprügelt, wonach er, unter O-Hatsus Kimono versteckt, entkommen kann. Der Übeltäter Kuheiji besucht dann O-Hatsus Bordell, um sich mit ihr zu vergnügen. Während über ihren Preis verhandelt wird, packt Tokubei, unter der Veranda versteckt, einen von O-Hatsus Füßen und fährt sich damit über die Kehle. Sie versteht dieses schauerliche Zeichen, und nachdem alle eingeschlafen sind, flüchtet das Liebespaar in die Wälder von Sonezaki; die beiden haben eine Rasierklinge bei sich, die im Mondlicht funkelt.

Dann wird die Durchschnittsaffäre zwischen dem einfachen Verkäufer und der Prostituierten zu einer wirklichen Tragödie. Begleitet von den traurigen Klängen der dreisaitigen *samisen,* treten sie zum letztenmal ab, und zwar über die Rampe *(hanamichi),* die im rechten Winkel von der Bühne ins Publikum ragt. Während die bekümmerten Opfer der Leidenschaft einander verzweifelt umklammern und die Theater-Claque die Namen der Schauspieler ruft, tragen die Sänger am Rande der Bühne ihr melancholisches Abschiedslied vor:

> Lebewohl dieser Welt, und dieser Nacht Lebewohl
> Wir, die wir die Straße zum Tode wandeln, womit
> sollen wir ihn vergleichen?
> Mit dem Frost an dem Wege, der zum Friedhof führt
> Und mit jedem unserer Schritte dahinschwindet:
> Wie traurig ist dieser Traum eines Traumes![17]

Dann folgt eine grausame Szene, in der er seine Geliebte durch Schnitte mit der Rasierklinge tötet, bevor er sich selbst umbringt. Es gab keinen anderen Ausweg.

Man sollte sich das Stück am besten im Puppentheater ansehen, für das es ursprünglich geschrieben wurde. Die von den schwarzgekleideten Puppenspielern manipulierten Marionetten vermitteln überzeugend die Hoffnungslosigkeit des Individuums in einer Gesellschaft, in der die Behauptung des eigenen Willens und der Spontaneität nur zur Katastrophe führen kann. Nicht umsonst sind die meisten von Chikamatsus Helden schwache Männer, denn sie sind besser als prahlerische harte Burschen geeignet, die Ohnmächtigkeit der Menschen in den Händen des Schicksals zu verdeutlichen.

Tokubei, der unbedeutende Verkäufer, wird durch seine Liebe verwandelt, obwohl seine Geliebte – was im Edo-Drama und zweifellos auch in der Realität häufig vorkommt – eine Prostituierte ist. Reine Liebe läßt sich nur durch das höchste Opfer beweisen. Der Tod ist der Preis, den man dafür bezahlen muß, daß man seinen Gefühlen gefolgt ist und nicht nur ein Spiel getrieben hat.

Selbstzerstörerische Helden und Heldinnen sind in einer geschlossenen Gesellschaft auch so etwas wie Sicherheitsventile. Sie sind zum letzten Kampf für individuelle Gefühle und eigenen Willen bereit, aber dadurch, daß sie sich, so ästhetisch und zeremoniell wie möglich, selbst vernichten, sorgen sie dafür, daß die Ordnung am Ende immer wieder hergestellt ist.

»Doppelselbstmord in Sonezaki« war das erste einer Reihe romantischer Selbstmorddramen und hatte gewaltigen Erfolg. Die Wirkung war vergleichbar mit der von Goethes »Jungem Werther«: Romantischer Selbstmord wurde zu einer modischen Angelegenheit, gemeinsam natürlich, nie allein. Die Behörden äußerten starke Mißbilligung. Nicht nur, daß die Verherrlichung persönlicher Gefühle, insbesondere der Liebe, schlecht für die öffentliche Moral war, auch war Selbstmord schließlich ein Privileg der Kriegerschicht, das einfache Geschäftsleute und Prostituierte nicht frivol an sich reißen sollten. Und im Jahre 1736 wurde ein Gesetz verabschiedet, das Liebesszenen auf der Bühne verbot.

Der Tod füreinander als höchste Vereinigung, wenn nicht in diesem Leben, dann wenigstens im nächsten, ist nichtsdestoweniger ein fester Bestandteil der japanischen Kultur: Schlager feiern ihn, Filme stellen ihn melodramatisch dar, und junge Mädchen werden schwindelig bei dem Gedanken, daß sich romantische Autoren zusammen mit dem geliebten Menschen in einen Fluß werfen.[18] In einem kürzlich gedrehten Film spielte Tani Naomi, der ewig leidende Pornostar, eine ländliche Geisha, die mit ihrem wahnsinnigen und mörderischen Liebhaber auf der Flucht ist. Statt das Risiko einzugehen, gefangen und so für immer getrennt zu werden, beschließen sie, gemeinsam zu sterben. Am Ende sehen wir ihn an einem Seil hängen und ihr Hirn noch in den Händen halten. Während die Kamera liebevoll über ihren verstümmelten Leichnam schwenkt, hallen ihre Stimmen gespenstisch im Hintergrund wider, gleichsam aus den Tiefen der Hölle:

»Nun gehörst du mir auf ewig!«
»Ja . . . ich bin dein, nur dein!«
»Endlich sind wir eins . . .«

Obwohl die Regierung versuchte, Liebesszenen auf der Bühne zu verbieten – wogegen sich in den lizenzierten Bezirken allerdings ästhetischer und sozialer Widerstand regte –, wurde die Liebe zu einem immer beliebteren literarischen Thema der Edo-Zeit, vor allem während des 19. Jahrhunderts. Interessanterweise kommen in den sogenannten *ninjobon* (»Geschichten über menschliche Gefühle«), verfaßt von Autoren wie Tamenaga Shunsui (1790–1843), die gleichen sozialen Stereotypen vor wie in Chikamatsus Dramen: schwächliche, verweichlichte Männer und energische, mütterliche Prostituierte. Man hat sogar den Eindruck, daß opferbereite Mutterliebe die einzige Alternative zu unpersönlicher Erotik sei; wenn ein Mann kein *tsu* ist, kein sinnlicher Kenner des Spiels, ist er ein verhätschelter Schwächling, passiv wie ein Kind und von seiner Geliebten abhängig.

Ein gutes Beispiel des letzteren Typs ist Tanjiro, der junge Held von Tamenaga Shunsuis Erzählung *Shunshoku Umego yomi* (»Frühlingsfarben: Der Pflaumenkalender«), die im Jahre 1832 entstand. In Tanjiros Leben gibt es zwei Frauen: eine Geisha namens Yonehachi und O-Cho, eine Prostituierte. Ein auffallendes Detail seiner Jugend besteht darin, daß er adoptiert und in einem Bordell aufgezogen wurde. O-Cho und Yonehachi sind von heftiger Eifersucht aufeinander erfüllt. In einer typischen Szene schwören beide, ihn zu heiraten und für den Rest seines Lebens zu versorgen. Zu einem anderen Zeitpunkt der Geschichte nimmt Tanjiro Geld von O-Cho, wird offiziell von Yonehachi ausgehalten und hat ein Verhältnis mit einer dritten Geisha. Die Episode endet damit, daß alle drei Frauen glücklich sind, ihn verwöhnen zu können. Wer fragt, was diese weltklugen Frauen an einem solchen Mann finden könnten, mißversteht den Charakter mütterlicher Liebe: Sie lieben ihn, *weil* er schwach und vermutlich auch hübsch ist, und er liebt Prostituierte, weil er schwach ist.

Die oben beschriebenen Gefühle beschäftigen die Vorstellungskraft des Volkes auch noch in unserer Zeit. *Enka,* sentimentale Trinklieder, die Barbesucher zu singen pflegen, gerötet von zuviel Alkohol, die Augen in rührseliger Melancholie halb geschlossen und mit dramatisch bebenden Stimmen, sind von diesen Gefühlen durchdrungen. »Liebesselbstmord einer Shinjuku-Frau« ist ein Beispiel:

Gleichgültig, wie schwer das Leben ist,
Ich kann alles ertragen, wenn es deinetwegen geschieht.
Ich bin nur eine Bardame, zwei Jahre älter als du,
Ich wollte dein Studium bezahlen,
Aber du schlugst mich, wenn ich spät nach Hause kam.
Du konntest deinen Roman nicht schreiben,
Denn du gabst dich zu sehr dem Trunke hin.

Laß uns jetzt gemeinsam sterben, in diesem Zimmer,
Wo ich davon träumte, eine gute Ehefrau zu werden.
Vielleicht wird es kein Morgen geben,
Laß mich unsere letzte Tasse Tee einschenken.

Liebesselbstmord einer Shinjuku-Frau,
Wenige werden es in der Zeitung gelesen haben,
Aber das Leben war warm in jener Nacht, denn meine weißen Arme lagen um deinen Hals.

Während der Edo-Zeit versenkten sich viele Schriftsteller und Künstler in eine sehr enge Welt. Sie verbrachten einen großen Teil ihres schöpferischen Lebens als Chronisten der Sitten und Bräuche innerhalb einer zerbrechlichen Goldfischschüssel oder, besser gesagt, in einer Goldfischschüssel innerhalb einer Goldfischschüssel, denn Japan selbst war drei Jahrhunderte lang fast völlig isoliert. In der zweiten Hälfte des 19. Jahrhunderts, als es der übrigen Welt endlich seine Türen öffnete, wurde diese Schüssel zerschmettert. Was der elegante Mittelpunkt der Welt gewesen war, wurde zu einem provinziellen Relikt der Vergangenheit.

In den siebziger Jahren des 19. Jahrhunderts war Kabuki im Grunde genommen kein zeitgenössisches Theater mehr. Im Jahre 1872 hielt der größte Kabuki-Schauspieler seiner Zeit, Ichikawa Danjuro, zum Zeichen der Kultiviertheit mit Frack und weißer Krawatte bekleidet, folgende Rede: »Das Theater der letzten Jahre hat Unrat verschlungen und roch nach Derbheit und Gemeinheit. Es hat das schöne Prinzip mißachtet, daß das Gute belohnt und das Böse gezüchtigt werden muß. Es ist Gespreiztheit und Verzerrungen anheimgefallen, und es ist stetig mit ihm bergab gegangen ... Ich habe beschlossen, die Fäulnis zu beseitigen.«[19]

Das folgende Schicksal des Kabuki-Theaters war von extremer Ironie geprägt: Nachdem man es von seinen »derben« Aspekten gereinigt hatte, wurde dieses Theater der Geächteten und Hafenprostituierten allmählich zu einem offiziellen Museum der Tradition. Während des Zweiten Weltkriegs wurde es sogar dazu benutzt, militärischen Patriotismus auszudrücken.

In den berauschenden Tagen der frühen Meiji-Reform, am Ende des letzten Jahrhunderts, wurden aufregende neue Ideen über den neuen Status der Frauen in der Gesellschaft diskutiert, und man ermunterte Romanautoren, nicht nur über Angehörige des Vergnügungsgewerbes, sondern auch über andere Frauen zu schreiben. Die allgemeine Auffassung besagte, daß Japan »achtbar«, »modern« und, vor allem, »westlich« werden müsse. Alle diese Ambitionen – und sie waren nie mehr als das – wurden von der Parole der damaligen Zeit zusammengefaßt: Aufklärung und Zivilisation *(Bunmei Kaika)*.

Doch alte Traditionen sind nicht so leicht zu überwinden, gleichgültig, wie viele Mauern man niederreißt, um fortschrittlich zu wirken. Dies gilt für die Literatur ebenso wie für Prostituierte. Lefcadio Hearn schrieb im Jahre 1895, daß

> es sich im allgemeinen, wo leidenschaftliche Liebe das Thema in der japanischen Literatur der besten Kategorie ist, nicht um die Art Liebe handelt, die zur Gründung von Familienbeziehungen führt. Es ist eine ganz andere Art Liebe – eine Liebe, der gegenüber der Orientale durchaus nicht prüde ist –, die *mayoi,* nämlich die Betörung oder Leidenschaft, die aus rein körperlicher Anziehung entsteht; und ihre Heldinnen sind nicht die Töchter kultivierter Familien, sondern meistens Hetären oder professionelle Tanzmädchen.[20]

Wenn dies auf die »Literatur der besten Kategorie« zutraf, dann noch mehr auf die weniger erhabenen Genres. Im großen und ganzen trifft es immer noch zu, obwohl in Literatur, Film und Theater nun auch andere Frauentypen erschienen sind. Wenn man sie als Kunstwerke betrachtet, mögen die Damen des Vergnügungsgewerbes viel von ihrer traditionellen Feinheit verloren haben, aber sie sind immer noch sehr wichtig, da sich das gesellschaftliche Leben weitgehend außerhalb des Familienheims abspielt. Sie sind keineswegs immer Prostituierte, aber in dem Sinne, daß sie weiterhin – gegen Bezahlung – Romantik sowie mütterlichen Trost bieten, sind sie Gestalten der allgemeinen Phantasie. Außerdem ist zu spüren, daß viele japanische Künstler häufig immer noch nach einer anderen Goldfischschüssel am Rande der Gesellschaft suchen, einer Welt innerhalb einer Welt – und hier, im »Wassergeschäft«, sind sie zuweilen erfolgreich.

Insbesondere zwei Autoren, die beide im späten 19. Jahrhundert geboren wurden, sind typisch für die halb traditionelle, halb moderne Einstellung Prostituierten gegenüber, die immer noch von vielen Japanern geteilt wird: Nagai Kafu und Higuchi Ichiyo. Kafu, wie er stets genannt wird, war einer der großen Exzentriker seiner Zeit. Er verbrachte fast sein ganzes Leben in der Gesellschaft von Striptease-Tänzerinnen, Prostituierten, Geishas und Revuegirls. Er wurde als Kind einer angesehenen Familie von Landbesitzern und Bürokraten geboren und wurde mit nur 31 Jahren Professor für französische Literatur, er schuf sich einen Ruf als ausgezeichneter Übersetzer Baudelaires und Verlaines und veröffentlichte viele Essays und Kurzgeschichten. Aber ein paar Jahre nachdem ihm all diese Ehren zuteil geworden waren, wandte er sich von ihnen ab. Er erklärte, Schriftsteller, Journalisten, Universitätslehrer, Verwandte – im Grunde jeden – zu hassen, außer einer Reihe von Unterhalterinnen, mit denen er Verhältnisse hatte, die im allgemeinen ebenso kurzlebig wie – vermutlich – leidenschaftlich waren.[21]

Kafu lebte in einer romantischen, elegischen Vorstellungswelt, die ihn zu einer lebenslangen Jagd auf die immer kürzer werdenden Schatten der Edo-Zeit, die höchstens noch bei der Halbwelt der Prostitution auszumachen waren, verleitete. Sein Leben, das im Jahre 1879 begann und 1959 in der Einsamkeit seiner unordentlichen Mietwohnung endete, umfaßt genau die Periode, in der das moderne Japan entstand. Deshalb sind seine Bilder von Striptease-Tänzerinnen und Prostituierten Relikte der Vergangenheit und gleichzeitig immer vulgärere Symbole des heutigen Japan.

Der Kritiker Kato Shuichi schrieb im Zusammenhang mit der Meiji-Zeit, daß »die Entfremdung des Künstlers ihn entweder in eine nostalgische Sehnsucht nach der Kultur der Edo-Zeit oder in eine Verliebtheit in den Westen trieb«.[22] Kafu durchlebte beide Stadien.

Im Jahre 1903 reiste er – unter dem Druck seines Vaters, der die nächtlichen Gewohnheiten seines Sohnes nicht billigte – in die Vereinigten Staaten; sein Ziel waren die zweifelhaften Freuden von Kalamazoo in Michigan.

Kalamazoo entsprach kaum seinem Geschmack. Er fühlte sich in den Opiumhöhlen und Bordellen der New Yorker Chinatown wohler. In *Sayu Nishisho* (»Blätter aus dem Tagebuch einer Reise in den Westen«), veröffentlicht im Jahre 1917, schrieb er über die Damen, denen er dort begegnete: »Ich zögere nicht, sie meine eigenen teuren Schwestern zu nennen. Ich bitte nicht um Licht oder Hilfe, sondern ich erwarte nur den Tag, an dem auch ich fähig sein werde, mich einem Körnchen Opium hinzugeben.« Und über den Ort: »Eine monotone orientalische Melodie wurde ständig wiederholt. Von Gestank und Hitze überwältigt, stand ich eine Zeitlang herum und dachte: Ah, welche Harmonie, welche Ausgeglichenheit! Nie zuvor hatte ich die Musik der menschlichen Erniedrigung und des menschlichen Verfalls so eindringlich gehört...«[23] Er fuhr fort: »Ich liebe Chinatown. Es ist eine Schatzkammer der *Blumen des Bösen.* Ich fürchte nur, daß die sogenannten Humanisten eines Tages diese von der Welt getrennte Welt niederreißen werden...« *(Chinatown no Ki,* »Bemerkungen zu Chinatown«, 1907).

Obwohl in diesen romantischen Bemühungen des jungen Kafu Anklänge an einen zweitklassigen Baudelaire zu hören sind, läßt sich immer noch die Stimme des typischen Meiji-Vertreters ausmachen: »... die von der Welt getrennte Welt« – die übelriechende Zuflucht, wo Harmonie herrscht, genau wie in den lizenzierten Vierteln von Edo. Er hatte einen Blick auf seine ideale Goldfischschüssel erhascht.

Zweifellos spielte auch eine »nostalgie de la boue« bei Kafus romantischen Träumereien mit. Der junge Bourgeois begehrte gegen seine Familie aus ernsten Bürokraten und fleißigen Geschäftsleuten auf. Sein Vater, der sowohl ein fortschrittlicher Geschäftsmann wie ein strenger konfuzianistischer Moralist war und auf dem Gehorsam seines Sohnes beharrte, stand für alles, was Kafu verabscheute; wie die Epoche selbst war sein Vater auf spießige Weise altmodisch und gleichzeitig auf grobe Art modern.

Es gab noch einen anderen Grund für Kafus selbstauferlegte Isolation unter den Prostituierten seiner Stadt. Man muß den oft erstikkenden Charakter der japanischen Gesellschaft mit ihren unnachgiebigen Zwängen zur Konformität berücksichtigen. Dies gilt genauso, wenn nicht noch mehr, für literarische Kreise wie für eine bürgerliche Familie. Isolation ist oft die einzige Methode, die nötige Distanz zwischen sich selbst und der Gesellschaft herzustellen. Kafus Versuch, die Entfremdung des Künstlers zu überwinden, ähnelte tatsächlich jenem Baudelaires und anderer sogenannter »décadents« im Frankreich des späten 19. Jahrhunderts. Er wählte die am Rande der Gesellschaft liegende, »von der Welt getrennte Welt« als eine Art Exil. In den Bordellen und Teehäusern konnte er anonym sein. Man würde ihn in Ruhe lassen, was in London oder Paris recht leicht zu erreichen ist (und auch stärker toleriert wird), aber in der riesigen, doch provinziellen Stadt Tokio nahezu unmöglich ist.

Er träumte sogar davon, ein Teil dieser Welt zu sein – so wie seine literarischen Helden der Edo-Zeit es gewesen waren. In *Bokuto Kidan* (»Eine seltsame Geschichte von östlich des Flusses«), die 1937 entstand, wird der Erzähler – ein Kafu sehr ähnlicher Schriftsteller – zu einem häufigen Besucher einer Prostituierten namens O-yuki. Er behauptet, ein Autor »geheimer Bücher« zu sein, der glaubt, daß »Frauen, die im Schatten leben, weder Feindschaft noch Furcht, sondern eher Zuneigung und Mitleid verspüren, wenn sie Männern begegnen, die das Licht der Öffentlichkeit scheuen müssen«. Dann vergleicht er O-yuki mit »der Geisha in der einsamen Station am Wegesrand, die nicht zögerte, einem Spieler und Schmuggler Geld zu geben . . .«

In derselben Geschichte erklärt der Schriftsteller, weshalb er von Prostituierten fasziniert ist:

> In Tokio und sogar im Westen habe ich fast keine andere Gesellschaft als die der Kurtisanen gekannt . . . Hier könnte ich einen Abschnitt aus *Der unvollendete Traum* [ein Roman von Kafu selbst] zitieren: »Er besuchte die Vergnügungsviertel mit solcher Leidenschaft, daß zehn Jahre wie ein Tag erschienen; denn er wußte nur zu gut, daß sie die Viertel der Finsternis und der Unlauterkeit waren. Und hätte die Welt sich herabgelassen, den Lasterhaften als treuen Diener und frommen Sohn zu loben, hätte er sich

geweigert – und wenn er dafür seinen Besitz hätte verkaufen müssen –, die Stimme des Lobes zu hören. Empörung über die scheinheilige Eitelkeit achtbarer Ehefrauen und über den Betrug der gerechten und offenen Gesellschaft war die Kraft, die ihn in die andere Richtung eilen ließ, dem entgegen, was von Beginn an als finster und unlauter galt. Es war ein größeres Glück, die Reste eines schön gewobenen Musters unter weggeworfenen Fetzen zu finden, als Spritzer und Flecke auf einer Wand, die man für makellos erklärte. Manchmal ist in den Fluren der Gerechten Mist von Kühen und Ratten zu sehen, und manchmal lassen sich in den Tiefen der Verderbnis Blumen des menschlichen Mitgefühls und Früchte von parfümierten Tränen finden und sammeln.«[24]

Dies ist Kafus wahre Stimme, nur ein wenig mit Hyperbeln nach Art Baudelaires unterlegt. Die »Viertel der Finsternis und Unlauterkeit«, der »weggeworfenen Fetzen« und der »parfümierten Tränen« boten eine Zuflucht vor der wachsenden Vulgarität und der erstikkenden Konformität eines sich rasch industrialisierenden Japan, das begann, eher Detroit und Birmingham als dem alten Edo zu ähneln.

Es war eine Zuflucht vor seiner Epoche und vor seiner unmittelbaren sozialen Umgebung. Wie Chinatown bot ihm das Yoshiwara, das Bordellviertel östlich des Sumida, einen letzten Blick auf die Harmonie, die für immer verlorengehen würde.

Es war eine traurige, wehmütige Harmonie im Leben und in den Szenen des Yoshiwara, gleich jener der Dramen und Balladen der Edo-Zeit . . . Aber die Zeit verging, und der Lärm und das Funkeln der rasenden modernen Stadt zerstörten die alte Harmonie. Das Tempo des Lebens änderte sich. Ich glaube, daß die Edo-Stimmung vor dreißig Jahren in Tokio noch vorhanden war. Ihre letzten, zögernden Klänge ließen sich im Yoshiwara einfangen. (»Eine Stubenfliege im Winter«, 1935)[25]

Kafu liebte seine Heimatstadt Tokio. Es ist schwierig, ähnlich tiefe Gefühle für seine Frauengestalten zu entdecken. Seine Einstellung scheint völlig der Tradition zu entsprechen, da die Frauen in seinen Geschichten entweder Mütter oder Puppen sind. Die Männer spielen mit ihnen oder werden von ihnen ernährt, wie Jukichi in *Higake no Hana* (»Blumen im Schatten«, 1934), den eine Dame zweifelhaften Gewerbes nach der anderen aushält; eine von ihnen, O-Chiyo, zwingt er sogar, zur Prostitution zurückzukehren. Solche Männer (man erinnere sich auch an Tanjiro in »Der Pflaumenkalender«) sind weniger Zuhälter als männliche Geliebte, die an den Mutterinstinkt appellieren.

Sogar O-Chiyo ist eher eine Puppe als ein menschliches Wesen. Kafu verlangte jedoch eines von seinen Heldinnen: die Begabung, Nostalgie zu wecken, ihn an die Vergangenheit zu erinnern. Man hat den Eindruck, daß er nichts als real empfinden konnte, wenn es dafür keinen literarischen Präzedenzfall gab. Seine Lieblingsabenteuer – literarisch wie real – erinnerten ihn meist an Kabuki-Dramen. Sein bevorzugter Frauentyp, etwa O-Yuki in »Eine seltsame Geschichte von östlich des Flusses«, ist eine »geschickte, doch nicht sonderlich ausdrucksfähige Künstlerin mit dem Vermögen, die Vergangenheit heraufzubeschwören«.

O-Yuki, die dem männlichen Protagonisten zum erstenmal begegnet, während sie vor einem heftigen Schauer Schutz sucht (was an sich schon ein abgegriffenes Klischee von Romanzen der Edo-Zeit war), wird folgendermaßen beschrieben:

> Sie stand auf und zog sich einen ungefütterten Sommerkimono mit einem auf den Rock gedruckten Muster an – er war über das Gestell neben ihr drapiert gewesen. Die Unterschärpe, mit feinen rötlichen Streifen, war vorn verknotet, und die Schwere des Knotens schien den fast zu großen, von Silberfäden durchzogenen Chignon auszugleichen. In jenem Moment war sie für mich die Kurtisane, die ich dreißig Jahre zuvor gekannt hatte.[26]

Die Prostituierte, und sei sie noch so tiefstehend, spielte in Kafus Phantasie weitgehend die gleiche Rolle wie seit Jahrhunderten in der japanischen Kunst: Sie war ein Ideal, eine Illusion, eine Art Führer in ästhetische Träumereien. Ihre Persönlichkeit war viel weniger wichtig als die Atmosphäre, die sie schuf; ihre Frisur und ihr Kimono waren wichtiger als ihr Gesicht. Sie erinnert an jene Kurtisanen auf den Holzschnitten, die Kafu liebte: an jene Frauen ohne Gesicht oder, präziser gesprochen, an jene Frauen, die sich alle dasselbe Gesicht teilen – ein vager Umriß, gerade genug für einen Traum.

Higuchi Ichiyo, die erste bedeutende Schriftstellerin, die Japan seit Jahrhunderten hervorgebracht hatte, war weniger träumerisch. Sie wurde im Jahre 1872 geboren und starb schon 24 Jahre später an Schwindsucht. Dieser frühe Tod, der so eindringlich die Vergänglichkeit alles Irdischen aufzeigt, hätte ihr höchstwahrscheinlich den Platz einer romantischen japanischen Heldin gesichert, selbst wenn ihre literarische Begabung weniger groß gewesen wäre.

Im Gegensatz zu dem voyeuristischen Kafu, der stets dafür sorgte, in einer angenehmeren Umgebung zu wohnen als die, welche er nachts aufsuchte, lebte Ichiyo tatsächlich am Rande des Yoshiwara. Dies beruhte weniger auf einer freien Entscheidung – sie spielte offenkundig nie die Rolle einer Besucherin von Edo-Bordellen – als auf mehreren finanziellen Katastrophen in ihrer Familie, die sie zwangen, in durchaus nicht poetischer Armut zu leben. Aber sie machte die Not zur Tugend und schrieb über die Welt der Prostituierten in einer Weise, die bis heute nicht ihresgleichen hat.

Sie war ebenso desillusioniert von der sie umgebenden Welt wie Kafu: Aber sie ließ nicht zu, daß ihr die Sehnsucht nach der alten Welt das Urteil trübte. Kafu war ein Romantiker, Ichiyo war eher eine elegante Zynikerin im Stil Saikakus, dessen Schriften starken Einfluß auf ihre Arbeit hatten.[27] Dies mag mit ihrem eigenen Leben als Frau in einer Zeit zu tun gehabt haben, die Emanzipation versprach, ohne es wirklich ernst zu meinen. Sie schrieb in ihrem Tagebuch, daß »in unserer schwebenden Welt sich niemand um den anderen kümmert. Ich glaubte früher an die Menschen. Ich dachte tatsächlich, daß es möglich sei, die Welt zu verbessern. Aber ich war zu naiv, ich betrog mich selbst. Immer wieder haben mich jene enttäuscht, denen ich vertraute, und nun kann ich fast an nichts mehr glauben.«[28]

Sie hielt Prostituierte nie für Überbleibsel der guten alten Zeit. Für sie waren diese Frauen Symbole zerbrochener Träume, aber sie waren auch wirkliche Menschen mit individuellen Persönlichkeiten, was für Kafu nie der Fall war. Ihre berühmteste Geschichte über das Vergnügungsviertel heißt *Takekurabe* (abwechselnd übersetzt als »Erwachsenwerden« oder »Kinderspiel«). Sie wurde im Jahre 1895 geschrieben und später großartig verfilmt. Die Erzählung handelt von mehreren Kindern, die in der Nähe des Yoshiwara aufwachsen, »wo Lichter im Graben flackern, dunkel wie die Farbe, die das Lächeln der Yoshiwara-Schönheiten schwärzt«. In ihren ironischen Beschreibungen des Viertels versucht sie nicht, dessen Schäbigkeit zu verbergen:

> Eine Frau gewissen Alters zu sehen, die grelle Muster oder eine übertrieben weitgeschnittene Schärpe bevorzugt – das ist eine Sache. Aber es ist etwas ganz anderes, diese unverschämten Mädchen von fünfzehn oder sechzehn Jahren zu sehen, angetan mit protziger Kleidung und Blasenkirschen aufpustend, die, wie jeder weiß, als Verhütungsmittel benutzt werden. Doch so ist diese Gegend nun einmal. Eine Hure, die sich gestern noch in einem der drittklassigen Häuser unten am Graben mit dem Namen irgendeiner Heldin aus der »Geschichte des Prinzen Genji« schmückte, läuft heute mit einem Schläger davon ...[29]

Eine der Hauptgestalten der Erzählung ist ein kleines Mädchen namens Midori, »ein fröhliches Mädchen, ausgelassen, mit leiser Stimme«. Ihre ältere Schwester wurde von einem angesehenen Bordell des Viertels gekauft, und ihr Erfolg sorgt dafür, daß es Midori nie an Taschengeld fehlt. Midori geht im Bordell ein und aus und lernt rasch die Bräuche der Halbwelt kennen, doch zunächst scheint alles nur ein unschuldiger Spaß zu sein, eben ein Kinderspiel mit ihren Freunden Shota, dem Führer der Hauptstraßenbande, und Nobu, dem Sohn eines Priesters.

Während sie älter wird, fühlt sie sich jedoch immer unsicherer: »Wie sollte sie es erklären? Wenn die anderen sie doch bloß in Ruhe lassen würden ... Wenn sie doch nie aufzuhören brauchte, die Hausfrau zu spielen, mit ihren Puppen als Gefährtinnen, dann würde sie wieder glücklich sein.« Sie beginnt zu begreifen, zuerst ganz vage, weshalb der Besitzer des Etablissements, in dem ihre Schwester arbeitet, sie immer so freundlich behandelt hat.

Eines Tages sieht Shota sie vor dem Teehaus, mit »bunten Bändern im Haar und Schildpattkämmen und mit blumengeschmückten Haarnadeln. Sie wirkte so glänzend und vornehm wie eine Kyoto-

Puppe.« Ein Junge aus der Nachbarschaft bemerkt, daß sie sogar noch hübscher als ihre Schwester aussehe und man nur hoffen könne, daß sie nicht genauso enden werde. »Was meinst du?« erwidert Shota. »Das wäre doch wunderbar! Nächstes Jahr mache ich einen Laden auf, und wenn ich genug Geld gespart habe, kaufe ich sie für eine Nacht!«[30]

»Er durchschaute die Dinge nicht«, ist Ichiyos bitterer Kommentar.

Doch leider durchschaut Midori die Dinge. Das ist ihre Tragödie. Ihre Kindheitsträume lösen sich langsam auf, sie muß sich mit ihrem Schicksal abfinden. Nichts von alledem wird direkt von Ichiyo geschildert, alles versteht sich von selbst. Das letzte Bild der Geschichte ist typisch für ihren Stil; Bilder dieser Art werden von japanischen Künstlern seit Jahrhunderten verwendet, auch heute noch, sogar in volkstümlichen modernen Filmen (die Trennungslinie zwischen abgegriffenem Klischee und großer Kunst ist sehr dünn): »Eines frostigen Morgens lag eine Papiernarzisse in der Tür. Niemand wußte, wie sie dorthin gekommen war, aber Midori fand aus irgendeinem Grunde Gefallen an ihr und stellte sie in eine Vase. Sie ist vollkommen, dachte sie, und doch beinahe traurig in ihrer festen, einsamen Gestalt.«

»Kinderspiel« ist keine Kritik an der Prostitution als solcher. Ichiyo war zu zynisch und zu distanziert, um direkte Sozialkritik zu üben, und sie war mit Sicherheit nicht prüde. Wenn sich das Buch überhaupt gegen etwas richtet, dann gegen den Mangel an Freiheit, seine eigene Bestimmung in der japanischen Gesellschaft zu wählen. Wahrhaft tragisch war die Art und Weise, in der die Menschen ans Schicksal gebunden sind – um so tragischer, als die Meiji-Reform in ihren frühen Jahren eine Änderung verheißen hatte.[31] Doch bald wurde die Gesellschaft fast so starr, wie sie unter den Tokugawas gewesen war. Ichiyos Reaktion verbindet die Ironie Saikakus mit dem Mitgefühl der Heian-Zeit.

Nigorie (»Aufgewühltes Wasser«), ebenfalls 1895 geschrieben, führt den Leser in ein noch primitiveres Bordell als jenes, für das Midori bestimmt war. Ichiyos Beschreibung einiger seiner Bewohnerinnen ist alles andere als einladend: »Sie war eine Frau von vielleicht siebenundzwanzig, vielleicht dreißig Jahren. Sie hatte ihre Augenbrauen ausgezupft und statt dessen eine dunkle Linie aufgetragen, und sie hatte ihren Haaransatz schwarz umrandet. Eine dicke Puderschicht bedeckte ihr Gesicht. Ihre Lippen waren so knallrot geschminkt, daß sie ihren Charme verloren und eher an einen menschenfressenden Hund als an eine Kurtisane denken ließen.«

Die Geschichte erzählt vor allem von einer Prostituierten: Oriki, der Hauptattraktion des Kikunoi-Hauses. Ein Kaufmann namens Genshichi ist von ihren Diensten so begeistert, daß er sein ganzes Geld für sie ausgibt, sein Geschäft ruiniert und seine Familie in Not bringt. Sie hat einen weiteren Bewunderer namens Yuki Tomonosuke, einen reichen, höflichen Lebemann, der »sich von anderen Männern unterscheidet«. Er wird zu ihrem Vertrauten und lauscht geduldig all ihren Klagen. Sie erzählt ihm von allen Männern, zu denen sie freundlich sein muß und die ihr mitunter die Ehe antragen. Aber sie bezweifelt, daß dies eine Lösung wäre. Tomonosuke dagegen ist ganz anders; ihn mag sie wirklich:

> »Wenn ich dich einen Tag lang nicht sehe, vermisse ich dich. Aber wenn du mich fragtest, deine Frau zu werden, ich weiß nicht ... Ich glaube nicht, daß es gutgehen würde, und doch, wenn wir nicht zusammen sind ... Kurz, man könnte wahrscheinlich sagen, daß ich wankelmütig bin. Und was, meinst du, hat mich so werden lassen? Drei Generationen des Versagens, nichts anderes.«[32]

Wie Midori – und fast jede japanische Heldin oder jeder japanische Held – kann sie ihrem Schicksal nicht entgehen.

> Wie sie ihr Leben haßte! Am liebsten hätte sie nie wieder eine menschliche Stimme gehört, überhaupt keinen Laut ... Wie lange würde sie in dieser hoffnungslosen Situation steckenbleiben, wo alles absurd und nichtswürdig und grausam war ... »Ich habe keine Wahl«, flüsterte sie. »Ich werde das Hindernis selbst überwinden müssen. Mein Vater stürzte, als er es versuchte. Es heißt, daß auch mein Großvater strauchelte. Ich wurde unter dem Fluch vieler Generationen geboren ... Oh, es spielt keine Rolle mehr, was geschieht – ich habe nicht die geringste Ahnung, was aus mir werden soll. Ich kann genausogut Oriki aus dem Kikunoi blei-

ben ... Mit meiner Stellung im Leben, meinem Beruf und meinem Schicksal bin ich keine gewöhnliche Person mehr. Es ist ein Fehler, das zu glauben. Es verschlimmert mein Leid nur noch. Alles ist so hoffnungslos und entmutigend. Weshalb stehe ich hier? Warum bin ich hierher gekommen? Dumm! Verrückt! Ich weiß es selbst nicht«, seufzte sie. »Ich kehre besser zurück.«[33]

Dies ist die Stimme Orikis aus dem Kikunoi. Ihre Worte entsprechen etwa dem, was man »Gehaltsempfänger« an einem feuchtfröhlichen Abend sagen hört; es ist das, was ihre Frauen, gedrängt zur Ehe mit Männern, die sie kaum kannten, häufig sagen. Es ist im Grunde das, was viele Japaner in melancholischer Stimmung äußern würden.

Die Wahl des eigenen Schicksals, obwohl zweifellos freier als zu Ichiyos Zeit, ist immer noch ernsten Beschränkungen unterworfen. Die Menschen werden in Japan, mehr als in jedem westlichen Land, immer noch von den Ansprüchen ihrer gesellschaftlichen Umgebung beherrscht. Genau dies ist mit dem Wort »Schicksal« gemeint: der Druck, sich den Erwartungen anzupassen. Zwar ist die Prostituierte durch ihre Selbstaufgabe in gewissem Sinne freier als alle anderen, aber sie ist auch das am stärksten betroffene Opfer dieser mißlichen Lage. Dieses Paradox spricht die japanische Phantasie so lebhaft an: Sie ist eine entsagungsvolle Mutter, ein Opfer des Schicksals und frei von den üblichen sozialen Konventionen – alles gleichzeitig.

Im Jahre 1950 vertrat ein viel jüngerer Schriftsteller namens Yoshiyuki Junnosuke, der die Tradition der Bordelliteratur fortsetzte, einen recht ähnlichen Standpunkt. In *Genshoku no Machi* (»Straße der Grundfarben«) versucht eine Prostituierte namens Akemi, ihrem Schicksal zu entgehen, was ihr jedoch mißlingt. Das Vergnügungsviertel hat sich seit Ichiyos Zeiten erheblich gewandelt, in ähnlicher Weise wie Japan selbst:

Beide Seiten der Hauptstraße waren in kräftige, grelle Farben getaucht. Ein rotes Neonlicht flackerte in einer herzförmigen Leuchtröhre. Rosa Vorhänge hingen am Eingang von Häusern westlichen Stils, vor denen mehrere Frauen mit hellroten Nägeln und Lippen teilnahmslos herumlungerten ...
Bemalte Lippen bewegten sich rasch auf und ab; weiße Zähne

11 Yamaguchi Momoe und Miura Tomokazu, die »Goruden Combi«, in einem ihrer romantischen Filme *(Shunkincho)*.

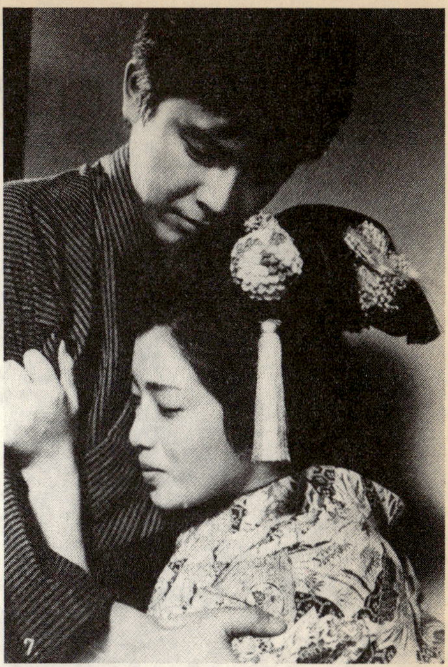

12 Ergreifende Szene in einem »homu dorama« mit dem Titel *O-nesan* (Schwester).

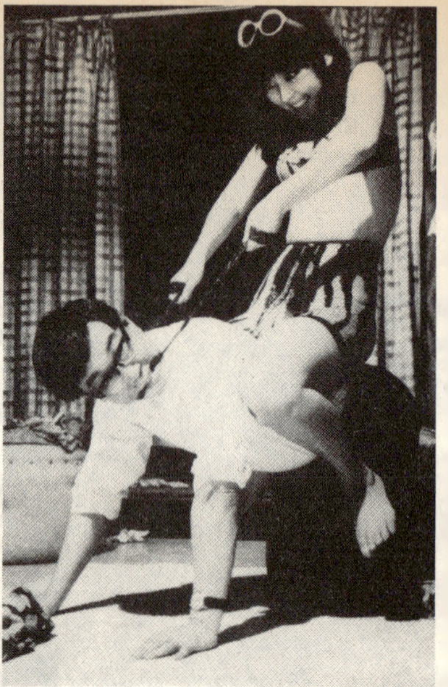

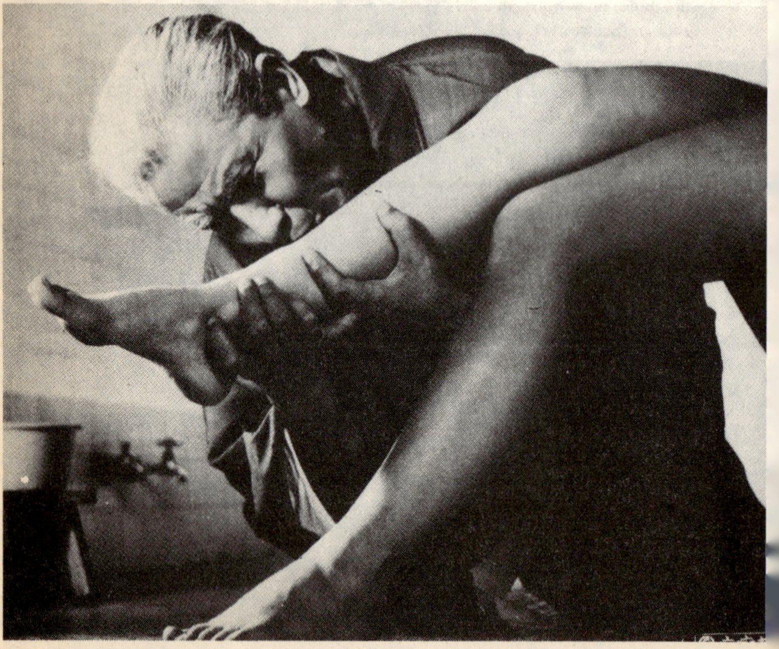

13 Die bedrohliche Frau.

14 Naomi dominiert ihren sklavischen Wohltäter in der 1967 unter der Regie von Masumura Yasuzo entstandenen Verfilmung von Tanizakis Roman *Ein verliebter Tor.*

15 Der alte Mann, der die Füße seiner Schwiegertochter anbetet, in der 1962 unter der Regie von Kimura Keigo entstandenen Verfilmung von Tanizakis *Tagebuch eines wahnsinnigen Alten.*

16 Typische Folterszene in einem üblichen Pornofilm *(Onna Ukiyoburo).*

17 Tani Naomi, die in *Nawa to Hada* (Strick und Haut) gefoltert wird.

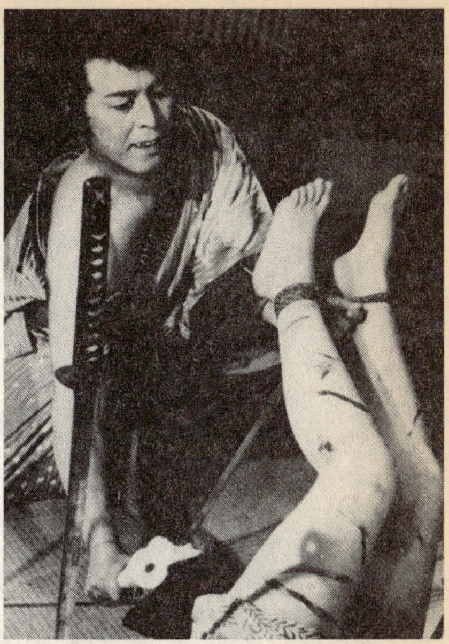

18 Eine Kurtisane der Edo-Zeit, auf einem Druck von Utamaro (um 1796).

spiegelten die Neonlichter wider. Nackte Arme streckten sich aus, um die Arme, Mäntel und sogar Hüte von vorbeischlendernden Männern zu packen. Sinnlose Geräusche machend und alberne Witze reißend, blieben die Männer stehen, um sich die Frauen genauer anzuschauen: Jeder nach seinem Geschmack. Dann wurden sie hineingeführt, oder sie machten sich los und gingen weiter zum nächsten Haus ...

Die Beziehungen in der Gegend waren recht eindeutig. Was die Frauen anging, so hübsch und naiv sie auch aussehen mochten – sie trugen trotzdem die Zeichen ihres Gewerbes. Die Männer sahen sie an, ohne sich auch nur zu fragen, ob die Frauen auf ihre Annäherungen reagieren würden; sie rechneten einfach aus, wieviel Lust sie für ihr Bargeld kaufen konnten ...

Manche Menschen wurden von einem gewissen Freiheitsgefühl in diese Straßen gezogen. Das Mädchen namens Akemi, das in einem der Häuser dort wohnte, gehörte zu ihnen. Oder, besser gesagt, ihr Status gestattete ihr nicht, anderswo Freiheit zu finden. So versuchte sie jedenfalls, ihr Tun rational zu erklären ...

Akemi gerät in dieselbe Falle, in die so viele ihrer literarischen – und zweifellos auch realen – Vorgängerinnen seit Jahrhunderten gegangen sind: Sie verliebt sich – in Motogi Hideo, einen Reedereiangestellten. Mit ihm erlebt sie ihren ersten Orgasmus. Doch unglücklicherweise »verlor Motogi Hideo das Interesse an ihr, sobald er merkte, daß Akemi gewöhnliche Gefühle wie jeder andere hatte«. Anders ausgedrückt, sie hatte aufgehört, nur ein Symbol zu sein, ein Volkskunstwerk mit geschminkten Lippen.

Akemi paßt sich auch einer anderen klassischen Konvention an: Sie versucht, zusammen mit dem Mann, den sie liebt, Selbstmord zu begehen. Sie zieht ihn bei einem Stapellauf über Bord, damit sie beide ertrinken können. Sie werden jedoch gerettet, und als Akemi zu sich kommt und von allen angestarrt wird, »weiß sie, daß sie zu jenen Straßen zurückkehren wird«.

Higuchi Ichiyos Erzählung »Aufgewühltes Wasser« endet ebenfalls mit einem Mord aus Leidenschaft, aber mit einem »erfolgreichen«. Oriki aus dem Kikunoi wird von klatschenden Nachbarinnen gefunden:

... mit einem Schnitt auf dem Rücken, von der Schulter herab. Auf ihrer Wange waren Blutergüsse, und an ihrem Hals Schnittwunden. Sie hatte Wunden am ganzen Körper! Offenbar hatte sie versucht zu fliehen, und dabei mußte er sie getötet haben.
Er dagegen leistete ganze Arbeit! Harakiri und alles. Wer hätte gedacht, daß er dazu imstande wäre? ... Er starb wie ein Mann. Ging unter im Glanz des Ruhmes.
Welch ein Verlust für das Kikunoi.
Ja. Denk an all die Männer, die sie anzog! All diese Kunden entwischen zu lassen![34]

Liebe ist der Tod der Kurtisane. Im Falle von Chikamatsus Heldinnen des 17. Jahrhunderts wurde dem Tod wenigstens ein nobler Anschein gegeben, um die Reinheit ihrer Liebe zu demonstrieren. Selbst die hoffnungslosesten Wesen konnten durch die Schönheit des Opfers gerettet werden. Im modernen Japan hat diese Schönheit ihren Glanz verloren. Es ist schwieriger, der Schäbigkeit der Realität zu entkommen.

Aber warum existiert diese Tyrannei des Schicksals? Warum ist alles, was diese Heldinnen tun, von einem tiefen Gefühl des Tragischen durchzogen? Oriki wird von dem Scheitern ihrer Vorfahren gehemmt. Sie kann sich nicht vorstellen, je in einer anderen Situation zu sein. Und es gibt nichts, was sie dagegen tun könnte.

Yoshiyuki – wie Ichiyo ein Autor von seltenem psychologischen Scharfblick – kommt zu einem Schluß, der wiederum als Metapher für die japanische Lebensweise dienen könnte:

Der Grund dafür, daß sie immer wieder auf die Straße zurückkehren, muß in den Frauen selbst gesucht werden... Solange ihr Bewußtsein nicht von ihrer Umgebung abgetrennt ist, das heißt von ihrer Lebensweise, ihrem Erwerb durch den Verkauf ihres Körpers, sind Worte wie »Freiheit« und »Sklaverei« unwichtig. Es gibt zahlreiche Geschichten von idealistischen Männern, die versuchen, dieses Bewußtsein zu ändern. Aber solche Versuche müssen letzten Endes immer fehlschlagen.

Das gleiche ließe sich von den meisten Japanern sagen. Solange sie in Japan bleiben, ist es unmöglich, ihr Leben und die Art, wie sie sich selbst definieren, von ihrem japanischen Hintergrund zu trennen. Das Persönliche ist häufig nicht vom Kollektiven zu unterscheiden. In der Praxis mag dies für die meisten Menschen auf der Welt gelten, aber im Westen hat man wenigstens die Vorstellung – vielleicht die Illusion –, ein Individuum unter anderen Individuen zu sein, zusammengehörig, doch getrennt wie Inseln in einem Meer von Inseln.

In Japan scheint die Identität in größerem Maße von der gesellschaftlichen Umgebung definiert zu werden, und man ist nur dieser Umgebung verantwortlich. Dabei kann es sich um eine Motorradfirma, eine Baseball-Mannschaft, eine Theatertruppe oder sogar um das ganze Land handeln – je nach Zeit und Ort. Entscheidend ist, daß man getrennt von diesen Gruppen nicht existieren kann, ohne das Risiko ernster psychologischer Probleme einzugehen. Schriftsteller sind, des Charakters ihrer Arbeit wegen, manchmal gezwungen, dieses Risiko einzugehen. Dies wäre eine Möglichkeit, die vielen Selbstmorde von Schriftstellern in jüngerer Zeit zu erklären.

Damit läßt sich auch erklären, wieso es vielen Japanern so schwerzufallen scheint, in den Schoß der Nation zurückzukehren, wenn sie ihn erst einmal für einige Zeit verlassen haben. Entfremdung in Japan ist ein allzu hoher Preis für die Rückkehr. Wer sich den erwarteten Mustern nicht anpaßt, existiert im Grunde nicht. Deshalb raten japanische Firmen im Ausland ihren japanischen Angestellten häufig davon ab, sich allzusehr unter die »Einheimischen« *(genchijin)* zu mischen. Denn, um Yoshiyukis Aussage umzukehren, für jemanden, der sein Bewußtsein von der japanischen Lebensweise abtrennt, werden Worte wie »Freiheit« und »Sklaverei« sofort äußerst wesentlich.

Um Mitternacht am 31. März 1958 wurde die öffentliche Prostitution zum erstenmal in der japanischen Geschichte offiziell verboten. 55 000 Mädchen (ohne die vielen nichterfaßten Prostituierten mitzurechnen) im ganzen Lande waren plötzlich arbeitslos geworden. Die erste Reaktion auf das neue Gesetz war recht charmant und typisch japanisch: Kurz vor der mitternächtlichen Frist begannen Prostituierte und ihre Kunden in ganz Tokio das schottische Lied »Auld Lang Syne« (»Die gute alte Zeit«) zu singen; es ist in Japan sehr populär, und man hat es sich für jene köstlich traurigen Gelegenheiten des Abschiednehmens angeeignet, die das japanische Volk so innig liebt.

Dies war natürlich noch nicht das Ende der Prostitution. In vielen Teilen des Landes ging sie einfach weiter wie zuvor. Sogar in Tokio wurden die Straßen erst kurz vor den Olympischen Spielen von 1964 wirklich »gesäubert«, damit man einen zivilisierten und aufgeklärten Eindruck auf die Welt machen konnte. Die Geschichtsschreibung verzeichnet allerdings nicht, ob die ausländischen Besucher über diese Maßnahme erfreut waren.

Ob das Antiprostitutionsgesetz gut oder schlecht ist, interessiert uns hier nicht. Es genügt der Hinweis, daß die stetige Wirtschaftsentwicklung Japans ein System faktischer Sklaverei zu einem peinlichen Anachronismus hatte werden lassen. Das Verbot zeigte auch die Macht kämpferischer weiblicher Interessengruppen – die weitgehend für das neue Gesetz verantwortlich waren – in der japanischen Politik. Es bedeutete jedoch nicht, daß sich ein fundamentaler Wechsel in der Einstellung der Menschen zum Sex vollzogen hätte. Ungeachtet des neuen Gesetzes hat sich das Bild des Freudenmädchens in der Volkskultur kaum geändert.

Bar- und Clubhostessen, immer noch ein unverzichtbarer Teil des japanischen Geschäftslebens, erfüllen eine ähnliche Funktion wie die Kurtisanen von Edo. Die höchstrangigen verteilen ihre Gunst weder leichthin noch billig, und sie sind immer noch die von den Medien mit viel Aufmerksamkeit bedachten Gefährtinnen von berühmten Schauspielern und Größen des Showgeschäfts. Sie spezialisieren sich auf geschickte Unterhaltung und recht gekünsteltes neckisches Geschäker, das die meisten westlichen Männer vielleicht nicht als besonders anregend empfinden würden, das jedoch in Japan sehr geschätzt wird. Vor allem aber haben sie – von der einfachsten Masseuse bis hin zur erstklassigen Geisha – die Aufgabe, dem japanischen Mann die Befangenheit zu nehmen, ihn die Spannungen des kollektiven Firmenlebens vergessen zu lassen, seine maskulinen Sorgen zu lindern, ihn in seinen Launen gewähren zu lassen und seinem sozialen Stolz zu schmeicheln. Sie sind, vielleicht in immer stärkerem Maße, sorgfältig ausgebildete Mütter.

Natürlich gibt es daneben auch reine Prostitution. Aber viele zu neuem Wohlstand gekommene Japaner unternehmen jetzt, wie hungrige Wolfsrudel, hochorganisierte Reisen nach Bangkok, Taipeh und Manila. Sie sind mit Golfschlägern ausgerüstet, die sie am Flugplatz zurücklassen und nach dem Rückflug wieder abholen, damit der Zweck der Reise nicht allzu offensichtlich ist.

Aber man braucht gar nicht bis nach Manila zu reisen. Der nüchterne Buchstabe des Gesetzes ist in Japan eine Sache, die menschliche Wirklichkeit eine andere. Solange eine gewisse Diskretion gewahrt wird – und vielleicht auch die richtigen Personen abgefunden werden –, darf vieles ungehindert geschehen. Zum Beispiel setzt der Massagesalon, das *toruko* (Kürzel für »Türkisches Bad«), einfach eine alte Tradition fort, die das Badehaus mit dem Bordell kombinierte. Die Angestellten hießen früher *yuna* (»Bademädchen«), heute sind sie als *torukojo* (»Türkische Bademädchen«) bekannt.

Auf den ersten Blick erinnern diese Stätten kaum an die romantische Vergangenheit. Es gibt keine Mädchen mehr, die Kunden zum Besuch ihres Etablissements bewegen, indem sie ihnen schüchtern mit dem langen Stil ihrer Pfeife an die Schulter tippen und gewagte Scherze flüstern. Die *torukos,* die sich mit blendenden Neonlichtern vorstellen, haben statt dessen als Anreißer junge Männer in Anzügen, die auf die vorbeifahrenden Taxis einbrüllen. Für Preise von bis zu 600 Mark wird einem ein *furu kosu* (full course = voller Gang) geboten, der etwa neunzig Minuten dauert. Der »Gang« besteht aus einer Waschung, einer Seifenmassage und einer Reihe schaumiger sexueller Kunststücke, bei denen der Mann ganz passiv bleibt. Die *torukojo* ist schließlich eine ausgebildete Unterhalterin; und sie vollführt ihre Tätigkeit mit der gleichen Hingabe wie eine Blumensteckerin. Wenn die Vorstellung vorbei ist, verbeugt sie sich, dankt dem Besucher höflich für seine Kundschaft und überreicht ihm ihre Geschäftskarte.

Von dem zeremoniellen Verhalten abgesehen, das einfach der japanischen Art entspricht, gibt es mehrere interessante Parallelen zur Vergangenheit. Zuerst fällt auf, daß viele moderne *torukos* in den alten lizenzierten Bezirken liegen; man hat die Bordelle nur umgebaut, um eine größere Anzahl von Bädern unterzubringen. Damit nicht genug, einige Etablissements tragen sogar dieselben Namen wie berühmte Edo-Teehäuser – so wie Variéteunterhalter sich manchmal die Namen großer Kabuki-Schauspieler borgen.

Was sich jedoch kaum geändert hat, sind der Nachdruck, der auf Phantasien gelegt wird, und die Haltung den Frauen gegenüber. Während die Bordelle der Edo-Zeit ihre Phantasien aus der Welt des Prinzen Genji, also aus dem 10. Jahrhundert entliehen, übernehmen die Massagesalons ihre Symbole aus der modernen Welt. Die Architektur gibt gewöhnlich einen Hinweis auf die Illusion, die zum Verkauf steht. Manche *toruko*-Eingänge ähneln Jumbo-Jets mit donnerndem Düsenlärm, der ausgelöst wird, wenn ein Besucher eintritt. Die Mädchen sind natürlich als Stewardessen verkleidet. Andere Salons haben Fassaden, die Banken ähneln; dort treten Mädchen in Firmenuniform auf. Es gibt »Schulen für höhere Töchter«, wo Mädchen in Tenniskleidung, den Schläger unter dem Arm, den Kunden in der Empfangshalle begrüßen. Außerdem gibt es Krankenhäuser mit Schwestern, chinesische Pavillons, amerikanische Discos und sogar ein Bordell mit einem Dschungel voll von Janes, die Leopardenfelle tragen und darauf warten, daß Tarzan auftaucht. Am absonderlichsten sind die falschen japanischen Schlösser, vor deren Eingang mit Kimonos bekleidete Angestellte einen Kotau machen und den Besucher mit »Willkommen daheim, mein Gebieter« begrüßen.

Viele dieser Phantasien sind universell, doch die unbegrenzte Energie und die unschuldige Freimütigkeit, mit denen die Japaner versuchen, sie zu verwirklichen, sind vielleicht einzigartig auf der Welt. Es überrascht nicht, daß die Mädchen der Türkischen Bäder – genau wie früher ihre Schwestern der Edo-Zeit – ein wenig wie Schauspielerinnen behandelt werden. Es gibt sogar ein exaktes Einstufungssystem, und die Mädchen wetteifern darum, »numba one« zu sein.

Ein weiteres Überbleibsel der Tradition ist der detaillierte Führer mit Angaben über die Bräuche, Preise und relativen Vorzüge der vielen Massagesalons. Es gibt professionelle Kritiker, »Torukologen« genannt, die spätabends feierlich in Fernsehsendungen auftreten und die Zuschauer in den Genuß ihrer Sachkenntnis kommen lassen. Populäre Zeitschriften und Zeitungen drucken wöchentliche Berichte über neue Angestellte in den örtlichen *torukos* und Rezensionen der jeweiligen »numba ones«:

Fräulein Akiko: Bedienungszeit eine Stunde, zwanzig Minuten; Preis: 40000 Yen [DM 450]; Größe: 1.75 m. Gewicht: 49 kg. Maße: 83–56–85. Sie arbeitet fleißig und hat besondere Zungenfertigkeiten. Sehr gut darin, eine romantische Stimmung herzustellen. »Ich bin stolz auf unser Haus«, sagt sie, »und es macht mir Spaß, hart zu arbeiten, damit es floriert.«

Fräulein Miwa: 90 Minuten. DM 540. Größe: 1.60 m. Gewicht: 51 kg. Sie ist sehr von ihrer Arbeit überzeugt, seit sie zum Yoshiwara kam. Sie liebt alle Arten von strengen Spielen. »Wir haben ein sehr sauberes Haus«, sagt dieses muntere Stadtmädchen, »und wenn die richtige Stimmung herrscht, kennen meine Dienste keine Grenzen. Wir sind sehr stolz auf unsere guten Manieren.«[35]

Schließlich informiert uns ein Fräulein Yuki, 83–59–86, daß ihr Etablissement sich auf eine »japanische Stimmung« spezialisiere: »Wir tun unser Bestes, das traditionelle Feingefühl und die guten Manieren zu zeigen, an die wir Japaner gewöhnt sind.«

Wenn man die Hinweise auf den genauen Charakter ihres Geschäfts wegließe, könnten dies Berichte über die Arbeiter in einer Autofabrik oder das Personal einer Kaufhausfiliale sein: »gute Manieren«, »das Florieren unserer Firma« . . . All das ist weit entfernt von der trockenen Aufforderung »Rufen sie Annie wegen Französischstunden an« im Fenster eines britischen Tabakladens oder von den obszönen Anzeigen in westlichen Pornomagazinen. Irgendwie gelingt es der *torukojo,* ihr Gewerbe mit einem Sinn für Pflichterfüllung und Etikette zu beschreiben.

Man hört, daß zahlreiche Männer die *torukos* aufsuchen, um sich verhätscheln zu lassen. Es gibt sogar gewisse Etablissements, wo den Kunden Windeln angelegt werden, damit sie eine »Schweinerei« machen und nach Mama schreien können.[36] Mama säubert und badet sie dann, wobei sie wie mit einem Kleinkind gurrt und säuselt. Diese Häuser sind jedoch sehr spezialisiert, und obwohl sie symptomatisch sein mögen, sind sie nicht so verbreitet, daß man sie als typisch ansehen sollte.

Allerdings braucht man gar nicht so weit zu gehen, um die Muttergestalt im Hintergrund zu entdecken. In »Die Pornographen«, einem Roman von Nosaka Akiyuki, später von Imamura Shohei verfilmt, wird humorvoll beschrieben, wie einer der Protagonisten ein *toruko* besucht:

»Du legst dich wie ein Baby auf einen der Massagetische. Dann schließt du die Augen, ohne an irgend etwas zu denken, und überläßt alles der Frau. Es spielt keine Rolle, wie sie aussieht oder was sie selbst denkt. Mit ihren Fingern sucht sie die empfindlichste Stelle deines Körpers – eine Stelle, die sogar du selbst nicht kanntest, die sogar deine eigene Frau nicht kannte. Das ist der beste Teil der ›Spezialbehandlung‹. Nur der Mann fühlt sich bei der ›Spezialbehandlung‹ gut. Die Frau darf überhaupt nichts fühlen. Kurz gesagt, es ist, als würdest du von deiner eigenen Mutter behandelt... Mutterliebe ist, wie soll ich mich ausdrücken, na ja, eine Gefälligkeit, ein Opfer. Das alles ist ein bißchen brutal. Wenn du zum Höhepunkt kommst, muß die Frau so tun, als sei sie schokkiert, und dich dann säubern. In diesem Moment ist sie wirklich deine Mutter. Du umschlingst sie mit den Armen. Sie wird nichts dagegen haben, es ist wie mit einer Mutter und einem Kind.«

Mutter und Kind – das ist einmal mehr das Urelement. Aber Phantasiefrauen sind nicht unbedingt in Mütter und Huren geteilt, sie können beides gleichzeitig sein; die Hure ist oft in Wirklichkeit die Madonna. Nicht umsonst werden Prostituierte traditionsgemäß zuweilen mit buddhistischen Gottheiten, etwa Kannon, der Göttin der Gnade, verglichen.

Es gibt einen beliebten Comic eines berühmten Künstlers namens Kamimura Kazuo. Er erschien zuerst 1977, aber die Handlung spielt sich in einem Tokioter Bordellviertel der frühen fünfziger Jahre ab und ist deshalb von Nostalgie erfüllt. Die Heldin ist Sachiko, die reizendste aller mütterlichen Prostituierten. Wie die meisten leidenden Heldinnen hat Sachiko ihre Eltern kurz nach ihrer Geburt verloren. Außerdem wurde sie während der Besatzungszeit von einem großen, bösen amerikanischen Soldaten vergewaltigt. Dieses Klischee ist beinahe ein notwendiger Tapferkeitsnachweis, wie die Duellnarbe eines deutschen Korpsstudenten der Vorkriegszeit. Man kann sich kein schlimmeres Schicksal vorstellen, deshalb hat die Heldin sofort das tiefste Mitgefühl des Lesers.

In melancholischeren Momenten denkt Sachiko gern an ihre Eltern und singt ihr Lieblingslied:

Ich bin die blühende Blume des Vergnügungsviertels
Wenn der Mond ein Spiegel wäre
Würde ich mich davorstellen
Damit meine lieben verlorenen Eltern mich noch einmal
sehen könnten.

Sachiko ist eine gute Frau, und wie viele vernünftige japanische Mädchen verbindet sie das Praktische mit dem Mütterlichen. Sie bedient Studenten zu herabgesetzten Preisen und wäscht sogar ihre schmutzige Kleidung, denn sie argumentiert, daß »von all den Studenten, die jetzt meinen Körper benutzen, wenigstens einer ein Firmendirektor wird, und dann wird er sich gewiß um mich kümmern«.

Eines Tages kommt ein Student und fragt nach der Bordellbesitzerin, einer Frau mit mürrischem Gesicht, die nur an Geld denkt. Sachiko bietet dem Jungen in ihrem Zimmer eine Tasse Tee an und erzählt ihm alles über die Besitzerin. Er wird immer aufgeregter, bis er schließlich wie in einem hysterischen Anfall hervorstößt: »Sie ist es! Sie ist es! Nach fünfzehn Jahren habe ich sie gefunden! Mutter! Mutter!«

Die folgende Szene ist identisch mit jener in »Mutter hinter meinen Augen«: Der Student ist – wie Chutaro in dem Drama – außer sich vor Freude. Er heult und weint, doch seine Mutter weigert sich, ihn zu erkennen, und befiehlt ihm, sofort das Haus zu verlassen. Wie könne er es wagen, einer alten Frau einen Streich zu spielen; offensichtlich sei er auf ihr Geld aus. Ganz wie Chutaro lacht der Junge hysterisch und schreit: »Wie konnte ich nur so dumm sein, all diese Jahre vergeblich zu suchen, ganz vergeblich!« Vielleicht hat der Autor diese Szene nicht bewußt gestohlen, aber sie zeigt, daß sich die entsetzliche Möglichkeit mütterlicher Zurückweisung immer wieder ausnutzen läßt.

Sachiko erweist sich als Retterin. Sie nimmt ihn mit in ihr Zimmer und flüstert mit ihrer lieblichsten Stimme: »Ich werde statt dessen deine Mutter sein. Dafür lebe ich.« Sie spreizt die Beine so weit wie möglich, nur Zentimeter vor seinem tränennassen Gesicht, genau wie im Striptease- Salon. »Sieh's dir genau an«, gurrt sie, »das nennt man die Heimat eines Mannes. Ich bin deine Heimat, mein lieber Junge, ich bin deine Mutter.«

»Oh«, murmelt er, bricht in kindliches Gebabbel aus und fragt: »Kann ich an deiner Brust saugen, Mami?« Die Geschichte endet mit einem Großbild von Sachikos Brust, an der sie seinen schlafenden Kopf wiegt. Sachiko grübelt: »Heute abend ergoß sich der Sohn meiner alten Chefin in meinen Körper. Jetzt schläft er fest und sieht

so heiter aus. In jenem Moment war auch ich glücklich; vielleicht werde auch ich eines Tages Mutter sein ...«

Sachiko no Sachi (»Sachikos Glück«) – so der Titel des Comics – ist ein ernsthaftes Werk. Es geht weniger darum, sexuellen Kitzel als vielmehr darum, Rührung zu erzeugen. Der Comic drückt auf die Tränendrüsen, für ihn braucht man drei Taschentücher. Er wird in Japan nicht nur von jungen Leuten, sondern auch von hochgebildeten Erwachsenen gelesen. Man hält es keinesfalls für seltsam, daß die empfindsame Heldin eine Prostituierte ist; im Gegenteil, das gilt als völlig angemessen.

Wirkliche Sexualität würde das reine Bild der leidenden Mutter stören. Sachiko hat natürlich sexuelle Beziehungen, denn das ist der Beruf einer Prostituierten, aber sie fühlt nichts, wie Nosakas Gestalt sagte. Sex ist nur ein Mittel dazu, daß Männer sich wohl fühlen.

In einer anderen Sachiko-Geschichte erscheint eine elegante, mit einem Kimono bekleidete Dame in einem Bordell. Sie fragt die Besitzerin sehr höflich, ob sie vielleicht ohne Bezahlung dort arbeiten könne. Sie wolle auf ihren Verdienst verzichten, weil sie nur an Sex interessiert sei. Die Besitzerin freut sich natürlich über dieses Arrangement. Und die elegante Dame sorgt dafür, daß Schreiner und Anstreicher ihr schäbiges Zimmer in einen wahren Lustpalast verwandeln.

Sachiko und die anderen Mädchen sind so verärgert über diese Entwicklung, daß sie beschließen zu streiken. Aber die Neue erweist sich als unersättlich. Sie hat nur ein einziges Prinzip: Kein Mann wird von ihr mehr als einmal empfangen. Ein Kunde kann dies nicht ertragen; er wird vor Frustration halb wahnsinnig. Dann kommt die unvermeidliche böse Wendung: Der Mann rast in ihr mit Spiegeln getäfeltes Boudoir und sticht hysterisch mit einem gewaltigen Küchenmesser auf sie ein. Ihr schauerlicher Tod wird in all den graphischen Einzelheiten abgebildet, an die japanische Comic-Leser gewöhnt sind: In einer Reihe von Illustrationen dringt das Messer in den Körper ein und wird wieder herausgezogen; dabei befleckt Blut die Doppelseite, als habe man es mit einem gräßlichen Rorschach-Test zu tun. Die Dame stirbt mit einem engelhaften Lächeln auf den feinen Zügen.

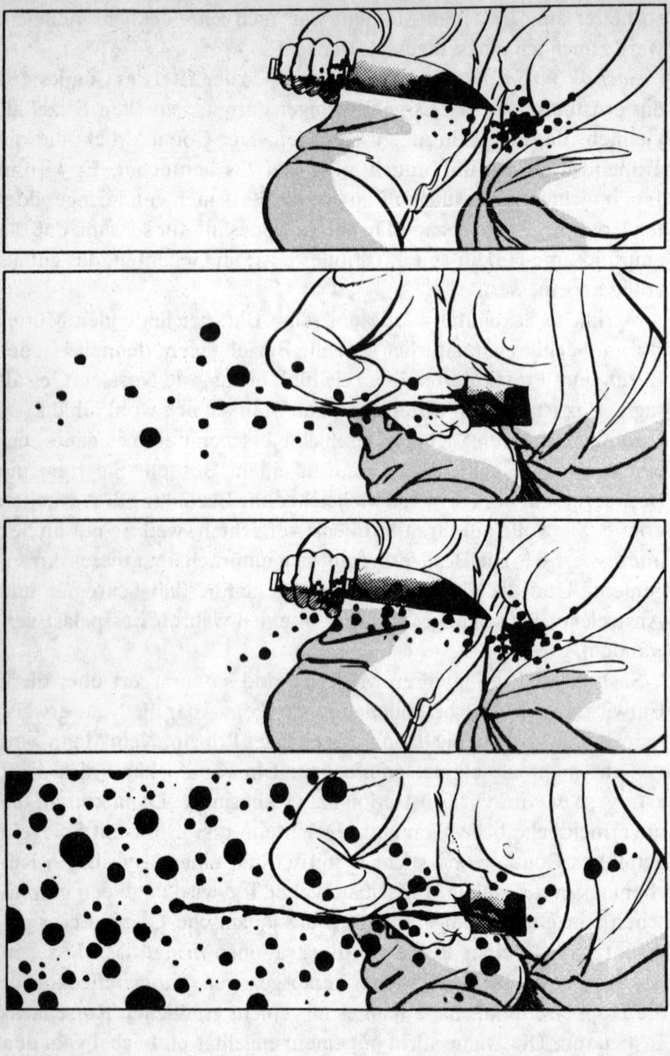

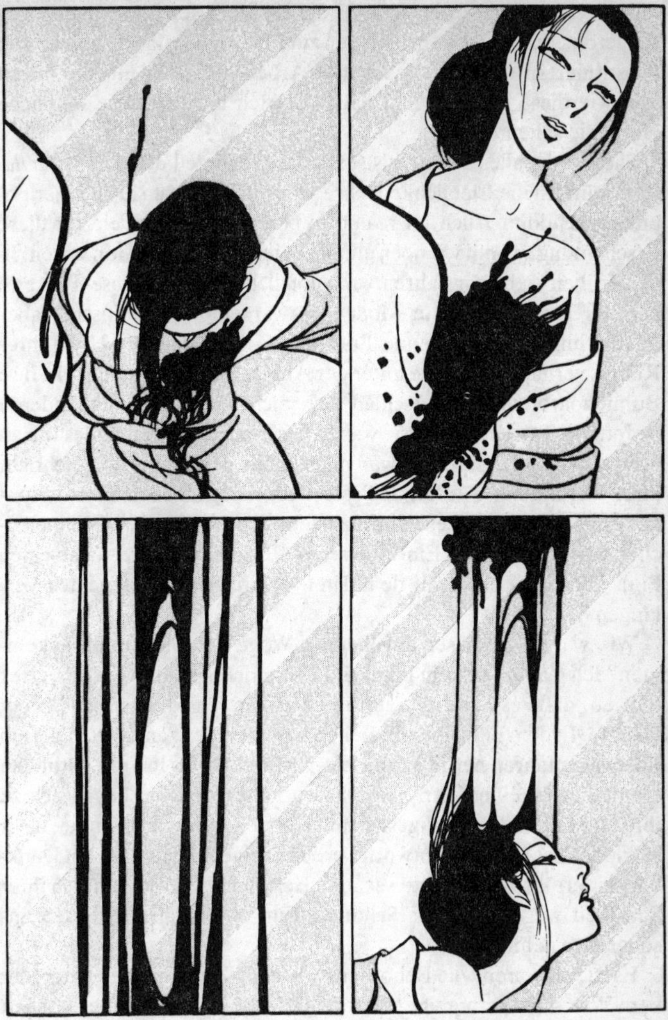

Die leidenschaftlichen Kräfte, die sie freigesetzt hat, haben sich ausgetobt, und alles kehrt wieder zum Normalzustand zurück. Die Prostituierten nehmen wieder ihre Arbeit auf. »Ich möchte nie so sein wie diese Frau«, denkt Sachiko. »Ich möchte diese weibliche Hölle nie sehen.«

Sachiko ist alles andere als sexy, das Gegenteil der *femme fatale*. Ihre mütterliche Lieblichkeit, ihre *yasashisa,* macht sie zu einer populären Heldin. Auch im realen Leben gibt es Beispiele für diese Erscheinung, womit wir noch einmal beim Striptease-Salon wären. In den frühen siebziger Jahren war plötzlich eine Striptease-Tänzerin namens Ichiro Sayuri in Mode; sie war eine sympathische, aber durchschnittlich aussehende Frau aus Osaka. Auf der Höhe ihres Ruhms verhaftete man sie unter der Anklage der Unzüchtigkeit. Ihre Bühnendarbietung unterschied sich nicht von der jeder anderen Striptease-Tänzerin, aber sie war zu berühmt geworden – alles war zu öffentlich, die Diskretion war nicht mehr gewahrt. Die Nachricht ihrer Verhaftung wurde mit Proteststürmen aufgenommen, besonders in »interi«-Kreisen. Journalisten, Schriftsteller und Filmemacher verteidigten sie. Ein modischer Regisseur drehte sogar einen Film über ihr Leben mit dem Titel »Ichiro Sayuri – feuchtes Verlangen«.

Wie war es zu dieser ungeheuren Woge der Beliebtheit gekommen? Ich glaube, daß ein Filmkritiker die richtige Antwort gab, als er schrieb, daß »es nur ihre Sanftheit war, die Ichiro Sayuri so beliebt machte. In dem Film über ihr Leben kommt eine Szene vor, in der ein Lastwagenfahrer heftig masturbiert, während er Ichiros entblößte Genitalien in einem Striptease-Salon betrachtet. Sie beugt sich zu ihm hinüber und erkundigt sich mit allerfreundlichster Stimme, ob er zufrieden sei. ›Ja, Ja!‹ antwortet er, und seine Augen sind von Dankbarkeit erfüllt. Diese zarte sexuelle Beziehung verwandelt sich ihrer Sanftheit wegen in etwas Schönes. Nun wollen die Behörden uns sogar dies nehmen.«[37].

Es ist, als wären »die Behörden« wie ein viktorianischer Vater, der dem Volk seine gutherzige Mutter raubt. Die Regeln der Gesellschaft bedrohen stets das unschuldige Kind beim Spielen. Diese Sicht der Sexualität mag helfen, die ständige, fast greifbare erotische Spannung in Japan zu erklären. Ganz im Gegensatz zu der zynischen

Klugheit, welche die Sexualität im Westen erfüllt, handelt es sich um eine jugendliche Spannung, einen Knoten unlösbarer Widersprüche.

Diese quälende Verbindung von gesellschaftlicher Frustration und unschuldiger Sinnlichkeit, von umfassender Sexualität und tiefer Furcht existiert seit Jahrhunderten. Sie hat zum Teil natürlich mit der universellen menschlichen Befindlichkeit zu tun, aber sie wird vielleicht stärker in Japan empfunden, das gleichzeitig das natürlichste und das künstlichste aller Länder ist. Die Japaner sind sowohl äußerst sinnlich wie überaus anspruchsvoll. Es ist nicht ihre Einzigartigkeit, sondern der extreme Charakter dieser Widersprüche, der Japan oft so erotomanisch wirken läßt.

Die Frustration ist wahrscheinlich schlimmer geworden. Die sozialen Bremsen bestehen weiterhin, während die traditionellen Ventile – zumindest für Männer, Frauen hatten nie viele Ventile – weniger zugänglich sind. Seit ein paar Jahren nutzen geschickte Geschäftsleute diese Situation aus, indem sie eine endlose Vielfalt sexueller »Knüller« anbieten. Insbesondere einer davon scheint sowohl für die traditionellen Haltungen wie für die moderne Gesellschaft typisch zu sein. Eine weitere Version der japanischen Puppenfrau spielt hier die Hauptrolle.

Diese Phantasiefrau ist der Star der *nopan kissa*[38]; *nopan* ist die Abkürzung von »no pants« (»ohne Hosen«), und *kissa,* kurz für *kissaten,* heißt Kaffeestube. Es geht, mit anderen Worten, um Kaffeestuben, in denen die Kellnerinnen keine Unterwäsche tragen. Diese Manie entwickelte sich im Sommer 1980 zunächst in Osaka, der Heimat profitabler »Knüller«. Innerhalb weniger Monate hatte jede japanische Stadt zahlreiche Etablissements dieser Art aufzuweisen, nicht nur in der Gegend der weniger einladenden Bahnhöfe, wo man sie hätte erwarten dürfen, sondern auch in den vornehmsten Einkaufsvierteln. Sie sind außen mit Pin-ups aus Magazinen, Polaroidbildern der halbnackten Kellnerinnen, trüben Neonlichtern und großen Plakaten mit Einzelheiten über die Spezialitäten des Hauses geschmückt: »Kellnerinnen ohne Höschen!«, »Pornovideo im Lokal!« All das, um eine Tasse Kaffee zu trinken.

Der Käufer wird von einem jungen Mann hereingebeten, der Glanzlederschuhe trägt und einen billigen Seidenkimono über seinen westlich geschnittenen Anzug drapiert hat. »Willkommen in unserer

Kaffeestube!« brüllt er durch ein Plastikmegaphon. Im Inneren wird der Besucher höflich von zwei drallen Mädchen begrüßt; sie sind nackt, abgesehen von winzigen Röcken und zwei zierlichen Bändern, die um ihren Hals gewunden sind, als wären sie Weihnachtsgeschenke. »Willkommen«, zirpen sie in völligem Gleichklang.

Das Dekor ist verblüffend. Es gibt nicht nur die üblichen Pin-ups an den Wänden, Pornocomics auf den Kaffeetischen und piepende, summende Videospiele für alle, die es langweilen mag, immer nur die Beine der Kellnerinnen anzustarren, sondern von der Decke hängt auch wenigstens ein Dutzend aufgeblasener Präservative, wie Ballons bei einer Kindergeburtstagsfeier. Die Wände sind außerdem mit verschiedenen Bestandteilen weiblicher Unterwäsche – zum Beispiel Strümpfen, Höschen und Strumpfhaltern – geschmückt. Ein Schild trägt die Aufschrift: »Sprechen Sie die Kellnerinnen nicht an. Berühren Sie sie nicht. Belästigen Sie sie in keiner Weise.«

Die Kunden zahlen etwa DM 21 für eine Tasse Kaffee. Trügt der Augenschein vielleicht? Nicht unbedingt. Der Augenschein ist in Japan häufig mit der Substanz identisch. Schließlich ist Japan, wie Roland Barthes bemerkte, das Reich der Zeichen, das Land der leeren Geste, des Symbols, des Details, welches das Ganze repräsentiert. Der Fetisch ist so mächtig, daß die Realität überflüssig wird.

Es ist etwas Kindliches an diesen Männern, die sich in den klebrigen Kunstledersesseln des *nopan kissa* niedergelassen haben: Sie sitzen in Gruppen zusammen, tragen Anzüge und Krawatten, sind meist zwischen Dreißig und Vierzig, kichern nervös, und ihre Köpfe bewegen sich jedesmal auf und ab wie Jo-jos, wenn sich eine Kellnerin vorbeugt, um eine Tasse Kaffee zu servieren. Nichts scheint ihnen ferner, als die Mädchen zu belästigen.

Der Höhepunkt, wenn das das richtige Wort ist, des Besuches besteht darin, daß das Höschen eines der Mädchen versteigert wird. Das Mädchen, jetzt völlig bekleidet, klettert auf einen der Tische, wobei es etwas gelangweilt wirkt, wie ein Modell in einer Malschule. Die Männer scharen sich um sie und drängeln einander, um den besten Aussichtspunkt zu ergattern.

Während ein männlicher Angestellter in ein Mikrophon brüllt, streift das Mädchen langsam seine Kleidung ab, bis es nur noch seinen Slip anhat. Die Gebote steigern sich immer mehr, und die

Stimme am Mikrophon wird ständig lauter. Schließlich darf der Gewinner, gegen ein beträchtliches Entgelt, das Höschen über die von einer Gänsehaut bedeckten Beine des Mädchens ziehen. Dabei wirft er dauernd nervöse Blicke über die Schulter zu seinen Freunden, die einander immer noch stupsen und rempeln.

Die Männer bezahlen ihren Kaffee und marschieren aus dem Lokal. Eines der Mädchen steht am Ausgang, und die Männer werden der Reihe nach eingeladen, leicht eine ihrer Brüste zu drücken, nur einmal. Alle Mädchen verbeugen sich und sagen in mechanischem Gleichklang: »Danke für Ihren Besuch in unserer Kaffeestube. Wir hoffen, daß Sie uns bald wieder beehren.«

Derlei mag sich nicht ganz mit dem aristokratischen Stil des Heian-Hofes oder der Eleganz der »schwebenden Welt« in Edo oder auch nur mit den vornehmen Teehäusern der Meiji-Zeit messen können, aber es beweist doch, daß die Japaner auch auf dem Gipfel der sexuellen Ausbeutung ihr Gefühl für Manieren und Etikette nicht völlig verloren haben.

7

Das dritte Geschlecht

Im Frühjahr 1914 baute Kobayashi Ichizo, ein früherer Direktor der Hankyu-Eisenbahnen, ein Paradies auf Erden. Es ist etwa achtzig Kilometer von Osaka entfernt und liegt in einem Heilquellenkurort namens Takarazuka. Dabei handelt es sich um ein ganz besonderes Paradies, denn es wird nur von jungen Mädchen bewohnt. Seine Hauptattraktion ist das »Opernensemble für Junge Mädchen«.

Kobayashi baute das erste Theater in einem großen Schwimmbad, das angemessenerweise den Namen »Paradies« trug. Da jede Kollektivunternehmung in Japan eine Parole braucht, ließ Kobayashi sich folgende einfallen: »Kiyoku Tadashiku Utsukushiku.« Rein – Tugendhaft – Schön. Und bis zum heutigen Tage besteht die Truppe nur aus reinen, tugendhaften und schönen Mädchen aus den besten Familien des Landes. Sie führen in Takarazuka eine klösterliche Existenz und werden von der unerfreulichen Realität der Außenwelt so gut wie möglich abgeschirmt. Sie sind die offiziellen Engel des Paradieses.

Die Engel werden als »Studentinnen« bezeichnet, nie als Schauspielerinnen, Tänzerinnen oder, was der Himmel verhüten möge, als Revuegirls. Sie werden in sehr jungem Alter, gewöhnlich um die Vierzehn, nach strenger Auswahl aufgenommen. Dann leben sie im sogenannten Violetten Wohnheim, zu dem Männer keinen Zutritt haben, und erlernen neben Gesang und Tanz alle erforderlichen Fertigkeiten achtbarer junger Damen, zum Beispiel Blumenstecken oder die Teezeremonie.

Wenn eine der Studentinnen heiraten will, wird sie automatisch aus dem Paradies vertrieben. Eine verheiratete Frau kann ebenfalls tugendhaft und zweifellos schön, aber nicht rein sein. Takarazuka ist jungfräuliches Gebiet. Der älteste Star, eine Frau über Siebzig, wird nicht umsonst »Die ewige Jungfrau« genannt.

Eines der ersten Merkmale, die dem Besucher von Takarazuka auffallen, ist die überwältigende Vorherrschaft von Rosa. Um das Theater zu erreichen, muß der Besucher eine rosa Brücke überqueren; das Theater selbst ist rosa, ebenso das Foyer, die Flure zu den Garderoben, die Wagen der Drahtseilbahn, die sich hoch über der »Straße der Blumen« hinzieht, und die Nischen in den Restaurants. Auch die meisten Mädchen im Publikum tragen rosafarbene Kleidung. Wenn der Vergleich nicht lästerlich klingt: Das Innere des Takarazuka-Theaters läßt an das rosa Interieur japanischer Striptease-Salons denken; beide ähneln einem Schoß.

Auch die Architektur des Paradieses ist interessant – eine Art Schweizer Dorf in Disneyland: kleine Chalets und pralinenschachtelartige Häuschen mit Namen wie »Damengasthaus«, »Marienkäfer-Café« und – vielleicht am passendsten – »Illusion«.

Abgesehen von den Kriegsjahren, als die Takarazuka-Bühne von reinen, tugendhaften und schönen Mädchen in Uniform gefüllt war, welche ein Loblied auf japanische Kanonen und Brüderlichkeit in Asien sangen, hat sich das Ensemble auf romantische Musikrevuen spezialisiert; zum Repertoire gehören heimische ebenso wie beliebte ausländische Produktionen, etwa »Vom Winde verweht« und »Romeo und Julia«.

Dem Ensemble gehören natürlich keine Männer an. Dies ist einer der hervorstechenden Züge des Takarazuka-Stils, und die Mädchen, welche die männlichen Rollen übernehmen, sind von Fans im ganzen Lande bewunderte Stars. Alle Takarazuka-Mitglieder tragen das Haar kurz wie frisch gestriegelte Schuljungen, und jedes Mädchen träumt davon, die Rolle eines Mannes zu spielen. Die »männlichen« Stars sind so populär, daß Fans eine Protestdemonstration abhielten, als eines ihrer Idole Scarlett O'Hara spielen mußte. »Sie haben Maru zu einer Frau gemacht!« brüllten die Protestierer.

Es ist faszinierend, den Takarazuka-Studentinnen zuzusehen, während sie männliche Rollen proben. Alles beruht auf *kata,* formellen Mustern, genau wie im Kabuki-Theater. Eine Reihe stilisierter männlicher Posen wird immer wieder eingeübt, bis die Mädchen sie ganz genau gelernt haben. Die älteren Schauspielerinnen sind die Vorbilder und Ausbilderinnen der jüngeren. Anscheinend wurden viele dieser Posen ursprünglich in den fünfziger Jahren entwickelt, als ältere Mitglieder der Truppe sorgfältig Posen aus Marlon-Brando-Filmen nachahmten.

Was steckt dahinter? Woher rührt diese Begeisterung für das Transvestitentheater? Ich erkundigte mich bei einem Takarazuka-Produzenten (typischerweise sind die Produzenten, Regisseure, Komponisten und Choreographen sämtlich Männer). Er antwortete, daß es bestimmt nützlicher für junge Mädchen sei, Takarazuka-Stars und nicht langhaarige Pop-Bands anzuhimmeln. Außerdem meinte er, daß Mädchen dieses Alters sich dadurch sicherer fühlten: »Sie sind zu schüchtern, wirklichen Männern zuzujubeln, selbst wenn ihnen der Sinn danach stünde.« Das mag zutreffen. Aber dann erwähnte er etwas, was mir entscheidender vorkommt: »Heute ist es etwas anders, aber vor dem Krieg war es schwierig, Jungen zu finden, die schön genug waren, den Idealen unseres Publikums zu entsprechen.«

Schön genug – mit anderen Worten, kein wirklicher Mann kann je so schön sein wie eine Frau, die einen Mann spielt, ebenso wie eine Frau nie ganz so bezaubernd ist wie ein geschickter Frauendarsteller. Dies hat mit dem Kern der japanischen Ästhetik zu tun und beruht wie die Geisha, das weibliche Kunstwerk, auf dem Prinzip der Entpersönlichung.

Wie in den meisten Kulturen hat das theatralische Transvestitentum auch in Japan eine lange Tradition. Und wie das Theater selbst hat es religiöse Wurzeln. Als die Sonnengöttin ihren ungestümen Bruder Susanoo traf, zog sie sich männliche Kleidung an. Auch bei heiligen Riten und Festen war dies üblich: Schreintänzerinnen *(aruki miko)*, die oft gleichzeitig Prostituierte waren, legten Männerkleidung an, und während der Edo-Zeit wurden männliche Geishas in den weiblichen Künsten ausgebildet.[1]

Sexuelle Ambivalenz ist auch ein wichtiger Faktor der buddhistischen Tradition, wie Lévi-Strauss in *Tristes Tropiques* erklärt: »[Der Buddhismus] drückt eine sanfte Weiblichkeit aus, die vom Kampf der Geschlechter verschont zu sein scheint – eine Weiblichkeit, die auch von den Tempelpriestern angedeutet wird, denn ihre geschorenen Häupter sorgen dafür, daß sie nicht von den Nonnen zu unterscheiden sind, mit denen sie eine Art dritten Geschlechts bilden...« Buddhistische Skulpturen zeigen oft eine Androgynie, die über die

Geschlechter hinausgeht.[2] Kannon (Kuan Yin in China, Avalokiteshvara in Indien), die Göttin der Gnade, änderte sogar ihr Geschlecht. In Indien war sie zunächst ein Gott, der sich mit der Zeit, während er allmählich nach Osten vordrang, in eine Göttin verwandelte.

Sexuelle Verwirrung war ein unverzichtbarer Bestandteil des frühen Kabuki-Theaters. Hayashi Razan (1583–1657), ein konfuzianistischer Gelehrter des 17. Jahrhunderts, bemerkte empört, daß »die Männer Frauenkleidung tragen; die Frauen tragen Männerkleidung, schneiden ihr Haar und haben einen männlichen Haarknoten, sie legen Schwerter an und tragen Taschen«.[3] Aus dieser Verwirrung – unterstützt durch die Tatsache, daß Schauspielerinnen nach 1629 von der Regierung mit einem Bann belegt wurden – erwuchsen die wahrscheinlich kunstvollsten Frauendarsteller der Welt: die *onnagata*.

Der *onnagata* im Kabuki-Theater versucht weniger, eine bestimmte Frau darzustellen, als vielmehr eine idealisierte Version des Weiblichen, wie man sie auf Holzschnitten sieht. Er ist gerade deshalb in der Lage, die Idealfrau zu stilisieren, weil er ein Mann ist. Selbst wenn er sich im Alltagsleben wie eine Frau benimmt, was manche *onnagata* taten, bleibt er immer noch ein Mann. Die sexuelle Spannung und die für seine Kunst erforderliche Distanz bleiben gewahrt, wie immer er sich verhält – es sei denn, er ließe sich operieren, was aber im 17. Jahrhundert ohnehin recht schwierig zu bewerkstelligen war.

Das Ideal besteht darin, den sexuellen Übergang so mühelos wie möglich erscheinen zu lassen. Mit den Worten Yoshisawa Ayames (1673–1729), des größten Meisters dieser Rollen: »Wenn [der Schauspieler] bewußt versucht, seine Darstellung elegant wirken zu lassen, wird sie nicht gefallen. Aus diesem Grunde kann er nicht als kunstfertiger *onnagata* bezeichnet werden, wenn er sich im normalen Leben nicht wie eine Frau verhält.«[4] Er meinte auch, daß »eine Schauspielerin auf der Bühne nicht die ideale weibliche Schönheit auszudrücken vermag, denn sie kann nur ihre körperlichen Merkmale einsetzen und daher dem synthetischen Ideal nicht gerecht werden. Die ideale Frau kann nur von einem Schauspieler dargestellt werden.«[5]

Goethe bewunderte Kastraten-Künstler aus dem gleichen Grunde: »Eben so entsteht ein doppelter Reiz daher, daß diese Personen keine Frauenzimmer sind, sondern Frauenzimmer vorstellen. Der Jüngling hat die Eigenheiten des weiblichen Geschlechts in ihrem Wesen und Betragen studiert; er kennt sie und bringt sie als Künstler wieder hervor; er spielt nicht sich selbst, sondern eine dritte und eigentlich fremde Natur.«[6]

Diese Fertigkeit hängt nicht vom Alter ab. Ich habe einen mehr als siebzigjährigen Schauspieler in der Rolle der jungen Ehefrau eines Kriegers gesehen, den sein eigener Sohn etwas verschämt darstellte. Da er die Technik von Frauenrollen vollständig beherrschte, konnte er immer noch die Illusion weiblicher Schönheit schaffen. Es ist natürlich eine sehr künstliche Schönheit, aber gerade darum geht es ja: um das »synthetische Ideal«.

Unter dem Einfluß der naturalistischen europäischen Ideen des 19. Jahrhunderts machte man früher Versuche, Frauenrollen im Kabuki-Theater von Schauspielerinnen übernehmen zu lassen. Es gelang einfach nicht, denn sie sahen zu natürlich aus, ihnen fehlte die Schönheit des Künstlichen. Sie konnten den gewünschten Effekt höchstens dadurch erzielen, daß sie Männer, die Frauen darstellten, nachahmten.

Ein wichtiges Merkmal der Frauen- und Männerdarstellung in Japan und überhaupt in Asien besteht darin, daß sie selten zur Karikatur wird; sie ist nie ein Ulk wie im Westen. Man darf natürlich nicht vergessen, daß das Transvestitentheater auch in Europa eine ernsthafte Kunst war, bis es im 17. Jahrhundert, im Zeitalter der Vernunft, beendet wurde.[7]

In Tokio gibt es einen Nachtclub, der von einem berühmten Frauendarsteller namens Miwa Akihiro betrieben wird. Die Kunden sitzen auf Rokoko-Stühlen unter einem Kristallüster; vor ihnen ist ein Onyxkamin, und sie sind umringt von Marmorstatuen nackter Jungen und Vasen voller Pfauenfedern. Es herrscht eine überaus ernste Atmosphäre. »Madame wird sofort erscheinen«, flüstert einer der Kellner, der einen roten Samtsmoking trägt. Und dann tritt sie auf, bezaubernd in ihrem tief ausgeschnittenen Abendkleid.

Sie trägt auf japanisch ihr gewohntes Repertoire französischer Chansons im schmetternden Stil der dreißiger Jahre vor, und die Menschen sind sichtlich gerührt. »Oh, sie sieht heute abend großartig aus«, sagt ein bejahrter Herr zu seiner Frau. Und eine Träne rollt über die narbige Wange eines brutal wirkenden Mannes, der sofort als Mitglied der Unterwelt zu erkennen ist.

Für einen westlichen Beobachter ist dies alles die höchste Form des »Camp«.[8] Für viele Japaner ist es einfach schön. Camp beruht auf einem Sinn für Ironie – der Ironie eines ernsthaften Versuches, ein unmögliches Ziel zu erreichen, der Diskrepanz zwischen menschlicher Unzulänglichkeit und grandiosem Ziel. Camp bedeutet immer: »zu viel«, »zu phantastisch«, »stell dir vor, da versucht ein Mann, wie eine Frau auszusehen«. Man hört oft, daß den Japanern ein Sinn für Ironie fehle. Als allgemeine Aussage trifft dies wahrscheinlich zu. Aber jemandem aus dem Westen, der den entsprechenden Sinn für Humor hat, wird vieles in der japanischen Kultur – von den Plastikblumen auf den Straßen bis hin zum elektronischen Vogelgezwitscher in Warenhäusern, ja sogar das Takarazuka-Theater – als Camp erscheinen. Das Entscheidende ist jedoch, daß es in Miwas Club oder im Kabuki-Theater oder in Takarazuka keine Diskrepanz zwischen Bemühen und Ideal gibt: Niemand behauptet, daß das Ideal irgend etwas mit der Realität zu tun habe. Alle ergötzen sich daran, daß Lady Macbeth von einem berühmten Kabuki-Star gespielt wird, eben weil es künstlicher und deshalb meisterlicher, kurz, schöner ist.

Es ist eine allgemeine Wahrheit, daß sexuelle Anziehungskraft durch ein gewisses Maß an Ambivalenz verstärkt wird. Der »richtige«, hundertprozentige Mann wirkt in der Regel weniger respektabel als eher ein bißchen lächerlich. Japan hat eine Tradition recht mädchenhafter Herzensbrecher. Der *jeune premier* in romantischen Kabuki-Dramen ist gewöhnlich ein blasser, schlanker Junge, der mütterlichen Schutzinstinkt weckt. Die Wirkung der Ambivalenz ist so stark wie eh und je. Der kürzlichen Umfrage einer Frauenzeitschrift zufolge waren die beiden »sexuell attraktivsten Stars« von 1981 Tamasaburo, ein Kabuki-Schauspieler, der auf weibliche Rollen spezialisiert ist, und Sawada Kenji, ein Schlagersänger, der gern in vorwiegend weiblicher Kleidung auftritt.

Auch für die Popularität des Transvestitentheaters gibt es gesellschaftliche Gründe. Wie überall gehört es in Japan zur sozialen Erziehung, daß man lernt, seine Geschlechterrolle zu spielen. Mehr noch, man wird ständig an sein Geschlecht erinnert und soll sich entsprechend verhalten. Aber nicht sofort nach der Geburt: Zuerst kommt jener Stand der Gnade, die sichere, warme, mütterliche Welt der frühen Kindheit, in der noch kein Rollenspiel verlangt wird und in der noch keine wirklichen Unterschiede existieren. Mit den Worten den Psychiaters Kawai Hayao: »In der alles umfassenden Welt der Mutter gibt es keinen Unterschied zwischen Mensch und Gott, Gut und Schlecht, Mann und Frau.«[9] Dadurch erklärt sich, seiner Meinung nach, weshalb es vielen Japanern so schwerfällt, sich von dieser Welt zu lösen und erwachsen zu werden.

Die sexuelle Ambivalenz des Takarazuka-Theaters und der Mädchen-Comics, auf denen viele der Stücke basieren, spiegelt diesen Sachverhalt wider. Die Kritikerin Imaizumi Fumiko glaubt, daß der offensichtliche Wunsch, nicht weiblich zu sein, oft als eine Art Männerverehrung mißverstanden wird. Ihrer Ansicht nach wollen Mädchen nicht Männer sein, sondern »es ist ihr stärkster Wunsch, weder männlich noch weiblich zu sein – kurz, sie wünschen sich Geschlechtslosigkeit«.[10] Dies rühre nicht von einer angeborenen Furcht vor der Weiblichkeit, von einem biologischen Tabu her, sondern hänge mit der Erkenntnis zusammen, daß jede Frau, die erwachsen wird, im Leben eine untergeordnete Rolle spielt. »Sie übernehmen diese Rolle, obwohl sie wissen, daß der Unterschied zwischen Frauen und Männern eigentlich eher eine Sache von Äußerlichkeiten ist. Und deshalb meinen sie auch, daß Realität und Träume einfach umgekehrt werden können, indem man diese Äußerlichkeiten ändert.«[11]

So ließe sich der ungeheure Erfolg eines der beliebtesten Comics für Mädchen erklären, die je vom Takarazuka inszeniert wurden. Der Comic trug den Titel »Rose von Versailles« und wurde später von dem französischen Regisseur Jacques Demy, ausschließlich für den japanischen Markt, zu einem gräßlichen Film gemacht. Die jungen Mädchen Japans bewiesen jedoch mehr Geschmack als die Produzenten, denn der Film war, im Gegensatz zu dem Drama und dem Comic, eine finanzielle Katastrophe.

In dieser Geschichte sind die Rollen tatsächlich umgekehrt: Oscar, der Held oder die Heldin, wird kurz vor der Französischen Revolution als Mädchen geboren, jedoch als Junge aufgezogen, um in die Fußstapfen seiner Generalsfamilie treten zu können. Der androgyne blonde Soldat wird zu Marie-Antoinettes persönlicher Leibwache abgeordnet. Die Geschichte endet damit, daß Oscar – etwas widersinnig – für die Revolution stirbt. Doch dieses republikanische Sentiment, das die Autorin Ikeda Riyoko zur Erbauung ihrer Leserinnen einfügt, kann nicht der Hauptgrund für die Popularität dieser Geschichte sein. Viel wichtiger ist das zwiespältige Liebesleben der Heldin.

Während sie als Junge aufwächst, ist André, der Sohn ihres Kindermädchens, ihr bester Freund. Nachdem sie ihm aus einer brenzligen Situation geholfen hat, in der er Marie-Antoinette fast umgebracht hätte, kennt seine Loyalität keine Grenzen: Wie ein echter Samurai gelobt er, nötigenfalls für sie in den Tod zu gehen.

Aber obwohl sie wie ein Mann lebt, verliebt sich Oscar in einen schwedischen Adligen namens von Felsen und verbringt, tanzend und ein Kleid tragend, eine romantische Nacht mit ihm. Doch alte Gewohnheiten sind nicht so leicht zu brechen, und bald zieht sie sich wieder ihre Uniform an. Außerdem ist von Felsen bereits in Marie-Antoinette verliebt.

Dann erklärt André seinerseits seine leidenschaftliche Liebe – nicht etwa für von Felsen, sondern für Oscar – und wiederholt seine Bereitschaft, ja seinen Wunsch, für sie zu sterben. Gerührt von solcher Aufrichtigkeit, »wirft Oscar ihren aristokratischen Mantel ab und enthüllt ihre schöne Gestalt«. Der Bühnenchor singt: »Ich liebe dich deines Adels, deiner Reinheit, deiner Schönheit, deines freundlichen Lächelns, deines weißen Gesichts [*sic!*], deiner glänzenden blauen Augen wegen. Ich liebe dich, und ich möchte sterben . . .«

So etwas kommt natürlich nicht in Frage, da sie adlig und er nur ein einfacher Stallknecht ist. Die Lösung ist klassisches Kabuki-Theater: Zuerst wird André während eines Kampfes zwischen den Aufständischen und den Truppen günstigerweise erschossen. Aber der herrlichste Tod ist der Heldin (oder dem Helden) vorbehalten: Oscar – mit wehenden blonden Haaren und blitzenden blauen Augen – stürmt die Bastille und wird von einer großen Kanonenkugel niedergestreckt, so daß »Blut ihre Brust so rot färbt wie die Rose von Versailles«.

In der Schlußszene hebt André – er steht hochaufgerichtet in einem Triumphwagen, gezogen von einem Pegasus, der Wolken trockenen Eises ausschnaubt – Oscars Geist empor, und das unglückliche Liebespaar wird zu einem imposanten Himmel hinaufgetragen, wo seine Liebe ewig fortbestehen kann. Alle Mitwirkenden versammeln sich am Himmelstor, das nun durch die funkelnden Lichter und das trockene Eis kaum noch zu sehen ist, und brechen in folgenden stürmischen Schlußgesang aus:

Im blitzenden goldenen Licht
Leuchtet rot des Gardeoffiziers Uniform
Ihr blondes Haar weht, sie nimmt die Zügel
des Triumphwagens
Ah, diese blauen Augen, ah, das wehende blonde Haar.

Dies mag sich anhören wie ein Stück Nazipropaganda, inszeniert von Leni Riefenstahl. Tatsächlich scheint die Popularität, die späte Visconti-Filme, Helmut Berger und die extravaganten Posen von David Bowie bei jungen Japanerinnen genießen, auf eine Vorliebe für teutonische Absonderlichkeit hinzudeuten. Ich erkundigte mich einmal bei einer Takarazuka-Schauspielerin, was sie zu dieser Art von Theater hingezogen habe. *Akogare,* antwortete sie; dieses Wort wird gewöhnlich als »Sehnsucht«, »Verlangen« oder sogar »Anbetung« übersetzt. Man verwendet es für Menschen, Orte und Ideale, die unerreichbar weit entfernt scheinen, zum Beispiel *akogare no Pari,* »das Paris unserer Träume«. Es ist die Idealisierung des Unerfüllbaren, etwa die Errichtung des Paradieses in achtzig Kilometer Entfernung von Osaka.

Vielleicht betrachten heutige junge Mädchen imaginäre europäische Aristokraten auf ähnliche Weise, wie Edo-Zuschauer stolzierende Samurai auf der Kabuki-Bühne betrachteten: als weit entfernt und mit besonderen Kräften ausgestattet. Manche interpretieren dies einfach als eine Form der Machtverehrung, aber das ist nicht das Entscheidende. Denn diese Werke sind von einem tiefen Pessimismus durchdrungen oder wenigstens von einem tragischen Gefühl des *mono no aware* (»Pathos der Dinge«).

Die Helden sind nie siegreich. Kabuki-Samurai werden am Ende fast ausschließlich ermordet oder begehen Selbstmord. Oscar und André können nur im Himmel ein Liebespaar sein, nicht in unserer traurigen, flüchtigen Welt – genau wie Chikamatsus tragische Helden und Heldinnen vor mehr als dreihundert Jahren. Im Schlußgedicht eines anderen Comics für Mädchen heißt es: »Sieh dir die Träume junger Mädchen an, die erwachsen werden: Sie sind wie Glaspaläste.« Erwachsenwerden bedeutet unvermeidlich Tragödie.

Also träumen junge Mädchen davon, sich in sexueller, emotionaler und geographischer Hinsicht so weit wie möglich von der Alltagsrealität zu entfernen: Sie versetzen sich in den Weltraum oder in phantastische pseudoeuropäische Schlösser oder sogar in eine Kombination von beiden, wie in »Die Abenteuer Puppys vom Stern Mühle«. Die Kulissen dieses Stückes entstammen dem reinen Paradies von Takarazuka: französische Ballsäle des 18. Jahrhunderts in einem prächtigen Palast; dort wimmelt es von hochgewachsenen, langbeinigen, kurzhaarigen Mädchen, die blonde Perücken und Gardeoffiziersuniformen der Donaumonarchie tragen und mit gekünstelt-männlichen Stimmen sprechen – Erich von Stroheim im japanischen Teenagerland.

Die Erwachsenen in diesem Drama sind sämtlich korrupt, betrügerisch und berechnend. Die Mädchen müssen Schreckliches ausstehen, werden aber am Ende von zwei androgynen Außerirdischen gerettet, die die Zeit anhalten können und Anhänger tragen, mit deren Hilfe sie ins Herz der Menschen sehen. Dies löst ein Chaos aus, denn unausgesprochene Gedanken werden allen bekannt, und einer dieser E. T.s erklärt: »Die Menschen auf dieser Welt leben davon, daß sie einander betrügen. Sie wissen, daß sie betrogen werden, und deshalb betrügen sie andere. Das ist ihre Lebensweise.«

Die Verzweiflung über das Ende der Kindheit und die Feindseligkeit der Erwachsenenwelt gegenüber sind erstaunlich intensiv. Die Takarazuka-Heldinnen empfinden die gleichen Gefühle wie Midori, das Mädchen in Higuchi Ichiyos »Erwachsenwerden«, das dazu bestimmt ist, eine Prostituierte zu werden: »Wenn sie doch weiterhin die Hausfrau spielen könnte, mit ihren Puppen als Gefährtinnen, dann würde sie wieder glücklich sein. Oh, sie haßte, haßte, haßte es, erwachsen zu werden.«

Zwar ist das Peter-Pan-Syndrom, ewig jung bleiben zu wollen, überall verbreitet, aber wahrscheinlich ist das Erwachsenwerden in einer Welt mit widersprüchlichen Werten noch schwerer als anderswo. Wie schon ausgeführt wurde, ist die Ehe ein notwendiger Faktor des japanischen Erwachsenendaseins. In traditionsgemäß arrangierten Ehen ist gesellschaftliche Eignung immer noch wichtiger als Liebe. Gleichzeitig predigen modische Zeitschriften für junge Leute das relativ neue Evangelium der Romantik. Was sollen die armen Mädchen also tun? In gewisser Weise findet sich jedes Mädchen, das sich der Tradition anpaßt, in Midoris unglücklicher Lage wieder. Das Takarazuka-Theater zieht solche Mädchen an, doch seine Lösung ist nur eine Variation des traditionellen Ratschlages: Finde dich mit den Anforderungen der Gesellschaft ab, und im übrigen träume weiter, mein Kind, träume weiter. Träume davon, eine ewige Jungfrau oder, besser noch, geschlechtslos in einer Welt von europäischen Aristokraten und freundlichen Außerirdischen zu sein.

Im Takarazuka-Theater wird weniger deutlich, daß der Traum auch eine düstere Seite hat. Comics für Mädchen konzentrieren sich sehr stark auf das Böse, auf Schrecken und Tod. Dies hat teilweise gewiß mit den universellen Ängsten der Pubertät zu tun, deren körperliche Prozesse traumatisch sein können. Es ist verständlich, daß viele sich mit den Ungeheuern in Mädchengeschichten identifizieren, wenn sie sich selbst jeden Morgen im Spiegel als Scheusale ansehen.

Typischerweise ist das Böse in diesen Comics jedoch genauso wenig absolut wie in der alten japanischen Mythologie. Selbst die finstersten Gestalten können erlöst werden, wenn sie Reue und Aufrichtigkeit zeigen. In einem Comic mit dem Titel »Das gläserne Schloß« – die Handlung spielt in einem zeitlosen London – wird Marisa, die »den Charakter eines Engels« hat, von ihrer bösen Stiefschwester Isadora auf brutalste Weise drangsaliert, gequält und betrogen; Isadora ermordet sogar ihren Vater, eine gutmütige, aber distanzierte Gestalt in der besten patriarchischen Tradition Japans. Aber am Ende empfindet sie Reue und gesteht, wie einsam und wie hoffnungslos unterlegen, verglichen mit ihrer engelhaften Schwester, sie sich gefühlt habe.

Dies ist die Zauberformel, denn sofort wird ihr alles verziehen. Als echte japanische Heldin beschließt die engelhafte Marisa, die Schuld für den Mord ihrer Schwester auf sich zu nehmen und sich zu opfern. »Diese Welt ist so zerbrechlich und vergänglich wie Glas«, heißt es in der Sprechblase über Marisas Kopf, während man sie ins Gefängnis schleppt, wo sie bald umkommt.

Isadora könnte als Marisas erwachsenes Alter ego betrachtet werden. Marisa lebt in der Welt der Kindheit, der »verschwommen weißen Traumwelt«, in der alles vergeben wird. Von der Ermordung ihres Vaters abgesehen, verhält Isadora sich mehr oder weniger so, wie die Erwachsenengesellschaft es erwartet. Familie, Ehe und sozialer Status beschäftigen sie stets am meisten, aber, wie sie am Ende klagt, »eine kleine Lüge führt zu immer schlimmeren Verbrechen.« Es ist unvermeidlich, daß Marisa – oder die Kindheit – geopfert wird. Die Zeit bleibt nicht stehen, es gibt kein Zurück.

Dieser Pessimismus ist tief in der japanischen Kultur verwurzelt. In Westeuropa und besonders in den Vereinigten Staaten suchen sich die Menschen im Idealfall – wenn auch nicht immer in Wirklichkeit – ihr eigenes Schicksal in einer unvollkommenen Welt aus, die sie selbst verbessern müssen. Deshalb träumen viele Jugendliche, ob Jungen oder Mädchen, davon, die Welt vor dem Teufel zu retten. Die Welt ist nicht an sich schlecht, sondern sie wird nur von sündhaften Menschen dazu gemacht. Dies zumindest ist der christliche oder, genauer gesagt, der protestantische Standpunkt, unter dessen Einfluß viele Menschen im Westen, unabhängig von ihrer Konfession, aufwachsen. Und zahlreiche Hollywood-Helden haben uns bewiesen, daß der Einzelne unbegrenzte Möglichkeiten hat, die Welt zu ändern.

Außerdem wird im Westen nonkonformistisches Verhalten bis zu einer gewissen Grenze stärker toleriert. In Japan dagegen besagt ein Sprichwort: »Ein Nagel, der hervorsteht, muß eingehämmert werden.« Der Druck, sich äußerlich bestimmten Verhaltensregeln anzupassen, ist weit unbarmherziger als in westlichen Ländern. Die meisten Japaner haben Todesangst davor, seltsam oder ungewöhnlich oder in irgendeiner Weise anders als ihr Nachbar zu erscheinen. »Gewöhnlich« *(heibon)* zu sein ist das, was die meisten Japaner als besonders wünschenswert hervorheben.

Dies ist nicht mit der christlichen Idee des Guten identisch. Das Gewissen – jener störende Engel, mit dem so viele literarische Gestalten im Abendland ringen – verlangt im protestantischen Extrem, daß Gott der einzige Vertraute des Menschen zu sein hat. Ihm, nicht allein der Gesellschaft gegenüber ist man letzten Endes verantwortlich. Das Gewissen, im christlichen Sinne, geht über die Gesellschaft hinaus. Die japanische Etikette dagegen ist in der Gesellschaft verhaftet.

Gewissen, persönliche Integrität, Treue sich selbst gegenüber oder wie immer man es nennen will, scheinen weniger wichtig zu sein als die Erwartungen der gesellschaftlichen Umgebung, der jemand zufällig angehört. Wenn etwas schiefgeht, sind nur selten Individuen dafür verantwortlich. Jemand mag die Verantwortung übernehmen und sogar Selbstmord begehen, aber auch dabei kommt es nur darauf an, das sozial Angemessene zu tun, denn derjenige, der sich selbst entleibt, ist nicht unbedingt der Schuldige. Die gute Marisa stirbt für die schlechte Isadora.

Die Menschen sind also – zumindest in der Literatur – stets die Opfer, nie die Beherrscher des Schicksals. Die Gesellschaft, die oft als schmutzig oder unrein *(yogoreteiru)* beschrieben wird, verdirbt die Menschen, nicht umgekehrt. Sie zwingt jeden, so zu handeln, sich so zu benehmen, wie es erwartet wird, was nichts mit den eigenen Gefühlen zu tun zu haben braucht. Obwohl es keine japanische Maxime ist, »sich selbst treu zu sein«, und obwohl es zweifellos richtig ist, sich den Erwartungen entsprechend zu verhalten, gibt es jedoch einen lästigen Konflikt: Je mehr man zum Handeln gezwungen wird, desto weiter entfernt man sich vom reinen Zustand der Kindheit. Deshalb liegt der Nachdruck so vieler japanischer Erzählungen, auch jener der Takarazuka-Bühne, auf dem Ende der Jugend, ihrer Zerstörung, nicht auf ihrer Blüte. Die Alternative besteht darin, ein ewiger Knabe oder eine ewige Jungfrau zu bleiben, weder Mann noch Frau, was bedeutet, nicht erwachsen zu werden.

Zwar sind westliche Comics für Mädchen voll von unglaublich schönen jungen Männern mit langen Wimpern und verträumten Augen, aber sie bleiben unmißverständlich Männer, die im Sportwagen an der Riviera herumfahren und am Ende das glückliche Mädchen bekommen. In Japan ist ihr Geschlecht, wie wir gesehen haben, weniger eindeutig, und manchmal bekommen sie einander. Diese androgynen jungen Helden heißen *bishonen* (»schöne Jünglinge«).

Auf den Titelbildern von Comics für Mädchen – und manchmal auch für Jungen – sind oft *bishonen* zu sehen. Die Herzensbrecher des Takarazuka-Theaters sind häufig *bishonen,* ebenso wie die *talentos,* die Fernsehidole der Teenager, mit ihren Rüschenhemden und ihren Grübchen. Der berühmte Künstler Takabatake Kasho, der zur Zeit wieder in Mode ist, zeichnete nichts als *bishonen,* und seine Arbeiten sind immer noch in populären Comics zu finden. Typische Bilder von ihm zeigen einen mit einem kurzen Kimono oder einem Matrosenanzug bekleideten *bishonen,* dem ein älterer Junge das Reiten oder Fechten beibringt. Ein anderes beliebtes Motiv ist der *bishonen* in Not, zum Beispiel wenn er von älteren Jungen drangsaliert oder von einem schrecklichen Sturm auf See überrascht wird. Stets rettet ihn ein älterer Mentor, der schützend den Arm um die schlanken Hüften des Jungen legt. Wenn der hübsche Jüngling allein abgebildet wird, spielt er Flöte wie Adonis, blickt verträumt zum Mond empor, nimmt ein Bad oder liegt, mit einem Gedichtband in den sensiblen Fingern, im Gras.

Die Atmosphäre dieser Bilder ist unzweifelhaft homoerotisch. *June,* ein Comic für Mädchen, ist in dieser Hinsicht ganz offen und zeigt dekadente englische Aristokraten in Samtsmokings, die auserlesene *bishonen* unter dem Kristallüster verführen. Diese Zeitschrift entspricht nicht der Regel, da sie eine extreme Form von Mädchenwünschen repräsentiert, aber sie ist durch die gleiche berauschende Verbindung von höchster Romantik und faszinierenden Missetaten gekennzeichnet wie jene Comics, in denen keine nackten Jungen beim sexuellen Umgang mit dekadenten alten Männern abgebildet werden.

Ein weiteres Beispiel dürfte zur Illustration genügen. Im Mittelpunkt dieser Geschichte mit dem etwas rätselhaften Titel *Band auf der Uhr* steht ein *bishonen,* der seine Mutter verliert, als er erst zwölf Jahre alt ist, und sich mit vierzehn Jahren von Prostituierten aushalten läßt. Er heiratet später eine reiche Gräfin, kommt dann aber zu dem Schluß, daß Männer eher seinem Geschmack entsprechen, und wird zu einem schwulen Gigolo.

Es ist schwer zu sagen, was den jungen Lesern dieses Comics durch den Kopf geht (das heißt Lesern, die nicht offenkundig homosexuell sind). Auch die Leserbriefe bieten wenig Aufschluß; immerhin gibt uns ein Mädchen einen Fingerzeig, denn sie schreibt, daß »diese Phantasiewelt mir einen angenehmen Schauder über den Rücken laufen läßt«. Da die Japaner vom äußeren Erscheinungsbild besessen sind, unabhängig von dem sich dahinter verbergenden wahren Sinn, dürfen wir vielleicht annehmen, daß viele dieser jugendlichen Träumerinnen viel unschuldiger sind, als der Inhalt ihrer Träume andeutet. Zumindest so unschuldig wie die Menge der Schuljungen, die während der ersten Vorführung des Films »Cruising« in Tokio Souvenirketten, Netzhemden und andere Utensilien des homosexuellen Untergrundes von New York kauften. Sie hielten es für *kakko ii,* was etwa dem italienischen *bella figura,* eine gute Figur abgeben, entspricht.

Möglicherweise finden viele Mädchen – und in geringerem Maße Jungen – in dem Gespür, daß ihre natürlichen Neigungen langsam von einer Erwachsenenwelt vernichtet werden, die sie zu Berechnung und Konformismus zwingt, ein Ventil in homosexuellen Phantasien, die von ihrem eigenen Leben zu weit entfernt sind, als daß sie bedrohlich sein könnten. Diese Phantasien gleichen einem unerreichbaren romantischen Ideal, wie »das Paris unserer Träume«. *Bishonen,* ob homosexuell oder nicht, werden ähnlich wie Vampire und Wesen aus dem All betrachtet. Sie alle sind Geächtete, die reinen, ewig jungen Opfer der von den Erwachsenen ausgehenden Verderbnis.

Natürlich sind homoerotische Phantasien, in mehr oder weniger verhüllter Form, bei den Heranwachsenden aller Länder verbreitet, aber in Japan ist das Tabu weit weniger ausgeprägt als im Westen. Homosexualität wurde nie als kriminelle Perversion oder als Krankheit behandelt. Sie ist ein Teil des Lebens, über den man kaum spricht, der aber durchaus zulässig ist, solange die Regeln des sozialen Anstandes – zum Beispiel die Eheschließung – beachtet werden.

Die Homosexualität als ideale Form der Liebe geht nicht erst auf Comics für Mädchen oder das Takarazuka-Theater zurück. Viele Jahrhunderte lang wurde sie nicht nur toleriert, sondern als reinere Form der Liebe geradezu gefördert. Wie in Sparta und Preußen, um die beiden bekanntesten Beispiele zu nennen, gehörte sie zur Kriegertradition: homosexuelle Liebhaber sind gute Soldaten (jedenfalls hoffte man es). Auf dem Höhepunkt der Samurai-Macht während der Kamakura-Zeit (1185–1333) wurden Frauen als minderwertige Geschöpfe verachtet, als »Löcher, derer man sich bedienen muß«,

19 Heutige Japaner, die sich in einem längst vergessenen Film bei einer Geisha-Party vergnügen.

20 Szene in einem »Toruko«-Massagesalon; aus einem Pornofilm mit dem treffenden Titel *Toruko*.

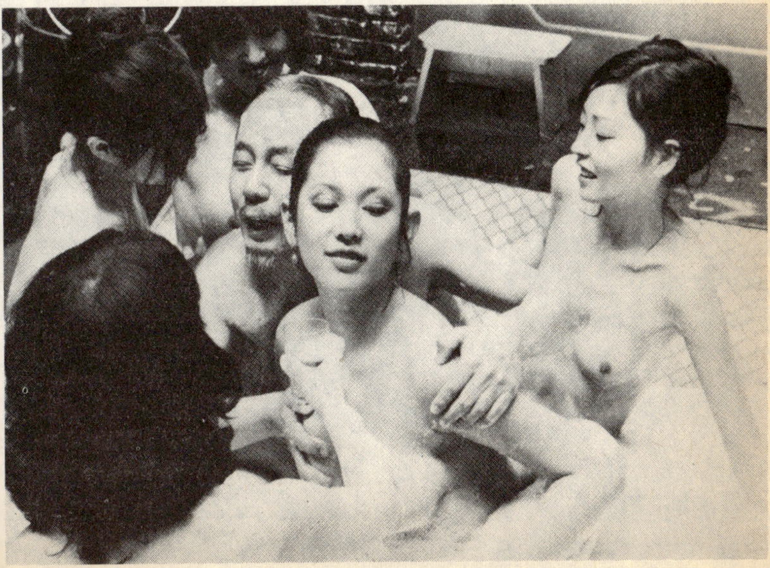

21 Weibliche Stars, die die romantischen männlichen Hauptrollen in der Takarazuka-Version der *Rose von Versailles* spielen.

22 Tamasaburo, der beliebteste junge *onnagata,* als Kurtisane der Edo-Zeit in feierlicher Gewandung.

23 Romanze im Takarazuka-Theater.

24 Der junge Yoshitsune als kämpfender *bishonen* in einem Bild von Takabatake Kasho.

25 Der junge Kirokku in Kämpferlaune in Suzuki Seijuns *Elegie an den Kampf*.

26 Miyamoto Musashi, der archetypische Held der »harten Schule«, in Inagaki Hiroshis *Ketto Ganryujima* (Endkampf auf der Insel Ganryu), 1955.

um Kinder zu zeugen. Nur Mannesliebe galt als eines echten Kriegers würdig.

Zu Beginn der Edo-Zeit, am Anfang des 17. Jahrhunderts, waren die Kriege vorbei, die Schlachten geschlagen. Die zweieinhalb Jahrhunderte der Tokugawa-Herrschaft waren eine Zeit frustrierenden Friedens, in der die Samurai kaum Gelegenheit hatten, ihre Waffen einzusetzen, außer vielleicht, um einen anmaßenden Bauern oder Kaufmann zurechtzustutzen. Der ideale »Weg des Kriegers« hatte jedoch – lange nachdem er seinen Zweck erfüllt hatte – weiterhin Bestand und wurde als eine Form des Dandytums kultiviert. Dazu gehörten das Ideal der Mannesliebe und der Kult der *bishonen.* Sie manifestierten sich in ähnlicher Weise wie die verspätete Galanterie der europäischen Ritter im Mittelalter, die ebenfalls erst zu einer Zeit Mode wurde, in der die Ritter kaum etwas anderes zu tun hatten, als Turniere abzuhalten und nach unerreichbaren Damen zu schmachten.

Nichts wurde für so rein gehalten wie die Qual der unerfüllten Liebe. Mit den Worten eines der letzten Troubadoure:

> Und nun sehe ich, in ihrer Erfüllung,
> die Liebe sterben, die einst so süße Wunden schlug.[12]

Die Knabenliebe bei den Samurai kam diesem westlichen Ideal romantischer Liebe wahrscheinlich am nächsten. Das *Hagakure,* ein einflußreiches Traktat des 18. Jahrhunderts über Samurai-Ethik, lehrt: »Wenn die Liebe [zu einem Jungen] einmal gestanden ist, verliert sie an Bedeutung. Wahre Liebe erreicht ihre höchste und edelste Gestalt, wenn man sie insgeheim bis ins Grab mit sich trägt.«[13] In einem Essay über diesen Text schrieb Mishima Yukio, daß »der *bishonen* ein Idealbild verkörpert – er lebt als Ideal unerklärter Liebe«.[14] Hier besteht ein großer Unterschied zu den sexuellen Leidenschaften, die in Chikamatsus Stücken mit romantischem Selbstmord enden, oder zu den mütterlichen Gefühlen von Prostituierten mit goldenem Herzen.

Homosexuelle Ritterlichkeit beruhte, wie die Liebe der Ritter zu ihren Damen, auf Opfern oder – schließlich handelte es sich um Japan – auf dem Tode. Da Loyalität nicht mehr auf dem Schlachtfeld bewiesen werden konnte, rückte das Ideal des aufopferungsvollen Selbstmordes an ihre Stelle. Dieser unterscheidet sich von Chikamatsus Liebesselbstmorden dadurch, daß der Tod bei letzteren oft den einzigen Ausweg aus einer gesellschaftlich unmöglichen Bindung bot. Unter Männern dagegen handelte es sich eher um ein Zeichen reiner Loyalität und Ehre – oder jedenfalls wurde es so dargestellt.

Es gibt viele Erzählungen von *bishonen,* die ihrem älteren Freund in den Tod folgten, indem sie sich den Bauch auf verschiedene Weise aufschlitzten; eine bestand darin, sich den Namen des Freundes unter schauderhaften Schmerzen in den Leib zu schneiden. In Wirklichkeit war diese Selbstfolterung vermutlich recht selten, doch die vielen Geschichten darüber beweisen die Kraft des Ideals.

Das Ideal lebt in mehr oder weniger verhüllter Gestalt weiter. Stars von Gangsterfilmen, etwa Takakura Ken und Takahashi Hideki (ihr goldenes Zeitalter waren die späten sechziger und die frühen siebziger Jahre), kamen dem *bishonen*-Ideal sehr nahe: Sie waren sehr jung, sehr hübsch, sehr gutherzig, ihren Müttern ergeben – besonders Ken-san sprach dauernd von seiner Mutter –, ungeheuer aufrichtig, rührend naiv und erfüllt von dem, was die Japaner *stoisizumu* (Stoizismus) nennen, was bedeutet, daß sie weibliche Liebe ablehnten.

Statt dessen hatten sie einander. Fast immer kamen sie in einem herrlich selbstmörderischen letzten Gefecht gegen eine unmögliche Übermacht von Feinden um. Oft wirken sie nur während dieses orgastischen Finales glücklich. Einer dieser Filme, in dem Takahashi Hideki die Hauptrolle spielt, dauert etwa neunzig Minuten, von denen der Held achtzig Minuten jämmerlich aussieht: schmachtend, angespannt und wie von unbestimmter Verzweiflung beherrscht. Seine instinktive Aufrichtigkeit und naive Reinheit werden ständig von der bösen, bösen Welt unterdrückt und mit Füßen getreten. Doch am Ende wird er erlöst: Er darf sterben.

Zusammen mit seinem besten Freund, einem anderen melancholischen Banditen, geht er dem sicheren Tod durch die überlegene Streitmacht des Feindes entgegen. Die Titelmelodie auf der Tonspur schwillt an, und die beiden Helden tauschen Witze aus, machen Unfug wie Schuljungen auf dem Jahrmarkt. Lachend streifen sie ihre Kimonos ab und enthüllen wilde Tätowierungen. Sie stürmen ins

Hauptquartier des Feindes, und nach rund fünf Minuten unerschrokkenen und grausamen Gemetzels werden sie beide, halb nackt und blutüberströmt, im Schlamm hingestreckt. Sie verschränken die Arme und bringen die letzten süßen Nichtigkeiten hervor – endlich sind sie glücklich.

Die Tradition homosexueller Ritterlichkeit in Japan trägt dazu bei, die homoerotischen Nebentöne zu erklären, die heute noch in der populären romantischen Literatur mitschwingen. Der Kult der *bishonen* ist in Japan keineswegs auf junge Mädchen und Homosexuelle beschränkt. Das *bishonen*-Ideal ist so sehr Bestandteil der japanischen Ästhetik wie die Geisha und der Frauendarsteller, und in gewisser Weise sind alle drei miteinander verbunden.

Der Schriftsteller Nosaka Akiyuki sagte einmal, daß ein wahrer *bishonen* etwas Unheilvolles an sich haben müsse. Der Anblick reiner Jugend erinnere, vielleicht ihrer Zartheit wegen, an die Vergänglichkeit und damit an den Tod. Es ist kein Zufall, daß der Film »Tod in Venedig«, nach Thomas Manns Novelle, weiterhin in Japan gewaltigen Erfolg hat.

Auf der Kabuki-Bühne wird der *bishonen* von einem *onnagata* gespielt – so, wie traditionsgemäß eine Frau die Rolle des Peter Pan übernimmt.

Hier ist Mishimas Beschreibung eines traditionellen Frauendarstellers in einer Kurzgeschichte:

> Masuyama hatte das Gefühl, von der Gestalt auf der Bühne, diesem Inbegriff sanfter, zerbrechlicher Anmut und weiblichen Charmes, gehe etwas Dunkles, Unheimliches aus. Er wußte keinen Namen dafür, er konnte es nur als etwas seltsam Böses definieren, als ein verführerisches Übel, das die Menschen betört und in Schönheit ertrinken läßt.[15]

In einem seiner berühmtesten Romane, *Kinjiki* (»Verbotene Farben«)[16], schuf Mishima den archetypischen bösen *bishonen,* seine männliche Version von Tanizakis Naomi. Yuichi ist das vollkommene männliche Kunstwerk. Ein alter frauenfeindlicher Romanautor bringt ihm bei, wie man Gefühle heuchelt, wie man vortäuscht, Frauen zu lieben – »die Imitation ist der höchste Akt der Schöpfung«

–, um sie zerstören zu können. Seine Schönheit ist sowohl natürlich als auch ganz und gar künstlich, wie die eines *onnagata*. Aber sie kann nicht lange währen, und genau darum geht es.

Inagaki Taruho, ein Wissenschaftler und Kenner der Knabenliebe, schrieb, daß »weibliche Schönheit mit der Zeit reifer wird. Aber das Leben eines Jungen gleicht einem einzigen Sommertag, dem Tag bevor die Blüten sich zeigen. Wenn man ihn das nächste Mal sieht, ist er nur noch ein welkes Blatt. Sobald er zu einem jungen Mann wird, der nach Genitalien riecht, ist alles vorbei.«[17]

In »Der große Spiegel der Mannesliebe« (1687) schrieb Saikaku: »Es wäre wahrhaft großartig, wenn Knaben so bleiben könnten, wie sie sind. Enshu, der große Lebemann, pflegte zu sagen, daß Knaben und eingetopfte Bäume nie wachsen sollten.« Der Bonsaibaum, der künstlich klein gehalten wird, den man in seinem Anfangsstadium quält und verkrümmt, damit er nicht weiterwachsen kann, ist ein ästhetisches Symbol, das manchmal benutzt wird, um die Japaner selbst zu beschreiben. Wie dem auch sei, gewiß spielt auch hier der Traum eine Rolle, die Jugend für immer in ihrem vergänglichen Moment der Reinheit festzuhalten. Aber im Gegensatz zu den Amerikanern, die der Illusion der Jugend nachhängen, solange es medizinisch machbar ist, finden die meisten Japaner sich auf elegante Weise mit ihrer Flüchtigkeit ab. Für sie ist die Jugend gerade deshalb schön, weil sie so kurzlebig ist. Der Kult der Kirschblüten, die in Japan nur ungefähr eine Woche ihre Pracht entfalten, erinnert an die Verehrung der *bishonen,* und beide werden oft verglichen.

Wenn man einen kleinen Schritt weitergeht, hat man es mit dem Kult des Todes zu tun. Dem *Hagakure* zufolge »ist der Tod der letzte Sinn des Knabenkultes«. Und eine von Saikakus homoerotischen Geschichten beginnt folgendermaßen: »Die schönsten Pflanzen und Bäume finden den Tod, weil ihre Blüten so wunderbar sind. Und das gleiche gilt für die Menschheit; viele Männer kommen um, weil sie zu schön sind.« In derselben Geschichte sagt der junge Held – er trägt einen weißen Seidenkimono, der mit Herbstblumen bestickt ist – zu sich selbst: »Schönheit kann in dieser Welt nicht lange währen. Ich bin froh zu sterben, während ich jung und schön bin und bevor mein Antlitz welkt wie eine Blume.« Dann schlitzt er sich den Magen mit einem Dolch auf. Was immer man von Mishimas recht mühsam gepflegtem Aussehen halten mochte, er hatte bestimmt ähnliche Gedanken, als er seinen außerordentlichen Selbstmord beging.

Das Opfer von Kamikaze-Piloten auf dem Höhepunkt ihrer Jugend sprach die Phantasie des Volkes aus demselben Grunde an. Sie werden immer noch in Comics und Filmen gefeiert und stets mit Kirschblüten verglichen. Auch die mit Sprengstoff geladenen Särge, in denen sie auf amerikanische Schlachtschiffe hinabstürzten, hießen Kirschblüten (Oka).[19] Die Lieder und Gedichte, die sie hinterließen, sind voll von entsprechenden Symbolen, wie dieses Haiku, das ein zweiundzwanzigjähriger Kamikaze-Pilot kurz vor seinem letzten Flug schrieb:

> Wenn wir nur fallen würden
> Wie Kirschblüten im Frühling
> So rein und strahlend.[20]

Der Tod ist das einzig reine und damit angemessene Ende für die Vollkommenheit der Jugend. *Bishonen*-Helden in der Geschichte, in Legenden und in der modernen Popkultur gehen fast immer zugrunde. Ein zeitgenössisches Beispiel – wiederum aus einem Comic für Mädchen – ist Angeles. Er ist ein sehr japanischer Held, obwohl er blonde Locken hat und nur halb menschlich ist (die menschliche Hälfte rührt von seinem Vater her, einem Japaner, »der von den Göttern abstammte«, und seine Vampirhälfte geht auf seine deutsche Mutter zurück, die also sein »unreines Blut« zu verantworten hat).

Nur ein einziger Mensch hat Verständnis für Angeles' Reinheit und Schönheit: ein junges Mädchen, das »Heine, Byron, Shakespeare und die Liebe liebt«. Ihre Mutter ist eine böse Frau, und die Geschichte endet mit einem blutigen Kampf zwischen der Mutter und der Polizei einerseits sowie dem Mädchen und Angeles andererseits. Der *bishonen*-Vampir stirbt in den Armen des Mädchens und sieht, wie sein Schloß in surrealistischen Flammen verbrennt. »Dieses Schloß war unsere Jugend«, sind seine letzten schmerzlichen Worte.

Der berühmteste *bishonen* der japanischen Geschichte ist vermutlich der populärste Held des Landes; er wurde in zahlreichen Dramen, Filmen, Büchern, Comics und Fernsehstücken verewigt. Vor kurzem spielte ihn Sawada Kenji, einer der verschämtesten *talentos,* im Fernsehen. Er hieß Minamoto no Yoshitsune und wurde im

12. Jahrhundert geboren. Wie viele *bishonen* wurde Yoshitsune von einem älteren Mann aufgezogen, in diesem Fall von einem väterlichen Mönch in einem buddhistischen Tempel bei Kyoto. (Offenbar sagte es Mönchen besonders zu, sich um *bishonen* zu kümmern.)

Ungeachtet seines scheuen, hübschen Äußeren wurde Yoshitsune – zumindest in der Legende – zu einem geschickten und begeisterten Schwertfechter. Eine der berühmtesten Legenden seiner frühen Jahre betrifft seine erste Begegnung mit Benkei, dem riesigen Kriegermönch. Diese Begegnung soll sich auf der Gojo-Brücke abgespielt haben – unweit der Stelle, an der heute der Hauptbahnhof von Kyoto liegt.

Benkei benötigte Mittel für seinen Tempel und gelobte deshalb, tausend Passanten ihr Schwert zu rauben. Dies war ihm in 999 Fällen ohne allzu große Mühe gelungen, als sich ein schlanker, weibischer Junge näherte, der eine melancholische Melodie auf seiner Flöte spielte. Zuerst wollte der riesige Mönch nicht gegen diesen mädchenhaften Jungen kämpfen, der ihn durch seine langen, gekräuselten Wimpern hindurch anschaute. Aber er brauchte das Geld dringend und zog sein Schwert. Wie durch ein Wunder war er seinem Gegner jedoch hoffnungslos unterlegen. Mit ein paar anmutigen Bewegungen seiner schmalen Hand, in der er einen bemalten Fächer hielt, schmetterte Yoshitsune den Riesen zu Boden.

Dies ist ein typisches Detail von *bishonen*-Legenden, denn hinter dem schönen Äußeren verbirgt sich stets irgendeine unheilvolle Macht, fast etwas Übersinnliches. Jünglinge oder affektierte *onnagata,* die eine Übermacht von Schwertkämpfern besiegen, indem sie mit einem schmucken Fächer oder einem Zierdolch wie mit einem Zauberstab wedeln, gehören zu den wichtigsten Klischees des Kabuki-Dramas.

Das japanische Publikum ist fasziniert von der Idee, daß der Geist die Gewalt, daß Geschicklichkeit die reine Muskelkraft besiegt. Nicht zufällig ist Judo eine japanische Erfindung. Kleine Davids stoßen in Comics für Jungen immer wieder mit grobschlächtigen Goliaths zusammen – vielleicht, weil viele Japaner sich selbst gern als geistige Davids in einer Welt rüpelhafter Giganten sehen. Viele waren überzeugt, daß die Demonstration reinen Mutes durch die Kamikaze-Piloten den Feind verblüffen und in die Niederlage treiben würde. Und die Menschen weinten buchstäblich auf den Straßen, als der riesige Holländer Anton Geesink bei den Olympischen Spielen von Tokio einen kleineren Japaner im Judo besiegte: Eine alte, besonders liebgewonnene Illusion war zerbrochen.

Benkei war so beeindruckt von seinem *bishonen*-Gegner, daß er schwor, ihm für den Rest seines Lebens als Gefolgsmann zu dienen. Auch dies fügt sich in ein allgemeines Muster: jeder Don Quijote braucht einen Sancho Panza, und hinter jedem charmanten *bishonen* steht ein Kraftprotz. Das Kabuki-Drama *Suzugamori* etwa beginnt mit einem Kampf auf dem Richtplatz zwischen dem *bishonen* Shirai Gompachi und einer Bande grober Sänftenträger. Sein müheloser, mit raschen Handbewegungen errungener Sieg imponiert Banzuin Chobei, dem legendären Beschützer der Slumbewohner von Edo, so sehr, daß diese Begegnung, wie es so schön heißt, zur Grundlage einer wundervollen Freundschaft wird.[21]

Yoshitsune und Benkei verzeichneten zunächst einige bemerkenswerte Erfolge; den Höhepunkt bildete 1185 ihr Sieg über den Taira-Clan in der Schlacht von Dannoura. Aber dieser Sieg kennzeichnete auch den Beginn ihres Niederganges. Yoshitsunes jugendlicher Übermut und seine Sorglosigkeit, die ihn für immer populär machten, erweckten das Mißfallen seines berechnenden, vorsichtigen Bruders Yoritomo, der ihm nach dem Leben trachtete.

Yoshitsune wurde zusammen mit Benkei und dem Rest seines treuen Gefolges zum Rückzug gezwungen. Genau dies ist der Teil seines Lebens, der die Menschen auch heute noch erregt. Die Schlacht von Dannoura liefert Material für die Geschichtsbücher, doch sein Niedergang ist Stoff für Legenden. Typischerweise war dies auch der passivste Zeitraum seines Lebens. In der No-Version der Legende wird Yoshitsune von einem Kind gespielt, auf der Kabuki-Bühne von einem *onnagata*. Alle Heldentaten vollführen hinfort seine Gefolgsleute, in erster Linie Benkei.

Vor allem eine Episode wird immer noch auf der Bühne gefeiert.[22] Damit sie die von Yoritomo errichteten Straßensperren überwinden können, hat sich Benkei als Mönch und Yoshitsune als sein bescheidener Diener verkleidet. Einmal wird ein Offizier mißtrauisch und läßt Benkei die Empfehlungsschreiben vorlesen, die Mönche normalerweise bei sich tragen. Natürlich besitzt Benkei nichts derartiges, doch er improvisiert hastig eine Geschichte des Todai-Tempels, die er mit geheimnisvollen theologischen Hinweisen anreichert.

Dieser glänzende Bluff wirkt überzeugend, und die Gruppe setzt sich in Bewegung. Aber dann wird Yoshitsune, der zurückgeblieben war, von jemandem erkannt. Benkei weiß, daß alles verloren ist, und entschließt sich zu einer letzten, extremen Maßnahme: Unter lauten Beschimpfungen schlägt er auf den Diener (seinen eigenen Herrn) ein, weil dieser für die Verzögerung verantwortlich sei. Im zeitgenössischen Rahmen war dies fast so unerträglich, als trampele ein frommer katholischer Priester auf einem Christusbild herum. Diese Demonstration verzweifelter Loyalität rührt Yoritomos Offizier so sehr, daß er die Männer durchläßt. Das Mitleid mit dem Schwächeren *(hōganbiiki)* hat ihn überwältigt.

Aber das Ende stellt sich unvermeidlich ein, wenn auch erst ein wenig später. Yoshitsune wird bei Ōsho im Nordosten von den Feinden umzingelt. Nicht einmal Benkeis wütender Widerstand kann ihnen Einhalt gebieten. In einer Version der Geschichte ist Benkei, durchbohrt von feindlichen Pfeilen, an die Tür genagelt. Aber seine Gestalt ist so ehrfurchtgebietend, daß niemand wagt, sich ihm zu nähern, bis sein Leichnam von selbst zu Boden stürzt. In einer anderen Version schlitzt er sich den Bauch auf und wirft den Angreifern mit einer Geste äußerster Verachtung seine Eingeweide ins Gesicht.

Danach schlitzt sich auch Yoshitsune gelassen den Bauch auf: »Er stieß sich das Schwert unterhalb der linken Brust in den Körper und trieb es so weit hinein, daß die Klinge fast auf seinem Rücken austrat.«[23] Dann bringt ein treuer Gefolgsmann namens Kanefusa seine Frau und seine sieben Tage alte Tochter um.

Die Schönheit der Geschichte besteht darin, daß der passive Held wie eine Kirschblüte in höchstem Glanz fällt (wenn wir allerdings einer merkwürdigen Legende glauben können, ersteht er später wieder auf, und zwar in keiner geringeren Gestalt als der Dschingis Khans.) Wie Ivan Morris hervorhob, »paßte er sich immer mehr dem archetypischen Muster des mythischen Helden an, dessen Vernichtung das Überleben und die Stabilität der Gesellschaft garantiert«.[24] Dies ist eine Voraussetzung für die meisten jugendlichen japanischen Helden.

Yoshitsune erinnert an Adonis, jenen anderen Flöte spielenden *bishonen,* der auf dem Höhepunkt seiner Jugend umkam. Beide nehmen die Sünden anderer auf sich, sind jung und reinen Herzens, sterben und werden in einem endlosen Zyklus von Leben und Tod wiedergeboren; sie sind Symbole der Ernte ebenso wie der menschlichen Geburt und Sterblichkeit. Einer Theorie zufolge war der Adonis-Kult in Wirklichkeit ein Kult des Todes[25]; das gleiche ließe sich von Yoshitsune sagen.

Da die Japaner die Neigung haben, zwischen Tatsache und Fiktion – jedenfalls in der Historiographie – nicht zu unterscheiden, ist es typisch, daß sie diesen universellen Mythos auf eine historische Gestalt projizierten. Es ist gleichermaßen typisch, daß ein Mann, der, nach den Worten eines zeitgenössischen Zeugen, ein »kleiner, bleicher Jüngling mit schiefen Zähnen und hervorstehenden Augen« war, in der Legende zu einer unvergleichlichen Schönheit wurde. Wer eines so ergreifenden Todes starb, muß einfach vollkommen wie eine Kirschblüte sein.

8

Die harte Schule

Der Weg zur Mannbarkeit ist schwer. Diese Hürde wird in den meisten Kulturen durch irgendeine Weihe dramatisiert, die gewöhnlich mit einer Prüfung oder einer Suche zu tun hat, ob man nun einen Löwen töten oder den Heiligen Gral finden muß. In Europa erreichte dieser Vorgang seinen ästhetischen Höhepunkt mit den Abenteuern legendärer mittelalterlicher Ritter, etwa des Parzival.

In Japan ist der Verlust kindlicher Reinheit genauso traumatisch wie anderswo, und die Mannbarkeitsprüfung, von der unendlichen Vielfalt von Gralen gar nicht zu reden, ist eine reiche Quelle für Mythen und Dramen. Wie in den meisten Ländern sind blinde Beharrlichkeit und der Sieg des Geistes über den Körper die Hauptvoraussetzungen für das Bestehen der Prüfung. Beide gelten als besonders hohe Tugenden bei den Japanern, die gern eine einzigartige Geistigkeit als ihr kulturelles Erbe beanspruchen.

Das, was dem europäischen fahrenden Ritter in Japan am nächsten kommt, ist der umherziehende Samurai, der seiner Fechtkunst und seiner Seele durch wunderbar vollführte Morde den letzten Schliff gibt. Einer dieser Suchenden wurde vor kurzem weltberühmt: Miyamoto Musashi, Künstler, Mörder und Mystiker. Musashis Großtaten werden nicht nur in zahlreichen Versionen im Fernsehen, in Comics und Filmen dargestellt, sondern er ist auch in den Vereinigten Staaten zu einer Art Kultfigur geworden. Dort lesen Geschäftsleute angeblich seine streitbaren Predigten (»Das Buch der fünf Ringe«), um sich für die undurchschaubaren Handelspraktiken des Orients zu wappnen.

Über den wirklichen Musashi wissen wir wenig, abgesehen davon, daß er um 1584 geboren wurde. Alles andere ist Legende. Es gibt viele, zuweilen stark widersprüchliche Versionen seines Lebens –

einen Musashi für jeden Geschmack sozusagen. Es dürfte genügen, ihn hier so zu beschreiben, wie er sich in modernen Filmen und Comics darstellt. In diesen Werken bleibt er der archetypische junge Held, der versucht, alle Hindernisse auf dem Weg zur Mannbarkeit zu überwinden.

Wie viele japanische harte Burschen verlor Musashi schon früh seine Eltern. Und wie Yoshitsune zeigte er bald ein Talent für Morde; genau gesagt, als er dreizehn Jahre alt war. In diesem zarten Alter gelang es ihm, einen Krieger mit einem Stock zu Tode zu prügeln. Weitere Sporen verdiente er sich als typischer japanischer Held: Er kämpfte bei der Schlacht von Sekigara im Jahre 1600, als Ieyasu die Nachfolge von Hideyoshi als Shogun antrat, auf der Seite der Verlierer. Den Rest seines Lebens verbrachte er hauptsächlich damit, als freisinniger Streuner herumzuziehen, wobei er mit Vorliebe in Höhlen und Bauernhütten übernachtete.

In der Realität kann er nicht sehr einnehmend gewesen sein, denn er weigerte sich – höchst uncharakteristisch für einen Japaner –, je zu baden, um nie ohne sein Schwert überrascht zu werden. Ebenso ungewöhnlich war die Tatsache, daß er nie heiratete. Im Grunde – und das ist weniger ungewöhnlich für japanische Helden – war er ein Frauenfeind und wehrte sich dauernd gegen weibliche Avancen, welche die Reinheit seiner Suche zu beeinträchtigen drohten. In einer berühmten Szene, die in jeder Darstellung seines Lebens wiederholt wird, unterdrückt er sein natürliches Verlangen nach einer attraktiven Frau, indem er sich splitternackt unter einen eiskalten Wasserfall stellt.

In mancher Hinsicht war er Nihilist (oder *nihirisuto*). Dadurch glich er vielen japanischen Macho-Helden. Ohne jede soziale Bindung lebte er ganz für sich allein. Aber nur ein zynischer Erwachsener kann ein wahrer *nihirisuto* werden. Musashi dagegen verbrachte den größten Teil seines Lebens damit, als altersloser Jüngling den »Weg« zu suchen. Seine Geschichte ist die Geschichte eines Bildungsprozesses. Ja, er brach alle Regeln der höflichen Gesellschaft, aber nur, um sein redliches Ziel zu erreichen: Erleuchtung durch den »Weg des Schwertes«.

Der »Weg des Schwertes« führte zwar über viele Morde, aber sie dienten einer guten Sache, denn es handelte sich nicht einfach um eine wirksame Mordmethode, sondern vor allem um eine vergeistigte Art der Tötung. Musashi und viele Helden, die in seinen Fußstapfen folgten, waren Vertreter dessen, was die Japaner *seishinshugi* nennen, das heißt den Sieg des Geistes über materielle Dinge. Es ist von Vorteil, wenn dieser Geist einem Japaner gehört, denn der Begriff wird nicht auf Ausländer angewandt, denen, wie man vermuten muß, die entsprechende Eigenschaft offenbar fehlt. Ein weiterer oft in diesem Zusammenhang benutzter Ausdruck ist *konjo,* der auch »Geist« bedeutet, aber eher im Sinne der Bewältigung von Schwierigkeiten. Auch *gutsu* (Mut) ist verbreitet. Ein bekannter japanischer Boxer, »Gutsu« Ishimatsu, legte sich diesen Begriff sogar als Namen zu. (Der Name Ishimatsu wurde übrigens von einer historischen Gestalt namens Mori no Ishimatsu übernommen, einem Geächteten, der mit sehr viel *gutsu* gesegnet war.)

Die Geschichten, Filme und Comics über heldenhafte Sucher, angefangen mit Musashi, heißen *konjo mono* (»Geistdinge«). *Seishinshugi* oder *konjo* verlangt häufig eine Zen-artige Unterdrückung von Vernunft und persönlichen Gefühlen, eine blinde Hingabe an direkte Aktion und ein unendliches Vermögen, Kummer und Schmerz zu ertragen. Musashis Ausbildung ist im Grunde eine Form des Zen-Trainings. Leider zieht die Unterdrückung der eigenen – zweifellos illusorischen – Gefühle auch die totale Mißachtung der Gefühle von anderen nach sich und führt zu einem erhabenen Egoismus. Jedoch muß erwähnt werden, daß die meisten von Musashis Opfern ebenfalls Suchende waren.

Der berühmteste von ihnen war ein Junge namens Sasaki Kojiro. In einem Comic wird Kojiro als typischer *bishonen* geschildert, der genauso viel Zeit damit verbringt, Musashi zu Duellen herauszufordern, wie damit, sich im Bett an ihn zu schmiegen.[1] In einer Verfilmung dieser Geschichte wird Kojiro von Takakura Ken gespielt, der einen prächtigen Zopf trägt; Nakamura Kinnosuke, ein damaliger Spezialist für reine, junge Helden (der Film wurde 1955 gedreht), übernahm die Rolle Musashis.[2]

Wir erfahren, wie Musashi allmählich die Mystik des Mordes erlernt, mit anderen Worten, wie man Vergeistigung erreicht, während man den Gegner niedermetzelt. Kojiros Schwäche besteht darin, daß er dies nicht begreift. Er ist zu eifrig, zu vorwitzig, zu ... ungeistig.

»Es kommt allein auf die Stärke des Schwertes an«, behauptet er. Sein Meister, der Musashi beobachtet, erwidert: »Nicht das Schwert, sondern die Seele muß poliert werden.«

Als Musashi sich allein zu der Insel aufmacht, wo ihr letztes Duell stattfinden soll, wird er von einer treuen Verehrerin zurückgehalten, die ihm überallhin folgt. Er schiebt sie zur Seite wie ein lästiges Insekt und knurrt: »Das Schwert kennt kein Erbarmen. Der Weg des Kriegers ist schwer.«

Der Kampf auf der Insel Ganryu dauert nicht lange. Musashi zerschmettert seinem Gegner den Schädel mit einem Schlag des langen Schwertes, das er sich auf dem Weg zur Insel aus einem Ruder geschnitzt hat. Auf dem Rückweg betrachtet er seine blutbedeckten Hände und denkt an all die Menschen, die er getötet hat. In einem Moment des Ekels wirft er das Schwert über Bord. Von nun an will er Duelle nur noch mit einem Holzschwert ausfechten. Endlich ist ihm ein Licht aufgegangen. Das Ende seiner Suche ist in Sicht: Je öfter man siegt, desto nichtiger scheint alles – oder, wie es ein Samurai-Meister in einem Film von Kurosawa ausdrückt: »Das gewandteste Schwert verläßt nie die Scheide.«[3]

Die Darstellungen Musashis sind sehr unterschiedlich. In der letzten Szene eines Films läßt er einen Berg von Leichen hinter sich, läuft, hüpfend vor Freude über seine mörderische Geschicklichkeit, auf das Publikum zu und ruft: »Sieh, Mami, ich hab' gewonnen!« Dies mag einen tiefen Einblick in die Pathologie des unausgereiften Intellekts geben und der Wahrheit vielleicht am nächsten kommen, aber es ist alles andere als typisch.

Der übliche Musashi ist ein introvertierter Grübler, eine Art Samurai-Hamlet, der sich quälenden Gedanken über sein Leben hingibt. Die Ursache dieser Qual ist, wie ich glaube, gleichzeitig der Schlüssel zum Verständnis seiner zeitlosen Popularität. Seine egoistische Brutalität ist vielleicht der besonders brutalen Epoche zuzuschreiben, in der er lebte – das 16. Jahrhundert war eine Zeit ständiger Kriege. Und die philosophischen Grübeleien, dank derer in den USA so viele Bücher verkauft werden, dienen dazu, seine oft bizarre Gewalttätigkeit zu rechtfertigen.

Entscheidend ist jedoch Musashis Dilemma, sozusagen der gordische Knoten seiner Suche, der auch im modernen Japan noch nicht gelöst ist: Wie können Selbstentäußerung und Zen mit Selbstverherrlichung und dem Schwert vereinbart werden?[4] Wenn man Zen und das Schwert, die beide im modernen japanischen Leben keine große Rolle spielen, beiseite läßt, bleibt immer noch ein Paradox, dem sich jeder japanische Heranwachsende stellen muß: Wie kann jemand große Leistungen vollbringen – und das wird von allen erwartet, besonders von der Familie – und gleichzeitig ein zurückhaltender Konformist sein? Oder, anders ausgedrückt: Wie soll man sich in einer Gesellschaft durchsetzen, die individuelle Initiative ablehnt?

Man kann nicht kämpfen, ohne sich die Hände mit Blut zu beflekken. Man kann sich auf dieser Welt nicht durchsetzen, ohne von ihr verdorben zu werden, ohne seine Reinheit zu verlieren. Was ist also die Lösung? Blindes, unbedachtes Handeln, das wie bei einem harmonisch funktionierenden Tier auf reinem Instinkt beruht? Oder vielleicht der Kampf mit einem Holzschwert? Oder der völlige Rückzug aus der Gesellschaft? Der Charakter der japanischen Gesellschaft läßt dieses Dilemma besonders dramatisch werden, doch jeder Heranwachsende auf der Welt muß sich ihm stellen. Hamlet und Musashi geben ihren Gefühlen einfach auf verschiedene Weise Ausdruck.

Wir wollen ein weiteres, weniger lang zurückliegendes Beispiel eines sich abmühenden Jünglings betrachten: Sugata Sanshiro, den Helden von Kurosawa Akiras erstem (und auch von seinem ein Jahr später entstandenen zweiten) Film. Er ist in mancher Hinsicht der Prototyp all seiner späteren Filme, denn wie »Ikiru«, »Himmel und Hölle«, »Rotbart« und die meisten anderen Werke Kurosawas beschäftigt er sich mit einer geistigen Umwandlung, mit der Prüfung.

Die Geschichte von Sugata Sanshiro hat starke Ähnlichkeit mit der Miyamoto Musashis, denn auch sie dreht sich um den spirituellen Aspekt einer kriegerischen Kunstfertigkeit; diesmal ist es Judo. Und wieder beobachten wir die Einführung eines Jungen in die Mannbarkeit. Wie Musashi hat Sugata natürliches Talent, und bald nachdem er sich seinem Meister anschließt, der, wie jener Musashis, in einem Tempel lebt – schließlich ist sein Tun dem Geist gewidmet –, wird er zu einem unbesiegbaren Kämpfer. Aber der Meister ist nicht zufrieden. Sugata mag alle Tricks kennen, doch nicht den wahren Weg oder, wie es der Meister auf typisch vage Art ausdrückt, »den Weg von Loyalität und Liebe. Er ist die endgültige Wahrheit, und nur durch ihn kann ein Mann sich dem Tode stellen.« Nach Art eines Zen-*koan* (eine bewußt absurde Frage, die die Logik umgehen soll) befiehlt der Meister seinem Schüler: »Stirb!«

Ohne mit der Wimper zu zucken, springt Sugata in den Teich hinter dem Tempel, wo er die ganze Nacht hindurch zum Mond emporstarrt und sich an einem Holzpfosten festhält, um nicht zu ertrinken. Es ist seine Weihe. Im Morgengrauen ist seine geistige Krise beendet: Er hat die endgültige Wahrheit in der Schönheit der Natur gesehen. In heftiger Erregung springt er aus dem Teich, um seinem Meister die gute Nachricht zu überbringen.

Nun ist er dabei, ein Mann zu werden. Aber wie kann er in der Männerwelt rein bleiben? Dieses Dilemma wird bald darauf in die Praxis umgesetzt. Der Vater des Mädchens, das er liebt, fordert ihn zu einem Kampf heraus. Zuerst möchte er ablehnen, aber dann entscheidet er sich, die Herausforderung anzunehmen, doch absichtlich zu verlieren. Beide Lösungen sind durchaus anständig, aber sind sie rein? Sind sie nicht Beispiele des betrügerischen Verhaltens, das die Erwachsenenwelt verdirbt? Der vergeistigte Mensch muß unschuldig sein, sagt der Meister; und unschuldig zu sein bedeutet, den berechnenden Anstand der Gesellschaft zurückzuweisen. Wenn er rein bleiben will, hat er keine andere Wahl als die der direkten Aktion. Also wirft er seinen Gegner wie einen Sack Kartoffeln zu Boden.

Diese Charakterbildung unterscheidet sich sehr von der altmodischen britischen Methode. Ein Gentleman muß ein guter Verlierer sein und betonte Gleichgültigkeit zur Schau tragen. Schließlich ist alles nur ein Spiel. Für Menschen wie Musashi und Sanshiro dagegen ist es nicht nur überflüssig, ein guter Verlierer zu sein, sondern sogar überaus verachtenswert, denn es zeigt einen Mangel an Reinheit.

Das japanische Ideal wirft eine weitere Frage auf: Vorausgesetzt, daß »Loyalität und Liebe« Mitleid mit anderen einschließen, wie läßt sich dies mit der Zen-Idee des direkten, instinktiven Handelns verbinden? Die Antwort ist vielleicht, daß »Loyalität und Liebe« Mitleid nicht einschließen, wenigstens nicht das christliche Ideal prinzipiellen, unterschiedslosen Mitleides. Man ist mitleidig, wenn man sich so fühlt, und nicht dann, wenn man aus Prinzip Mitleid empfinden sollte, denn dies wäre in emotionaler Hinsicht unehrlich. (Man hat oft den Eindruck, daß die Realität weniger erhaben ist; Mitleid hat in Japan, wie in den meisten anderen Ländern, häufig direkt mit dem zu tun, was man als Belohnung erwartet.)

Ein jüngeres, äußerst umstrittenes Beispiel dieser Denkweise liefert die japanische Haltung gegenüber Flüchtlingen, besonders aus Südostasien. Die Regierung hat sich konsequent gesträubt, um es milde auszudrücken, den Flüchtlingen zu helfen, und die fast totale Gleichgültigkeit der meisten Japaner sorgt dafür, daß diese Politik nicht angefochten wird. Erst nach gewaltigem Druck, überwiegend von westlichen Nationen, sind ein paar »Boat People« recht widerwillig von Japan aufgenommen worden. Die Regierung wie die Presse – welche die Regierung normalerweise nicht unterstützt – haben sich über diesen unwillkommenen Druck beklagt, und ihr mangelndes Verständnis für all die Aufregung ist wahrscheinlich ganz unverfälscht. Die Not von Ausländern, dazu noch von verachteten Asiaten, ist einfach viel zu weit von der täglichen japanischen Realität entfernt, als daß die Japaner wirkliches Mitleid empfinden könnten. Ich möchte nicht den Eindruck erwecken, daß die Japaner geizig oder unbarmherzig sind. Im Gegenteil, wenn ein Nahestehender betroffen ist, zeigen sie tiefes Mitgefühl. Aber im Unterschied zu vielen Europäern finden Japaner wenig Geschmack daran, Mitleid mit Menschen zu demonstrieren, denen sie sich nicht im geringsten verbunden fühlen. In Japan gilt diese Haltung als ehrlich, andere könnten sie als Mangel an Einfühlungsvermögen bezeichnen. Beide haben recht.

Im Falle Sugata Sanshiros und anderer harter Burschen sind Liebe und Loyalität identisch. Die Liebe, die man für den Meister oder Führer empfindet, drückt sich in Gehorsam und Opferbereitschaft aus. Dadurch ist sie zur gleichen Zeit stark persönlich und antiindividualistisch orientiert.

Die Unterdrückung des rationalen Denkens, wie Zen-Helden sie propagieren, neigt dazu, Menschen überaus egozentrisch werden zu lassen. Der rationale Intellekt, den Männer wie Musashi und Sugata für unrein halten, gilt im Westen als Zensor impulsiver Gefühle, die unzuverlässig und deshalb gefährlich sein könnten. Zwar ist es das Endziel einer in Japan sehr bewunderten Variante des Nihilismus, Emotionen ganz zu beseitigen, doch die Japaner sind weit von diesem

Ziel entfernt. Sie werden insgesamt, vielleicht stärker als die meisten anderen Menschen, von ihren Emotionen beherrscht. Wenn jemand aus dem Westen versucht, seine Argumente vorzutragen, wird er oft voller Verzweiflung sagen: »Aber begreifen Sie denn nicht, was ich meine?« Sein japanisches Gegenüber – gerade noch fähig, seinen Zorn hinter der rasch zusammenbrechenden Mauer der Etikette zu verbergen – wird dagegen sagen: »Aber begreifen Sie denn nicht, was ich empfinde?« Der eine appelliert an einen allgemeinen Sinn für Logik, der andere an sein eigenes Gemüt.

Nicht alle Menschen sind gleichermaßen geneigt, sich spirituellen Mannbarkeitsprüfungen zu unterziehen. In Japan kommt, wie überall sonst, auf jeden Tamino ein Papageno. Die sinnlichen Papagenos, die sich auf die geistige Strenge des *seishinshugi* nicht einlassen wollen, bilden in Japan wahrscheinlich sogar die große Mehrheit. Die japanische Sprache trifft eine interessante Unterscheidung zwischen beiden Typen; sie nennt die eine *koha,* die harte Schule, und die andere *nanpa,* die sanfte Schule. Musashi und Sanshiro gehören natürlich unbestritten zur *koha.*

Typische Merkmale der *koha* sind *stoicizumu* (Stoizismus), also eine Vorliebe für Härte und ein Abscheu vor Sex, sowie mit leidenschaftlichem Temperament gepaarte Reinheit. Der *koha*-Held muß seine Männlichkeit immer wieder in Kämpfen beweisen. Die *nanpa* ist natürlich genau das Gegenteil von alledem: Ihren Angehörigen fehlt es an Temperament, sie hassen Kämpfe und haben Mädchen gern. Im Gegensatz zu den *koha*-Helden wird die sanfte Schule kaum je in der Volkskultur gefeiert. Als Ideal wird die harte Schule hingestellt, die von einem seltsamen Nationalismus durchdrungen ist.

Zum Beispiel gibt es einen Comic für Jungen mit dem Titel »Ich bin ein Kamikaze«, in dem ein junger, stark von der *koha* geprägter Held namens Yamato Shinko auftritt. Yamato ist auch der klassische Name Japans (nach dem ursprünglichen Königreich), der oft in chauvinistischem Sinne benutzt wird, wie in *Yamato no tamashii* (der Geist von Yamato).

Der junge Yamato hat alle Voraussetzungen für seine heroische Rolle. Vor allem ist er kleingewachsen: Geist kompensiert für Größe

– japanischer Geist gegen ausländische Muskeln. Außerdem hat er große Augen, die unter buschigen Brauen jugendliche Rechtschaffenheit ausstrahlen. Ihm fehlt jeder Humor – ein spottender *koha*-Held ist so selten wie ein lachender Samurai. Er ist natürlich aufbrausend, dabei aber unerschütterlich, seine Gefühle sind rein, und er dient seiner Sache zielstrebig – kurz, er ist das vollkommene Abbild des romantischen Selbstmordpiloten.

Unser Held selbst ist allerdings kein Kamikaze. Sein Vater war einer von ihnen, doch zu seinem Verdruß und seiner Schande zerschmetterte er sein Flugzeug, ohne selbst getötet zu werden. Um diese Schmach wiedergutzumachen, will er, daß sein Sohn ein perfekter Mann wird. Die Erziehung steht in diesem Comic, ebenso wie in den Geschichten von Musashi und Sugata Sanshiro, im Mittelpunkt.

Es ist ungewöhnlich, daß der Vater eines Helden gleichzeitig sein Meister ist. Aber Yamatos Vater versteht sich auf die Einschüchterungsmethoden, für die spirituelle Meister bekannt sind. Er versetzt seinem Sohn mit einem Bambusschwert Schläge auf den Kopf, bindet ihn während eines rasenden Sturmes an eine Anlegestelle, wirft ihn in voller Fahrt von einem Lastwagen – kurz gesagt, es fehlt nur noch, daß er seinem Sohn Bambussplitter unter die Fingernägel treibt. Als vergeistigter Junge ist Yamato gebührend dankbar für diese väterliche Anleitung.

Der wichtigste Test seiner Stärke besteht jedoch nicht darin, die Angriffe seines Vaters, sondern die eines älteren Jungen namens Wada abzuwehren, der keinen Makel zu haben scheint: Er sieht gut aus, ist groß, schlau und kräftig. Doch seine Haltung läßt etwas zu wünschen übrig, denn er betrügt in der Schule und neigt dazu, sich hinter dem Rücken seines Vaters, des örtlichen Gangsterführers, zu verbergen. Unglücklicherweise ist er stärker als Yamato, der jeden Kampf verliert. Yamato aber, weit davon entfernt, ein »guter Verlierer« zu sein, erinnert sich an die Lektion seines Vaters: »Wenn ein japanischer Mann einmal beschlossen hat, etwas zu tun, führt er es aus – bis zum bitteren Ende, um jeden Preis.«

Diese Worte erinnern an ein beliebtes Lied über Kamikaze-Piloten:

Was für ein wunderbarer Junge!
Er kämpfte bis zum Ende
Mit dem Stolz, den ihn seine Mutter gelehrt hatte,
Erfüllt mit dem japanischen Blut von dreitausend Jahren
(»Die Mutter des Kamikaze«)

Schließlich gelingt es Yamato Shinko, den größeren Gegner mit seinem Bambusschwert zu besiegen. Der Schauplatz des letzten Kampfes ist die Insel Ganryu, wo Miyamoto Musashi seinen Rivalen Sasaki Kojiro tötete. Aber Yamato tötet Wada nicht. Statt dessen zeigt er ihm dadurch, daß er den Sieg allen körperlichen Nachteilen zum Trotz davonträgt, den Weg zu wahrer Männlichkeit.

»Dein Beispiel der Beharrlichkeit hat mein Herz geläutert«, sagt der bekehrte Grobian dankbar, während er neben seinem Bezwinger am Strand liegt, wobei eine männliche Hand die andere berührt. In diesem Moment steigt die Sonne aus dem Meer auf, die roten Strahlen funkeln glorreich wie in der Fahne der Kaiserlichen Marine: Der Geist Yamatos ist wieder siegreich, die Schmach des überlebenden Kamikaze ist getilgt.

Eine der ungewöhnlichsten Erscheinungsformen der *koha*-Anbetung entstammt nicht einer Legende oder einem Comic, sondern findet tatsächlich einmal pro Jahr in einem alten Baseballstadion in Osaka statt. Seit 1915 (abgesehen von einer Unterbrechung während des Krieges, in der Baseball für fremdartig und frivol gehalten wurde) gerät die gesamte japanische Nation alljährlich im August in Aufregung über Oberschüler, die versuchen, ein Baseballturnier zu gewinnen.

Die fünfzehnjährigen *koha*-Helden stehen in graden Reihen da, ihre Köpfe sind einheitlich geschoren, ernste Gesichter starren geradeaus, Fahnen ragen stolz in die Luft und feierliche Lieder werden gesungen. Fernsehreporter sinnieren über die »Reinheit der Jugend« und die »Aufrichtigkeit des Geistes«. Das alles erinnert auf unheimliche Art an ähnliche Reihen wolfsgesichtiger Hitlerjungen, die von ihrem Führer als »zäh wie Leder, hart wie Kruppstahl, flink wie Windhunde« beschrieben wurden.

Diese geschorenen Baseballspieler sind in Japan Gegenstand eines Kultes, der wenig mit Sport zu tun hat; es ist der Kult jugendlicher

Reinheit. In der Presse erscheinen lange Artikel über die Strenge ihres Trainings, und man erzählt sich ominöse Geschichten darüber, daß ganze Mannschaften disqualifiziert worden seien, weil ein einziger sich betrank oder sich mit einem Mädchen einließ. Berühmte Kritiker und Schriftsteller, sogar in so linksgerichteten Zeitschriften wie dem *Asahi Journal,* übertreffen einander in literarischem Schwulst, wenn sie das »Wesen« dieses nationalen Ereignisses beschreiben. Um nur ein Beispiel von vielen zu zitieren: Der Filmregisseur Shinoda Masahiro nannte die Oberschulhelden »japanische Götter« und das Baseballstadion eine »heilige Stätte«, wo das Spiel von »göttlicher Kraft« angetrieben werde.[5]

Ob es sich um Judo, Fechtkunst oder Baseball handelt, ist unwichtig – auf den Prozeß, auf die geistige Erziehung kommt es an. Einer der großen Propagandisten dieser alljährlichen Feier war ein Journalist von *Asahi Shimbun,* einer führenden japanischen Zeitung. Er hieß Tobito Suishu, wurde aber manchmal als »die Stimme Gottes« bezeichnet. Kurz nach dem Krieg schrieb er folgendes über das Ereignis, das er so liebte: »Wenn das Baseballspiel in der Oberschule nur zu einem Spiel werden sollte, würde es seinen wesentlichen Sinn [*hongi*] verlieren. Baseball sollte in der Oberschule stets der Charakterbildung dienen; das Feld sollte ein Lehrsaal der Reinheit, eine Schule der Moral sein. Ohne diesen Geist würde er seinen ewigen Wert verlieren.«[6]

Kein Wunder, daß in einem Nachruf auf diesen Meister erwähnt wurde, er habe der japanischen Jugend nicht nur beigebracht, »einen Baseball zu werfen und zu schlagen«, sondern sie auch »den schönen und edlen Geist Japans« gelehrt.[7] Kein Wunder auch, daß der gegenwärtige Vorsitzende der Oberschul-Baseballvereinigung bekanntgab, es sei »offizielle Politik«, keine ausländischen Reporter auf den Platz zu lassen. Vermutlich würden sie die heilige Reinheit des Ereignisses beflecken.

Die geistige Reinheit von Jugendlichen, die im Sinne der *koha* aufwachsen, kann jedoch zu Dingen führen, die weit merkwürdiger sind als Baseball. Wir wollen uns von neuem der Welt der Illusion zuwenden: einem im Jahre 1966 von Suzuki Seijun gedrehten Film mit dem Titel »Kenka Eregee« (»Elegie an den Kampf«). Der Held dieses immer noch populären Films ist ein typischer Vertreter der *koha:* ein kurzhaariger, humorloser, sexuell frustrierter Schuljunge namens Kirokku. Er wächst in den stürmischen dreißiger Jahren auf und hat zwei Leidenschaften: wilde Kämpfe und eine sehr reine Freundin. Die beiden Leidenschaften stehen in enger Beziehung zueinander, denn seine Liebe ist mehr als eine platonische Verirrung. Es handelt sich um die Anbetung eines Idols, und dieses Gefühl ist so unmenschlich rein, daß es sich nicht physisch ausdrücken läßt. Jedesmal, wenn sie in seiner Nähe ist, erstarrt er wie ein verschreckter Soldat auf dem Exerzierplatz. »Michiko, oh, Michiko«, schreibt er in sein Tagebuch. »Ich kann Mädchen gegenüber nicht unbefangen sein, also kämpfe ich.« Immer, wenn es zu einer Massenkeilerei mit einer anderen Schule kommt, ist Kirokku an der Spitze; er springt wie ein wilder Buschmann von Bäumen auf seine Feinde hinunter, schlägt Schädel mit seinem Bambusschwert ein oder läuft ungestüm durch das Klassenzimmer, wobei er sich mit primitiven Karateschlägen freie Bahn schafft.

Aber er ist nicht bloß ein Schläger, denn seine Gefühle sind stets rein, seine Handlungen werden von seinem Herzen diktiert. Und als echter *koha*-Typ fürchtet er keinen Schmerz. In einer Szene muß er, nachdem er zu einem rohen Militärausbilder unhöflich gewesen ist, barfuß über einen mit Nägel bestreuten Weg gehen. Der Held zuckt nicht mit der Wimper.

Der Film liefert einen witzigen und geradlinigen Überblick über seine kämpferische Schullaufbahn, abgesehen von der letzten Szene, die recht mehrdeutig ist. Dem Jungen dämmert, daß es größere Kämpfe gibt als die Schulhofstreitereien, die ihm immer sinnloser erscheinen. Wie Musashi, Sanshiro und seine übrigen Waffenbrüder ist er mit dem Sieg allein nicht mehr zufrieden; ein geistiges Erwachen ist nötig, damit alles einen Sinn erhält.

Eines Tages betritt er eine Kaffeestube in der Nähe der Schule. In der Ecke sieht er einen Fremden, der eine Zeitung liest. Kirokku weiß nicht, warum, aber er fühlt sich in Gegenwart des Mannes wie hypnotisiert. Es ist kein anderer als Kita Ikki, der radikale Nationalist und Theoretiker des militaristischen Coups von 1936, bei dem mehrere Minister ermordet wurden. Kita selbst wurde später hingerichtet.

In der nächsten Einstellung verabschiedet sich Michiko, die Angebetete des Helden, von ihm, da sie einem Kloster beitreten will (die Handlung spielt in einem südlichen Teil Japans, in dem es noch einige Katholiken gibt). Auf dem Rückweg wird sie von einem schweren Schneesturm überrascht. Während sie sich auf einer schmalen Straße vorarbeitet, wird sie von einer Formation marschierender Soldaten, die auf dem Weg sind, den japanischen Geist in China zu verbreiten, rücksichtslos beiseite gestoßen. Die schweren Stiefel der Soldaten zertrampeln das Kreuz, das sie am Hals getragen hatte. Dann hören wir plötzlich eine Ansage des örtlichen Bahnhofes: Es ist der 26. Februar 1936, der Tag der militaristischen Erhebung.

Die Nebeneinanderstellung dieser Geschehnisse ist verwirrend, da die Aussage des Regisseurs undeutlich bleibt. Will er andeuten, daß die reine Gewalt des Heranwachsenden ihre Reinheit verliert, wenn eine korrupte Gesellschaft (die Soldaten, der Coup) sie ausnutzt? Möglicherweise, aber an keiner anderen Stelle des Films gibt es einen Hinweis darauf, daß der *koha*-Kult irgend etwas mit der seltsamen Spielart des japanischen Militarismus zu tun hat, die zu dem Umsturzversuch von 1936 führte.

Vielleicht soll die Gegenwart von Kita Ikki darauf anspielen, daß der Vorfall selbst ein Beispiel jugendlicher Reinheit ist. Dies ist tatsächlich, wie wir später sehen werden, eine in Japan weitverbreitete Meinung, aber Suzuki teilt sie höchstwahrscheinlich nicht. Vielleicht liegt der Schlüssel in einer Äußerung des Regisseurs selbst: »Ich hasse konstruktive Themen. Bilder, die in der Erinnerung haften bleiben, sind Bilder der Zerstörung.«[8] Also ist der Film buchstäblich eine Elegie an den Kampf, an die unschuldige Gewalttätigkeit der Jugend. Er drückt das nostalgische Verlangen nach jener Zeit des Lebens aus, in der man überheblich sein darf, ohne zu streng bestraft zu werden, nach jener paradiesischen Zeit, in welcher der Hammer der Konformität noch nicht zugeschlagen hat. Der Held ist noch unschuldig, weil seine Gefühle aufrichtig sind.

Der Zweck oder die Wirkung dieser Aufrichtigkeit sind weniger wichtig als die Emotion selbst. So sagt der Vater, während sein Sohn Yamato Shinko wie ein Rasender kämpft: »Ich wette, es ist wegen einer kindlichen Sache, aber wenigstens ist er mit ganzem Herzen dabei.« Er erinnert sich an seine eigenen Kamikaze-Tage und wendet sich dem Leser zu: »Ja, der Junge hat zweifellos mein Blut in den Adern.«

Der reine Schuljunge, der seine Fäuste oder sein *kendo*-Schwert aus Bambus einsetzt, um sich zu behaupten, erweckt eben deshalb solche Nostalgie, weil der Japaner – wohl mehr als die meisten anderen – erkennt, daß er als Erwachsener in der korrupten Welt nicht mehr in der Lage ist, sich so zu verhalten. Außerdem, wie hart, stoisch, männlich und macho er auch sein mag, es gibt immer eine Person, die letzten Endes stärker ist. Der einzige Mensch, der den fanatischen früheren Kamikaze-Piloten und Comic-Zuchtmeister auf seinem eigenen Gebiet, der *kendo*-Prügelei, besiegt, ist das lieblichste, bescheidenste, sanfteste aller Geschöpfe ... seine eigene Frau, Yamatos Mutter.

9

Die treuen Gefolgsleute

Ehre, Verpflichtung und Opfer bilden die Grundlage des beliebtesten Dramas, das je in der japanischen Sprache geschrieben wurde: »Chushingura« oder »Die siebenundvierzig Ronin«. Aber bevor wir uns mit den Einzelheiten dieses außergewöhnlichen Dramas auseinandersetzen, müssen wir kurz auf die Bedeutung sozialer Verpflichtungen im japanischen Leben eingehen.

Jeder Japaner trägt schon bei seiner Geburt eine Schuld: Zuerst seinen Vorfahren gegenüber, weil sie die Familie fortgepflanzt haben, und zweitens seinen Eltern gegenüber, weil sie ihn auf die Welt gebracht haben. Bis zum Ende des Zweiten Weltkriegs hätte er auch in der Schuld des Kaisers als des obersten Vaters gestanden, doch diese Last ist nun beseitigt. Solche Schuld durch Geburtsrecht heißt *on.*[1]

Es gibt eine weitere Form der *on,* die man sich sozusagen passiv im Laufe des Lebens auflädt. *On* schuldet man Lehrern, hilfreichen Verwandten, dem Baseball-Trainer, dem Hauswirt, Professoren, Heiratsvermittlern, Firmendirektoren – kurz jedem, der einem irgendwann einen Gefallen erweist. Das Leben in Japan wird in hohem Grade von diesen gegenseitigen Schulden und Verpflichtungen beherrscht. Jeder kann leicht am eigenen Leibe erfahren, wie unnachsichtig diese Schulden eingefordert werden. Zum Beispiel ist es durchaus möglich, daß jemand von einem alten Bekannten angerufen wird, der an eine Jahre zurückliegende Gefälligkeit erinnert und nun um einen Gegendienst bittet. Der Betreffende mag diese Gefälligkeit ganz vergessen haben, und die Bitte mag ihm sehr ungelegen kommen, aber wenn er in der japanischen Gesellschaft überleben will, muß er sie unbedingt erfüllen.

Gefälligkeiten müssen nicht nur erwidert, sondern gleichwertig abgegolten werden. Dies nennt sich *giri:* Ehrgefühl, Pflichtgefühl, Dankesschuld. Eine zu große Gefälligkeit würde die andere Person zu sehr verpflichten, und eine zu karge Gegenleistung könnte als Beleidigung aufgefaßt werden. Man kann sich vorstellen, welche Möglichkeiten des gegenseitigen Übertrumpfens sich hier bieten. Tatsächlich haben viele Japaner dies zu einer Kunst entwickelt und versuchen, einander in einem nie endenden Wettbewerb um die vorteilhaftesten Schulden zu übertreffen. Politiker müssen das Spiel meisterhaft beherrschen, wenn sie erfolgreich sein wollen. Die nationale Leidenschaft, Geschenke auszuteilen, ist natürlich ein Bestandteil dieses Spiels. Ausländische Geschäftsleute in Japan, die mit teuren Uhren, Juwelen und anderem luxuriösen Schnickschnack überhäuft werden, sollten nie vergessen, daß es leichter ist zu geben als zu nehmen, denn im ersten Falle wird dem Empfänger eine Verpflichtung aufgebürdet.

Manchmal ist es schwierig, zwischen diesem Brauch und echter Bestechung zu unterscheiden, besonders wenn Bargeld übergeben wird. Zum Beispiel ist es üblich, daß Mütter erhebliche Summen an Lehrer zahlen, damit diese ihren Kindern helfen, sich einen Platz an einer angesehenen Schule zu sichern. Dies ist nur ein Fall von halbinstitutionalisierter Bestechung. Es gibt zahlreiche andere Beispiele: Von der Entrichtung eines Obolus an die Hauswirtin, damit man eine Wohnung bekommt, bis zum Angebot von Bargeld an Politiker, um ein Flugzeuggeschäft in die Wege zu leiten.

Die Gesellschaft wird auch von den Schulden und Verpflichtungen der Hierarchie beherrscht. Hierbei geht es strenggenommen nicht um Gefälligkeiten, sondern eher um die Schuld, die man den eigenen Eltern gegenüber abzutragen hat. Japanische Gruppen sind weitgehend wie Familien strukturiert, wobei die höheren Mitglieder die Rolle der Eltern, die niedrigeren die der Kinder spielen. Allerdings erwartet man, daß die Unterwürfigkeit der »Kinder« entsprechend mit »elterlicher« Nachsicht belohnt wird. Dadurch kann das Leben an der Spitze so anstrengend werden wie bei den katzbuckelnden Untergebenen – vielleicht noch anstrengender, da die Verantwortung für alles, was geschieht, selbst wenn es völlig außerhalb ihrer Kontrolle liegt, auf den breiten Schultern der Eltern ruht. Kinder haben schließlich keine Verantwortung.

Deshalb ist wirkliche Macht in japanischen Organisationen oft schwer zu finden; sie wird möglichst weit gestreut, so daß niemand die volle Verantwortung für etwas übernehmen muß und dadurch riskiert, das Gesicht zu verlieren. Das nominelle Oberhaupt, sei es ein Firmendirektor oder der Kaiser selbst, ist gewöhnlich ein machtloses Symbol, eine Art Talisman, eine Ikone an der Wand, ein Vakuum wie die leere Kammer im Allerheiligsten eines Shinto-Schreins. Die letzte Verantwortung liegt in diesem leeren Raum, mit anderen Worten, bei niemandem.

Obwohl sich die wirkliche Macht schwer fassen läßt, ist die Hierarchie selbst festgefügt. Und da sich die Menschen durch die Hierarchie und die Gruppen definieren, ist jeder Angriff auf das System auch gegen sie selbst gerichtet. In diesem Sinne gilt *giri* auch für einen selbst oder, besser gesagt, für die eigene Position in der Hierarchie, was oft das gleiche ist. Der Gesichtsverlust eines Gruppenangehörigen bedeutet, daß die ganze Gruppe das Gesicht verliert. Dies ist natürlich unvertretbar, deshalb bemüht sich jeder nach Kräften, so etwas zu vermeiden, was unter anderem dazu führt, daß individuelle Unfähigkeit oft bis zu einem erstaunlichen Grade geduldet wird. Andere vertuschen die Fehler des Sünders diskret.[2]

Dieses Netz sozialer Verpflichtungen und Schuldigkeiten, das konfuzianistischer Herkunft ist, mit der Zeit aber gründlich »japanisiert« wurde, ist viel komplexer, als diese knappe Skizze andeuten kann. Beziehungen auf verschiedenen Ebenen sind, je nach Rang und Alter, verschiedenen Regeln unterworfen, die ihrerseits von Zeit und Ort abhängen. Im gesellschaftlichen Code gibt es zahllose Nuancen und Feinheiten, die nicht alle rational erklärt werden können. Zwar wurde der Code ersonnen, um Unvorhergesehenes – die Geißel des japanischen Lebens – zu vermeiden, aber die Japaner sind auch nicht einfach etikettebesessene Roboter. Letztlich hängt vieles von dem ab, was sie *kan* (Gefühl) nennen. Wenn ein verwirrter Ausländer einen Japaner fragt, woher er so genau wisse, in welchem Tonfall eine bestimmte Person anzusprechen sei, wird der Gefragte den Kopf zur Seite neigen, durch die Zähne zischen, darauf hinweisen, daß Ausländer dies nie begreifen könnten und schließlich das Wort *kan* erwähnen.

In gewisser Hinsicht hat er recht. Denn wenn man diese Sensibilität erwerben will, ist es fast unerläßlich, daß man als Japaner aufgewachsen und sozusagen in die gesellschaftliche Datenbank eingestöpselt ist. Der Code wird auf dieselbe Weise verinnerlicht, wie die meisten Menschen des Westens die christliche Ethik verinnerlichen. Aber wenn ein Japaner von der Datenbank abgekoppelt wird, zum Beispiel bei einem Auslandsaufenthalt, kann der Computer außer Rand und Band geraten, denn im Gegensatz zur christlichen Ethik gilt der japanische Code nicht als universell – er ist nur auf Japaner anzuwenden.

Das Problem mit den Verpflichtungen ist, daß sie zueinander im Widerstreit stehen können. Was geschieht zum Beispiel, wenn ein Gefallen, den man einem Freund schuldet, mit der Schuld den Eltern oder dem Arbeitgeber gegenüber in Konflikt gerät? Was geschieht mit den Verpflichtungen von Politikern einer Fraktion, die von einem Mann geführt wird, der so tief in einen Bestechungsskandal verwikkelt ist, daß er zur Rettung der Partei aus ihr entfernt werden muß? Genau das ereignete sich im Falle des früheren Ministerpräsidenten Tanaka. Die Antwort lautet, daß zwar der Führer, Herr Tanaka, offiziell entfernt werden muß, die Fraktion, die seinen Namen trägt, aber so stark wie eh und je bleibt. (Auch Tanaka bleibt, während diese Zeilen geschrieben werden, so stark wie eh und je, aber er verbirgt sich hinter einer sicheren Abschirmung.)

Am schlimmsten ist es, wenn Verpflichtungen dem eigenen Gefühl der Menschlichkeit, *ninjo,* widersprechen. Oder, genauer gesagt, wenn der Konflikt zwischen verschiedenen Verpflichtungen Unmenschlichkeit nach sich zieht. Dann kann der Computer sogar in Japan selbst durchdrehen. Kabuki-Dramen sind voll von Gestalten, die verpflichtet sind, ihre eigenen Kinder umzubringen, um ihren Gebieter zu retten, oder die ihre Frau an ein Bordell verkaufen müssen, um ihre Schulden zu bezahlen. Dieser Konflikt zwischen *giri* und *ninjo,* Pflicht und Menschlichkeit, ist eines der Grundthemen des japanischen Dramas. Dies galt für das traditionelle Theater der Edo-Zeit, und es gilt im großen und ganzen auch heute noch, allerdings für Fernsehen, Bücher, Comics und Filme. Es ist ein Problem, mit dem die Japaner sich immer noch abmühen, sowohl in der Realität als auch ersatzweise in der Phantasie.

Und damit sind wir schließlich bei dem Urtyp des *giri-ninjo*-Dramas, den »Siebenundvierzig Ronin«.[3] Fast jeder Autor, der Japan behandelt – von Ruth Benedict bis Arthur Koestler –, benutzt dieses Stück als Modell, und ich werde, auch wenn es ein wenig kapriziös erscheint, dem Beispiel meiner illustren Vorgänger folgen. »Chushingura« läßt sich einfach nicht übergehen, denn kaum jemals hat eine Erzählung die Phantasie einer ganzen Nation in diesem Maße gefesselt; gewiß nimmt keine einzige Erzählung so viele Aspekte des japanischen Lebens so prägnant in sich auf wie diese.

Wie viele japanische Legenden beruht auch diese auf historischen Tatsachen, aber es gibt von ihr so viele verschiedene Fassungen und Interpretationen wie von Shakespeares Dramen. Dies sind, in aller Kürze, die Fakten: Am 14. März 1701 versuchte ein Landedelmann namens Asano Naganori, während er einen offiziellen Empfang für einen kaiserlichen Gesandten aus Kyoto vorbereitete, einen anderen, ranghöheren Adligen namens Kira Yoshinaka zu ermorden. Er schaffte es nur, den älteren Mann zu verwunden, aber es handelte sich trotzdem um einen so ernsten Bruch der Etikette, daß der Shogun Asano befahl, auf rituelle Weise, indem er sich den Bauch aufschlitzte, Selbstmord zu begehen. Seine Ländereien wurden beschlagnahmt und seine Gefolgsleute wurden als Ronin – wörtlich »Wellenmänner« –, das heißt als Samurai ohne Lehnsherrn und ohne Arbeit, dem Schicksal preisgegeben.

Ihnen blieb nichts anderes übrig, als auf Rache zu sinnen. Kira wußte dies und ließ sie sorgfältig beobachten. Trotzdem gelang es ihnen, nachdem sie viel Geduld und Schläue aufgebracht und zahlreiche Entbehrungen überwunden hatten, im Winter des Jahres 1703 – in einer Nacht, in der ungewöhnlich dichter Schnee fiel – in seinen Landsitz einzubrechen und ihn zu töten. Als sie ihre Mission erfüllt hatten, wurden sie ohne viel Aufhebens verhaftet, und nach gründlicher Erwägung entschied man, daß sie sich gleich ihrem Herrn selbst entleiben dürften.

Dies war ein Akt großer Milde, denn *seppuku,* im Westen besser als *hara-kiri* (Aufschlitzen des Bauches) bekannt, war der einem ehrenhaften Krieger vorbehaltene Tod und nicht die übliche Bestrafung für gemeine Mörder, die sie in Wirklichkeit natürlich waren. Anscheinend wurde der Shogun von Argumenten wie dem folgenden des konfuzianistischen Gelehrten Ogyu Sorai beeinflußt:

> Dadurch, daß die sechsundvierzig Samurai ihren Herrn gerächt haben, sind sie dem Weg gefolgt, der sie von Makel befreit; ihre Tat ist rechtschaffen ... wenn die sechsundvierzig Samurai für schuldig erkannt und, den Traditionen der Samurai entsprechend, dazu verurteilt werden, *seppuku* zu begehen ... wird die Loyalität der Männer nicht herabgesetzt werden.[4]

Nachdem die treuen Gefolgsleute ihres blutigen Todes gestorben waren, wobei die Eingeweide aus ihren klaffenden Bauchwunden hervorquollen, wurden sie sogleich zu Volkshelden. Und sie sind es seitdem geblieben. Die Menschen machen immer noch Pilgerfahrten zu ihren Gräbern und vergießen eine rituelle Träne, wenn sie die melancholische Schönheit der siebenundvierzig Kirschbäume betrachten, die zur Erinnerung an die Samurai gepflanzt wurden.

Schon 1706, drei Jahre nach dem Ereignis, wurden sie in einem Puppenspiel von Chikamatsu unsterblich gemacht. Kira erhielt den Namen Ko no Moronao und Asano den Namen Enya Hangan. Danach kam fast jedes Jahr ein neues Stück heraus, doch das beste und berühmteste war »Chushingura«, 1748 von drei Männern – der bedeutendste unter ihnen war Takeda Izumo – verfaßt. Dieses Stück wird immer noch zu Neujahr sowohl im Puppen- wie im Kabuki-Theater vorgeführt. Es ist unzählige Male verfilmt worden, und diese Filme werden ebenfalls zum Neujahrsfest, dem »japanischsten« aller Feste, gezeigt. Und durch Comics, Bücher und Fernsehserien bleibt es ein Teil der Mythologie jedes japanischen Schuljungen.

Warum wollte Asano – oder Hangan, wie wir ihn im weiteren nennen werden – Moronao umbringen? Der Umstand, daß er eine solche Tat in der strikten Gesellschaft der Samurai des 18. Jahrhunderts auch nur in Erwägung ziehen konnte, läßt vermuten, daß die Provokation unerträglich gewesen sein muß. Schließlich war es so, als wenn ein zweitrangiger nationalsozialistischer Würdenträger, etwa ein Gauleiter, versucht hätte, Himmler umzubringen. Moronao muß wirklich ein sehr niederträchtiger Mann gewesen sein. Dies ist zumindest die Ansicht vieler Dramatiker, die ihn alle als Erzschurken schildern, mit dem Gesicht eines lüsternen Sadisten und der rauhen Stimme des Teufels in Menschengestalt.

Aber warum beging Hangan den Anschlag? Niemand weiß es. In

historischen Dokumenten ist kein Motiv zu finden.[5] Was Moronao (Kira) angeht, so gibt es einige historische Belege dafür, daß er ein sehr gütiger, von seinen Untertanen heiß geliebter Mann war. Folgende Umstände des Ereignisses sind bekannt: Hangan sollte einen kaiserlichen Gesandten empfangen. Ein zeremonieller Anlaß dieser Art war von großer Bedeutung für die Krieger, die wahrscheinlich kaum etwas anderes zu tun hatten, als sich mit Fragen der Etikette zu beschäftigen. Moronao, ein in solchen Dingen erfahrener Mann, sollte Hangans Ratgeber sein. Um seine Schuld abzutragen, war Hangan seinerseits verpflichtet, Moronao ein Geschenk zu übergeben. Die allgemeine Annahme – es ist nur eine Annahme – besagt, daß dieses Geschenk nicht ausreichte. Also behandelte Moronao ihn geringschätzig, was Hangan, aus *giri* sich selbst gegenüber, veranlaßte, heftige Vergeltung zu üben.

Es gibt jedoch viele andere Versionen dieser Geschichte; sie alle reflektieren die Einstellung des Publikums, für das sie bestimmt waren. Dies bietet einen einzigartigen Einblick in die Denkweise verschiedener Teile der japanischen Gesellschaft. Im 18. Jahrhundert etwa bestand das Publikum des Puppentheaters von Osaka, für das Takeda Izumo »Chushingura« geschrieben hatte, vor allem aus Kaufleuten mit einer Vorliebe für erotische Verwicklungen. Also schnalzt der abstoßende Moronao jedesmal lüstern mit den Lippen, wenn Hangans junge Frau in der Nähe ist, und macht mehrere Versuche, sie zu verführen. Sie weist ihn höflich, aber entschieden zurück. Daraufhin verhöhnt und schikaniert Moronao ihren Mann über das erträgliche Maß hinaus; er vergleicht Hangan mit einem Karpfen, der in einem Brunnen steckt und nichts von der übrigen Welt weiß.

Dies ist natürlich ein klassischer *giri*-Konflikt. Was kann Hangan tun? *Giri* seiner eigenen Ehre und seinen persönlichen Wünschen gegenüber fordert, daß er die Ehre seiner Frau verteidigt, aber *giri* dem Ranghöheren und letztlich dem Shogun selbst gegenüber verlangt äußerste Zurückhaltung. Es ist eine jener ausweglosen Situationen, in denen Bühnensamurai zum Entzücken des plebejischen Theaterpublikums Qualen ausstehen.

In einer anderen Version – oft von Geschichtenerzählern benutzt, die bei Zimmerleuten, Dachdeckern, Mattenwirkern und anderen städtischen Handwerkern besonders beliebt waren – erniedrigt Moronao Hangan bewußt, indem er ihn die falschen protokollarischen Bräuche lehrt und ihn vor der kaiserlichen Gesandtschaft sein Gesicht verlieren läßt. Hangan erscheint in der falschen Kleidung und läßt falsche Speisen reichen; dies stellt ihn einem Höfling gleich, der bei einem förmlichen Palastempfang im Maskenkostüm eintrifft. Die Geschichtenerzähler schwelgen geradezu, wenn sie sein gerötetes Antlitz, sein verlegenes Stottern und seine ausgiebigen Entschuldigungen dem Gesandten gegenüber beschreiben. In Wirklichkeit dürfte es kaum so gewesen sein, denn ein solcher Bruch der Etikette hätte Moronao ebenso schuldig wie Hangan erscheinen lassen – schließlich war er der Lehrer. Aber darauf kommt es nicht an. Das so beschriebene Ereignis ist typisch für die Überdehnung der Spielregeln, zu der es in jeder Organisation kommt, vor allem in einer, die auf einer starken Hierarchie und einer langen Lehre beruht, wie etwa die japanischen Gewerke.

Wie in altmodischen englischen Public Schools ist Gesichtsverlust ein Teil des Initiationsrituals. Die Älteren beweisen dadurch ihre Autorität, daß sie die Unwissenheit des Neulings bloßstellen. In Japan, wo die Beziehungen zwischen Älteren und Jüngeren oder Meistern und Lehrlingen besonders streng sind, könnte man sich eine derartige Situation gut vorstellen.

Ich selbst habe in Tokio als bescheidener Assistent eines Fotografen gearbeitet, den wir nach alter Handwerkertradition »Meister« nennen mußten. Weder der Meister noch seine anderen Assistenten sagten mir je, was ich zu tun hatte, geschweige denn, wie es zu tun war. Man hatte »mit dem Körper zu lernen«, wie sie es ausdrückten. Die *kata* (die richtige Form) erwirbt man, indem man seinen »Instinkt« schärft, Fehler macht und gedemütigt wird. »Aber das haben Sie mir doch gar nicht gesagt . . .« wird in Japan niemals als Entschuldigung akzeptiert.

Zuweilen wird diese Methode von Japanern wie von Ausländern als wunderbar vergeistigt gepriesen; wie in der Zen-Ausbildung soll man nicht nachdenken, sondern lernen, »instinktiv« zu handeln, die Zielscheibe mit geschlossenen Augen zu treffen. Dieses Verfahren mag seine Vorzüge haben, aber es begünstigt daneben die Art von Mißbrauch, die Hangan in der Version der Geschichtenerzähler zu erleiden hatte. Viele Japaner, besonders jene auf der untersten Stufe

27 Kamikaze-Piloten, die in dem Film *Aa Tokubetsu Kogekitai (Ah, die Sonderstreitmacht)* auf den Abflug warten.

28 Der Mordanschlag auf Moronao in Inagaki Hiroshis 1962 gedrehtem Film *Chushingura (Die siebenundvierzig Ronin)*.

29 Ichikawa Raizo als tätowierter *yakuza*-Held.

30 Tod des *oyabun*. Der Mann im Anzug (eine seltene Aufmachung) ist Tsuruta Koji. Ganz rechts hockt Takakura Ken.

31 Suguwara Bunta tötet seinen Gegner in dem Film *Kampf ohne Würde* durch einen Schuß in den Magen.

32 Takakura Ken reinigt sein Schwert mit *saké*.

33 Suguwara Bunta, der nihilistische Held.

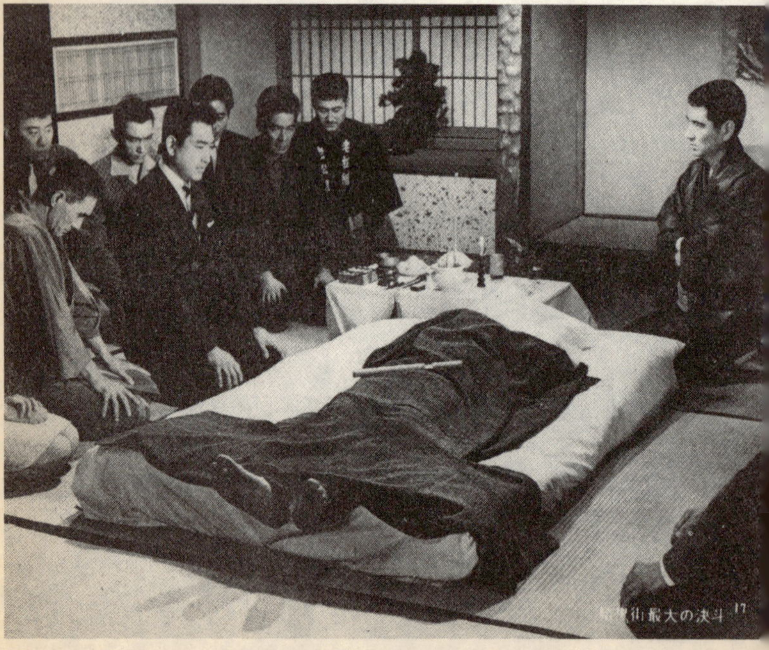

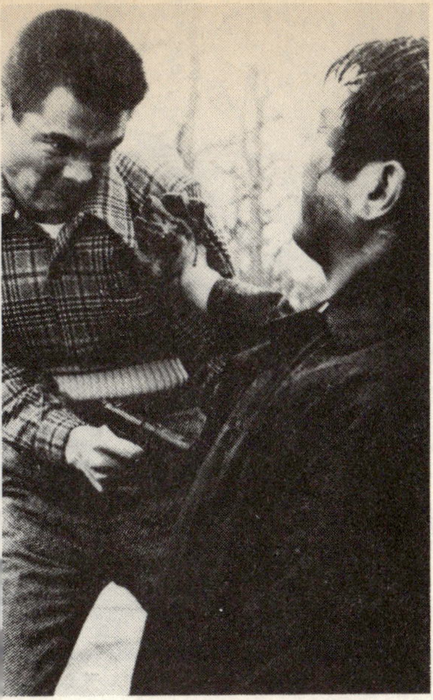

いれずみ突撃隊 A

34 Der gute alte Tora-san.

35 Menschenschlangen vor dem neuesten Tora-san-Film.

der Hierarchie oder jene, die ihre Erfahrungen nicht vergessen haben, wissen um diesen Nachteil. Das allein würde genügen, um Hangan zu einem Volkshelden zu machen.

Die sich anschließende Rache der treuen Gefolgsleute, geführt von Oboshi Yuranosuke (der in Wirklichkeit Kuranosuke hieß), ist auf ebenso viele unterschiedliche Arten interpretiert worden. Die Version der Kriegszeit unterstreicht die blinde Loyalität gegenüber dem Führer. Die siebenundvierzig Krieger gleichen den Soldaten der Kaiserlichen Armee, die tapfer ihr Leben zum höheren Ruhm von Kaiser und Vaterland opfern.

Spätere Dramatisierungen zeichnen ein ganz anderes Bild. Die nationale Rundfunkgesellschaft NHK produzierte 1964 und noch einmal 1975 zwei verschiedene Fernsehfassungen. Hier sehen wir, wie die treuen Gefolgsleute ein heldenhaftes letztes Gefecht gegen die unterdrückerische Tokugawa-Regierung führen. Sie sind Kämpfer für *»demokurashi«*, die sich dem Feudalsystem widersetzen.

In einer weiteren modernen Fassung, einem Film mit dem Titel »Gehaltsempfänger Chushingura«, wird das Geschehen in eine heutige Handelsgesellschaft – voll von aufgeregten Angestellten, die in ihren Anzügen schwitzen – verlagert. Natürlich liegt hier der Nachdruck auf Korruption und bürokratischen Machenschaften, wobei der böse Moronao als bestechlicher Magnat gezeigt wird. Die letzte, nicht zu unterschätzende Version ist ein Trickfilm, in dem Hunde auftreten; er heißt »Wan Wan Chushingura« (»Wau wau Chushingura«).

Der einzige allen Fassungen gemeinsame Faktor ist *giri:* alle handeln aus Pflichtgefühl und tragen ihre Schulden ab. Die Gefolgsleute sind aus *giri* ihrem Führer gegenüber verpflichtet, Moronao zu töten. Sie müssen sein Werk vollenden, denn sonst könnte sein Geist nie in Frieden ruhen. Wir haben schon gehört, wie gefährlich japanische Geister sein können, wenn sie es auf jemanden abgesehen haben.

Aber Moronao wäre auch dann der Feind der Samurai gewesen, wenn Hangan nicht gestorben wäre; eine Beleidigung des Führers ist eine Beleidigung aller. Ich erinnere mich, wie ich eine Party einer bekannten avantgardistischen Theatertruppe in Tokio besuchte. Alles ging gut, bis ein betrunkener Schauspieler – kein Mitglied der Truppe – dem Regisseur gegenüber eine leicht geringschätzige Bemerkung machte. Ohne einen Moment des Zögerns warfen sich alle männlichen Angehörigen der Truppe auf ihn, und er mußte auf einer Bahre hinausgetragen werden.

Der Führer muß nicht unbedingt recht haben, denn nicht er als gewöhnlicher Sterblicher, sondern die Ikone an der Wand, die Regimentsfahne ist es, die angegriffen wird. Ebenso wie für die Vermutung, daß Moronao ein gütiger Mann war, gibt es Belege dafür, daß der wirkliche Hangan ein gefährlicher Hitzkopf gewesen sein könnte. Horibe Yasubei, einer seiner beliebtesten Gefolgsleute, gab dies zu, denn er erklärte in einem Brief, daß sein Herr übereilt gehandelt habe und offensichtlich im Unrecht sei.[6] Aber wenn ein Samurai sich einmal auf einen Streit einlasse, fuhr er fort, müsse er ihn bis zum bitteren Ende ausfechten.

Das *giri* der getreuen Gefolgsleute basiert nicht auf Logik oder Vernunft oder darauf, wer recht oder unrecht hat, sondern auf etwas ganz anderem, das *iji o haru* genannt wird und als »Beharren auf der eigenen Position« oder »Demonstration der eigenen Ernsthaftigkeit« übersetzt werden könnte. Deshalb kommt es nicht im geringsten darauf an, was der wirkliche Grund für Hangans Angriff auf Moronao war, solange die Gefolgsleute der Sache ihres Herrn treu bleiben. Jeder – sogar die Gefolgsleute selbst – kann die Geschichte auslegen, wie er will. Dies ist das Prinzip japanischer Führung: Man beschreibe das Ziel so vage wie möglich, damit es jedem Zweck dienen kann. Die Ideologie kann von einem Tag zum anderen geändert werden – was nach dem verlorenen Krieg in Japan geschah –, doch die Führer sind immer noch in der Lage, *giri* von Menschen mit den unterschiedlichsten privaten Überzeugungen zu beanspruchen.

Hangan und seine treuen Gefolgsleute waren *makoto*. Die übliche Übersetzung dieses Begriffs heißt »aufrichtig«, aber dadurch wird er nicht genau erfaßt. Im Westen impliziert Aufrichtigkeit, daß man ehrlich, freimütig, offen ist und meint, was man sagt. *Makoto* ist eher »Reinheit des Herzens«, der Glaube an die Richtigkeit der eigenen Sache, unabhängig von Logik und Vernunft. Gleichgültig, ob die eingenommene Position falsch oder unhaltbar ist – das einzige, was zählt, ist die Reinheit des Motivs.

Der Kritiker Sato Tadao erklärt diesen Sachverhalt mit den Begriffen früher Kindheitserfahrungen: »Wenn ein Kind etwas tut, was es für gut hält, wird es stark verunsichert, falls ein Erwachsener dies aus irgendeinem Grunde als tadelnswert ansieht. Das Kind lernt dann, seine emotionale Position zu behaupten, indem es sich schlecht benimmt. Es kann sein Verhalten nicht rational erklären, es weiß nur, daß es aufhört, als Mensch, der sich selbst treu ist, zu existieren, wenn es sich nicht auf diese Weise behauptet.«[7] Die Wirksamkeit eines solchen Verhaltens kann bei einem Volk, das nicht gewohnt ist, rationale Rechtfertigungen abzugeben, ganz erheblich sein.

Ivan Morris hat darauf hingewiesen, daß japanische Helden fast immer für eine verlorene Sache kämpfen.[8] Je unhaltbarer die Sache, als desto reiner gelten die Motive. Wenn man nichts zu gewinnen und alles zu verlieren hat, ist Aufrichtigkeit das einzig denkbare Motiv. Die Aktionen der siebenundvierzig treuen »Wellenmänner« wurden in hohem Grade von den Umständen diktiert. Sie waren gebildet, doch ohne Arbeit und von der Gesellschaft abgeschnitten; sie fühlten sich ohnmächtig und überflüssig und waren wohl deshalb bereit zu sterben. Trotzdem wurde – und wird – ihre Sache als edel angesehen. Das gleiche könnte man über die heutigen »Wellenmänner« (oder -frauen) der terroristischen »Roten Armee« in Japan sagen. Auch sie wurden von gewissen modischen Gruppen bewundert, weniger um ihrer Ideologie als um ihrer moralischen Standhaftigkeit in einer korrupten Gesellschaft willen.

Heute haben sie jedoch den größten Teil ihrer Unterstützung verloren, und die meisten Japaner würden bekunden, sie zu verachten. Weshalb? Entsprechen sie nicht genau Ivan Morris' Definition des erfolglosen japanischen Helden? Das folgende Ereignis – besser gesagt, die Reaktion darauf – dürfte die Erklärung liefern.

Im Jahre 1972 folterten fünf Angehörige der »Roten Armee« elf Genossen, darunter den Mann einer der Führerinnen, zu Tode, weil sie angeblich mangelnde Loyalität der Gruppe gegenüber bewiesen hatten. Dann besetzten sie ein Gebirgshaus und nahmen die Eigentümerin als Geisel. Eine Belagerung durch 1500 Polizisten schloß sich an; sie dauerte zehn Tage, einer der Polizisten wurde erschossen, und das Fernsehen entfesselte nationale Hysterie. Schließlich griff die Polizei nach langen Vorbereitungen mit Hubschraubern an, und die Terroristen, verwahrlost, unrasiert und erschöpft, kamen heraus.

In der folgenden Woche erschien in *Mainichi Shimbun,* einer der drei größten und angesehensten japanischen Tageszeitungen, die sich immer sorgfältig an die Ansichten der Mehrheit hält, ein Leitartikel unter der Schlagzeile »Gedanken über Revolutionäre«.[9] Er ist es wert, nach der englischen Ausgabe zitiert zu werden:

> Im Gegensatz zu anderen Extremistengruppen bekennen sie sich zum »direkten Waffeneinsatz«. Man glaubte, daß sie, nachdem ihre Munition verbraucht war, sich entweder selbst das Leben nehmen oder im Kampf mit dem Stoßtrupp der Polizei, Mann gegen Mann, sterben würden.
> Aber diese Annahme wurde völlig *verraten* [Hervorhebung von mir]. Als die Polizei hereinstürmte, übten die fünf jungen Leute ... fast keinen Widerstand. Im letzten Moment hatten sie jeden Kampfgeist verloren und ließen sich lammfromm verhaften. Diese Haltung zeigt ihre »Verweichlichung«! ...
> Die studentischen Radikalen hatten geprahlt, daß sie bis zum letzten kämpfen würden. Doch nein, als das Ende kam, waren sie nicht mehr so kühn. Weshalb nicht? Es läßt sich nur mit ihrer verweichlichten Denkweise erklären ... Ich erinnere mich an einen Freund aus meiner Schulzeit, der sein Leben für die Sache einsetzte, an die er glaubte ... er wurde schließlich von der Speziellen Gedankenpolizei im Jahre 1941 ausfindig gemacht. Wie in jenen Tagen üblich, verlor er sein Leben ...
> Die radikalen Fanatiker brauchen sich nicht vor dem Tode zu fürchten; sie gehen ihren antigesellschaftlichen Aktivitäten unter der Gewähr ihres eigenen Lebens nach ... Der zweite Punkt, der mir auffällt, betrifft die extreme Kluft, die zwischen den Eltern und ihren Söhnen und Töchtern existiert. Der Vater eines der Extremisten erhängte sich am selben Tage, als sein Sohn verhaftet wurde. Er nahm sich das Leben in einer tragischen Geste der Entschuldigung für die Aktionen seines Sohnes.
> Die Gefühle der anderen Eltern stimmen zweifellos mit denen dieses Vaters überein. Doch das Traurige ist, daß der Tod des Vaters die geistige Kluft zwischen Vater und Sohn nicht überbrükken kann.[9]

Diese Zeilen wurden nicht im Jahre 1703 oder 1944, sondern im Jahre 1972 geschrieben. Der ernsteste Vorwurf, den man den Studenten machte, war nicht, daß sie elf ihrer Freunde und einen Polizisten brutal ermordet hatten oder daß ihre Sache – im besten Falle – absurd war, sondern daß sie nicht dafür gestorben waren. Ihnen mangelte es an Aufrichtigkeit, ihre Herzen waren nicht rein. Der Herausgeber, der diesen Artikel schrieb, sympathisierte schwerlich mit den Zielen der »Roten Armee«, aber darauf kam es nicht an. Das Entscheidende war die Reinheit des Motivs. Wenn ihre Einstellung richtig gewesen wäre, hätten sie Helden werden können.

Aus demselben Grunde können Menschen, die keineswegs Militaristen sind, immer noch sentimental über die mutigen Selbstmordpiloten im Zweiten Weltkrieg schwelgen: Sie waren *makoto,* und ihr Tod war *rippa* (herrlich). Entsprechend brauchen Bewunderer der siebenundvierzig Ronin, damals wie heute, keineswegs Anhänger der Samurai-Ethik zu sein. Wichtig ist nur, daß die Ronin für ihre Sache starben. (Bezeichnenderweise wurden die Besitztümer von Moronaos unglücklichem Enkel beschlagnahmt, da er seinen Großvater nicht bis zum Tode verteidigt hatte.)

In der Edo-Zeit gab es einen – für die Behörden – sehr nützlichen Brauch, nach dem man die Regierung ersuchen konnte, eine angebliche Ungerechtigkeit zu prüfen: zum Beispiel verheerende Steuern, die auf dem Lande zu weit verbreiteter Hungersnot führten. Der Haken war, daß nur dann Ermittlungen durchgeführt wurden, wenn der Antragsteller bereit war zu sterben. Dadurch schlug die Regierung zwei Fliegen mit einer Klappe: Die Aufrichtigkeit des Gesuches war bewiesen, und die Behörden hatten sich eines potentiellen Unruhestifters entledigt.

Die moderne japanische Heldenverehrung trägt immer noch ähnliche Züge. Die Menschen bewundern Rebellen und fanatische Nonkonformisten (je fanatischer, desto besser). Aber am Ende müssen diese Helden sich selbst vernichten, wie das gegensätzliche Liebespaar bei Chikamatsu. Rebellen dürfen Wellen schlagen, wenn sie kopfüber ins Wasser springen, aber sie müssen durch ihr Ertrinken dafür sorgen, daß die Oberfläche wieder in einen geglätteten Zustand zurückkehrt. Kurz, das japanische Publikum liebt es, seine Helden sterben zu sehen. Die Gewißheit, daß Nonkonformismus letzten

Endes bestraft, daß der hartnäckige Nagel wieder eingeschlagen wird, ist irgendwie beruhigend. Sie gibt dem Leben von Menschen, die das Gestaltlose fürchten, eine feste Kontur; sie ermöglicht ihnen, die klar gezogenen Grenzen ihrer Existenz zu sehen.

Zur weiteren Illustration wollen wir uns einem Film zuwenden, der auf einer anderen historischen Begebenheit – sie ähnelt der Geschichte der siebenundvierzig Ronin – beruht. Der Film heißt »Störung« (»Doran«), wurde 1979 gedreht und basiert auf dem schon erwähnten »Ereignis des 26. Februar« *(ni-ni-rokku jikken)*.

Das wirkliche Ereignis läßt sich in kurzen Zügen wiedergeben. Japan erholte sich in den dreißiger Jahren langsam von einer schweren wirtschaftlichen Depression, die vor allem die Landbevölkerung in Mitleidenschaft gezogen hatte.[10] Die Bürger machten in erster Linie »habgierige Industrielle« und »schlappe, korrupte Politiker« verantwortlich. Der Groll auf die Regierung war besonders ausgeprägt bei jungen, oft frustrierten Armeeoffizieren, die zum großen Teil aus den notleidenden Landgebieten rekrutiert worden waren. Manche von ihnen waren dafür, das Land ein für allemal von der – ohnehin schwachen – parlamentarischen Demokratie zu befreien und eine Militärherrschaft zu errichten, die von der ruhmvollen Aura des unendlich gütigen Kaisers umgeben sein würde.

In der Nacht des 26. Februar 1936 lag Tokio unter einer dichten Schneedecke – wie in jener schicksalhaften Nacht, als die siebenundvierzig Krieger Moronao ermordeten. Mehr als 1400 Männer der Ersten Heeresdivision schlichen sich aus ihrer Kaserne, und in den nächsten Stunden wurden ein früherer Ministerpräsident, ein General, ein Finanzminister und mehrere andere Würdenträger in ihren Betten erstochen oder erschossen. Es war ein brutaler Akt des Terrorismus. Die Armeeführung sah ein, daß die Mörder, jedenfalls zum gegebenen Zeitpunkt, zu weit gegangen waren, und schlug die Rebellion nieder. Die Rädelsführer wurden hingerichtet, wie es den Vorschriften entsprach. Aber das parlamentarische System erholte sich nicht von dem Schock, bis General MacArthur es neun Jahre später wieder auf seine schwankenden Grundlagen stellte.

Ein Führer dieser rechtsgerichteten Fanatiker wird in dem Film von dem beliebtesten Helden der sechziger Jahre gespielt: von dem reinen, rechtschaffenen, stoischen, hübschen Takakura Ken. Hatte dieser japanische Robert Redford eine Kehrtwendung gemacht und war plötzlich zu einem Filmschurken geworden? Keineswegs. Der Werbespruch des Films lautete: »Als Männer noch Männer und Frauen noch Frauen waren.« Und im Programm hieß es: »Zwar ändern sich die Zeiten, aber eines wird sich nie ändern: der japanische Geist *(Nihonjin no kokoru).«*

Wie die treuen Gefolgsleute erscheinen auch die Militaristen als Helden. Die Morde werden als heroische und romantische Taten junger Idealisten – ehrenwerter Beispiele von Reinheit und *giri* – dargestellt. Der Film erweckt zwar den Eindruck, daß sie in erster Linie von der kläglichen Situation der Landbevölkerung motiviert wurden, doch in Wirklichkeit war ihre erklärte Ideologie viel abstrakter, mit Anklängen an die nationalistische Propaganda der Vorkriegserziehung.

Bei der Verhandlung konzentrierten sie sich hauptsächlich auf die Reinheit ihrer Motive.[11] Sie wiederholten vage Parolen über ihre Verehrung des Kaisers, ihren flammenden Patriotismus und darüber, daß böse Männer sich den Zugang zum Thron gesichert hätten. Diese Männer hätten vernichtet werden müssen, damit der Kaiser in seiner unsterblichen Weisheit habe erkennen können, daß die Handlungen der Attentäter gerechtfertigt seien. Sie legten besonderen Wert darauf, daß der Kaiser »ihre Gefühle verstand«. Kurz, das ganze Verfahren war ein typisches Beispiel für *iji o haru,* eine heftige Demonstration der Aufrichtigkeit. Und wenn man bedenkt, daß es im Jahre 1979 immer noch Menschen gab, die bereit waren, jene Aufrührer zu bewundern, dann hatte die Demonstration erstaunlichen Erfolg gehabt.

Ein wichtiges Element ihres Heldentums (das gleiche gilt für die siebenundvierzig Krieger) ist die Direktheit, die Unüberlegtheit ihrer Aktionen. Es gibt einen gewissen Heldentyp, der die Phantasie des Volkes stark anregt. Er ist das Gegenteil der stereotypen Gestalt des durchschnittlichen Japaners – was vermutlich zu seinem Heldentum beiträgt. Man hört oft, gewöhnlich von Japanern selbst, daß jemand, der die Beherrschung verliert, gleichzeitig sein Gesicht verliere. Das mag zutreffen, aber dieser Typ des Helden ist gerade durch seinen Jähzorn gekennzeichnet. Hangan ist natürlich das Musterbeispiel: Seine erste Reaktion ist der Griff nach dem Schwert.

Eine weitere Gestalt in »Chushingura« ist Honzo, der Gefolgsmann des Samurai Wakanosuke. Sein Verhalten ist dem von Hangans Anhängern genau entgegengesetzt. Sein Herr wird als erster von dem boshaften Moronao beleidigt, und Wakanosuke will sich, wie Hangan, sofort rächen. Honzo beruhigt ihn und besticht heimlich Moronao, damit dieser aufhört, seinen Herrn zu drangsalieren. Mit anderen Worten, Honzo ist ein vorsichtiger Politiker, ein Diplomat, der seinen Herrn vor Schwierigkeiten bewahrt. Zudem zeichnet er sich dadurch aus, daß er Hangan aufhält, als dieser versucht, Moronao zu töten; er verhindert den Mord in der Hoffnung, daß Hangan die Höchststrafe erspart bleibe. All das mag uns sehr ehrenwert erscheinen, aber es führte dazu, daß die siebenundvierzig Ronin Moronao noch mehr haßten als Honzo.

Honzos Besonnenheit ist dem wahren japanischen Helden ein Greuel. Er kann seine Fehler erst gegen Ende des Stückes wiedergutmachen, indem er bewußt seine Tötung durch einen der treuen Gefolgsleute provoziert. Während er seine letzten Worte hervorpreßt, wird ihm schließlich alles vergeben: »Ich hielt [Hangan] zurück, weil ich dachte, daß er nicht *seppuku* zu begehen brauchte, wenn sein Feind am Leben bliebe. Meine Berechnungen gingen zu weit. Es war der schlimmste Fehler meines Lebens . . .«[12]

Der Kontrast zwischen den hitzköpfigen Rebellen, die im Jahre 1936 Kabinettsminister ermordeten, und den Offizieren, die ihnen Widerstand leisteten, entspricht diesem Muster: Die Rebellen gehörten zu der sogenannten *Tendoha,* der »Fraktion des kaiserlichen Weges«, und die besonnenen Stabsoffiziere waren Mitglieder der *Toseiha,* der »Fraktion der neuen Führung«. Die letzteren gehörten zum alten militärischen Establishment, und viele von ihnen hielten mehr von Diplomatie und Politik als von direkter Aktion. Die Offiziere dagegen, die den Coup inszenierten und die sich, wie man hinzufügen muß, oft von der Armeepolitik übergangen fühlten[13], verhielten sich ebenso wie das von Sato Tadao beschriebene kleine Kind, das schreit, um sich bemerkbar zu machen.

Direkte Aktion im Gegensatz zu berechnender Diplomatie – so stellte sich auch der Unterschied zwischen dem heldenhaften Yoshitsune und seinem angeblich bösen Bruder Yoritomo dar. In Wirklichkeit war Yoritomo einer der fähigsten Politiker der japanischen Geschichte[14], der weit mehr zustande brachte als sein impulsiver Bruder, doch genau das war sein Verbrechen, denn Politik ist qua definitionem von den berechnenden Machenschaften der Gesellschaft befleckt.

Singer schreibt in *Mirror, Sword and Jewel:* »*Makoto* bedeutet die Bereitschaft, alles aufzugeben, was einen hindern könnte, rückhaltlos nach den reinen und unvorhersehbaren Impulsen zu handeln, die aus dem geheimen Mittelpunkt des eigenen Wesens hervorgehen.« Diese Denkweise ist eine Synthese aus shintoistischer Reinheit, Zen und der Philosophie von Wang Yang Ming, der die idealistische Schule des Konfuzianismus im 16. Jahrhundert begründete; sie empfiehlt »den Sprung vom Wissen zum Handeln«. Diese Schule war während der Edo-Zeit sehr beliebt und inspirierte viele selbstmörderische Fanatiker, darunter Mishima Yukio.[15]

Diese Betonung eines blinden, emotionalen Handelns verweist auf eines der wichtigsten Paradoxa, die der japanischen Kultur zugrunde liegen: daß ein überaus konformistisches Volk, das von Etikette und sozialem Wohlverhalten besessen ist, im Idealfall von seinen innersten Gefühlen motiviert werden sollte. Aber vielleicht ist es gar nicht so paradox, denn gerade diese Neigung zur Impulsivität läßt Zurückhaltung und gute Manieren so notwendig werden.

Dadurch werden *giri* und andere gesellschaftliche Verpflichtungen in ein interessantes Licht gerückt. Denn während *giri* vorgeblich Teil eines gesellschaftlichen Systems ist, das die wilderen und unberechenbareren Emotionen zügeln soll, kann es genauso leicht als Vorwand verwendet werden, um diesen Emotionen freien Lauf zu lassen. Schließlich läßt sich jedes Ausmaß von Fanatismus im Namen von *giri* entschuldigen, vor allem da Rationalität weder notwendig noch auch nur wünschenswert ist.

Doch die wahre Spannung im japanischen Drama geht daraus hervor, daß persönliche Neigungen bis zum Siedepunkt beherrscht werden. Der vollendete japanische Held, der sogar noch mehr bewundert wird als die ehrlichen Hitzköpfe, braust niemals auf Anhieb auf. Natürlich ist er nicht berechnend wie Honzo, denn er würde nur zu gern sofort handeln, aber irgendwie gelingt es ihm, seine Emotionen eine Zeitlang unter Kontrolle zu halten. Besonders auf der Kabuki-Bühne erinnern die Helden ein wenig an zischende und brodelnde Heizkessel, und genau im letzten Augenblick, wenn sie es einfach nicht mehr aushalten können, spendet das Publikum Beifall. Der Zeitraum, in dem das Unerträgliche ertragen wird, macht den Racheakt am Ende um so erlösender.

Gaman (Beharrlichkeit, Standhaftigkeit oder Duldung) ist eine genauso wertvolle Tugend wie *makoto*. Deshalb sind die Gefolgsleute, besonders ihr Führer Oboshi Yuranosuke, die wirklichen Helden von »Chushingura«. In einer der entscheidenden Szenen des Dramas gibt er sich in einem Bordell in Kyoto als einen betrunkenen und ausschweifenden Zecher aus, dessen Schwert »rostig wie eine rote Sardine« sei. Er ißt sogar am Jahrestag des Todes seines Herrn rohen Fisch – ein lästerlicher und äußerst respektloser Akt.[16] Und das alles, während er ständig an Rache denkt. Man wird an den als Mönch verkleideten Benkei erinnert, der seinen Herrn Yoshitsune an der Straßensperre verprügelt. Dies, wie Yuranosukes Mißachtung des Todestages von Hangan, ist eine Demonstration wahrer *gaman*.

Die Art und Weise, in welcher sich die ungeduldigen Ronin gedulden müssen, die Demütigungen, die sie zu ertragen haben, kurz, die *gaman,* die sie sich vor ihrem letzten Akt der Gewalt auferlegen, sind der eigentliche Inhalt des Stückes. Nichts rührt das Publikum mehr als ihre Leiden: Die zuckenden Münder, das unterdrückte Grollen zeigen die kaum beherrschte Hysterie. Der ursprüngliche Mordversuch durch Hangan (im Gegensatz zu seinem Selbstmord, bei dem er eine große Szene hat) ist nicht mehr als ein Zwischenspiel, und auch der letztliche Racheakt ist kaum mehr als ein Anhängsel.

Auf ähnliche Weise schildert eines der außergewöhnlichsten, leidenschaftlichsten Bücher über den Vorfall von 1936 – *Yokoku* (»Patriotismus«) von Mishima Yukio[17] – nicht einmal die Begebenheit selbst. Es handelt von der *gaman* eines Mannes, der nicht daran beteiligt war. Doch seine engsten Freunde waren Mittäter, und seine Offizierspflicht zwingt ihn, gegen sie vorzugehen. Dazu ist Leutnant Takeyama Shinji nicht in der Lage; er sieht sich in der Klemme zwischen *giri* und *ninjo:* Pflicht gegen persönliche Gefühle. Auf keinen Fall kann er zulassen, daß sie hingerichtet werden, während er selbst am Leben bleibt. Das einzig Richtige ist also, daß er eines traditionellen Kriegertodes stirbt, indem er sich den Bauch aufschlitzt. Der innere Konflikt des Leutnants läßt sich nur durch das persönliche Opfer lösen. Der Rest der Geschichte beschreibt anschaulich, wie er seine zeremonielle Tötung vorbereitet und durchführt und wie sich seine treue Frau danach das Leben nimmt.

Zwischen Tod und Sex besteht in dieser recht theatralischen Geschichte eine direkte Verbindung, wie in Mishimas Leben selbst.[18] Kurz vor seinem Selbstmord liebt der hübsche junge Leutnant – er wirkt »majestätisch in seiner Uniform«, und seine »dunklen und aufgerissenen Augen [vermitteln] die klare Rechtschaffenheit der Jugend« – seine Frau zum letztenmal. Während er auf seiner Matratze liegt und sie erwartet, grübelt er über den Sinn des Ganzen:

> War es der Tod, auf den er wartete? Oder eine wilde Ekstase der Sinne? Beides schien ineinanderzugreifen, fast als wäre der Tod selbst das Ziel seines körperlichen Begehrens. Wie auch immer, es war gewiß, daß er nie zuvor so totale Freiheit erlebt hatte.[19]

Die Verbindung von Sex und Tod ist schwerlich ein typisch japanisches Phänomen. Darüber hinaus könnte man diese Passage eher als Beispiel für das recht eigentümliche Psychodrama des Autors selbst denn als Analyse japanischen Denkens lesen. Doch was man auch von dem Mann und seinen Werken halten mag, Mishima verstand es, wenn auch auf sehr theatralische Weise, Aspekte seiner Kultur herauszuarbeiten, die viele seiner Landsleute lieber ignorieren würden.

Man könnte durchaus sagen, daß Sex und Tod die einzigen rein individuellen Akte sind, die von einer streng kollektiven Gesellschaft zugelassen werden. Wir haben ausgeführt, daß Sex während der Edo-Zeit eine Art Suche nach Freiheit darstellte – allerdings um den Preis der Sklaverei für viele junge Frauen – und daß er immer noch als su[illegible]ives Instrument benutzt wird. Auch der Tod hat eine Bedeutung, die ihm im Westen fehlt: Er befreit von der Diktatur der Gruppe, während er sie gleichzeitig aufrechterhält. (Das gleiche gilt für viele kommunistische Länder mit ihren hohen Selbstmordquoten, doch hier sind die Regierungen noch nicht klug genug gewesen, den Freitod als Tugend zu institutionalisieren.) Mit anderen Worten, der Tod mag die höchste Freiheit und den Gipfel der Reinheit repräsentieren, aber er ist auch die letzte und wichtigste Schuld, die man abzutragen hat.

10

Yakuza und Nihilist

Der Todeskult erreicht seinen Höhepunkt im modernen Gangsterfilm, der in vieler Hinsicht die Chushingura-Mentalität fortführt. Aber auch hier muß man darauf achten, Mythos und Realität voneinander zu trennen. Die *yakuza* (Gangster) im Kino sind Geschöpfe der allgemeinen Phantasie, ebenso wie die Samurai im Kabuki-Theater, und sie haben wenig Ähnlichkeit mit den wirklichen Angehörigen der hochorganisierten Kriminellenzunft Japans. Dies ist nicht immer so offensichtlich, da wirkliche Gangster in Japan zu den größten Fans dieses Genres gehören und häufig den Stil von Film-*yakuza* kopieren, wodurch sie Oscar Wildes Aphorismus bestätigen, daß die Natur die Kunst nachahme. (Ich sollte erwähnen, daß einer der bedeutendsten Produzenten von *yakuza*-Filmen der Sohn[1] eines mächtigen Unterweltführers ist; sein Vater wurde vor kurzem von einer rivalisierenden Bande ermordet, was das romantische Image der Verbrecherwelt noch verstärkt haben mag.)

Wie so vieles im modernen Japan stammt der Gangsterkult aus der Edo-Zeit. Das Wort *yakuza* bezeichnet die niedrigste Zahl in einem beliebten Kartenspiel. So hießen Spieler, Geächtete, Diebe und andere kleine Verbrecher, die in jenen Tagen durch die größeren Städte und Seehäfen zogen. Sie gehörten keiner spezifischen Klasse an, nicht einmal der *eta,* den in religiösem Sinne verunreinigten Ausgestoßenen, die von Tierschlachtungen und Lederverarbeitung lebten (der Buddhismus verbietet die Tötung von Tieren). Manche von ihnen waren zweifellos Samurai, die Schicksalsschläge erlitten hatten.

Gleichzeitig kontrollierte die Tokugawa-Regierung die gewaltige Bevölkerung der Städte dadurch, daß sie Bezirksvorsteher, etwa nach Art der Dorfältesten, ernannte. Diese Männer mußten so viel

Respekt genießen, daß sie die Ordnung wahren konnten. Häufig waren sie Feuerwehrleute oder Baumeister (dies waren die typischen kernigen Männerberufe jener Tage). Vor allem die ersteren galten als verwegen und überaus unabhängig. In der Volkslegende nahmen diese örtlichen Machos, *kyokyaku* genannt, überlebensgroße Gestalt an. Wie Robin Hood standen sie im Rufe, gegen die Reichen und Mächtigen zu kämpfen, um den Armen und Schwachen zu helfen. Banzuin Chobei, der Mann, der dem *bishonen* Shirai Gompachi in seiner Not half, ist das typische Beispiel eines *kyokyaku,* der auf der Kabuki-Bühne verherrlicht wurde.

Im Laufe des 19. Jahrhunderts wurde die Gesellschaft immer instabiler und korrupter, und viele dieser Bezirksvorsteher verwickelten sich so sehr in Glücksspiel und verbrecherische Machenschaften, daß sie von den gewöhnlichen *yakuza* praktisch nicht mehr zu unterscheiden waren. Aber der Ruf des Robin Hood blieb ihnen erhalten, und so entstand der Mythos des edlen Gangsters, des *yakuza* mit dem strengen Ehrenkodex, der sich vage von dem der Samurai ableitete. Die phantastischen Abenteuer lokaler Helden wie Kunisada Chuji und Shimizu no Jirocho wurden zu beliebten Themen für Dramen, Geschichtenerzähler und – später – den Film.

Der moderne Film-*yakuza* hat einen weiteren Vorläufer: den Supersamurai, der gleichermaßen von der Würde seiner Sache überzeugt ist. Die beiden Typen haben vieles gemeinsam, aber es gibt auch wichtige Unterschiede. Paradoxerweise sind die Samurai-Helden in mancher Beziehung weniger traditionell, nicht so durch und durch japanisch wie die *yakuza.* Die ersteren haben vieles von amerikanischen Wildwestfilmen und sogar von jenen Streifen übernommen, in denen Errol Flynn den schneidigen Helden spielte und die großen Einfluß auf die frühe japanische Filmkunst hatten.

Wie die edlen Streuner des Wilden Westens ziehen viele Supersamurai von Ort zu Ort und helfen den Bewohnern aus ihren Schwierigkeiten, »indem sie das Böse bestrafen und das Gute belohnen«. Ihre Ethik ist stark konfuzianistisch und tief in der hierarchischen Struktur der Edo-Gesellschaft verwurzelt. Ein gutes Beispiel des Genres ist eine Filmreihe mit dem Titel »Hatamoto Taikutsu Otoko« (Der gelangweilte Bannerträger des Shogun). Der Held ist so gelangweilt, daß er einen Stein in die Luft wirft und sich in die Richtung, in der er landet, auf den Weg machte. Er reist stets inkognito, so daß niemand seinen hohen Rang erraten kann.

Wie John Wayne oder Gary Cooper findet er immer irgendwelche üblen Machenschaften, die bereinigt werden müssen. In einem Film stößt er auf eine Bande chinesischer Schmuggler, die mit korrupten japanischen Würdenträgern unter einer Decke stecken. Er überwältigt die Bande, befiehlt einer der gefangenen Frauen, ins Meer zu springen, »damit sie für alle Ewigkeit mit ihrem Geliebten zusammen ist«, und erschreckt die korrupten Beamten halb zu Tode, indem er seine wahre Identität enthüllt. Alles spitzt sich auf diese Offenbarung zu. Sobald die Verwandlung des einsamen Streuners in einen der Gefolgsleute des Shogun stattfindet, fallen die Schurken auf die Knie, schlagen mit den Köpfen auf den Boden, haben Schaum vor dem Munde und geben ein entsetztes Winseln von sich.

Das Publikum wird doppelt zufriedengestellt: Der edle Samurai ist eine überlebensgroße Vaterfigur, die wie ein *deus ex machina* direkt vom Himmel herabsteigt, um das gewöhnliche Volk von den Schurken zu befreien. Aber gleichzeitig ist er einer von ihnen, bis zum letzten enthüllenden Moment. Nur selten sieht man ihn in einer Umgebung, die seiner Position entspricht; er ist immer als normaler Stadtbewohner verkleidet und zeigt alle Gewohnheiten dieser Klasse.[2]

Diese Samurai-Helden erfüllen eine wichtige Funktion. Sie wirken beruhigend, da sie die prinzipielle Nützlichkeit der gesellschaftlichen Ordnung demonstrieren. Nachdem sie gezeigt haben, daß sie gewöhnliche Menschen sein können, stellen sie die natürliche Hierarchie wieder her. Sie sprechen einen tiefliegenden Zug des Konservatismus bei den Japanern an, die eher durchs Fegefeuer gehen als an der gesellschaftlichen Ordnung rütteln würden.

Der Supersamurai ist heute fast ganz von der Leinwand verschwunden, aber er kann immer noch allabendlich im Fernsehen bewundert werden, oft mehrere Male in verschiedener Gestalt. Sehr beliebt ist zum Beispiel Toyama Kinshiro, der Richter, der auf den Schultern eine plebejische Tätowierung zur Schau trägt; oder Mito Komon, ein gütiger Edelmann mit einem weißen Bart, der jede Episode mit kräftigem Gelächter beendet, nachdem er seine wahre Identität wie ein wohlwollender Zauberer enthüllt hat.

Der idealisierte Samurai, ob als väterlicher Übermensch oder als selbstmörderischer Erlöser von allen Sünden, ist seit Jahrhunderten ein Anachronismus. Aber die meisten japanischen Helden sind anachronistisch, wie Ivan Morris hervorhob. Wie bei allen Arten der Heldenverehrung ist die Ursache bei den Verehrern zu suchen. Nicht nur, daß die meisten Menschen gesellschaftliches Chaos fürchten, daneben hat immer der starke Glaube bestanden, daß die Vergangenheit irgendwie besser und reiner sei als die Gegenwart (das gleiche galt für das traditionelle China). Die Menschen scheinen ständig voller Nostalgie auf das verlorene Paradies zurückzublicken – ein Paradies, in dem »Männer noch Männer und Frauen noch Frauen waren« und in dem es klare und einfache Werte gab. Helden sind definitionsgemäß reaktionär; sie kämpfen mit dem Rücken an der Wand der Geschichte.

Dieses Stereotyp geht bis zu den frühesten japanischen Helden zurück: bis zu Totoribe no Yorozu beispielsweise. Sein Anspruch auf Unsterblichkeit bestand darin, daß er bereit war, für eine verlorene Sache zu sterben. Dies ist, wie wir gesehen haben, nicht ungewöhnlich, ebensowenig wie die Tatsache, daß er sich die Kehle mit einem Dolch durchschlitzte, nachdem die Schlacht gegen den Soga-Clan im Jahre 587 verloren war. Die Soga-Krieger, die darauf zu den Erzschurken der frühen japanischen Geschichte wurden, waren im Rahmen ihrer Zeit »progressiv«. Sie führten den fremden Glauben des Buddhismus als offizielle Religion des japanischen Hofes ein. Yorozu war ein Gefolgsmann des Monobe-Clans; dessen Angehörige waren die »Reaktionäre«, die Abweichler unter Kontrolle brachten und Shinto-Zeremonien leiteten – es versteht sich, daß sie Neuheiten wie den Buddhismus ablehnten. Kurz gesagt, sie kämpften für eine Welt, die rasch unterging. Gerade die Hoffnungslosigkeit ihres Kampfes ließ ihn edler erscheinen, weil er aufrichtiger war.

Eine ähnliche Situation hatte sich in der Mitte des 19. Jahrhunderts herausgebildet, als die Gegner der Tokugawa-Herrschaft sich bemühten, eine korrupte und stark geschwächte Regierung zu stürzen, wobei sie hofften, den Kaiser als Oberhaupt eines »modernen« Staates wiedereinzusetzen. Viele populäre Helden, die immer noch in Filmen, Romanen und Comics gefeiert werden, waren jedoch nicht auf der Seite der Rebellen, sondern kämpften für den Tokugawa-

Shogun, der letzten Endes unterlag. Manche waren eingefleischte Reaktionäre, zum Beispiel Kondo Isamu, der – genau wie die Monobes mehr als tausend Jahre zuvor – der äußerst repressiven Staatspolizei angehörte.

Als die neue Regierung im Jahre 1868 etabliert war, wurde nur eines ihrer Mitglieder zu einem wirklichen Volkshelden: Saigo Takamori, der dafür gefeiert wird, daß er eben die Regierung bekämpfte, die er mitgeschaffen hatte. Weshalb? Er verabscheute die neuen »westlichen« Bräuche der wirtschaftlichen und politischen Oberschicht.

Damit kommen wir endlich zu den *yakuza:* Sie führen – zumindest im Mythos – offensichtlich ein Rückzugsgefecht gegen das korrupte moderne Zeitalter. Niemals in der japanischen Geschichte ist das Moderne so rasch und vielleicht so vernichtend vorgerückt wie nach dem Zweiten Weltkrieg, besonders im Aufschwung der sechziger Jahre. Die Samurai waren unterdessen zu weit in die Vergangenheit zurückgewichen, als daß sie – jedenfalls für die jungen Leute, die ins Kino gingen – noch glaubhaft hätten sein können. Im Kino, wenn auch nicht im Fernsehen, übernahmen die *yakuza* die Rolle der Glaubenskämpfer von den Supersamurai; sie wurden zu den edlen Geächteten des modernen Japans.

Wie populäre Genrefilme in aller Welt sind *yakuza*-Streifen an strenge Muster gebunden. Der zeremonielle Charakter so vieler japanischer Erscheinungen sorgt dafür, daß sie noch ritualistischer sind als ähnliche Produkte im Westen. Das wichtigste an diesen Filmen ist nicht die Handlung selbst, die im Grunde immer gleich bleibt, sondern der Stil, die Etikette gar. Das Leben des edlen Film-*yakuza* – das in gewissem Grade auf der Realität beruht – wird nicht minder von komplizierten Verhaltensregeln beherrscht wie das eines Samurai im 17. Jahrhundert. Und der *yakuza*-Film ist, wie ein Kabuki-Drama, ein Medium, mit dessen Hilfe die Schauspieler vorführen, wie kunstfertig sie diese Regeln dramatisieren können.

Ich benutze nicht zufällig das Wort »ritualistisch«, denn genau das sind *yakuza*-Filme: Rituale in einer festgefügten Welt, die auf einer mythischen und idealisierten Vergangenheit beruht. Das Ritual ist auch eng mit dem Tode verbunden.[3] Von der Stimmung her ist der *yakuza*-Film dem spanischen Stierkampf näher als dem amerikanischen Gangsterfilm, von dem er einiges Beiwerk, hauptsächlich modischer Art, entlehnt hat. Der Stierkampf ist eine Zeremonie, bei welcher der Tod des mutigen Stiers so etwas wie eine Läuterung ist. Der *yakuza*-Held, dessen Tod so unvermeidlich ist wie der des Stiers, erfüllt ungefähr den gleichen Zweck.

In einem typischen *yakuza*-Film liegt die Abfolge der Ereignisse mehr oder weniger fest: In der allerersten Einstellung wird uns kurz ein japanisches Paradies gezeigt, in dem die Tradition immer noch beherrschend ist – zum Beispiel ein religiöses Fest in einem alten Viertel von Tokio. Wir hören die durchdringenden Klänge von festlichen Flöten und das unregelmäßige Hämmern von Trommeln; beides wird von den rhythmischen Rufen junger Männer beinahe übertönt, die den örtlichen Schrein auf den Schultern tragen. Alle sind natürlich traditionsgemäß mit Happi-Mänteln, die jetzt bei Touristen so beliebt sind, oder mit Kimonos bekleidet. Dann platzt plötzlich ein großes ausländisches Auto – gewöhnlich ein amerikanisches Modell – in die Szene, hupt laut und zerstreut die frohe *matsuri*-Schar. In dem Auto sehen wir einen fetten, mit einem westlichen Anzug bekleideten Mann, der eine dicke Zigarre raucht. Wir wissen sofort, daß es sich um den Schurken des Stücks handelt. Das Thema ist umrissen: das Paradies, das von der modernen Welt bedrängt wird.[4]

Es gibt verschiedene Variationen dieses Beginns, doch der Sinn ist stets der gleiche. Zu Beginn eines bekannten Films werden alle zeremoniellen Zeichen einer Bande verbrannt, die gerade auseinanderbricht: die alte Welt ist beendet. Dann folgt eine Reihe von Aufnahmen, die große Gebäude aus Stahl und Glas, Fabriken mit rauchenden Schornsteinen und Ölraffinerien zeigen: die schlechte neue Welt hebt an.

In der nächsten Szene hilft die Bande guter, edler *yakuza,* makellos in Happi-Mäntel mit den Bandeninsignien gekleidet, den guten Ortsansässigen bei irgendeiner würdigen, traditionellen Tätigkeit: zum Beispiel beim Aufbau eines Freimarktes oder bei der Organisation eines Festes. Und wieder wird der Frieden von den bösen Männern gestört, die protzige ausländische Anzüge, bunte Hemden und Sonnenbrillen tragen. Sie treten die Stände um und fassen ein paar ängstlich zusammengekauerte Händler grob an. Einer der Guten mischt sich ein und verprügelt die Schläger. Als typische Feiglinge laufen sie davon, rufen aber vorher noch etwas wie: »Das werden wir nicht vergessen!«

Die Kamera blendet wieder zu dem fetten Mann über, der seine Zigarre raucht und mit einem anderen fetten Mann spricht, der ebenfalls einen ausländischen Anzug trägt und eine Zigarre pafft: der böse Gangsterboß und ein bestechlicher Politiker. Sie unterhalten sich über die Errichtung eines großen Bürokomplexes. Geldscheine wechseln den Besitzer. Der Bürokomplex soll auf dem Gebiet des Freimarktes gebaut werden, den die guten Händler für ihren Lebensunterhalt benötigen. »Überlaß die Sache nur mir«, knurrt der böse Boß mit einem häßlichen Grinsen. »Um die kümmere ich mich.«

Was wir beobachten, ist eindeutig: Dies sind die archetypischen japanischen Schurken, seit die Monobes gegen die Sogas kämpften – der intrigierende Unternehmer und der ihn begünstigende Politiker; beide stehen unter dem Einfluß übler ausländischer Bräuche, beide sind in gewisser Weise »progressiv«. Man braucht kaum hervorzuheben, daß sie auch Karikaturen auf die Architekten des modernen japanischen Wirtschaftswunders sind. Damit die alte Kombination von Ausländischem und Bösem noch einleuchtender wird, sind sie nicht einfach zigarrerauchende fette Männer, sondern häufig zigarrerauchende fette Chinesen oder Koreaner. (In Filmen, die in der unmittelbaren Nachkriegszeit spielen, sind auch reiche und arrogante Japanamerikaner populäre Schurken.)

Dann erblicken wir wieder die tugendhaften, loyalen und reinen Japaner in ihren Happi-Mänteln. Sie lauschen ihrem gütigen Chef, dem *oyabun* (wörtlich »Vaterfigur«), einem schwächlichen alten Mann, der infolge irgendeiner schrecklichen Krankheit bebt und zittert und immer den allereinfachsten Kimono trägt. Der Kontrast zu dem bösen *oyabun* könnte nicht größer sein. Der ideale japanische Führer ist, wie wir uns in Erinnerung rufen sollten, eher ein Symbol als ein starker Chef; er ist das Banner oder, wie ein ungewöhnlich scharfsinniger *yakuza* bemerkt, »der tragbare Schrein auf den Schultern der *kobun* [Kindfiguren]«.[5] Seine Aufgabe entspricht der Gottes: Er ist immer auf unserer Seite. Aus diesem Grunde muß er vage, passiv und möglichst alt und schwach bleiben – eher ein Idol, das zu beschützen ist, als ein allmächtiger Führer. Kurz, er ist wie ein typischer japanischer Kaiser.

Gleichzeitig muß er eine fast mütterliche Nachsicht an den Tag legen, damit er seine »Kinder« bei guter Laune hält. Sein Wille ist nie eindeutig, sondern kann immer auf vielfache Weise interpretiert werden. Wenn man den jungen Offizieren, die an der Rebellion von 1936 beteiligt waren, erklärt hätte, daß der Kaiser ihre Aktionen mißbilligte (was er anscheinend tat), hätten sie bloß erwidert, daß böse Ratgeber ihn daran hinderten, die Wahrheit zu sehen, und ihre gefühlsgeladenen Demonstrationen wären noch heftiger geworden. Diese Nachsicht, die japanischen Führern im Austausch für die Loyalität ihrer »Kinder« abverlangt wird, kann vielleicht auch erklären, weshalb japanische Generäle während des Zweiten Weltkrieges so oft die Kontrolle über ihre Offiziere verloren.

Der böse *oyabun* ist genau das Gegenteil: Er ist stark, lebhaft und gesund – ein wahrer Führer, der mit eiserner Faust herrscht. Eigentlich hat er stärkere Ähnlichkeit mit den romantischen, heldenhaften Alkoholschmugglern amerikanischer Gangsterfilme in der Ära von Bogart und Cagney, also mit den überzeichneten Versionen kapitalistischer Draufgänger.

Der gute *oyabun* ermahnt seine »Kinder«, geduldig zu sein, nichts zu übereilen, ihre Gefühle zu beherrschen. Sie mögen Gangster sein, aber sie sind edle Gangster, die nicht auf die kleinste Provokation von bloßen Rowdys hin einen Bandenkrieg anfangen. Dies ist für die jüngeren *yakuza* schwer zu verdauen; sie absolvieren an dieser Stelle ihre Pflichtübung: Augen treten hervor, Münder zucken, Nasenlöcher weiten sich – wie bei Stieren, die darauf brennen, in die Arena zu rasen. Aber *gaman* (Geduld) setzt sich vorläufig durch.

Doch die Provokation wird immer schlimmer: Die Feinde kippen noch mehr Stände um, brennen einige sogar nieder. In einer Nebenhandlung wird eine Freundin – oft eine Prostituierte mit goldenem Herzen, die der guten Bande nahesteht – ermordet. Ein Bruder eines der guten *yakuza* wird zusammengeschlagen. Nun kann der würdige alte *oyabun* seine »Kinder« nur noch mit größter Mühe zurückhalten.

Dann geschieht etwas, was das Maß vollmacht, was der *gaman* ein Ende setzt. Während der gute *oyabun* mit seinem kleinen Enkel einen friedlichen Abendspaziergang macht, wird er in den Rücken geschossen. Das ist typisch, denn die Schurken sind mit Pistolen bewaffnet, was nur Feiglingen und Ausländern vorbehalten ist. Wahre japanische Helden kämpfen mit dem Schwert.

Nun folgt die Totenbettszene. Der alte *oyabun,* in Decken gehüllt-,flüstert den schluchzenden »Kindern«, die sein Bett umgeben, seine letzten Worte zu, gewöhnlich eine letzte Bitte um Zurückhaltung. Dies ist der Moment spät am Abend, auf den die Fans dieses Genres gewartet haben. Einer brüllt: »Weint, verdammt noch mal!« zur Leinwand empor, und tatsächlich wird das Schluchzen der loyalen Gangster immer lauter, bis sie sich wie berufsmäßige Klageweiber bei einer Totenwache anhören.

Schließlich werden die *kobun* von Hysterie übermannt: Sie wollen in einem einzigen wilden Angriff auf den Feind einstürmen. Dann aber schaltet sich der wirkliche Held der Geschichte ein: »Wie könnt ihr euch vor eurem *oyabun* nur so benehmen?« fragt er. »Ihr bleibt hier, ich gehe allein.« »Nein, nein, laß uns mitkommen!« betteln die *kobun* mit hervorquellenden Augen. »Versteht ihr denn nicht!« ruft der Held. Und da sie japanische Gangster sind, zeigen sie Verständnis, wenn auch recht widerwillig. Die Ordnung muß aufrechterhalten werden, und dies bedeutet, daß die Ehre nur von einem einzigen Erlöser gerettet werden kann.

Der Held zieht seinen Happi-Mantel mit den Bandeninsignien aus und bricht dadurch symbolisch mit der Gruppe. Er wird zu einem Individuum, das allein handelt. Seine Frau, für die das Ganze natürlich schwer zu ertragen ist, hilft ihm in seinen besten Kimono. Aber auch sie versteht, weshalb ihr Mann sterben muß. *Kimochi ga tsujita,* das Gefühl wird verstanden.

Er macht sich auf, den Feind zu treffen. Seine letzte Reise ist zwar oft einsam, erinnert jedoch sehr an die *michiyuki,* die Selbstmordreise der Liebenden auf der Kabuki-Bühne. Sie wird von dem melancholischen Titelgesang begleitet:

> Wenn du beschlossen hast, es zu tun, mußt du es
> zu Ende führen
> Wenn wir unser Gefühl der *giri* aufgeben
> Ist das Leben nur eine dunkle Grube

Zögere nicht, und halte nicht an
Regen fällt sanft in der Nacht.[6]

Dies klingt nicht gerade wie ein kriegerisches oder gar männliches Lied. Aber so soll es auch nicht klingen – ebensowenig wie die Lieder der Kamikaze-Piloten, bevor sie zu ihrem letzten Flug starteten. Das Entscheidende an dem Erlösung bringenden Krieger ist nicht, daß er andere tötet, sondern daß er selbst in den sicheren Tod geht. Es ist die tragische Schmerzlichkeit dieses Augenblicks, die das Publikum rührt. Wenn die Fans in der Spätvorstellung »Yare!« (»Geh ran!«) rufen, dann gleicht dies der Anfeuerung des Stiers durch die Spanier – wir ermuntern das Opfer, bevor es uns durch seinen Tod reinigt.

Läuterung durch Tod ist eine universelle Erscheinung: Das Christentum beruht darauf. Aber der Shinto-Kult, von dem sich japanische Läuterungszeremonien ableiten, hat starke Tabus, was den Tod und auch jede Art des Blutens betrifft. Beide sind Formen der Unreinheit. Hirata Atsutane, ein Gelehrter der Edo-Zeit, schrieb in *Tamadasuki* (»Das juwelenbesetzte Schwert«), man solle sich sogar »nach einem Nasenbluten reinigen, indem man Waschungen vornimmt und eine Pilgerfahrt zu einem Schrein macht«.

Yamamoto Jocho, Verfasser des *Hagakure,* ein vom Tod besessener früherer Priester, war sich dieses Widerspruchs bewußt. Wie kann man durch etwas gereinigt werden, das so verunreinigt ist wie der Tod? Er löste den Konflikt auf eine sehr japanische Weise – indem er ihn einfach ignorierte.

»Ich glaube an die Wirksamkeit des Gebetes zu den Göttern, wenn man militärischen Erfolg begehrt... Wenn die Götter meine Gebete nur deshalb mißachten, weil ich blutbefleckt bin, dann kann ich es gewiß nicht ändern. Deshalb bete ich ungeachtet meiner Unreinheit zu ihnen.«[7]

Mishima meinte, daß »Samurai solchen alten Shinto-Geboten nicht immer treu sein konnten. Es ist ein recht überzeugendes Argument, daß sie das Wasser, welches all diese Befleckung reinigt, durch den Tod ersetzten.«[8] Mit anderen Worten, wenn der Tod aus reinen Motiven gewählt wird, reinigt er sich selbst.

Ich bin anderer Meinung: Mir scheint eher, daß die Ästhetik hier als Reinigungsmittel fungiert. Der Tod im *Hagakure* – und auch in Mishimas eigenem Leben und Schaffen – ist ein Kunstwerk, ein künstlicher Akt, wenn auch mit recht extremen Konsequenzen. Das Ritual nimmt dem Tabu seine Gefährlichkeit. Mishima schrieb einmal, daß »Männer die Farbe von Kirschblüten haben müssen, sogar im Tode. Bevor man rituellen Selbstmord beging, war es üblich, Rouge auf die Wangen aufzulegen, damit man nach dem Tod nicht die Lebensfarbe verlor.«[9] Dies scheint mir eine treffende Zusammenfassung jener seltsamen Kombination von verweichlichtem Dandytum und Macho-Posen zu sein, die im Samurai-Kult, im Kabuki-Theater und in *yakuza*-Filmen ein so wichtiges Merkmal des Todes ist.

Der schließliche Höhepunkt, der Kampf des einsamen Helden gegen ein Heer böser Männer, ist die imposante und blutige Katharsis, die das Ritual vollendet. Wir sehen, wie der Held, manchmal von einem Freund begleitet, seine Tätowierung enthüllt, bevor er sich mit dem Schwert einen Weg durch die Reihen der Schurken bahnt, die verzweifelt immer mehr Kugeln in seinen nackten Leib jagen. Aber der Geist, nach bester japanischer Tradition, ist stärker als das Fleisch, und der Held drängt weiter vor, ohne sich um die Schüsse zu kümmern, die aus nächster Nähe auf ihn abgegeben werden. Er metzelt weiter, bis er schließlich den bösen *oyabun* niederstreckt, der bis dahin hinter einem Schutzwall von *kobun* verborgen ist. Blut sprudelt, strömt und spritzt in wahrhaft bombastischer Manier über die ganze Leinwand.

Am Ende, wenn er seine Mission erfüllt hat, taumelt der Held – seine Tätowierung ist blutbefleckt – dem unvermeidlichen Tode entgegen. Der Sterbende, der den ganzen Film hindurch schweigsam gewesen ist, erachtet dies gewöhnlich für den geeigneten Moment, eine lange Rede über seine tiefsten Gefühle zu halten. Auf diesem emotionalen Höhepunkt ruht er normalerweise in den liebevollen Armen seines besten Freundes, denn, wie schon erwähnt, ist dies vor allem eine Männerwelt.

Emotionale Erklärungen sind im japanischen Drama, ob Kabuki oder *yakuza,* ein wichtiger Teil des Sterbens. Wie gewöhnlich nahm diese Tradition ihre heutige Gestalt während der Edo-Zeit an, als es sehr gefährlich war, seine Gedanken offen auszusprechen. Außerdem wurde so etwas – und wird es noch – für ein wenig vulgär gehalten. Gefühle werden empfunden, doch nicht geäußert; Meinungen kann man haben, doch man behält sie für sich. Da ausgeprägte Meinungen die soziale Harmonie stören könnten, so wird einem erklärt, sei die stumme Mitteilung von Gefühlen in Japan ein hervorstechendes Merkmal des gesellschaftlichen Umgangs.

Gewissenhafte Japaner, die bemüht sind, dem unwissenden Ausländer ihre Kultur zu erklären, verweisen immer wieder gern auf diesen Umstand. Es ist, als sei jeder Japaner mit einem nicht verbalen Gefühlssender ausgestattet, der nur anderen Japanern gegenüber funktioniert. Einzig der bevorstehende Tod scheint unvermutete Reserven an Gesprächigkeit freizusetzen. Die allgemeine Erklärung lautet, daß der sichere Tod einem endlich zu sagen gestatte, was man wirklich denkt oder fühlt. Deshalb kommen große Worte im japanischen Drama stets im letzten Redeschwall vor, werden die mitreißenden Monologe bis ganz zum Ende aufbewahrt.

Verschiedene Typen von *yakuza*-Helden stehen für unterschiedliche Eigenschaften, welche die Japaner besonders bewundern. Da die meisten *yakuza*-Filme von derselben Gesellschaft (Toei) produziert werden, werden diese Stereotype oft von denselben Schauspielern dargestellt. Takakura Ken verkörpert den »Jungtürken« – rein, stoisch und kampflustig. Frühere, nun schon vom Zahn der Zeit angefressene Matinee-Idole wie Arashi Kanjuro übernehmen gewöhnlich die Rolle des guten *oyabun*. Der aufbrausende Typ, dessen Reinheit und Ehrlichkeit ihn dauernd in Schwierigkeiten bringen, wird von Wakayama Tomisaburo gespielt. Doch ein Schauspieler scheint in sich alle Elemente zu vereinen, die den perfekten *yakuza*-Helden ausmachen; er ist der typischste, traditionellste, am urbildlichsten japanische von allen: Tsuruta Koji. Er ist für die Japaner, was John Wayne für die Amerikaner war, obwohl die beiden Männer kaum unterschiedlicher sein könnten.

Das einzige, was sie gemeinsam haben, ist die Tatsache, daß beide Engeln eines verlorenen Paradieses gleichen und einen letzten mutigen Kampf für Werte ausfechten, die nur in einer mythischen Vergangenheit existieren können. Tsuruta Koji hat das melancholische, gequälte Aussehen eines Mannes, dem im Leben nichts erspart blieb, der sich aber trotzdem irgendwie durchschlägt – wie eine alternde Kurtisane oder ein ausgekochter Spieler, die sich in einer schlechten neuen Welt, wo alle anderen niederträchtig sind, an die alten Regeln halten. Er ist die Verkörperung dessen, was die Japaner *iki* – die zerstreute Eleganz mühsam erworbener Erfahrung – nennen.

Seine große Zeit als *yakuza*-Star ist nun vorbei, aber er singt im Fernsehen immer noch Lieder von edlen Gangstern oder sentimentale Kriegsballaden, wobei er manchmal eine komplette Marineuniform trägt. Fan-Zeitschriften und Texte von Plattenhüllen weisen stets darauf hin, daß Tsuruta auf der Liste der Kamikaze-Piloten stand. Aber diese Aussicht auf bleibenden Ruhm wurde von der endgültigen Niederlage Japans grausam zunichte gemacht, und wie alle anderen Landsleute war Tsuruta Koji gezwungen, das Unerträgliche zu ertragen.

Das Leiden gehört unverkennbar zu seinem Image. Mishima schrieb über ihn, daß »er die Schönheit der *gaman* hell erstrahlen läßt«.[10] Tatsächlich ist *gaman* (Geduld) seine wichtigste Eigenschaft. Am meisten leidet er darunter, daß dies ein Anachronismus ist. Der typische Beginn eines Films von Tsuruta zeigt, wie er, mit einem Kimono bekleidet, nach mehreren Jahren das Gefängnis verläßt. Er entdeckt, daß sich die Welt verändert hat: Seine alten Freunde tragen nun Anzüge, arbeiten für Baugesellschaften, nehmen Schmiergelder und bestechen Politiker. Er ist natürlich entsetzt und appelliert an die *yakuza*-Ehre und die Menschlichkeit seiner Freunde. »Ach, du redest wohl von *giri* und *ninjo*«, spotten sie. »Also, diese Zeiten sind vorüber. Außerdem waren das nur Tricks, die uns in den Krieg treiben sollten.« »Was sie auch waren«, erwidert Tsuruta, »ich bin mit ihnen zufrieden. Ohne *giri* bleibt uns nichts mehr.«

Tricks, die uns in den Krieg treiben sollten. Dadurch, daß der Schurke hervorragende alte Werte mit Militarismus gleichsetzt, deuten die Hersteller des Films subtil an, daß die Japaner der Kriegszeit irgendwie edler gewesen seien als die heutigen Zeitgenossen. Aha, denkt man, rechtsgerichtete Propaganda. Gewiß könnte niemand den Produzenten von *yakuza*-Filmen vorhalten, sie seien Linke, aber auf diesem Gebiet ist »links« oder »rechts« in Japan praktisch bedeutungslos. Die Sehnsucht nach der reinen und edlen Vergangenheit ist weniger ein Zeichen eines wiederauflebenden Faschismus oder »Feudalismus« als vielmehr die allgemeine Reaktion auf die kulturelle Verwirrung der modernen Zeit. *Yakuza*-Helden waren, besonders in den turbulenten sechziger Jahren, bei radikalen Studenten genauso beliebt wie bei nostalgischen Veteranen des Kaiserreichs. Im Jahre 1969 schwenkten Studenten hinter den Barrikaden der Universität Tokio Bilder von Takakura Ken. Zwischen dieser Art radikaler Romantik und dem Nationalismus gibt es eine Beziehung, auf die ich noch zurückkommen werde.

Tsuruta stirbt fast immer am Ende seiner Filme. Gewöhnlich schießen ihn mit Anzügen bekleidete Feiglinge in den Rücken; dies spielt sich hochsymbolisch vor dem Hintergrund nagelneuer Ölraffinerien oder von Fabriken mit rauchenden Schornsteinen ab, wobei der blutrote Himmel den Eindruck einer modernistischen Hölle vermittelt. Sein Tod ist so unvermeidlich wie der Selbstmord der siebenundvierzig Ronin. In der modernen Welt gibt es keinen Platz für den reaktionären Helden, sei es nun Yorozu im 6. Jahrhundert oder Tsuruta im Jahre 1967. Er ist wie ein Geist der Vergangenheit, der nach Art der lebenden Geister in No-Spielen heraufbeschworen wird. Seine Funktion – dies gilt mit Sicherheit für die No-Geister – besteht darin, uns an die Vergänglichkeit der menschlichen Welt zu erinnern. Wenn die Zeremonie vorbei ist, hat er zu verschwinden.

Tsuruta leidet auch deshalb, weil sein Festhalten am Ehrenkodex häufig in Widerstreit mit seinen persönlichen Gefühlen gerät; es handelt sich, mit anderen Worten, um den uralten Kampf zwischen *giri* und *ninjo,* allerdings mit einer etwas anderen Nuance. Der *yakuza*-Ehrenkodex, der in Begriffen wie *jingi* (Rechtschaffenheit) oder *ninkyo* (Edelmut) zum Ausdruck kommt, ist nicht das gleiche wie Gerechtigkeit im Westen. Im Gegensatz zu Gary Cooper oder John Wayne denkt Tsuruta nie an etwas so Abstraktes. Gerechtigkeit, ob in London oder Hollywood, ist ein universeller Begriff. Sie wird von einer Göttin mit verbundenen Augen symbolisiert, welche die Waagschalen hält und geradezu grausam unparteilich ist. Der japanischen Denkweise erscheint diese Haltung zu kalt, beinahe zu objektiv, weil sie die vielen, oft irrationalen Komplikationen menschlicher Beziehungen außer acht läßt. Gerechtigkeit um ihrer selbst willen bedeutet dem japanischen Helden nichts. Sein Ehrenkodex existiert nur im

Rahmen seiner eigenen persönlichen Beziehungen, die sich, im Falle des *yakuza,* gewöhnlich auf die Bande beschränken. Der Edelmut japanischer Helden hat enge Grenzen.

Es gibt eine Standardszene, die in zahllosen japanischen Gangsterfilmen zu sehen ist: Ein *yakuza,* der vielleicht vor der Polizei oder vor der Rache einer rivalisierenden Bande flieht, sucht zeitweiligen Schutz bei einer anderen Bande. Er wird zu einem *kyakubun,* einem »Gastmitglied«. Aber bevor er aufgenommen wird, muß er eine umständliche Einführungszeremonie hinter sich bringen; dabei kauert er in einer unbequemen Stellung, beugt das vorgeschobene Knie und streckt die rechte Hand, mit der Handfläche nach oben, der anderen Person entgegen. Dieses Ritual, in dessen Verlauf der Gast seinen Namen und seine Biographie in gestelzter traditioneller Sprache vorträgt, als rezitiere er eine Liturgie, kann Minuten des Films in Anspruch nehmen. Dies ist kennzeichnend für die zeremonielle Atmosphäre der mythischen *yakuza*-Welt.

Dafür, daß ihm Unterschlupf gewährt wird, ist der Gast durch *giri* verpflichtet, alles zu tun, was seine Gastgeber von ihm verlangen. Zum Beispiel kann er den Befehl erhalten, einen konkurrierenden *oyabun* umzubringen, der ein durchaus ehrenwerter und unschuldiger Mann sein mag. Die Gerechtigkeit würde ihn natürlich von einer solchen Mission abhalten, aber *jingi* läßt ihm keine Wahl. Wenn der Gast ein redlicher Mann ist, sagt er zu seinem Gegner: »Ich habe nichts gegen Euch persönlich, mein Herr. Ihr scheint ein Mann von Ehre zu sein, aber leider verpflichtet mich *giri* meinen Gastgebern gegenüber, Euch das Leben zu nehmen.« »Ich danke Euch für Eure höflichen Worte«, erwidert das Opfer. »Lasset uns anfangen.« Sie ziehen ihre Schwerter, und der Mord wird ordnungsgemäß ausgeführt.

Mit der Zeit wird das Benehmen der bösen Gastgeber jedoch immer schlimmer, bis die *gaman* des Gastmitgliedes ihre Grenze erreicht und sein Anstand *(ninjo)* sich durchsetzt. Aber er würde alle *yakuza*-Regeln brechen, wenn er einfach zu einer anderen Bande überliefe; wahrscheinlich würde man ihn gar nicht akzeptieren. Dies bedeutet, daß er sich gegen seine Gastgeber wenden muß, doch stets auf Kosten seines eigenen Lebens. Dadurch, daß er sich von ihnen löst, handelt er als Individuum, und der Preis für ein solches Vorgehen ist, wie wir schon gesehen haben, immer der Tod. Deshalb ist der Freund, der sich dem Helden auf seinem letzten Todesmarsch anschließt, sehr häufig ebenfalls ein früheres Gastmitglied einer bösen Bande. Doch auch diese letzte dramatische Tat wird weniger vom Gerechtigkeitssinn des Helden als von seinen persönlichen Gefühlen inspiriert.

Tsuruta Koji muß ein ähnlilches Dilemma in einem seiner besten Filme – mit dem Titel »Spiel um die Führung« – bewältigen. Diesmal gehört er selbst zu der schlechten Bande. Obwohl Tsuruta als Nachfolger des Chefs vorgesehen ist, reißt ein böser Mann, der als Stellvertreter eines jungen und unfähigen *oyabun* agiert, den Posten an sich. Tsurutas bester Freund – gespielt von Wakayama Tomisaburo, allgemein als Wakatomi bekannt, der auf hitzköpfige Helden spezialisiert ist – begehrt gegen diese Ungerechtigkeit auf. Tsuruta zeigt natürlich nur seine gewohnte *gaman.* Die Regeln müssen bis zum Ende gewahrt werden, auch wenn er selbst ihnen zum Opfer fallen sollte.

Schließlich bedroht Wakatomis heftige Aufsässigkeit die Ordnung der Gruppe so sehr, daß Tsuruta gezwungen ist, die *saké*-Tasse zu zerbrechen, die ursprünglich ihren Bruderbund besiegelte. Diese Szene spielt mit der übertriebenen Symbolik, die das Genre kennzeichnet, in strömendem Regen auf einem dunklen Friedhof. Später muß Tsuruta aus *giri* dem jungen *oyabun* gegenüber, der von dem hitzigen Wakatomi angegriffen wird, das Undenkbare tun: Er muß seinen besten Freund töten, der seine Rebellion doch nur um Tsurutas willen begonnen hatte.

Mit Tränen in den Augen stößt Tsuruta sein Schwert tief ins Herz seines Freundes. Blutbedeckt eilt er die Treppe hinunter und trifft auf Wakatomis kleinen Sohn (nichts läßt eher zu drei Taschentüchern greifen als ein kleines Kind). Seine Miene wird von *giri-ninjo*-Emotionen zerfurcht, während er den Jungen in seine blutigen Arme nimmt. Dann, erst dann überwindet *ninjo* die letzten Reste von *gaman.* Der Ehrenkodex muß weichen, und Tsuruta setzt dem Schurken, der in der Rangordnung der Bande offiziell immer noch über ihm steht, mit gezogenem Schwert nach. Der Bösewicht, dessen spärlicher Schnurrbart bebt, sagt mit piepsender Stimme: »Willst du mich etwa angreifen? Wo ist dein Ehrgefühl?« »Ehrgefühl?« erwidert

Tsuruta. »Ich habe keins, sieh mich einfach als gewöhnlichen Mörder an.« Damit versetzt er dem üblen Ränkeschmied den Todesstoß.

Dieses Gefühl der Scham *(haji)* bezaubert Tsuruta Kojis Fans noch mehr. *Hazukashii* (ich schäme mich) und *sumimasen* (es tut mir leid) dürften zu den am meisten verwendeten Wörtern des japanischen Vokabulars gehören. Zwar mag es eine zu starke Vereinfachung sein, Japan eine »Kultur der Scham« zu nennen, wie Ruth Benedict es tat, doch Scham ist bei einem Volk, dem äußerer Schein und gesellschaftliche Fassade so viel bedeuten, zweifellos ein häufig auftretendes Gefühl. Aber Tsurutas Scham geht tiefer: Er ist sich stets der individuellen Gefühle bewußt, die durch den Code, für den er lebt und stirbt, unterdrückt werden. Deshalb kann es sogar beschämend sein, das zu tun, was gesellschaftlich richtig ist: etwa den eigenen Freund zu töten.

Tsuruta schämt sich seiner ganzen Existenz. »Ich bin nur ein wertloser Gangster«, ist einer seiner Lieblingssätze. Diese Demut, die sich so sehr von der Großspurigkeit der Supersamurai unterscheidet, macht es dem Publikum leichter, sich mit dem Helden zu identifizieren. Außerdem fügt sie dem *giri-ninjo*-Konflikt noch eine weitere Nuance hinzu. In »Showa Kyokyakuden«[11] rettet Tsuruta zwei Jungen davor, von einer Gruppe böser Gangster ermordet zu werden. Sie bitten ihn, als Zeichen der *yakuza*-Bruderschaft *saké*-Tassen mit ihnen zu tauschen. Tsuruta weigert sich, weil er nicht will, daß sie »zu demselben Abschaum der Gesellschaft gehören« wie er.

Einer der Jungen folgt ihm trotzdem als getreuer Schüler. Aber Tsuruta lehnt es weiterhin ab, ihn zu einem *yakuza* zu machen. Als Tsuruta sich verstecken muß, nachdem er einen der Schurken getötet hat, wird sein Schüler gefangen und halb zu Tode gefoltert. Tsuruta eilt in das Krankenhaus, wo der Junge im Sterben liegt. Die Schwester des Jungen fleht Tsuruta an, den Sterbenden zu seinem *yakuza*-Bruder zu machen, damit er glücklich dahinscheiden könne. Der Schüler blickt mit Tränen in den Augen zu seinem Herrn auf und bittet ihn um diese letzte Gunst.

Was soll der Held tun? Die Treue des Jungen verdient eine Belohnung, aber wenn er zu einem *yakuza* gemacht wird, stirbt er als Geächteter. »Ich möchte, daß er mit einem reinen Körper stirbt, nicht als *yakuza* wie ich«, sagt Tsuruta und weigert sich, den Wunsch des Jungen zu erfüllen. Dies mag uns ein wenig hartherzig vorkommen, nicht aber dem japanischen Publikum. Dadurch, daß Tsuruta auf dem reinen Tod seines Schülers beharrt, zeigt er höchste Menschlichkeit sowie seine eigene Demut. Dies ist unverfälschter *ninjo*. Das, was *giri* diktiert, wird nach dem Tode des Jungen erledigt.

Tsuruta geht dem Feind allein entgegen. Auch er stirbt natürlich, und zwar in den Armen seines *oyabun,* eines gütigen alten Mannes, der sich seines *yakuza*-Daseins gleichermaßen schämt. Sein innigster Wunsch ist, daß seine Tochter einen *katagi* (einen anständigen, ehrlichen Mann) heiraten möge. (In Wirklichkeit lieben sie und Tsuruta einander, doch aus *giri* seinem Chef gegenüber entscheidet er sich, sehr zu ihrem Ärger, für *gaman;* all diese Gefühle bleiben natürlich unausgesprochen.) Also stirbt Tsuruta mit den Worten »Oyabun! Oyabun!«, während seine *yakuza*-Brüder leise schluchzen: »Laßt uns Männer sein, laßt uns sterben wie Männer!«

Die letzte von Tsurutas *giri-ninjo*-Komplikationen betrifft sein Liebesleben. Im Unterschied zu vielen jüngeren Helden ist Tsuruta ein Schürzenjäger, und seine emotionalen Verstrickungen bringen den schlimmsten Konflikt hervor: Wofür soll er sich entscheiden? Für seine Geliebte oder die Gruppe, für Gefühle oder den Ehrenkodex? Er ist gleichzeitig Papageno und Tamino – ein höchst bedauernswerter Zustand.

Schon am Anfang des klassischen *yakuza*-Films »Jinsei Gekijo« (Theater des Lebens) ist das Dilemma dem Publikum schmerzlich bewußt. Tsuruta versteckt sich mit seiner Freundin, wodurch er für seine Bande nutzlos wird. Folglich wird er zwischen *giri* seinen Brüdern gegenüber und Liebe zu dem Mädchen hin- und hergerissen. Aus schierem Schuldgefühl – »ich muß wie ein Mann leben« – legt er eines Tages seinen besten Kimono an und bringt den Chef der rivalisierenden Bande um.

Während er eine Gefängnisstrafe für seine Tat absitzt und nach seiner Freundin schmachtet, verliebt sie sich in Takakura Ken, einen früheren Angehörigen von Tsurutas Bande, der keine Ahnung hat, daß sie die Geliebte seines »Bruders« ist. Alles kommt heraus, als Tsuruta schließlich entlassen wird. Ken-san fällt auf die Knie und bittet Tsuruta um Vergebung. Das Mädchen kann sich für keinen der beiden entscheiden. Tsuruta ist zwar wütend, erklärt Takakura Ken jedoch, er möge sich davonstehlen und die Frau mitnehmen. Seine *gaman* und sein Edelmut sind nicht zu überbieten.

Jetzt ist Ken-san in der Klemme. Was soll er tun? Dem *yakuza*-Code treu bleiben, der ihm niemals gestatten würde, mit der Frau seines Bruders zu leben? Oder seinen wahren Gefühlen folgen? Er löst den Konflikt auf die einzig mögliche Weise: Ganz allein unternimmt er einen selbstmörderischen Angriff auf die alte Rivalenbande. Tsuruta trifft gerade noch rechtzeitig ein, um ihn vor seinem Tod in den Armen zu halten. »Endlich bist du ein Mann geworden«, sagt er, und Ken-san stirbt glücklich.

Tsuruta weiß seinerseits, was zu tun ist, und geht dem sicheren Tode entgegen. Die untermalende Balladenmusik schwillt an, während seine Geliebte versucht, ihn aufzuhalten. »Aus dem Weg!« ruft er. »Verstehst du denn nicht, er ist endlich ein Mann geworden!«

»Aber ich liebe dich!«

»Ich liebe dich auch.«

Und er stößt sie zur Seite. In der Welt der Männer muß *giri* die Oberhand behalten, denn wie es in einem Lied heißt: »Ohne *giri* ist die Welt finster.« Also erträgt Tsuruta Koji weiterhin das Unerträgliche und sichert sich dadurch seine Popularität.

An dieser Stelle sollten wir über die Beziehung zwischen der mythischen *yakuza*-Welt und der wirklichen Welt, in der die meisten Japaner leben, nachdenken. Denn ebenso wie Hollywood-Filme eine gewisse Ähnlichkeit mit der Welt hatten, für die sie gedreht wurden, spiegeln auch *yakuza*-Filme manche wichtigen Aspekte des japanischen Lebens wider. In vieler Hinsicht ist die *yakuza*-Welt mit ihrer *giri,* ihren emotionalen Konflikten und ihrem sozialen Leid ein stilisierter Mikrokosmos der japanischen Gesellschaft – so wie es das Kabuki-Theater während der Edo-Zeit war.

Loyalität der Bande gegenüber, auch wenn es den persönlichen Gefühlen widerspricht; der Zwang, zwischen der Frau, die man liebt, und der Verpflichtung gegenüber Vorgesetzten zu wählen – diese Spannungen zwischen dem Individuum und seiner Gruppe sind immer noch sehr gegenwärtig. Ungeachtet der vielgerühmten Fassade von Harmonie *(wa)* und allgemeiner Übereinstimmung sind die Japaner Individuen, die unter dem Druck der Kollektivität leiden können, so sehr sie auch deren Geborgenheit – wie Tsuruta – benötigen. Der *yakuza*-Held repräsentiert eher als der schwadronierende Samurai die Einsamkeit der japanischen Menge.

»Gehaltsempfänger« sind oft verpflichtet, ihr Privatleben für die Firma zu opfern. Sie verbringen häufig mehr Zeit mit ihren Kollegen – oft die einzigen Menschen, mit denen sie zusammentreffen – als mit ihren Familien, ob sie es wollen oder nicht. Die menschlichen Beziehungen in der Produktion werden durch die Erfordernisse von Hierarchie und Loyalität eingeschränkt, die sich mit denen der Film-*yakuza* vergleichen lassen. Ein Vorarbeiter in einer Motorradfabrik teilte mir sogar mit, daß er sich *yakuza*-Filme ansehe, um daraus Lehren für seine eigene Arbeit zu ziehen.

In Japan ist ein Individuum immer Teil von etwas Größerem (die wenigen Ausnahmen gelten als absonderliche Einzelgänger). Das läßt sich auch für viele Menschen des Westens sagen, aber sie identifizieren ihr »Ich« nicht in demselben Maße wie die Japaner mit der Firma, für die sie arbeiten. Sie haben ein »Privatleben«, das gewöhnlich respektiert wird. Die Japaner haben kein Privatleben oder jedenfalls ein stärker eingeschränktes. Eigentlich kann man nur im Rahmen seiner Gruppe existieren. Die Beziehungen in diesen Gruppen beruhen nicht unbedingt auf Freundschaft. Japanische Gruppen – ob es sich um Motorradfirmen, Theaterensembles oder *yakuza*-Banden handelt – gleichen eher weitverzweigten Familien, mit dem Unterschied, daß man die Familienzugehörigkeit verliert, sobald man die Gemeinschaft verläßt.

Zum Beispiel brachte eine bekannte avantgardistische Theatergruppe vor kurzem ein umfangreiches Buch über ihre Geschichte heraus. Darin gab es eine merkwürdige Lücke: Der führende Star der Truppe, der in den vorhergehenden zehn Jahren die Hauptattraktion gewesen war, wurde kein einziges Mal erwähnt. Der Grund bestand darin, daß er, kurz bevor das Buch geschrieben wurde, beschlossen hatte, die Truppe zu verlassen. Also existierte er einfach nicht mehr. Ein interessantes Detail dieser Geschichte ist die Tatsache, daß das Buch von einem der führenden Theaterkritiker des Landes redigiert wurde. Er verteidigte die Auslassung damit, daß er sich auf *giri* dem Leiter der Truppe gegenüber berief.

Die Zuschauer identifizieren sich mit dem *yakuza*-Helden, weil er im Grunde isoliert ist. Seine Identität hängt von der Gruppe ab, weshalb er sich an ihre Symbole klammert. Jede Unterhaltung, jede Art des menschlichen Kontaktes in einem *yakuza*-Film ist eine weitere Zeremonie, eine weitere Übung in Etikette, um die Gruppe zusammenzuhalten. Abgesehen von gelegentlichen hysterischen Ausbrüchen und – auf dem Höhepunkt – der Entscheidung zu sterben, wird jede Äußerung persönlicher Gefühle vom Ritual unterdrückt. *Yakuza*-Brüder gleichen eher Schauspielern, die eine Reihe stilisierter Bewegungen vollführen, als individuellen Erwachsenen, die sich wie Freunde verhalten. Die private Persönlichkeit hinter der rituellen Fassade ist stets jämmerlich einsam. Vielleicht ist dies die allgemein menschliche Befindlichkeit, aber es trifft wohl, ohne daß ich den Vergleich auf die Spitze treiben möchte, ganz besonders auf die Verhältnisse in Japan zu – jedenfalls in ausreichendem Maße, um Tsuruta Koji und seine Brüder zu japanischen Helden zu machen.

Es ist eine psychologische Binsenwahrheit, daß unterdrückte Aggression sich nach innen wendet. Anstelle von sich selbst behauptenden hat Japan viele masochistische Helden: Je mehr sie leiden, desto heroischer wirken sie. Übertriebene Männlichkeit ist in Japan oft nichts anderes als verfeinerter Masochismus. Im Falle der Gangster ist dies wörtlich zu nehmen, denn die meisten von ihnen – in Filmen sogar alle – protzen mit Tätowierungen, die ihren ganzen Leib bedekken; sie werden schmerzhaft vom Hals bis zu den Knien, manchmal sogar bis zu den Knöcheln in die Haut geritzt.[12] Man kann sich ihre Fähigkeit, Schmerzen hinzunehmen, ja ihre Gier danach vorstellen.

In einer besonders denkwürdigen Szene erhält ein junger Held von seinem *oyabun* den Befehl, als Buchverkäufer auf einem Markt zu arbeiten. Für jemanden seines Temperaments ist das Händlerdasein schwierig, und jedesmal, wenn er von einer örtlichen Bande von Rowdys herausgefordert wird, schlägt er mit einigem Erfolg zurück. Aber das kommt nicht in Frage, denn er ist jetzt ein Händler und muß lernen, Zudringlichkeiten einzustecken, damit er seine Ware verkaufen kann. (In der traditionellen Gesellschaft war Kaufleuten jede Gewaltanwendung streng verboten, denn sie war das Privileg der Samurai-Kaste; nun scheinen die *yakuza* diese traditionelle Rolle von den Kriegern übernommen zu haben.)

Der unbeherrschte junge Held bekommt eine Ohrfeige von einem älteren Händler, wodurch er sich mäßigt und seine Lektion lernt. Als die Rowdys ihn das nächste Mal auf die übliche japanische Weise – alle gegen einen – angreifen, gestattet er ihnen, ihn zu verprügeln; man tritt ihm in den Unterleib und schlägt ihm ins Gesicht, bis er halb bewußtlos ist. Aber er ist glücklich, ebenso wie die anderen Händler, die sich um ihn sammeln, denn er hat Charakter bewiesen. Er ist buchstäblich in seinen angemessenen Platz in der Gesellschaft hineingeprügelt worden. Und in Japan wird Reife dadurch bewiesen, daß man sein gesellschaftliches Schicksal akzeptiert. Dies wäre in Hollywood schwer vorzustellen, wo soziale Mobilität und individuelles Durchsetzungsvermögen (»Es gibt nichts, was du nicht erreichen kannst, wenn du es nur versuchst«, lautete die Botschaft von Mickey Rooney und Judy Garland in einer Broadway-Show) traditionelle Ideale sind.

Der typisch amerikanische Held kann die Welt niemals so akzeptieren, wie sie ist; sie läßt sich immer noch verbessern – genau deshalb ist er überhaupt nach Amerika gekommen. Der Japaner hat keine alte Welt, ganz zu schweigen von einer neuen oder auch nur einer benachbarten, die er mit seiner eigenen vergleichen könnte. Außerdem haben ihm Jahrhunderte der buddhistischen Schicksalsergebenheit und Togukawa-Herrschaft längst alle Illusionen ausgetrieben, daß eine fundamentale Änderung möglich sei. Sogar moderne Japaner, die oft heimliche Bewunderung, vielleicht mit einem Anflug von Neid, für den amerikanischen Optimismus empfinden, halten diese Einstellung immer noch für kindisch und sogar für ein wenig barbarisch.

Soziale Tragödien, die im Grunde, ob Kabuki oder *yakuza,* das Thema des japanischen Dramas bilden, spielen sich naturgemäß in einer geschlossenen Welt ab, aus der es kein Entkommen gibt. Mit den Worten des Dichters Watanabe Takenobu: »Es ist das Schicksal der *yakuza*-Helden, in einem geschlossenen Raum zu leben und zu sterben.«[13] Während der Edo-Zeit war die japanische Gesellschaft bekanntlich total von der Außenwelt isoliert. Das ist nicht mehr der Fall, doch die Mentalität hat sich erhalten; die Außenwelt scheint vielen Japanern immer noch unwirklich, und für die meisten ist unvorstellbar, daß sie sich von ihrem vertrauten Heim losreißen könnten. Also müssen sie sich mit den Einschränkungen ihrer in vieler Hinsicht immer noch geschlossenen Gesellschaft abfinden.

Diese Situation ist, wie die populäre Unterhaltungskunst deutlich zeigt, sowohl beruhigend als auch tragisch. Sie ist beruhigend, weil sie, wie der Filmkritiker Donald Ritchie es ausdrückt, »die eigene Wahl so klar definiert. Dies wirkt besonders tröstlich auf der Bühne oder auf der Leinwand, weil eine solche Vereinfachung den Gedanken nahelegt, daß das Leben nichts anderes zu bieten hat . . .«[14] Es ist tragisch, weil jeder Versuch, sich loszureißen, unvermeidlich – im Drama, wenn auch nicht immer im Leben – zur Katastrophe führt. Um eine Gestalt aus einem *yakuza*-Film zu zitieren: »Es gibt nur zwei Wege für einen *yakuza*: Gefängnis oder Tod.«[15]

Für den Durchschnittsbürger ist die Realität nicht ganz so drastisch, doch allzu individualistisches Verhalten kann folgenreiche Ächtung und, schlimmer noch, den Ausschluß aus der Gruppe nach sich ziehen. Die schlimmste Strafe für jedes Individuum war in einem traditionellen japanischen Dorf *mura hachibu:* gesellschaftlich geächtet, als Unperson behandelt zu werden. Wer in der festgefügten Dorfgemeinschaft, der das moderne Japan in mancher Beziehung immer noch gleicht, sozial übergangen wird, erleidet ein Schicksal, das schlimmer ist als der Tod – es ist eine Art Tod bei lebendigem Leibe.

Da der *yakuza*-Film ein zeremonielles und tragisches Kunstwerk ist, hat seine Symbolik entscheidende Bedeutung. Wenn man seine oft äußerst geheimnisvollen Symbole, Rituale und Manierismen, die Ikonographie der Tätowierungen und den Sinn der Gesten nicht versteht, bleibt er undurchschaubar – ganz wie Japan selbst. Alle Zeremonien sind untrennbar mit spezifischen Zeiten und Orten verbunden. Aus ihrer Umgebung herausgelöste Zeremonien werden bedeutungslos. Ein balinesisches Ritual, das auf einer Bühne in London oder New York vorgeführt wird, mag ein befriedigendes Schauspiel bieten, aber es verliert seinen Sinn: Es ist bloße Folklore.

Gemeinsame Symbole sind in Japan – wie anderswo auch – ein Teil des Kitts, der Gruppen zusammenhält. Je geheimer und komplexer die Symbolik, desto leichter ist es, Außenseiter fernzuhalten und Mitglieder nicht aus der Gruppe entweichen zu lassen. Die Neigung traditioneller japanischer Meister, alle möglichen Lehren (vom Blumenstecken bis zur klassischen Kochkunst) in Form alter mystischer Geheimnisse zu übermitteln, erfüllt den gleichen Zweck, ebenso wie die alte Idee, daß es unglaublich lange dauere, sich auch nur die Grundlagen einer Kunst anzueignen. Solche Methoden machen zwar auf zahlreiche Menschen – Japaner wie Ausländer – Eindruck, doch ein großer Teil der Mystik hat einfach den Zweck, dafür zu sorgen, daß die Hierarchie der Gruppe gewahrt wird. Diese Methoden dienen, wie der große No-Spieler Zeami im Jahre 1400 schrieb[16], zugleich dazu, die Familie zu beschützen.

Aber was geschieht, wenn jemand aus seiner natürlichen Umgebung herausgelöst und in ein anderes Milieu versetzt wird, wo seine Symbole nicht verstanden werden und deshalb keinen Eindruck machen? Eine oft angewandte Lösung besteht darin, daß man vorgibt, immer noch zu Hause zu sein, sich sozusagen im klimatisierten Reisebus versteckt. Eine weitere Lösung ist, die Symbole zu übertreiben, als wolle man sich von ihrer Gültigkeit selbst in der Fremde überzeugen; dabei werden die Symbole zu einer Parodie ihrer selbst. Ein Beispiel ist der koloniale Engländer, der in den Tropen Tweedsachen trägt oder im afrikanischen Busch kunstvolle Picknicks inszeniert (um etwas anderes handelte es sich nicht): »Schließlich muß man doch sein Niveau wahren, nicht wahr?«

Das natürliche Milieu des *yakuza*-Films ist das städtische Japan, und die Zeit der Handlung erstreckt sich etwa vom Ende des letzten Jahrhunderts bis in die späten fünfziger Jahre. Mythische *yakuza* sind nur schwer zu verlagern. Dadurch wird das einzige Beispiel eines *yakuza*-Films, der über seine natürlichen Grenzen hinausgeht, um so interessanter. Beide oben beschriebenen Lösungen kommen vor und bieten einen faszinierenden Einblick in die Wirkungsweise des japanischen Nationalismus. Der Film heißt passenderweise »Streuner auf dem Festland« und spielt, mit Tsuruta Koji in der Hauptrolle, in Hongkong.

Die Handlung ist, in groben Zügen, folgende: Eine weiße Bande kämpft mit einer chinesischen um die Kontrolle eines Wasserreservoirs, das die Japaner gebaut haben. Tsuruta trifft ein, um »den japanischen Geist zu demonstrieren«, wie uns der Erzähler mitteilt. Dieser »Geist« prägt den gesamten Film. Der Mythos der *yakuza* wird zum Mythos der Japaner. Tsurutas Verlobte verkauft sich – nach bester Kabuki-Tradition – an ein Bordell, um Geld für die japanische Bande aufzutreiben. Als er protestiert, ermahnt sie ihn, seine »Pflicht als Japaner zu tun – was aus mir wird, ist unwichtig«.

In jedem anderen *yakuza*-Film hätte sie ihn ermahnt, seine Pflicht »als Mann« zu tun; wie wir gesehen haben, opfern Frauen sich selbst, damit ihre Männer Männer sein können. In einem anderen Film hätte der Held daran gedacht, seine Pflicht »als *yakuza*« zu tun. Nun aber sind die Begriffe »Mann« und »yakuza« durch das Wort »Japaner« ersetzt worden; die Welt von ihnen und uns, von Männern und Frauen, von *yakuza* und *katagi* (ehrliche Bürger), hat sich auf Japaner und Ausländer ausgeweitet.

Eine merkwürdige Gestalt in dem Film ist ein Japaner, der in Hongkong lebt und behauptet, sein Land zu hassen – ein nicht seltenes Gefühl bei Japanern, die sich im Ausland niedergelassen haben. Wer dem engen Schoß der Heimat entkommen ist, den mag sie beim Rückblick erstaunlich stark an ein Gefängnis erinnern. Nun wird dieser Arme von der schurkischen weißen Bande gefangengenommen und zu Tode gefoltert. Aber vor seinem schmerzhaften Dahinscheiden gelingt es ihm noch, in Tsurutas aufnahmebereites Ohr zu flüstern: »Nun kann ich endlich als Japaner sterben.« Sein Dilemma – es besteht darin, daß er gleichzeitig ein Individuum und ein Japaner im Ausland ist – wird durch den Tod gelöst. Man wird an Tsurutas geächtete *yakuza*-Kameraden erinnert, die schluchzen: »Laßt uns Männer sein, laßt uns wie Männer sterben.« Oder sogar an Chikamatsus Liebespaar, das im Doppelselbstmord vereint ist. Nur durch den Tod wird einem gewährt, was im Leben unmöglich war.

Dann bricht eindeutiger Rassismus durch: Die Japaner beschließen, sich mit den Chinesen (die eigentlich nie nach ihrer Meinung gefragt werden) gegen den weißen Mann zusammenzutun. »Der Orient ist einig«, sagt Tsuruta feierlich, während er dem chinesischen Bandenchef die Hand schüttelt. Man ist versucht, dies für Satire oder gar eine Parodie auf die Propaganda des Zweiten Weltkriegs zu halten, doch von Ironie ist keine Rede, am allerwenigsten bei Tsuruta. Nichts könnte dem Mythos der *yakuza* – oder der Nation – ferner sein als Satire. Die Mythen der Kriegszeit sind in der japanischen

Unterhaltungsindustrie keineswegs gestorben (in unserer eigenen übrigens auch nicht). Es ist bestimmt kein Zufall, daß dieselbe Gesellschaft, die diesen Film produzierte, dem Publikum gerade ein neues Werk mit dem Titel »Das große japanische Reich« präsentiert hat, in dem unter anderem der Angriff auf Pearl Harbour gefeiert wird.

Der *yakuza*-Code und auch die Codes der meisten japanischen Firmen beruhen auf vagen geistigen Werten, und in diesem Sinne bedeutet die Zugehörigkeit zur japanischen Rasse, daß man den »einzigartigen« Geist von Yamato für sich beanspruchen kann. Dies ist ebenso weit hergeholt wie die »Würde« der *yakuza* oder der »Weg des Kriegers« oder auch ähnliche geistige Ansprüche anderer Nationen, aber für die Gläubigen ist es höchst überzeugend.

Wer solche Privilegien genießt, hat natürlich die Pflicht, andere zu beschützen, die weniger glücklich sind: Die reinen Japaner in Asien müssen als wahre ältere Brüder der Chinesen handeln und sie vor dem bösen weißen Mann in Schutz nehmen. So lautet der Mythos. Daß dieser Schutz in Wirklichkeit in Terrorismus ausartete, ändert den Mythos nicht im geringsten; schließlich läßt auch die Bedrohung, die wirkliche *yakuza* für den gewöhnlichen Bürger darstellen, sie im Kino nicht weniger edel erscheinen.

Der *yakuza*-Held und der »Japaner« haben, was ihre Einstellung der Außenwelt gegenüber betrifft, vieles gemeinsam. Beide wissen, daß sie ein Teil des Ganzen sind, doch sie fühlen sich isoliert, mißverstanden, sogar diskriminiert. Sie überzeugen sich selbst, daß sie von einer einzigartigen Geistigkeit gesegnet sind, doch sie geben sich demütig: »Wir sind ein kleines, armes Land«; »Ich gehöre zum Abschaum der Gesellschaft.« Die Zuschauer identifizieren sich mit der Ambivalenz des *yakuza*-Helden. Er ist stolz, doch geächtet, Angehöriger einer Gruppe, doch allein. *Yakuza*-Helden sind im Grunde die heroischen Opfer dieser Welt, was genau dem Bilde entspricht, das viele Japaner gern von sich malen.

Während der romantischen sechziger Jahre war Takakura Ken der *yakuza*-Geächtete, den sich die radikale junge Generation zum Helden erkoren hatte. Tsuruta repräsentiert die ältere Generation. Er hat alles erlebt, sich jedem Laster hingegeben und ist zu weise, als daß er zynisch sein könnte. Er weiß, daß er für eine verlorene Sache kämpft, und genau darin besteht seine Tragödie. Ken-san ist der jugendliche Held, rein, naiv und zornig. Mit Frauen und Glücksspiel hat er nichts im Sinn, er ist vom Puritanismus eines Revolutionärs erfüllt. Er ist auf vollkommene Weise der radikale Student, der stets aufbraust; und im Unterschied zu Tsuruta, dessen absichtlicher Tod ein Akt der Resignation ist, erscheint Ken-sans letzte Geste als Explosion frustrierter Wut – vielleicht verstärkt durch seine sexuelle Enthaltsamkeit – über die Unmenschlichkeit der modernen Welt.

Die radikale junge Generation der sechziger Jahre, die in der »demokurashi« – die nie ganz so demokratisch war, wie sie vorgab – der Nachkriegszeit aufwuchs, war äußerst verstört über die Rolle des Individuums in einer kollektivistischen Gesellschaft. Wie ihr Held suchte sie die Lösung ihrer Probleme in einer explosiven Kombination von grobem Fanatismus und individuellem Opfer. Dies beschränkte sich natürlich nur auf radikale Randgruppen. Die meisten jungen Japaner akzeptierten – wie junge Leute überall sonst – ihre Lebensbedingungen und waren durchaus zufrieden damit, daß Takakura Ken – gefahrlos auf der Kinoleinwand – für sie explodierte.

Wie überall in der industriellen Welt zerstörte das Ende jenes Jahrzehnts viele studentische Träume. Der Mai 1968 wurde in Paris, London, Berkeley und auch in Tokio zu einer verblassenden Illusion. Die Hoffnungen, die Welt radikal ändern zu können, schwanden, und eine neue Ära begann. Bezeichnenderweise endete die Ära der orthodoxen *yakuza*-Filme – und damit die goldene Ära von Ken-san und Tsuruta – genau zum selben Zeitpunkt. Dies lag teilweise daran, daß die Schablone abgenutzt war. Jede Kunst, die so manieriert ist wie der *yakuza*-Film, kann nicht *ad infinitum* wiederholt werden – nicht einmal in Japan, wo die Menschen eine hohe Toleranzschwelle für Wiederholungen haben.

Davon abgesehen hatte sich der Mythos selbst überlebt, jedenfalls vorläufig. Die von Zeit und Ort so abhängigen Symbole wurden überflüssig. Es war nicht das Ende des *yakuza*-Helden, aber er veränderte sich völlig und wurde nicht einmal mehr von den gleichen Schauspielern dargestellt. Der neue *yakuza* ist – wie die immer gewalttätigere Randgruppe radikaler Studenten – ein vollkommenes Beispiel dafür, was geschieht, wenn dem japanischen Helden die

Codes und Rituale genommen werden, die ihn normalerweise im Zaum halten. Er wird zu einem *nihirisuto*.

Kurt Singer macht geltend, daß das japanische Individuum zum Mitglied »einer mythischen Vereinigung« erzogen werde, »der es sein Leben und Denken opfert, um sein wahres Ich zu empfangen«, und fährt fort: »Wo dieser Prozeß gestört wird, muß sich ein anarchischer Geisteszustand entwickeln, nach dem gleichen Gesetz, das den Nihilismus zum Resultat der europäischen Versuche macht, auf Vernunft gründende Freiheit – als Bildungsziel – durch einen Kult des Irrationalen zu ersetzen.«[17]

Die orthodoxen *yakuza*-Filme waren offiziell als »Ritterlichkeitsfilme« (»Ninkyo Eiga«) bekannt. Der neue Typ wird als »wahrer Tatsachenfilm« (»Jitsuroku Eiga«) bezeichnet. Realismus der unerquicklichsten Art hat den Mythos abgelöst. Tsuruta Koji wollte nichts mit dieser neuen Entwicklung zu tun haben; sein bezeichnender Kommentar lautete, daß es sich nicht mehr um echte *yakuza*-Filme handelte.

Der Titel der erfolgreichsten Serie »Jingi Naki Tatakai« (»Kampf ohne Würde«), ist typisch für das gesamte Genre. Die neuen Helden sind keine Edelmänner, die sich quälende Gedanken über Probleme von Pflicht und Menschlichkeit machen, sondern brutale Burschen wie Sugawara Bunta, die wie Ganoven aus Chicago über eine Kabuki-Bühne schlendern; sie tragen dunkle Brillen, schwarze Handschuhe, Seidenanzüge, haben sich weiße Regenmäntel mit hochgeschlagenen Kragen wie Umhänge über die Schultern geworfen, und ihre Gesichter schauen stets finster drein.

Die Mythen und Symbole sind vernichtet. In dieser Welt folgt niemand den Regeln, auch der Held nicht. Die alten Zeremonien, für die Tsuruta lebte und starb, sind fast vergessen. In einer heiteren Szene in »Kampf ohne Würde« versucht Bunta, sich den Finger abzuschneiden. Dies ist ein klassisches *yakuza*-Ritual, um eine Kränkung wiedergutzumachen: Der Beleidiger präsentiert dem Gekränkten einen abgetrennten Finger, der säuberlich in ein Stück weißes Papier eingewickelt ist. Als Gangster ohne Würde hat Bunta keine Ahnung, wie diese schmerzliche Zeremonie vorschriftsmäßig durchzuführen ist, und als es ihm endlich gelingt, sich den kleinen Finger mit dem Küchenmesser abzuhacken, geht der Finger in dem darauffolgenden Handgemenge verloren. Die ganze Bande von Finsterlingen läßt sich dann in ihren Seidenanzügen auf Hände und Knie nieder, um Buntas Finger wiederzufinden.

Diese Szene wäre in den feierlichen *yakuza*-Filmen des vorhergehenden Jahrzehnts undenkbar gewesen. Man könnte an eine Farce glauben, wenn im weiteren Verlauf des Films nicht Menschen die Augen mit heißen Spießen ausgestochen, die Mägen mit Scheren aufgeschlitzt und die Rücken mit Messern zerschnitten würden. Bunta und seinesgleichen sind wie wütende Tiere, die zu lange in einen Käfig eingesperrt waren. Sie sprechen nicht, sie knurren. Man spürt pathologische Frustration, die ständig droht, in gewalttätige Hysterie umzuschlagen. In einer außergewöhnlichen Szene eines Films mit dem Titel »Die Ando-Bande« – er feiert die blutdürstigen Abenteuer von Ando Noboru, einem echten *yakuza,* der zu einem pokergesichtigen Filmgangster wurde – sehen wir Bunta allein in einer von grellem Neonlicht erhellten Bar. Nachdem er eine halbe Flasche Whisky mit einem einzigen geräuschvollen Zug geleert hat, zerschmettert er die Flasche auf dem Tisch und fährt sich mit den Scherben über das Gesicht.

Es ist die Art Gewalt, die sich in stark unterdrückten Menschen anstaut und plötzlich in völliger Hemmungslosigkeit ausbricht, wie bei Soldaten, die im Krieg Amok laufen. Obwohl sich in diesen Filmen hinter dem Wahnsinn kaum eine Methode verbirgt, enthält die choreographische Darstellung der Gewalt doch so etwas wie perverse Schönheit. Ein besonders eindrucksvoller Mord in »Kampf ohne Würde« findet in einem Spielzeugladen statt, wobei sich das Blut des Opfers kunstvoll mit den grellen Farben von klirrendem Spielzeug und Festschmuck mischt. Der Gegensatz zwischen gewaltsamem Tod und grellem Kitsch, welcher der Szene burleske Züge gibt, ist ein wichtiges Element derartiger japanischer Ästhetik.

Auffallend ist die völlige Grundlosigkeit der Gewalt. Ebenso wie in japanischen Filmkomödien (die früher *nansensu mono* – »Nonsensfilme« – genannt wurden) kaum ein Versuch gemacht wird, die Scherze in irgendeine zusammenhängende Form zu bringen, verbirgt sich hinter der Gewalttätigkeit dieser Werke nicht die geringste Logik. Gewaltakte werden mehr oder weniger zufällig aneinandergereiht, eben wie die Witze in einem Nonsensfilm oder die Sexszenen in einem Porno.

Genau das ist der springende Punkt: Es gibt keinen logischen Grund für die entsetzliche Grausamkeit des Helden vom Typ Bunta, denn er ist ein *nihirisuto*. Das Netz von Verpflichtungen und Loyalitäten, das den gewöhnlichen Sterblichen fesselt, existiert für ihn einfach nicht. Der wahre *nihirisuto* bahnt sich einen Weg, indem er das enge Geflecht der japanischen Gesellschaft zerreißt. Er ist heroisch in seiner totalen Schlechtigkeit.

Der *nihirizumu* gehört genauso zur japanischen heroischen Tradition wie der selbstmörderische Gefolgsmann oder der edle Erlöser. Er wurde wahrscheinlich vom Zen-Buddhismus, dem nihilistischsten aller Bekenntnisse, beeinflußt. *Nihirizumu* ist das Ergebnis des Sieges über das Ich, über den folgernden Geist. Der egolose Geist kennt keine Emotionen, kein Mitleid. Der ideale Zen-Held kann leicht in eine gedankenlose Mordmaschine verwandelt werden, deren reine Spontaneität ihn zu einem verzerrten Buddhatum führt.

Der *nihirisuto* tut, was niemand anderes tun kann; er ist ein Superindividualist in einer Gesellschaft, die den Individualismus unterdrückt. Im tiefsten Inneren wäre mancher schüchterne »Gehaltsempfänger« – oder früher mancher Städter der Edo-Zeit – zweifellos gern ein mit dem Schwert fuchtelnder Mörder oder ein Bunta mit einem Revolver, genauso wie die Macho-Tradition im Westen den Zuschauer auffordert, sich mit John Wayne oder Charles Bronson zu identifizieren.

Doch im Westen muß der Held letzten Endes auf der Seite der Tugend sein. Auch Antihelden sind nie so schlecht, wie sie scheinen. Jean Gabin ist als Pepé le Moko, König der Kasbah, unter der rauhen Schale ein recht guter Kerl. James Cagney tut in »Angels With Dirty Faces« (dt. »Chicago«) so, als habe er Angst vor dem elektrischen Stuhl, damit die Jungen seines Viertels ihn nicht als Helden verehren. Eine solche Tat wäre für einen japanischen Schurken undenkbar. In Japan brauchen böse Helden nichts Gutes an sich zu haben; sie sind so, wie sie sich darstellen.

Susanoo, der Bruder der Sonnengöttin, war ein echter *nihirisuto*, der alle Tabus brach. Er war gewalttätig, pathologisch ungesellig und – wie viele *nihirisuto*-Helden – schließlich dazu verdammt, das Leben eines geächteten Streuners zu führen (wenngleich er im Alter gerettet wurde). Trotzdem ist er eine sehr populäre Gottheit. Schlechtigkeit wird als Teil des menschlichen Wesens akzeptiert, und Susanoo ist ein sehr menschlicher Gott. Deshalb bekommt man den Eindruck, daß japanische Helden nach ästhetischen, nicht nach ethischen Kriterien beurteilt werden. Der Bösewicht kann ein Held sein, solange sein Benehmen, wie mörderisch auch immer, einen gewissen Stil *(kakko ii)* hat.

Der *nihirisuto* hat manches mit dem Supersamurai gemeinsam; allerdings ist er kein Gott auf Erden, der die Schwachen gegen die Tyrannen verteidigt, sondern eher ein Racheengel, der blindlings zuschlägt. Einige der berühmtesten *nihirisutos* sind Samurai. Die meisten von ihnen lebten – in der Literatur und in Wirklichkeit – in einer Zeit, die besonders *»nihiru«* war: das *bakumatsu,* das chaotische Ende der Edo-Epoche.

Die Mitte des 19. Jahrhunderts war eine Zeit ständiger Kämpfe und Spitzeleien, des polizeilichen Terrorismus, radikalen Fanatismus und endloser Intrigen. Die ausländischen Mächte drängten Japan, seine Türen zu öffnen. Die Militärregierung brach unter ihrem eigenen Gewicht zusammen. Klassenschranken wurden abgebaut, und gegen die Tokugawa-Herrschaft kämpfende Samurai, meist aus dem Süden, versuchten, die Macht an sich zu reißen.

Dieses Chaos war für die allgemeine Bevölkerung kaum zu durchschauen, denn man konnte nur mit Mühe erfahren, wer gegen wen kämpfte – häufig wußten es nicht einmal die Kombattanten selbst, denn Loyalitäten waren ungewiß und Bündnisse mochten von einem Schwerthieb zum anderen wechseln.

Einer der typischen *nihirisuto*-Helden des *bakumatsu* ist der Hauptakteur einer Geschichte, die den Titel »Daibosatsu Toge« (»Der große Buddha-Paß«) trägt und viele Male verfilmt wurde. Es ist Tsukue Ryunosuke, ein herumziehender Schwertkämpfer, dessen einziger Lebenszweck darin besteht, Menschen mit einem sauberen Hieb seiner sorgfältig gepflegten Waffe umzubringen. Er ist auf niemandes Seite und zeigt sich nicht wählerisch, was seine Opfer betrifft, solange er sein mörderisches Handwerk ausüben kann.

Fairneß ist ohne Bedeutung. Viele seiner Opfer, bejahrte Pilger zum Beispiel, sind völlig schutzlos. Das mindert seinen heroischen

Status nicht, es verstärkt nur seinen *nihirizumu.* Wichtig ist allein, daß er Stil hat. Eine der interessantesten Filmfassungen der Geschichte wurde im Jahre 1957 von Uchida Tomu inszeniert, einem Experten für blutige, allerdings mit großer Eleganz präsentierte Gemetzel. Die groteske Brutalität des herumziehenden Mörders wird zu wundervollem Kitsch: Die Leinwand färbt sich rot, während er Köpfe abschlägt und Körper durchtrennt. Der Held ist die Verkörperung des Schlechten; seine Lippen sind zu einem bösen Grinsen verzogen, er knurrt: »Mal sehen, ob mein Schwert noch schneidet«, wobei er die Klinge liebevoll streichelt. Aber er ist auch ein Künstler, und als solcher wird er bewundert.

Die Gewalt in diesen Filmen ist eine Mischung aus Stilisierung und detailliertem Realismus, wie im Kabuki-Theater der späten Edo-Zeit. Man hört die Knochen knirschen, wenn ein Opfer angesprungen wird (zum Beispiel in einem Kinderfilm); man hört das glucksende Geräusch eines Schwertes, das in einen aufgeschlitzten Magen eindringt, und man sieht, wie ein Auge ausgequetscht oder ein Gesicht von Flammen verzehrt wird.

Die Verübung von Gewalttaten ist eine Kunst um der Kunst willen. Das Blutvergießen wird in einer Weise ästhetisiert, die man sich im Westen schwer vorstellen kann. Sam Peckinpahs Filme lassen sich anführen, aber er ist eine umstrittene Ausnahme. Ich will keineswegs behaupten, daß ästhetisierte Gewalt typisch japanisch ist, aber im Westen braucht die Darstellung von Gewalt – wie auch von Sex – einen Vorwand, und sei er noch so weit hergeholt. (Oder sie wird zu einem reinen Phantasiegebilde, etwa in Märchen oder Horrorgeschichten, die ohnehin größeren Wert auf Schockeffekte als auf eingehende Beschreibungen wirklicher Gewalt legen.) Man hat Peckinpah zwar vorgeworfen, er sei unmoralisch, doch selbst er könnte die Brutalität in seinen Filmen nicht mit rein ästhetischen Motiven rechtfertigen. Hinter seinem Macho-Äußeren verbirgt sich ein amerikanischer Puritaner, der die Gewalt, zu welcher der Mensch fähig ist, zeigt, um sie anzuprangern. Er ist heuchlerisch in dem Sinne, daß er (wie sein Publikum) sich zweifellos an der Gewalt weidet, die er öffentlich verurteilt. Aber diese Art der Heuchelei gehört wohl zu unserem kulturellen Erbe.

Japanische Ästheten der Grausamkeit fühlen sich nicht genötigt, sich auf derartige Weise zu rechtfertigen. Ihre Ästhetik hat nichts mit Moral zu tun, denn sie vertreten Oscar Wildes Standpunkt, daß Schönheit amoralisch sei, ebenso wie Helden und sogar Götter. Außerdem zeigt die blanke Grundlosigkeit ihrer Brutalität nur einmal mehr, welch melancholische Willkür dem Schicksal innewohnt. Dies bedeutet nicht, daß japanische Zuschauer grausam oder sadistisch sind. Sie sind vielleicht toleranter gegenüber extremer Gewalt, als es anderswo üblich ist; darauf scheinen überaus brutale Fernsehprogramme für Kinder hinzuweisen. Die Ursache ist, daß keine absoluten moralischen Regeln dagegen sprechen. Im Unterschied zum Marquis de Sade brauchen japanische *nihirisutos* nicht gegen eine christliche Ethik zu rebellieren.

In Japan ist Gewalttätigkeit mit Sex zu vergleichen: Sie ist an sich keine Sünde, doch sozialen Beschränkungen unterworfen. Die einzige Befreiung von diesen Beschränkungen ist *asobi* (Spiel); je härter die Beschränkungen, desto grotesker das Spiel. Gewalttätigkeit als Unterhaltung ist eine Methode, sich abzureagieren, wie in einem Bordell oder gar bei einem religiösen Fest. Es ist bestimmt kein Zufall, daß die schauerlichen Bilder so typischer *bakumatsu*-Künstler wie Ekin (1813-76) als Tempelschmuck für Feiertage verwendet werden. Seine Lieblingsthemen waren die brutalsten, blutigsten Szenen des Kabuki-Theaters, etwa die, in welcher der *bishonen* Gompachi seine Angreifer zu Tode metzelt, oder die, in welcher der edle Gefolgsmann Matsuo der Ermordung seines eigenen Kindes zuschaut. Wie Uchida Tomus Filme und das Kabuki-Theater seiner eigenen Zeit dienten Ekins Gemälde dazu, die aggressive Energie freizusetzen, die von einer disziplinierten und behüteten Gesellschaft unterdrückt wurde.

Die japanische Idee dramatischer Unterhaltung kommt Artauds Theorie vom Theater der Grausamkeit sehr nahe: »Die Zuschauer können an das Theater als einen Traum glauben, nicht als ein Abbild der Realität... Sie überlassen sich der magischen Freiheit ihrer Träume. Diese Freiheit wird von den Zuschauern erkannt, wenn sie einen Anstrich von Furcht und Grausamkeit hat.«[18]

Solange ästhetisches Vergnügen erzeugt wird. Der Kabuki-Schauspieler Bando Mitsugoro sagte einmal, daß »Kabuki die Kunst ist, Grausamkeit als etwas Schönes darzustellen, als Grausamkeit, die nicht als solche empfunden wird.«[19] Mit anderen Worten, Schönheit läutert die Grausamkeit und dadurch, wie anzunehmen ist, auch uns.

All das enthält ein Element der Farce. Zunächst ist es reichlich verwirrend, Menschen in Theatern und Kinos kichern zu sehen, wenn gerade jemand grausam gefoltert wird. Zweifellos ist dies teilweise eine natürliche Reaktion, die die Nervenanspannung mindert. Aber es ist auch ein Aspekt dessen, was die Japaner gern ihren »festlichen Geist«, *matsuri no seishin,* nennen. Die brutalsten Filme mit *nihirisuto*-Helden werden in der Reklame sogar oft als »Blutfeste« *(chi no matsuri)* bezeichnet, und genau das sind sie ja auch. Häufig handelt es sich bei diesen »Blutfesten« um Possen. Diese Tradition geht auf die grotesken Gaukeleien der Kabuki-Dramen des 19. Jahrhunderts zurück – eine Form der Situationskomik, bei der künstliche Beine abbrachen und Köpfe, rot und schauerlich, über die Bühne rollten. Die Grausamkeit, wie der Sex in der herkömmlichen Pornographie – in alter Zeit »komische Kunst« genannt –, ist einfach zu grotesk, zu stilisiert, zu extrem, als daß sie echt wirken könnte. Natürlich lachen die Menschen und verbannen dadurch die Drohung wirklicher Gewalt.

Sato Tadao, der sich mit dem Werk Suzuki Seijuns, eines berühmten Ästheten filmischer Gewalt, beschäftigte, verwandte den buddhistischen Begriff *mujo* (Vergänglichkeit des Lebens), um dieses Theater der Grausamkeit zu beschreiben.[20] Suzuki, dessen Filme ganz bewußt dem Kabuki-Theater immer ähnlicher werden, vermengt absichtlich Farce und Gewalt. In einem klassischen Film mit dem Titel »Tokyo Nagaremono« (Der Streuner von Tokio) wird der *nihirisuto*-Held von einem beliebten Teenageridol der damaligen Zeit (1966) in makellosem weißen Anzug gespielt. Das Massaker am Ende findet in einem kitschigen Nachtclub statt, der strahlendweiß gestrichen ist, was einen eindrucksvollen Kontrast zu den roten Blutspritzern bildet. Mit jedem Mord wechseln die Lichtimpulse – Anklänge an Uchida Tomu – von Weiß zu Gelb, zu Purpur, zu hellem, gruseligem Rot.

Suzuki selbst führt seinen *nihirizumu* auf seine Kriegserlebnisse zurück. Seiner Erinnerung nach war das Leben nicht nur wertlos, sondern auch völlig absurd, als er und seine Kameraden ausgesandt wurden, um für den Kaiser zu sterben. Nichts hatte einen Sinn, und der Anblick des Todes wirkte manchmal sogar komisch: »Wenn dein Schiff versenkt wurde, mußtest du von anderen Schiffen gerettet werden. Ich werde den Anblick jener Männer nie vergessen, die an den Tauen emporkletterten, wobei sie hin und her schwangen und überall mit dem Kopf anstießen. Bis sie an Bord waren, hatten sie überall blaue Flecke... Manche von ihnen starben natürlich und mußten auf See beigesetzt werden. Zwei Seeleute packten die Leichen an jeder Seite, die Trompeten machten tärätätä, und dann warfen sie den Körper über Bord: tärätätä, noch eine Leiche, tärätätä, noch eine... (lacht).«[21]

Diese Szene könnte einem seiner Filme entstammen. Ihm blieb nichts anderes übrig, als ein *nihirisuto* zu werden, für den Humor und Ästhetik die einzigen Gegenmittel gegen die grausame Flüchtigkeit des Lebens sind. Die Tragik der *mujo* ist nur durch Gelächter zu mildern. Die Unreinheit eines gewaltsamen Todes kann nur durch Schönheit geläutert werden.

11

Die Verspottung des Vaters

Es ist selbstverständlich, daß jeder echte Japaner seine Mutter liebt. Aber was ist mit dem Vater? Wird er genauso geliebt oder wenigstens respektiert? In Anbetracht des starken Familiensinns in Japan sollte man es vermuten. Doch vieles in der Volkskultur scheint dem zu widersprechen.

Vor etwa zehn Jahren erschien eine Reihe von Comic-Heften mit dem Titel »Dame Oyaji« (»Dummer Papi«). Sie war für Kinder bestimmt, jedoch, wie in Japan üblich, auch bei Erwachsenen sehr beliebt. Der Inhalt dieser Comics ist bemerkenswert wegen ihres bösartigen Sadismus, dessen Opfer, wie der Titel anzeigt, stets der Papi ist. Papi ist ein trauriger kleiner Mann mit Brille und vorstehenden Zähnen, ein bißchen wie eine Karikatur der »Japs« – zwergenhaft und häßlich wie verkümmerte Fische – in amerikanischen Propagandafilmen des Zweiten Weltkriegs.

Nachdem er seine Tage damit verbringt, in einem alptraumhaften Büro Kratzfüße zu machen, wird Papi von seiner Frau gequält, einer gehässigen, kreischenden Vettel mit dem Spitznamen »Teufelsfrau«. Sein Sohn, ein kahlköpfiges kleines Ungeheuer, und seine Tochter, eine quengelnde Sadistin, helfen ihrer Mutter nur zu gern bei ihren Akten von unsagbarer Brutalität. In einer typischen Episode wird der Vater wie ein Hund an einen Pfosten gekettet. Als er spricht, versetzt seine Frau ihm einen Tritt gegen den Kopf und brüllt: »Wenn du was willst, mach wauwau!« »Ja«, antwortet er und kauert sich in die Ecke. Dies bringt ihm einen weiteren Tritt von seinem kleinen Sohn ein, der vor Freude kreischt.

Dann wird er gezwungen, mit einem Korb im Mund auf allen vieren einkaufen zu gehen. Er macht »wauwau«, und der örtliche Krämer füttert ihn mit Erdnüssen. Dann steckt der Krämer ihm ein

Paar Ohren und einen Drahtschwanz an und befiehlt ihm, ein Schwein zu sein. »Quiek, quiek«, macht der dumme Papi, als er nach Hause kommt. Dieser Identitätswechsel trägt ihm einen weiteren Tritt ins Gesicht von der Teufelsfrau ein. »Wenn du so gern ein Schwein sein willst, werden wir dich im Herd rösten.« Im letzten Bild dieser Episode sehen wir Papi, dessen Körper von entsetzlichen Brandwunden und blutenden Stellen bedeckt ist, wie er sich unter den großen Füßen seiner Frau zusammenkrümmt; sie steht über ihm wie eine erfolgreiche Großwildjägerin, während sein Sohn um ihn herumtanzt wie ein entfesselter Kannibale.

Und so geht die Geschichte vom dummen Papi mit nie endender Grausamkeit weiter und weiter. Er wird in eine mit Disteln gefüllte Grube geworfen, in einem Krematorium bei lebendigem Leibe verbrannt und in die eiskalte Badewanne gesteckt, wenn er krank ist. In einer Episode tischt ihm seine Frau aus reiner Gehässigkeit seinen kleinen Singvogel, die einzige Freude seines Lebens, zum Abendessen auf. Ich wiederhole, dies ist ein für Kinder bestimmter Comic.

Diese Tatsache scheint vielleicht überraschend in einem Lande, das so oft, zu Recht oder Unrecht, als halb feudal bezeichnet wird und in dem ein starkes Gefühl für Hierarchie, verbunden mit einer langen militärischen Tradition, einen gewissen Respekt vor dem Patriarchen erwarten lassen müßte. Aber schon ein flüchtiger Blick auf die Populärkultur zeigt, daß dieser Comic vielleicht etwas extrem ist, keinesfalls aber eine Ausnahme darstellt. Der Vater ist – besonders seit jüngere Vorstellungen von »demokurashi« seine ohnehin unsichere Position weiter erschüttert haben – häufig eine Witzfigur.

Wenn er nicht gerade lächerlich ist, ist er traurig – der einsame alte Mann in der Ecke, der sein Elend hinunterspült. Er ist fast nie ein Held; als Heldengestalt der Familie erscheint, wenn überhaupt, weiterhin die gesegnete Mutter. Der starke Patriarch, auf den sich die Familie – zum Beispiel in amerikanischen Wildwestfilmen – stützt, ist in der japanischen Unterhaltung praktisch nicht vorhanden.

Natürlich wäre es falsch zu behaupten, daß jeder japanische Vater ein lächerlicher Schwächling oder ein einsamer Trinker sei, doch der Mythos ist nicht völlig von der Realität losgelöst. Viele Männer können sich das ganze Leben hindurch nicht dem Griff ihrer Mutter entziehen. Die Macht dieser Mütter kann beträchtliche Ausmaße annehmen, ebenso wie die von ihren Schwiegertöchtern erlittene Pein. Dies ist eines der Hauptthemen moderner Fernsehstücke – wie auch des heutigen Kabuki-Theaters –, die Millionen interessierter Hausfrauen leidenschaftlich verfolgen.

Wenn man bedenkt, welch tiefgehende Emotionen die Mutter in ihren Sohn investiert, dann hat sie oft Grund, auf die Ehefrau, die dazu neigt, die Mutterrolle zu übernehmen, eifersüchtig zu sein. Die Abhängigkeit des Ehemannes gibt der Mutter ihre Macht.

Dieser Sachverhalt ist für den Außenstehenden nicht gleich erkennbar. Ausländer kommen oft zu dem Schluß, daß die Männer in Japan eindeutig die führende Rolle spielen, wenn sie beobachten, wie kleinlaute japanische Hausfrauen von ihren großsprecherischen Gatten herumkommandiert werden, die unfähig oder jedenfalls nicht bereit sind, selbst einen Handschlag zu tun. Bei älteren Ehepaaren, die in weniger emanzipierten Zeiten erzogen wurden, fällt auf, daß die Frau, häufig mit allem Gepäck beladen, ein paar Schritte hinter dem Mann geht, während dieser sie zur Eile antreibt. Ich erinnere mich an den Schock ausländischer Gäste bei einer Abendgesellschaft, als der japanische Ehemann unachtsam einen gefüllten Teller zu Boden fallen ließ und, ohne aufzustehen, seiner Frau befahl, schnellstens für Ordnung zu sorgen.

Bei der Geschicklichkeit der Darsteller ist es kein Wunder, daß der normale Außenseiter von dieser Posse irregeführt wird. In vielen Fällen ist das schüchterne, hausfrauliche Äußere die öffentliche Fassade einer robusten Mutter, die die Zügel fest in der Hand hält, während sich hinter der brummigen Grobheit des Gatten ein hilfloser Mann verbirgt, der seine männlichen Privilegien zu wahren sucht. »Sklavin« und »Hauptfeldwebel« sind öffentliche Rollen, die wenig mit dem wahren Einfluß der Individuen zu tun haben. Die Frau zeigt in der Öffentlichkeit Respekt vor ihrem Mann, weil es von ihr erwartet wird, aber es ist Respekt vor seiner Rolle, nicht vor dem Mann selbst. Im Privatleben mag es ganz anders aussehen.

Dabei fällt mir ein Comic-Heft mit dem Titel *Koha Kinjiro* (»Kinjiro von der harten Schule«) ein, in dem der stoische junge Held, nach großem Widerstand und vielen Protesten, schließlich dem Zauber (welche Schande für die harte Schule) einer Frau erliegt. Um zu demonstrieren, daß er nichts von seiner männlichen Reinheit verloren hat, befiehlt er ihr, zum Zeichen des Respekts ein paar Schritte hinter ihm zu gehen. »Jawohl!« ruft sie, zwinkert dann dem Leser verschwörerisch zu und fragt: »Ist er nicht der niedlichste Kerl der Welt?«

Die Kluft zwischen wirklichen Absichten und öffentlicher Pose ist für jeden Japaner selbstverständlich. Sie wird als Merkmal des zivilisierten Lebens akzeptiert und bildet die Hauptquelle japanischer Witze, die, wie der Humor in anderen Ländern auch, genau diesen Gegensatz zwischen sozialem Anspruch und Realität ausnutzen. Und in keinem Fall ist der Gegensatz so groß wie bei dem Vater, der im Grunde ein Kind ist.

Dafür gibt es viele Beispiele. Ein typischer Werbespot im Fernsehen – sagen wir, für Schmelzkäse – beginnt damit, daß Vater ein finsteres Gesicht macht: der mürrische Hauptfeldwebel. Mutter kommt mit dem Käse herein. »Was ist das denn?« knurrt Vater und rümpft die Nase. »Probier doch mal«, sagt Mutter. Er tut es recht unwillig, und der Effekt ist verblüffend: Plötzlich wird der mürrische Vater zu einem tobenden kleinen Jungen, er brüllt und kreischt zusammen mit seinen Kindern, als enthielte das Produkt eine Droge, die eine Form der Schizophrenie erzeugt. Dann folgt eine Nahaufnahme von Mutter, die es wieder einmal geschafft hat. Sie wendet sich der Kamera zu, lächelt nachsichtig und scheint ihre Familie für entzückend zu halten.

Männer werden überall bis zu einem gewissen Grade von ihrer öffentlichen Rolle beherrscht, der sie gerecht werden müssen. Da die öffentlichen Rollen in Japan so theatralisch sind, ist die Kluft zwischen öffentlichem und privatem Leben so offensichtlich. Je bedeutender die öffentliche Rolle, desto seltsamer sind die Anmaßungen. Deshalb tun sich die Japaner auf dem Gebiet der Gesellschaftssatire hervor, die, neben einer universellen Skatologie, ihre wichtigste, wenn nicht einzige komische Tradition bildet.

Die japanische Komödie lebt davon, daß sie öffentliche Anmaßung entlarvt und auf menschliche Maßstäbe reduziert. Die großen komischen Figuren in der Literatur der Edo-Zeit sind aufgeblasene Pedanten, bestechliche, wichtigtuerische Beamte, arrogante Krieger oder reiche Dummköpfe, die sich durch ihre menschlichen Schwächen bloßstellen. Ein typischer – wenn auch nicht sehr geistreicher –

Witz jener Zeit lautete: »Und wenn ich nun zur Toilette muß, fragte der Krieger in seiner Rüstung.«[1] Die Vorstellung, daß ein ernster Krieger seinen ganzen gesellschaftlichen Zierat ablegen muß, um einem so simplen menschlichen Bedürfnis nachzukommen, wirkte auf den Städter der Edo-Zeit wohl äußerst komisch. Doch der großmäulige Krieger und der dumme Adlige *(baka tono)* sind immer noch stereotype Witzfiguren im japanischen Varieté, das man sich allabendlich im Fernsehen anschauen kann.

Der wichtigtuerische Vater, der versucht, sein öffentliches Image zu Hause aufrechtzuerhalten, gehört eindeutig in diese Tradition. Viele Komödien handeln davon, wie der Vater zurechtgestutzt wird. Ein gutes Beispiel ist die sogenannte »Firmendirektor-Reihe« (»Shacho shirees«), die in den sechziger Jahren gedreht wurde, aber ständig von neuem im Fernsehen und im Vorortkino gezeigt wird. Das Muster ist, wie in diesen Reihen üblich, immer gleich. Der Firmendirektor, ausnahmslos von einem Schauspieler namens Morishige Hisaya dargestellt, ist stets ein großspuriger Dummkopf. Aber dessen ungeachtet ist er der *shacho* (Direktor) und muß als solcher behandelt werden: Unterwürfige Angestellte massieren ihm die Schultern; er kommandiert das Personal herum und hält bei öffentlichen Anlässen lange, unerwünschte Reden. Der Witz liegt natürlich in dem Gegensatz zwischen seiner öffentlichen und privaten Persönlichkeit. Er erteilt seinen Angestellten Befehle wie ein General, aber er ist Wachs in den Händen seiner Töchter, die ihn unbarmherzig aufziehen, ihm teure Geschenke abpressen und überhaupt tun, was sie wollen. Er gestattet seinem Sekretär nicht, das Mädchen zu heiraten, das er liebt, aber er selbst hält sich mehrere Mätressen. Diese Mätressen gleichen eher treuen Müttern, in deren Gegenwart er zu einem ungeduldigen kleinen Weinerling wird; er zwingt sie, ihm die Zehennägel zu schneiden und seine Ohren zu reinigen.

Seinem Gepolter zum Trotz erweist er sich am Ende immer als gutmütiger Mann, was die Komik nur verstärkt. In einem Film treibt er eine Frau fast in den Tod, weil er ihr nicht gestattet, einen seiner Untergebenen zu heiraten. Sie erholt sich, aber man täuscht ihm das Gegenteil vor, was solche Schuldgefühle in ihm weckt, daß er nachgibt. Er wirkt auf absurde Weise komisch, als er im Kimono und mit Spazierstock im Krankenhauszimmer steht und seine eigentliche Anständigkeit gegen seinen Willen durch einen ausgeklügelten Schwindel enthüllt worden ist.

In der früheren Tradition wurde die Rolle des Vaters vielleicht ernster genommen als heute. Der Vater war ein Vorbild für seinen Sohn, eine entrückte Autoritätsperson, die oft wenig mit dem eigentlichen Menschen zu tun hatte. Für viele Kinder blieb er wahrscheinlich eine schattenhafte Gestalt, weil sich fast ausschließlich die Frauen um die häusliche Erziehung kümmerten. Für das männliche Kind wurde die Mutter, mit den Worten eines amerikanischen Sozialwissenschaftlers, »zu einem Symbol lebenslanger Hingabe und Aufopferung, der Vater zu einem Bild unnahbarer Autorität«.[2]

In der traditionellen Gesellschaft war die Rolle des einzelnen mehr oder weniger vorherbestimmt. Der Sohn eines Zimmermanns wurde gewöhnlich auch Zimmermann, das gleiche galt für einen Schauspieler, einen Samurai oder einen Priester. In diesem Rahmen war es sinnvoll, »wie dein Vater zu werden«. Je höher der gesellschaftliche Status des Vaters, desto sinnvoller war dies natürlich, besonders wenn er das Oberhaupt der ganzen Familie war.

Vermutlich war die Autorität des Patriarchen jedoch am stärksten unter den Samurai. Selbst im traditionellen Japan war die Autorität des Vaters in armen Familien, in denen das reine wirtschaftliche Überleben in gleichem, wenn nicht in größerem Maße von der Mutter abhängen konnte, keineswegs absolut.

Nach der Meiji-Reform von 1868 wurde die offizielle Rolle des Vaters sogar noch verstärkt. Dies war zum Teil auf die »Samuraisierung«[3] der japanischen Gesellschaft – die Verbreitung von Samurai-Werten auf alle Klassen – zurückzuführen. Nach der Zivilgesetzgebung, welche die Meiji-Regierung im Jahre 1898 verabschiedete, erhielt der Vater die volle Verfügungsgewalt über den Familienbesitz, das Recht, den Wohnort der Familienmitglieder zu bestimmen, sowie das Recht, Eheschließungen und Scheidungen zu genehmigen oder abzulehnen.[4]

Hier gibt es eine interessante Parallele zu der Stellung des Kaisers, der, zum erstenmal seit vielen Jahrhunderten, seine Machtlosigkeit ablegte. Der japanische Kaiser war bis dahin stets eine schattenhafte Ikone gewesen, vor öffentlichen Blicken gut abgeschirmt, göttlich, aber ohne reale Macht. Nun trat er plötzlich ins Blickfeld: in voller

Uniform, auf seinem Pferd sitzend, mit einem borstigen Militärschnurrbart – jeder Zoll der strenge Meiji-Patriarch. Wieviel Macht er wirklich besaß, war umstritten, aber jedenfalls war Gehorsam gegenüber dem Vater zu Hause und dem Kaiser als dem Vater aller im Grunde das gleiche; das eine war die logische Erweiterung des anderen.

Paradoxerweise sorgten gleichzeitig soziale Veränderungen dafür, daß die Kontrolle des Vaters über die Familie immer schwächer wurde. In einer sich rasch industrialisierenden Gesellschaft war es nicht mehr logisch, in die Fußstapfen des Vaters zu treten. Die Zukunft der heranwachsenden Generation wurde immer mehr von Prüfungen, nicht von Erbfaktoren bestimmt. Während die Söhne stetig aus den Dörfern in die Großstädte abwanderten, um zu studieren, begann das alte Klassensystem zusammenzubrechen. Der Vater war nicht mehr unbedingt jemand, zu dem man aufblickte, sondern manchmal ein unwillkommener Mahner an die ländliche Herkunft. Außerdem erwartete er häufig, im Alter von seinen verstädterten Söhnen versorgt zu werden.

Mit der Industrialisierung begann das Zeitalter des »Gehaltsempfängers«. Vieles ist über seine Rolle in der zeitgenössischen japanischen Gesellschaft geschrieben worden. Hier soll der Hinweis genügen, daß die moderne japanische Firma viele hierarchische Merkmale der traditionellen Gesellschaft – ob durch Stadt oder Land, Samurai oder Kaufmann definiert – geerbt hat, während sie gleichzeitig die Familie noch stärker vom Arbeitsplatz trennte.

Diese Trennung ist ein wichtiger Aspekt von Industriegesellschaften auf der ganzen Welt, doch die Folgen sind in Japan etwas anders, weil das Familiensystem anders ist. Im Westen wie auch in China beruht die Familie auf Blutsverwandtschaft. Ein Chinese in San Francisco fühlt sich verpflichtet, einer Person aus Bangkok Gastfreundschaft anzubieten, wenn sich verwandtschaftliche Bande nachweisen lassen. Europäer gehen gewöhnlich nicht so weit. Gleichwohl beruht die Familienzugehörigkeit auf verwandtschaftlichen Beziehungen. Adoptionen kommen natürlich vor, sind aber die Ausnahme, nicht die Regel.

Im traditionellen japanischen Familienverständnis ist die Trennung zwischen Verwandten und Nichtverwandten weniger scharf. In

Japan beruht die Familie nicht nur auf Blutsbanden, sondern auch auf dem gemeinsamen Aufenthaltsort, besonders dem gemeinsamen Arbeitsplatz. Es ist bezeichnend, daß die frühesten Bedeutungen von *oya* (Vater) und *ko* (Kind) »Führer einer Arbeitsgruppe« und »Mitglied einer Arbeitsgruppe« waren.[5] Wir haben schon gehört, daß *yakuza*-Banden wie Familien strukturiert sind, mit Vaterfiguren *(oyabun)* und »Kindern« *(kobun)*. Um ihre Beziehung zu stärken, halten die Gangster Rituale ab, bei denen sie ihr Blut vermischen. Sie fühlen sich, ebenso wie viele Mafia-Mitglieder, als Angehörige einer Familie, wobei Verwandtschaft im Gegensatz zur Mafia allerdings keine Rolle spielt.

Nach alter Tradition hielt man eine Schwiegertochter, die unter demselben Dach wohnte, für eine engere Verwandte als eine wirkliche Tochter, die in eine andere Familie eingeheiratet hatte. Es ist immer noch üblich, daß ein Schwiegersohn adoptiert wird, damit er die Abstammungslinie der Familie seiner Frau fortsetzt. Manchmal galten langjährige Angestellte nach dem alten System als Teil der Familie. Dies hat auch in modernen Unternehmen seine Spuren hinterlassen und wird ständig vom Management hervorgehoben: die Yamaha-Familie, die Toyota-Familie. Was der durchschnittliche Arbeiter davon hält, mag eine andere Frage sein, das Ideal jedenfalls besteht noch.

In der traditionellen Gesellschaft, die unter Handwerkern immer noch fortlebt, spielte der Vater eine Doppelrolle: Der Tischlermeister *(oyakata)* war für seine Angestellten wie für seine eigenen Kinder die Vaterfigur. Dadurch war – und ist – er eine hochgeachtete Persönlichkeit, besonders als Oberhaupt einer Großfamilie, eine Position mit großer Verantwortung. Es ist bestimmt kein Zufall, daß man unter den komischen Vaterfiguren der modernen Unterhaltung höchst selten einen lächerlichen Tischler oder Baumeister findet. Der lächerliche Vater ist fast immer ein »Gehaltsempfänger«. Es gibt Beispiele kläglicher, betrunkener Handwerker, die unfähig sind, in der modernen Welt zu überleben, aber sie sollen nicht ausgelacht, sondern bemitleidet werden.

Die nur auf Verwandtschaft *(kazoku)* basierende Kleinfamilie entspricht einem modernen (nach 1868 aufgekommenen) Verständnis, das von der westlichen Welt übernommen wurde.[6] Der moderne

Gehaltsempfänger wird von seinen Kindern nicht *oya* oder *oyaji* genannt, sondern »Papa« (ein englisches Lehnwort, das wenig von dem alten Respekt bewahrt). Eine Mischung aus Tradition und modernen Bräuchen bringt den Gehaltsempfänger in eine zwiespältige Situation zwischen zwei Familien: der Firma, also dem Dach, unter dem er arbeitet, und seiner *kazoku,* das heißt Frau und Kindern. Die Kleinfamilie wird von Werbeagenturen, die den Konsum mit modischen Schlagwörtern wie »mai homu« (my home), »mai kaa« (my car) und »mai famiree« (my family) anheizen wollen, als Ideal gefördert. Das englische Wörtchen »my« wird von Werbern und Verbrauchern gleichermaßen geschätzt, weil der entsprechende japanische Begriff irgendwie zu besitzgierig, zu selbstsüchtig klingen würde, denn er stellt das persönliche über das kollektive Element.

Der durchschnittliche Gehaltsempfänger verbringt den größten Teil seiner Zeit bei seiner Unternehmensfamilie. Dies geschieht möglicherweise eher unter dem Druck seiner Kollegen als aus freien Stücken, aber das ist nicht sicher – die unverhüllte Langeweile im Gesicht manch eines Papas, der Sonntag nachmittags in seiner »Freizeitkleidung« mit seiner Familie umherspaziert, ist kaum zu übersehen. Doch zweifellos wird heftiger Druck ausgeübt, manchmal sogar von der eigenen Frau. Es gibt das oft zitierte Beispiel des nonkonformistischen Gatten, der sofort nach der Arbeit nach Hause zurückkehrte, statt, wie üblich, mit seinen Kollegen noch ein paar Gläschen zu trinken. Seine Frau machte diesem Verhalten bald ein Ende, mit der Begründung, die Nachbarn würden bereits tuscheln: »Habt ihr bemerkt, daß er jeden Tag früh nach Hause kommt . . . Vielleicht hat er Schwierigkeiten am Arbeitsplatz . . . Irgendwas kann bei ihm nicht stimmen . . .« Kein Zweifel, der »mai homu papa« wird nicht respektiert, sondern verspottet.

Der typische Gehaltsempfänger, wie er in Comics und Filmen dargestellt wird, ist schwach, verantwortungslos und nur an Sex – stets ohne Erfolg – und Geld interessiert. Das Urbild wurde von einem Komiker namens Ueki Hitoshi gespielt, dem Helden der sogenannten »Verantwortungslosen Serie« (»Musekinin Shirees«). Er ist der Gehaltsempfänger, der nie Achtung erwirbt, und so tut, als sei es ihm gleichgültig. Ihn interessiert einzig und allein sein leibliches Wohl. Die Filmreihe wurde in den frühen sechziger Jahren gedreht, gerade als das Wirtschaftswunder begann. Der Text der Titelmelodie lautet:

Suisui Sudarara
Der Vorsitzende und der Abteilungsleiter spielen gern mit Mädchen
Scham hält nur für eine Stunde, Geld reicht für das ganze Leben
Wer will denn ernst sein, Verantwortung habe ich nie gekannt.

Gehaltsempfänger in Comic-Heften sind immer klägliche Gestalten. Wenn sie nicht vor dem Chef kriechen, versuchen sie, den Sekretärinnen unter den Rock zu gucken. Die leidenschaftlichsten Leser dieser von Zeichnern wie Sato Sampei und Shoji Sadao geschaffenen Comics sind die Gehaltsempfänger selbst.

Seiner Verantwortung und damit des Respekts entledigt, kann der Vater kein Vorbild mehr sein. Dies ist eines der Grundthemen in den Filmen von Kurosawa Akira, einem Künstler, der den Verlust der Samurai-Werte in der modernen Gesellschaft heftig bedauert. Man hat – zu Recht, wie ich glaube – darauf hingewiesen, daß die Beziehungen zwischen älteren und jüngeren Männern in Kurosawas Filmen stets Variationen der Vater-Sohn-Beziehung seien.[7] Beispiele liefern der erfahrene Polizeibeamte und der junge Neuling in »Der streunende Hund«, der Arzt und der Gangster in »Der betrunkene Engel«, der Judo-Lehrer und der Junge in »Sugata Sanshiro«. Nach Kurosawas Ansicht ist geistige Anleitung erforderlich, wenn eine Fertigkeit vermittelt werden soll; wahre Erleuchtung könne nur durch Arbeit erreicht werden. Seine idealen Vaterfiguren sind sämtlich geistige Mentoren, wie es traditionelle Väter zuweilen waren und wie es moderne Väter nicht mehr sein können. In den beiden einzigen Filmen, in denen der »Vater« kein Mann mit einer besonderen Fertigkeit ist, die er vermitteln muß, sondern ein echter »Papa«, findet er kein Gehör bei seinen Söhnen. Der Vater in »Ikiru« (dt. »Ikiru – Einmal wirklich leben«), ein kleiner Bürokrat, der an Krebs stirbt, wird von seinem geliebten Sohn völlig ignoriert; der Vater in »Aufzeichnung eines Lebewesens«, der von der Gefahr eines Atomkriegs besessen ist, wird wie ein Wahnsinniger behandelt.

Der moderne Papa, besonders wenn er ein Gehaltsempfänger ist, hat seinen Söhnen nur wenig beizubringen (wenn sie doch etwas von ihm lernen könnten, schenken sie ihm keine Beachtung), und die Kluft zwischen privatem und öffentlichem Status kann es ihm schwer machen, überhaupt Autorität auszuüben. Eine der lustigsten und melancholischsten Komödien der japanischen Filmgeschichte ist Ozu Yasujiros »Ich wurde geboren, aber...« Der Film wurde im Jahre 1932 gedreht, wirkt aber so aktuell wie je. In einem typischen »Gehaltsempfänger-Vorort« von Tokio streiten sich ein paar kleine Jungen darüber, wessen Vater wichtiger sei. Die Brüder Keizo und Ryoichi sind überzeugt, daß ihr Vater wichtiger ist als der des kleinen Taro, dabei ist Taros Vater dessen Vorgesetzter. Sie entscheiden die Debatte für sich, weil sie größer und stärker als Taro sind.

Eines Tages werden sie zu einer Party in Taros Haus eingeladen. Taros Vater zeigt ihnen stolz seinen neuesten Schmalspurfilm – damals ein ungeheures Statussymbol. Unter dem brüllenden Gelächter aller Gäste erscheint plötzlich Keizos und Ryoichis Vater auf der Leinwand; er springt herum, macht Grimassen und spielt den Clown, um seinen Chef zufriedenzustellen. Die Jungen sind entsetzt. Der Mann, zu dem sie aufzublicken gewohnt sind, der bedeutendste Vater in der Gegend, ist plötzlich zu diesem kümmerlichen, untertänigen Narren geworden, der für sein tägliches Brot tanzen muß.

Wieso ist ihr Vater nicht stärker als der Taros? Welchen Sinn hat es, zur Schule zu gehen, wenn sie letzten Endes doch vor dem Jungen katzbuckeln müssen, den sie auf dem Spielplatz mühelos überwältigen können? Der Vater versucht zu erklären, daß er die Rechnungen zu bezahlen habe, daß sie alle schließlich essen müßten. Was kann man daran ändern? So ist die Welt nun einmal.

Die Jungen beginnen einen Hungerstreik. Es ist besser, nicht zu essen, als dienern zu müssen. Papa weiß sich keinen Rat mehr und sagt kläglich jammernd zu seiner Frau, er wolle nicht, daß sie »elende Gehaltsempfänger wie ich« werden. In diesem Film erniedrigt sich der Vater nicht dadurch, daß er etwas Falsches tut, wie etwa der Vater in de Sicas »Fahrraddiebe«, der stehlen muß, um essen zu können. Im Gegenteil, er macht sich dadurch zum Narren, daß er das unter den gegebenen Umständen Richtige tut. Er verhält sich genau so, wie es erwartet wird. Um in der Welt der Gehaltsempfänger zu überleben, muß er seinem Chef gehorchen, besonders in Japan, wo hierarchische Beziehungen weit wichtiger sind als persönliches Verdienst. Wie der Fahrraddieb ist er ein Opfer der Gesellschaft – beiden Männern wird die Würde genommen. Der Unterschied besteht darin, daß der Fahrraddieb nie auf den Respekt seines Sohnes verzichten mußte, und de Sica war offensichtlich der Meinung, daß die Gesellschaft schuld sei und folglich verändert werden müsse. Ozu dachte nicht in den Kategorien »richtig« oder »falsch«. Für ihn, wie für viele seiner Landsleute, entsprach die japanische Gesellschaft dem menschlichen Dasein schlechthin: traurig, ja komisch gar, aber was kann man letzten Endes daran ändern?

Natürlich gibt es Beispiele energischer Väter, die versuchen, ihre Autorität nach Art und Weise des Meiji-Patriarchen durchzusetzen, doch dies wird fast immer von der Familie übelgenommen. Häufig tut sich seine Frau mit den Kindern gegen ihn zusammen. Das berühmteste Beispiel im japanischen Film der Nachkriegszeit ist vermutlich Kinoshita Keisukes 1949 gedrehtes Werk »Zerbrochene Trommel«. Der Vater ist Tsuda Gumpei, ein Selfmademan im Baugeschäft, dem üblichen Gewerbe des *noveau riche* der Nachkriegszeit. Er ist ein strenger *pater familias,* der absoluten Gehorsam von seiner Familie verlangt: Er befiehlt seiner Tochter, den Sohn eines Geldgebers zu heiraten; er gestattet seinem älteren Sohn nicht, ein eigenes Geschäft zu betreiben, er verbietet seinem jüngeren Sohn, Musiker zu werden.

Kinoshita zeigt geschickt, wie die von der vollkommenen Mutter geschaffene Familienatmosphäre von ärgerlicher, gedrückter Stimmung verdorben wird, sobald der Vater die Szene betritt. Aber die Verhältnisse haben sich geändert – schließlich sind dies demokratische Zeiten –, und der ältere Sohn ringt sich dazu durch, seinem Vater den Gehorsam zu verweigern. Er verläßt das Haus, gefolgt von seiner Mutter (die natürlich nicht ohne ihren Sohn leben könnte) und dem Rest der Familie, einschließlich der Tochter, die ihre erzwungene Verlobung beendet.

Dadurch verliert der Vater seinen Geldgeber, und sein Geschäft macht bankrott. Tsuda Gumpei, der autokratische Zuchtmeister, ist plötzlich allein – ein trauriger alter Mann, der von seinen Untertanen verlassen wurde. Doch sogar der aufgeblasenste, gefühlloseste, autoritärste Vater ist nicht ganz und gar schlecht, und eine Demonstration ehrlicher Reue vereint die Familie bald wieder. Nun, da der Vater als kläglicher Versager entlarvt ist, nimmt alles ein gutes Ende.

»Zerbrochene Trommel« wurde zu einer Zeit gedreht, als die Begeisterung für die neue »demokurashi« auf dem Höhepunkt war. Kinoshita will zu verstehen geben, daß der Niedergang von Vater Tsuda typisch für die moderne Zeit sei, daß es im modernen »individualistischen« Japan keinen Platz für die Selbstherrlichkeit der Meiji-Epoche gebe. Insofern, als die Fassade der patriarchalischen Autorität – die während der faschistischen Periode eine neue Blüte erlebte – zusammengebrochen ist, dürfte dies zutreffen. Schließlich *hatten* die alten Zuchtmeister den Krieg verloren, und diese Schande war schwer auszulöschen.

Der Psychiater Kawai Hayao beschreibt einen solchen Fall aus dem wirklichen Leben:

> Der Vater des straffälligen Jungen war ein mutiger Soldat in der Kaiserlichen Armee gewesen... Zuerst machte das Kind gute Fortschritte, aber als es das rebellische Alter erreichte, ließ es sich nicht mehr zügeln. Der Vater gab dem Jungen alles, was er wollte. Der »starke Vater«, der dem Feind gegenübergestanden hatte, ohne mit der Wimper zu zucken, wurde mit seinem eigenen Sohn nicht fertig. Als Mitglied einer großen Gruppe war er stark, doch als Individuum zeigte er sich schwach.[8]

Ich habe meine Zweifel, daß es hier nur um die »demokurashi« der Nachkriegszeit geht. Der ausgesprochene Eifer, mit dem sich die Familie in »Zerbrochene Trommel« um den Vater schart, als er am Boden ist, legt den Gedanken nahe, daß sie ihn vielleicht genau dort haben will: als ein Idol, das man beschützen, sogar anbeten kann, doch nicht als autoritären Chef. Die ideale japanische Vaterfigur war nie ein Diktator, weder auf häuslicher noch auf staatlicher Ebene. Man nimmt es übel, wenn sich die Macht in den Händen einer einzigen Person konzentriert. Während Ozus Väter in seinen frühen Filmen der Vorkriegszeit, etwa in »Ich wurde geboren, aber...«, kläglich wirken, sind die älteren – stets von einem großen Charakterschauspieler namens Ryu Chishu dargestellten – Väter in seinen späteren Werken traurig und einsam. Ryu Chishu wird in Filmen wie

»Später Frühling« von seiner Tochter gepflegt, die in vieler Hinsicht eher einer Mutter gleicht.

Der ideale Vater scheint, wie in *yakuza*-Filmen, immer alt, nachgiebig und entrückt zu sein. Kurz, die ideale Vaterfigur würde sich am besten als Toter machen. Den höchsten Respekt genießt der Vater in der japanischen Unterhaltung, wenn er zu einem Geist im Familienaltar wird oder als Bandenchef auf dem Totenbett liegt. Eine der häufigsten Szenen in rührseligen Fernsehstücken zeigt den Sohn – oft mit seiner Mutter – auf den Knien vor dem Familienschrein, wo er den Geist des Vaters um Eingebung bittet. Denn nur im Tode kann der Vater solche Reinheit erringen, daß er als leuchtendes Beispiel dient.

12

Seelen auf Wanderschaft

Eine große Zahl populärer Helden sind Streuner, Außenseiter ohne festen Wohnsitz, die dauernd von einem Ort zum anderen ziehen. Susanoo, der ungebärdige Gott des Windes, verbrachte einen großen Teil seines Lebens als einsamer Verbannter. Yoshitsune, der sein Leben als Einzelgänger begann, beendete es als Flüchtling in den unwirtlichen Gebieten Nordjapans. Die Ronin, also die Mehrheit der Samurai-Helden, waren »Wellenmänner«, die mehr oder weniger ziellos umherstreiften. »Der gelangweilte Bannerträger des Shogun«, der die Richtung einschlägt, welche ein nachlässig hingeworfener Stein ihm weist, ist natürlich das klassische Beispiel eines umherziehenden Helden. Gar nicht zu reden von Takakura Ken, der auf seinem Pferd durch die Gegend streift, oder Kobayashi Akira, Held der »Wataritori« (»Zugvogel«)-Serie, der in westlicher Kleidung, mit einer auf den Rücken gebundenen Gitarre, wie ein orientalischer Cowboy umherzieht.

Sogar die beliebtesten ausländischen Helden sind Streuner. Charlie Chaplins Vagabund ist in Japan immer noch eine feste Einrichtung, mehr als jede andere komische Gestalt, ob in- oder ausländisch. (Chaplins Ansehen war so groß, daß man während des Krieges ernsthaft in Betracht zog, ihn zu ermorden; man war sicher, daß dies die Amerikaner bewegen würde, den Kampf aufzugeben.) Der in Japan am häufigsten gezeigte Wildwestfilm ist »Shane«. Er enthält nicht nur alle Bestandteile für einen erstklassigen japanischen Schmachtfetzen, darunter einen niedlichen kleinen Jungen, sondern auch noch Alan Ladd als den einsamen Vagabunden, der gezwungen ist, nach einem herzzerreißenden Abschied dem Sonnenuntergang entgegenzureiten. (Takakura Ken selbst spielte vor einigen Jahren die Titelrolle in einer japanischen Imitation von »Shane«.)

Möglicherweise rührt diese Vorliebe für die Wanderschaft von der Theatertradition her. Wie in den meisten Ländern waren die frühesten japanischen Schauspieler Wanderer, die als Außenseiter verachtet und gleichzeitig verehrt wurden, weil sie die Träume der Menschen in die Tat umsetzten. Wanderschaft und Schauspielerei ermöglichen jedem, sich – wenn auch befristet oder indirekt – aus seiner eigenen behaglichen, doch häufig beschränkten sozialen Umgebung zu entfernen. Exotische Schauplätze bestimmen das Repertoire des Geschichtenerzählers.

Viele frühe Geschichtenerzähler und Tänzer zogen vorgeblich umher, um den buddhistischen Glauben zu verbreiten. Auch heute reisen Unterhalter noch durch das Land, um an Festtagen in Tempeln und Schreinen aufzutreten. Natürlich besteht eine enge Verbindung zwischen Wanderschaft und Religion.

Eine der frühesten Formen des Reisens war in Japan, wie in vielen anderen Ländern, die Pilgerfahrt. Die Reise ist eine oft verwendete religiöse Metapher für das Leben selbst. Und es wird immer noch als förderlich für das Seelenheil angesehen, einmal im Leben eine Bildungsreise zu allen berühmten Tempeln unternommen zu haben. Zum Beweis dafür, daß man wirklich dort gewesen ist, geben die Tempel gegen eine Gebühr – nichts ist in Japan umsonst – spezielle Marken heraus, damit man in Frieden sterben und mit einem gefüllten Markenalbum zum Himmel emporfahren kann.

Die Besucher hoffen, daß sich die Heiligkeit der Wallfahrtsorte irgendwie auf sie überträgt. Aus demselben Grunde bringt man wohl auch denen, die zu Hause geblieben sind, Geschenke und Symbole mit, um auch ihnen etwas Heiligkeit zu überbringen. Heutzutage scheint ausländische Kultur den Platz der Religion übernommen zu haben, wobei Reisen nach Paris und London der Seele die gleiche Entlastung verschaffen, wie es früher die Tempel taten. Louis-Vuitton-Taschen und Burberry-Regenmäntel ersetzen nun Tempelsymbole.

In diesem Zusammenhang interessiert uns jedoch nicht der moderne Tourist, sondern das Schicksal des einsamen Herumtreibers, des heroischen Vagabunden. Der beliebteste Vagabund des zeitgenössischen Japan ist auf den ersten Blick übrigens alles andere als heroisch. Er ist ein rundlicher Mann mittleren Alters, gekleidet wie ein

Marktverkäufer der Vorkriegszeit: er trägt einen grellen, karierten Anzug, Wollgürtel, Unterhemd, Holzsandalen und einen schäbigen Hut. Sein vollständiger Name ist Kuruma Torajiro, aber das Volk kennt ihn als Tora-san. Möglicherweise ist er die am innigsten geliebte Gestalt in der Geschichte des japanischen Films. Die Filmkenner unter den »interi« halten nicht viel von ihm, doch er zieht immer wieder riesige Zuschauermengen ins Kino. Menschen, die sonst nie ins Kino gehen, sind nicht davon abzuhalten, sich den neuesten Tora-san-Film anzusehen. Durch eine Serie, die sich mit endlosen Variationen derselben Geschichte immer weiter fortsetzt, hält Tora-san ganz allein eine Filmgesellschaft am Leben. Seit 1969, als der erste Tora-san-Film (»Es ist schwer, ein Mann zu sein«) herauskam, sind mehr als dreißig Folgen gedreht worden.

Mit derselben Besetzung – abgesehen von dem traditionellen Gaststar – und von demselben Regisseur inszeniert, nämlich Yamada Yoji (der auch die »Shane«-Imitation drehte), kommt zweimal im Jahr genau zu den beiden wichtigsten japanischen Feiertagen ein neuer Film heraus: zum Neuen Jahr und, im August, zu O-Bon, dem buddhistischen Fest der Toten. Beide Daten werden mit religiöser Ehrerbietung betrachtet, und Tora-san ist jedesmal in einer neuen Inkarnation dabei, wie eine alte Festgottheit. Es gibt kein besseres Abbild der japanischen Volkskultur als ihn.

Im Gegensatz zu englischen oder französischen Verkörperungen des Nationalcharakters gehört der japanische Held eindeutig zur Arbeiterklasse. Mit seinem goldenen Herzen, seinem hitzigen Temperament, seiner Rührseligkeit, seinem Lebensdurst, seiner Pfiffigkeit, seinen Schwächen und seiner spitzen Zunge ist er der mythische Jedermann des städtischen Japan. Außerdem ist er ein völliger Anachronismus.

Alles an Tora-san – seine Kleidung, seine Sprache, seine Weltanschauung – beschwört die längst vergangene Welt der Handwerker und kleinen Kaufleute, der Großfamilien und festgefügten lokalen Gemeinschaften herauf, wo der Polizist den Hersteller von Bohnengallerte kennt und wo die Werte unerschütterlich sind. Dies ist die Vorkriegswelt der *shomingeki,* der sentimentalen Dramen des überschäumenden Lebens der Arbeiterklasse, oder, wenn man noch weiter zurückgehen will, bis zur Edo-Zeit, die Welt der *rakugo*-Geschichtenerzähler, der Komiker des Wortes, deren Kunst darin bestand, die Menschen zum Lachen über sich selbst zu bringen.

Atsumi Kiyoshi, der Schauspieler, der Tora-san darstellt, gehörte noch zu dieser Welt. Er begann seine Karriere als traditioneller Varietékomiker an Orten, wo die Geschichtenerzähler, gefördert von einer nun fast verschwundenen Handwerkerklasse, immer noch Erfolg hatten. Das Timing seiner Gesten wurde von ihrem kritischen Gelächter geschärft und bis zur Vollkommenheit zurechtgeschliffen.

Die Schöpfer Tora-sans beabsichtigten ursprünglich, ihn zu einem abgebrühten *yakuza* zu machen, aber aus ihm wurde im Laufe der Jahre ein freundlicher Vagabund, der umherzieht und auf ländlichen Jahrmärkten Plunder verkauft. Er hat jedoch einen Stützpunkt, zu dem er zwischen seinen Reisen zurückkehrt. Es ist ein idealisiertes Heim, so anachronistisch wie der Mann selbst (in seinem Wohnzimmer steht nicht einmal ein Fernsehgerät, was im modernen Japan äußerst ungewöhnlich ist): ein kleines, anheimelndes japanisches Restaurant in einer staubigen Reihe von Holzhäusern, die an einen alten Tempel grenzen. Es ist das japanische Gegenstück des alten englischen Dorfes, in dem der Pfarrer zum Tee kommt und die Sonne beim Kricket immer scheint.

Tora-sans Familie besteht aus seinem Onkel und seiner Tante, seiner Schwester Sakura, ihrem Mann und ihrem kleinen Jungen. Die einzigen anderen Personen in diesem künstlichen Paradies sind der gütige Priester des örtlichen Tempels und der unmittelbare Nachbar, ein aufgeblasener, doch gutherziger Mann, der dazu neigt, taktlose Bemerkungen zu machen. Diese gemütliche kleine Gruppe, die sich stets um Tora-sans neueste Eskapaden Sorgen macht, soll die traditionellen Tugenden im Leben des japanischen »einfachen Mannes« repräsentieren. Sie arbeiten schwer, sind freundlich, ohne jeden Anflug von Schlechtigkeit und Bosheit, reinen Herzens und mit jenem einzigartigen japanischen sechsten Sinn gesegnet, der ihnen stets die unausgesprochenen Gefühle des anderen mitteilt.

Das Schlüsselwort in diesem Milieu ist *yasashii* (sanft, bescheiden, liebenswürdig), jener Begriff, den die Japaner so oft benutzen, um ihre Mutter und auch sich selbst als Nation zu beschreiben. Die Briten sind stolz auf ihre Lebensart, die Franzosen auf ihre Kultur und die Japaner darauf, daß sie *yasashii* sind. Der Regisseur der Tora-san-Filme erklärt in Interviews häufig, daß es sein Ziel sei, die »*yasashii*-Eigenschaften des japanischen Volkes« zu zeigen. Einer der zentralen Mythen von Tora-sans Welt besagt, daß alle Menschen liebenswürdig, bescheiden und sanft sind.

Fairerweise muß erwähnt werden, daß sogar der einzige Ausländer, der je in einem Tora-san-Film erschien – eine wenig überzeugende Gestalt, die auf japanischen Jahrmärkten Medikamente verkaufte –, nichts als Güte im Herzen hatte. Dieser Ausländer war übrigens so mythisch wie Tora-san selbst, denn er verkörperte sämtliche japanischen Ausländerklischees. Vor allem war er Amerikaner (alle Ausländer, zumindest alle weißen, sind Amerikaner); er stieß überall mit dem Kopf an (weil Ausländer so riesig sind); er sprach mit schonungsloser Offenheit (weil Ausländer nie anders sprechen); und er hatte eine ungewöhnlich lange Nase (weil alle Ausländer eine solche Nase haben). Immerhin, er war *yasashii,* wenn ihm auch leider jener sechste Sinn der Japaner fehlte. Wie Tora-san selbst in dem Film sagte: »Sie [die Ausländer] können unausgesprochene Gefühle nicht verstehen, anders als wir Japaner.«

Tora-sans Dorf ist eine in sich abgeschlossene kleine Welt, freundlich zwar, doch unzugänglich für jeden Außenseiter. Hier ist kein Platz für Fremde, deshalb scheint sogar das Restaurant nie Besucher zu haben. Es ist eine behagliche, warme Welt voll Geborgenheit, und wer sie einmal verlassen hat, kann nie mehr zurückkehren. Es mag nicht ohne Bedeutung sein, daß das zweitliebste Wort, nach *yasashii,* mit dem die Japaner sich selbst beschreiben, der japanisch-englische Begriff »wet« ist, im Unterschied zu Ausländern, die »dorai« (»dry«) sind. Damit soll der Gegensatz zwischen herzlichen, menschlichen Gefühlen und kalter Vernunft bezeichnet werden.

Tora-sans mythisches Heim ist wie eine Kindheitserinnerung an etwas, das eigentlich nie existierte, außer (wer weiß?) im warmen, feuchten Mutterschoß. Viele Japaner werden sehr sentimental, wenn von dem Heim ihrer Kindheit, ihrem *furusato* (wörtlich »das alte Dorf«), die Rede ist. Eine große Zahl von Trinkliedern ist voll von elegischen Erinnerungen an diese verlorene Welt:

Die Abendsonne ist rot
Aber ich bin so traurig

Heiße Tränen rinnen über meine Wangen
Ein Lebewohl unserem Dorf tief unten am See
Der Wiege unserer Kindheitsträume.[1]

Diese Art der Nostalgie ist bei städtischen Kinozuschauern besonders stark ausgeprägt, da viele von ihnen weit von ihrem *furusato* entfernt leben. Bei Shochiku, der Filmgesellschaft, die die Tora-san-Reihe produziert, weiß man dies sehr genau. Dem Chef der Werbeabteilung zufolge »wendet sich die Werbung in erster Linie an Verkäufer, Handarbeiter und Studenten, die fern ihrer Heimat ein einsames Leben führen«.[2]

Wie in den meisten, wenn nicht allen Industrienationen gibt es eine stetige Landflucht in die Großstädte. Ein junger Bauer schrieb zu diesem Thema:

> Kinder aus Bauernfamilien, die das Dorf verlassen haben, um nützliche Arbeiter für die Stadt zu werden, sehen das Dorf nur als einen Ort, der ihnen nostalgische Erinnerungen liefert. Aber könnte es nicht sein, daß nostalgische Erinnerungen einfach ein Zeichen von geistiger Leere sind . . . die Folge ihrer Unfähigkeit, Städter zu werden, obwohl sie in der Großstadt leben?[3]

Der Groll auf die Verbreitung von Unreinheit – in jedem Sinne – durch die Großstädter spielte – und spielt – eine wichtige Rolle in der japanischen Politik: vom »landwirtschaftlichen Nationalismus« der Vorkriegszeit bis zu den Protesten gegen den neuen Flughafen in Narita. Dies ist auch das vielen beliebten Filmen zugrunde liegende Thema. Ein Beispiel dafür liefert die »Zugvogel«-Serie, mit Kobayashi Akira, dem orientalischen Cowboy, in der Hauptrolle. Wie viele japanische Vagabunden ist er ein typischer Kleinstädter, der für kleinstädtische Werte kämpft.

Der Kritiker Hatano Tetsuro bemerkte:

> Immer wenn etwas, was seiner kleinstädtischen Heimat ähnelt, von Vernichtung bedroht ist, beginnt der Kampf. Seine entscheidende Motivation ist die Sehnsucht nach den Werten des ländlichen Lebens. Das Böse ist die künstliche Umgebung des protzigen

Nachtclubs oder des Spielsalons. Wenn er in der Schlußszene jedes Films während eines traditionellen Shinto-Festes verschwindet, wird er zu dem archetypischen Wanderer, der seine dörfliche Heimat verloren hat.[4]

Der Ort von Tora-sans Heim wurde geschickt ausgewählt. Es liegt zwar in einem Vorort von Tokio, könnte sich aber genausogut in einer Straße jedes Dorfes oder jeder Kleinstadt befinden, die während des Krieges nicht von Bomben dem Erdboden gleichgemacht wurde. Eine Gegend, die weder Stadt noch Land – oder besser gesagt, beides – ist. Entscheidend ist, daß sie die oben beschriebene Nostalgie weckt. Tora-sans Heim kann nur im Zauberland der Träume existieren.

Und Träume sind es, worum es bei Tora-sans Reisen geht. Etwas Verlorenes oder unerreichbar Fernes erscheint dem romantischen Gemüt stets wünschenswerter als die prosaische Gegenwart. Das Elternhaus ist, zumindest in der Phantasie, kein Ort, an dem man wohnt, sondern einer, nach dem man sich sehnt. Die Sehnsucht nach dem Elternhaus ist letzten Endes die Sehnsucht nach der Mutter.

Viele Gedichte im *Manyoshu,* einer Sammlung von Versen des 7. Jahrhunderts, drücken dieses Gefühl sehr schön aus:

> Oh, könnte ich meine liebe Mutter doch noch einmal sehen –
> Nun, wo die Schiffe bereit sind
> Am Gestade von Tsu no kuni
> Und ich fortgehe.[5]

Man vergleiche diese Zeilen mit dem Refrain des Titelliedes von Takakura Kens Gangsterfilm-Serie »Abashiri Bangaichi« (in der er auf einem Pferd aus dem Gefängnis reitet):

> Mein Leib wandert und treibt dahin
> Aber in den trüben Lichtern der Heimat
> Kann ich Mutter sehen, doch dann verblaßt sie.

Die Zeiten haben sich geändert, nicht jedoch die Gefühle.

Tora-sans Mutter ist nicht mehr am Leben. Dafür hat er seine Schwester Sakura, die ideale japanische Muttergestalt. Alle seine in einem seltsam förmlichen Stil geschriebenen Briefe – ein weiterer Anachronismus – sind an sie gerichtet. Sie ist die einzige, die ihn versteht, und ihre Miene wird mit jedem Film besorgter. Ihr Mann ist bezeichnenderweise eine völlig unbedeutende Gestalt, und seine einzige Aufgabe besteht darin, mit den anderen zu lachen oder mit seiner Frau bekümmert dreinzuschauen. Im übrigen verschmilzt er mit der Kulisse.

Die Trennung vom Elternhaus, vor allem von der Mutter, ist der einzige Weg in die Freiheit, aber es ist für einen Japaner auch das grausamste Schicksal, das er sich vorstellen kann. Dadurch weckt der einsame Streuner viel Sympathie beim Publikum. Die Tatsache, daß wandernde Helden oft – wenn auch keineswegs immer – Versager sind, wie Tora-san, macht es noch leichter, Mitleid mit ihnen zu haben. Der verletzliche Reisende ist, wie der passive Geliebte, ein ideales Opfer für den schrecklichen Wankelmut des Schicksals. Diese Vorstellung vom Schicksal, von seiner Unberechenbarkeit und Vergänglichkeit, ist ein wichtiger Teil des Reisens und natürlich auch der buddhistischen Philosophie. Das Pathos der Dinge, *mono no aware,* das entscheidende Merkmal der japanischen Ästhetik, stellt einen wesentlichen Faktor im Leben des Vagabunden dar. Es inspiriert die Gedichte des *Manyoshu,* das geschrieben wurde, als der Buddhismus zur offiziellen Religion wurde. Es trägt auch dazu bei, Tora-sans Beliebtheit zu erklären.

Denn er ist komisch, ungeschickt, sentimental und träge, vor allem aber einsam. All seine Witze haben, wie die Charlie Chaplins, eine melancholische Note, als lache er durch seine Tränen hindurch – und genau das soll das Publikum nach dem Willen der Filmproduzenten tun. Doch statt dieses Pathos zu beschreiben, möchte ich ein Beispiel anführen, einschließlich der Regieanweisungen. Es ist eine Szene aus »Torajiros erste Liebe«, gedreht im Jahre 1971. Tora-san begegnet einem Mädchen namens Kimiko:

Tora-san: »Ah, was für ein schöner Vollmond heute abend . . .«
Kimiko: »Du denkst bestimmt an dein Zuhause, wenn du auf deinen Reisen einen Vollmond siehst.«

T.: »Ja.«
K.: »Es muß großartig sein, das Leben eines Reisenden ...«
T.: »Ich kann mich nicht beklagen, aber es ist nicht so rosig, wie es dir vielleicht scheint.«
K.: »Oh, wieso denn nicht?«
T.: »Also, laß mich ein Beispiel geben: Ich wandere abends ganz allein eine Landstraße entlang. Dann stoße ich plötzlich auf ein Bauernhaus mit einem hübschen Garten. Ich gucke durch die Hecke und sehe eine Familie, die in einem gemütlichen Zimmer beim Abendessen sitzt. Dann denke ich mir: So müßte man leben.«
K.: »Ja, das verstehe ich. Du mußt dich sehr einsam fühlen ...«
T.: »Tja, dann gehe ich also weiter und trinke in irgendeiner Bar am Ort, bevor ich in einem billigen Gasthaus, dem Bahnhof gegenüber, auf einer hauchdünnen Matratze liege. Aber zuerst kann ich nicht schlafen, ich lausche dem Pfeifen der Nachtzüge, die vorbeifahren. Am Morgen weckt mich das Klappern von Holzsandalen. Ich habe vergessen, wo ich bin. Dann fällt es mir ein, und ich denke an mein Zuhause in Futamata, wo Sakura bestimmt gerade anfängt, die Suppe zum Frühstück zuzubereiten.«
K.: »Oh, wie wunderschön ... Wie ich dich beneide. Ich würde auch gern so herumreisen.«
T.: »Wirklich?«
K.: »O ja, schon als Schülerin sehnte ich mich nach so einem Leben ... mit jemandem zusammen zu sein, den ich wirklich liebe, vielleicht ein wandernder Schauspieler, und immer unterwegs ...«
T.: »Tatsächlich?«
K.: »Ja, gemeinsam zu wandern, abgebrannt, mit leerem Magen, im Regen. Es würde mir nicht das geringste ausmachen, denn wir würden soviel Spaß haben ... Ach, am liebsten würde ich sofort aufbrechen, alles hinter mir lassen. Und du?«
T.: »Hm, ja ...« (Seine Stimme hat einen Beiklang von trauriger Resignation)
K.: »Reist du bald weiter, Tora-san?«
T.: (wirkt beunruhigt) »Hm ... ja, ja ...«
K.: »Wirklich? Wann?«
T.: »Wann? ... Sagen wir, wenn mir der Wind ein Zeichen gibt. Eines Tages werde ich einfach verschwinden.«

K.: »Oh, wie ich dich beneide. Ich wünschte, daß ich mit dir kommen könnte.«

Natürlich wünscht sie sich nichts dergleichen. Sie träumt nur davon, wie das Publikum. Wir sind die Einheimischen, er ist der Fremde, wie der Fliegende Holländer dazu verdammt, sich ewig treiben zu lassen. Er ist frei, ja, doch zu einem Preis, den die meisten von uns niemals zahlen könnten. Das Pathos der Situation wird dadurch erhöht, daß das Mädchen im Gegensatz zu uns, dem Publikum, keine Ahnung hat, was er wirklich empfindet.

Da er ein Streuner, ein Romantiker und der Held einer schicklichen Familienfilmreihe ist, erweist sich Tora-sans Liebesleben als ausgemachte Katastrophe. Er verliebt sich traditionsgemäß in jedem Film in den Gaststar. Das Muster ist immer das gleiche; »Torajiro – Der Papierballon« (1982) ist ein gutes Beispiel. Zuerst sehen wir, wie Tora-san nach Hause kommt, um an einem Klassentreffen in seiner alten Schule teilzunehmen. Dieses Treffen ist recht traurig, weil Tora-san, der Vagabund, der einen auffälligen Anzug trägt und derbe Witze reißt, von seinen früheren Klassenkameraden, die nun alle ehrbare Bürger sind, offen verachtet wird. Tora-san ist so gekränkt, daß er sich maßlos betrinkt und uns den ersten Hinweis darauf gibt, welch ein Außenseiter dieser Lieblingssohn Nippons wirklich ist.

Dann macht er sich auf, einen Freund zu besuchen, der unheilbar krank ist. Dieser Freund, ein gescheiterter *yakuza* wie unser Vagabund selbst, fleht Tora-san an, seine junge Frau nach seinem Tode zu heiraten. Als anständiger Kerl verspricht Tora-san, seinen Wunsch zu erfüllen. Nachdem der Freund gestorben ist, bietet Tora-san der Witwe als erster seine Hilfe an. »Du bist der einzige, der sich um mich kümmert«, schluchzt sie. In dieser Szene, in der mehr geweint als gesprochen wird, stellt sich heraus, daß Tora-san sich wieder einmal verliebt hat.

Jetzt ist er entschlossen, sein Versprechen zu halten, eilt zurück nach Hause und beginnt, sich sehr seltsam zu benehmen. Er träumt mit offenen Augen von seinem künftigen Eheglück und entwirft Pläne zum Umbau des Elternhauses. Zum erstenmal in seinem Leben kauft er sich ein Hemd und eine Krawatte. Er führt ein ernstes

Gespräch mit dem Priester im Tempel und bewirbt sich sogar um eine Arbeit. Doch nichts wird deutlich ausgesprochen, so daß die anderen nur Vermutungen über die Gründe seines Benehmens anstellen können. Allein Sakura, deren sechster Sinn anschlägt, durchschaut instinktiv, was sich abspielt.

Schließlich bricht der große Tag an: Die Witwe kommt! Tora-san geht nervös im Zimmer auf und ab und bereitet sich darauf vor, ihr einen Heiratsantrag zu machen. Sie wird von der Familie herzlich begrüßt, aber Tora-san kann nur ein paar Floskeln stammeln wie ein verschüchterter Schuljunge beim ersten Tanztee. Das Publikum ist von dieser Demonstration sozialer Verlegenheit hingerissen. Es gilt als wohlerzogen, wenn man sich in schwierigen gesellschaftlichen Situationen ein wenig befangen zeigt. Wenn jemand zu direkt und zu offenkundig unbefangen ist, wird er als *choshi ga ii* (wörtlich: »gewandte Manieren haben«) bezeichnet. Dies bedeutet in Wirklichkeit, daß es ihm an Feingefühl fehlt.

Tora-san ist alles andere als *choshi ga ii.* Er spricht kein einziges Wort, was ebenfalls als Zeichen von Takt gilt, denn tiefe Gefühle, besonders Liebe, müssen unausgesprochen bleiben. Die unverblümte Frage »Ich liebe dich, willst du mich heiraten?« mag Ausländern angemessen erscheinen, nicht aber Tora-san. Während er nervös dasitzt, erzählt die Witwe ihre Lebensgeschichte. Sie sei früher recht ausgelassen gewesen und habe heiraten wollen, damit sie zur Ruhe kommen und ein Baby haben könne. Doch leider sei ihr Mann ein *yakuza* gewesen und ständig herumgezogen. An dieser Stelle blickt Sakura die Frau und dann Tora-san an; sie ahnt die kommende Katastrophe, ebenso wie die meisten Zuschauer, die dies nicht zum erstenmal erleben und nach dem ersten Taschentuch greifen.

Als es Zeit ist, sich zu verabschieden, bewegt Sakura Tora-san, der inzwischen völlig verkrampft ist, die Witwe zum Bahnhof zu begleiten. Während sie dorthin gehen – sie ganz ruhig, er völlig außer sich –, erreicht der Film seinen emotionalen Höhepunkt, den rituellen Moment, in dem die Zuschauer, wenn es ein Kabuki-Drama wäre, rufen würden: »Darauf haben wir gewartet!«[6] Der folgende Dialog gibt die Atmosphäre eindrucksvoll wieder:

Witwe: »Hat mein Mann dich um irgend etwas gebeten?«
Tora-san (versucht, unbeteiligt auszusehen): »Äh ... nein ... eigentlich nicht.«
W.: »Er sagte mir, du hättest ihm versprochen, mich zu heiraten. Das war doch nicht ernst gemeint?«
T.: »Äh, oh, das ... Nein, natürlich nicht. Ich wollte einen kranken Mann nicht enttäuschen.«
W.: »Oh, Gott sei Dank. Ich dachte schon, daß du es ernst meintest.«
T. (äußerst deprimiert): »Nein, natürlich nicht.«
W.: »Also, dann ...«
T.: »Nun, laß es dir gutgehen ...«
W.: »Ja ... du auch.«

Tora-san ist niedergeschmettert. Gerade das, was unausgesprochen bleibt, läßt die Szene so tragisch werden. Es ist diese Art des verhaltenen Melodramas (wenn so etwas denkbar ist), welche die Japaner so ausgezeichnet beherrschen. Die Witwe weiß, daß sie nicht wieder einen Vagabunden heiraten kann, und Tora-san weiß es auch. Wenn er ihr seine Liebe erklärte, würde er sie in Verlegenheit bringen, und sie würden beide ihr Gesicht verlieren, besonders da sie, ihrem japanischen sechsten Sinn zum Trotz, nichts von der Tiefe seiner Gefühle ahnt. Also bleibt er stumm und »weint innerlich«. Die Liebe ist für den wandernden Helden immer noch eine verbotene Frucht.

Er geht nach Hause und findet die Antwort auf seine Bewerbung vor. Es ist natürlich eine Absage. Er lacht bitter und sagt: »Sieht so aus, als wäre es Zeit für eine neue Reise!« Inzwischen schluchzt die ganze Familie, die Geigen der Hintergrundmusik dröhnen, und die Zuschauer greifen nach dem dritten Taschentuch. Tora-san macht sich wieder auf den Weg, dem nächsten Ziel entgegen.

Der Film endet damit, daß die Familie, ohne Tora-san, am Tisch sitzt und das Neue Jahr feiert, das japanische Gegenstück zu Weihnachten, eine Art »Stammesfest«, das die Menschen glücklich sein läßt, weil sie als Japaner geboren wurden. Alles ist warm, feucht und herzlich.

Und Tora-san? Er verkauft wieder irgendwo Plunder und macht Scherze am Straßenrand. Auch in diesem Film hat er seinen Zweck erfüllt. Die Menschen fühlen sich jetzt besser. Der arme Tora-san, der faule, unverheiratete Versager: genau das Gegenteil des durchschnittlichen japanischen Bürgers. Aber man wird ihn immer lieben, aus demselben Grunde, aus dem die Städter der Edo-Zeit Prostituierte und Schauspieler liebten und aus dem die heutigen Zuschauer Gangster, Ronin und *nihirisutos* bewundern: Das tragische Schicksal des Außenseiters bestätigt, wie glücklich wir alle sind, weil wir ein beschränktes, ehrbares und, in den meisten Fällen, völlig harmloses Leben führen dürfen.

13

Schluß: Ein liebenswürdiges Volk

Die Japaner – vielleicht ist dies eine Methode, die kulturellen Stromschnellen der Modernisierung zu bewältigen – sind heute besessen von dem Gedanken, sich selbst zu definieren: Wer sind Wir? Was sind Wir? Warum unterscheiden Wir uns so sehr von allen anderen? (Daß sie sich von allen anderen unterscheiden, wird von jedem Japaner – ebenso wie von den meisten Ausländern – für selbstverständlich gehalten.) Diese nationale Nabelschau hat eine Vielzahl von Büchern, Filmen, Zeitschriften und Fernsehprogrammen hervorgebracht, die alle der *Nihonjinron* (wörtlich »Theorie des Japanischen«) gewidmet sind. Die Japaner mögen insular sein, doch sie ermuntern auch Ausländer, an diesem Spiel teilzunehmen.

Es gibt eine gewisse Übereinstimmung über das japanische Klischee. Taxifahrer, Studenten oder »Gehaltsempfänger« weisen jeden erreichbaren Ausländer nur zu gern darauf hin, daß die Japaner »wet« und *yasashii* seien. Sie würden in gegenseitiger Abhängigkeit zusammenhalten wie »feuchter«, klebriger Reis, der dem japanischen Gaumen so teuer ist. Und sie seien »sanft, bescheiden, liebenswürdig und zärtlich«. Sie würden sich mit Hilfe von »warmen, menschlichen Gefühlen« anstelle von »trockenen, harten, rationalen Gedanken« ausdrücken. Schließlich lebten sie im Einklang, in Harmonie mit der Natur, nicht im Gegensatz zu ihr.

Die Frage ist, wie dieses Klischee von der Sanftheit und Bescheidenheit (wie die meisten Klischees enthält es einen gewissen Anteil Wahrheit) mit der extremen Gewalt vereinbart werden kann, die ein so hervorstechendes Merkmal der populären Kultur ist? Gewiß ist nicht jeder Japaner von Unterdrückungsphantasien besessen, und Sex und Brutalität werden nicht von allen akzeptiert. Es gibt sogar Interessengruppen, etwa die einflußreiche Eltern-Lehrer-Vereinigung, die sich selbst zu Sittenwächtern ernennen. Nichtsdestoweniger sind viele der in diesem Buch angeführten Beispiele, die dem westlichen Leser außerordentlich bizarr erscheinen mögen, in Japan normale Bestandteile des Alltagslebens.

Fotos von nackten, mit Seilen verschnürten Frauen erscheinen regelmäßig in Zeitungen mit Massenauflage; Folterungsszenen sind im Fernsehen, sogar im Kinderprogramm, durchaus üblich; Hochglanzposter von nackten vorpubertären Mädchen werden in den Hauptgeschäftsstraßen ausgestellt; zahlreiche Männer lesen, während sie mit der U-Bahn zur Arbeit fahren, ganz offen sadomasochistische Pornographie.

Das soll nicht heißen, daß die in den Straßen von Tokio feilgebotenen einschlägigen Erzeugnisse ausgefallener seien als auf dem Times Square oder in Amsterdam. Sie sind sogar weniger ausgefallen, aber sie werden offener akzeptiert, sind eher ein Teil des normalen Lebens. Niemand drückt sich verstohlen in muffigen kleinen Läden mit verdunkelten Fenstern herum. Man braucht nicht den Anschein zu erwecken, daß Sex und Brutalität nur für eine sündhafte Minderheit bestimmt seien, denn diese Phantasien gelten weder als sündhaft, noch beschränken sie sich, wie jedem ersichtlich ist, auf eine Minderheit. Was hätten sie sonst im staatlichen Fernsehen und in Wochenzeitschriften zu suchen?

Wenn die Japaner tatsächlich ein sanftes, zärtliches, mildes und bescheidenes Volk mit pornographischen Phantasien von Tod und sexueller Unterdrückung sind, dann scheinen nur wenige dieser Träume auf das reale Leben überzugreifen. Die Atmosphäre auf den Straßen mit den disziplinierten Menschenmengen, der quäkenden Musik, den Plastikblumen, den klingenden Glöckchen und den hübschen Farben ist eher kitschig als bedrohlich.

Folgt daraus also, daß Brutalität aus zweiter Hand nicht zu wirklichen Gewalttaten führt, ja daß sie ein Ventil bildet, welches die Gesellschaft sicherer macht (wie jene, die sich im Westen gegen Zensur wenden, zu argumentieren pflegen)? Vielleicht. Aber was in Japan funktioniert, braucht nicht unbedingt auch anderswo, unter anderen Umständen, die gleiche Wirkung zu haben. (Selbst wenn man westliche Fabrikarbeiter veranlassen könnte, jeden Morgen nach japanischem Muster Firmenlieder zu singen, würde dies nicht unbedingt ein Wirtschaftswunder einleiten.)

Das moderne Japan ist – wie jeder, der einmal eine japanische Touristenschar beobachtet hat, bezeugen kann – immer noch eine gruppenorientierte Gesellschaft. Die Wünsche des Individuums werden den Forderungen der Gruppe untergeordnet. Die Idee individueller Rechte wird in Japan nicht ohne weiteres verstanden. *Wa* (Harmonie) ist, wie einer der letzten Ministerpräsidenten gern hervorhob, der Schlüssel zum »japanischen Weg«.

Ein strenges Hierarchiegefühl hält Individuen wirkungsvoll davon ab, sich selbst in den Vordergrund zu schieben und dadurch die Harmonie der Gruppe zu stören. Heftige Konfrontationen zwischen Individuen werden weniger durch eine allgemeine Ethik (von den Briten gern Anständigkeit genannt) eingeschränkt als durch ein System der Etikette, das straffer ist als jedes in der heutigen westlichen Welt anzutreffende. Doch dieses System beruht fast ausschließlich auf offenliegenden menschlichen Beziehungen; wenn die Gruppe als Bezugspunkt fehlt, bricht es meist recht schnell zusammen.

Äußere Harmonie wird auf vielfache Weise gewahrt. Während im Westen erwartet wird, daß jemand Meinungen hat und sie in der Öffentlichkeit vertritt, behält man in Japan seine Meinungen – falls sie überhaupt existieren – für sich oder läßt sie sorgfältig mit denen der anderen verschmelzen. Politische Diskussionen werden im allgemeinen ganz vermieden. Die japanische Sprache ist so strukturiert, daß jeder ständig Zustimmung zu suchen scheint. Sogar ein Widerspruch beginnt gewöhnlich mit einer Wendung wie: »Sie haben natürlich absolut Recht, aber . . .« Dieser Umstand macht professionellen Kritikern das Leben sehr schwer, und tatsächlich neigen sie dazu, alles andere als Kritik zu Papier zu bringen. Wenn man das Werk irgendeines Künstlers oder Schriftstellers wirklich verabscheut, verzichtet man in der Regel darauf, sich überhaupt zu ihm zu äußern.

Obwohl die Japaner also privat unterschiedlicher Meinung sein können, wird jeder Konflikt hinter einem sanften Schleier der Höflichkeit verborgen. Wenn ernste Differenzen wirklich einmal hervortreten, führen sie oft zu emotionalen Krisen, die mit der völligen Trennung von der Gruppe enden. Die Harmonie kann zuweilen durch Bitterkeit und Faustschläge heftig erschüttert werden, nachdem das Zwischenstadium der rationalen Debatte einfach übersprungen wurde. Kurz, allgemeine Übereinstimmung mag oft nur eine öffentliche Fassade sein, aber schließlich kommt es im japanischen Leben sehr auf die Fassade an.

Nur wenige Japaner verwechseln diese öffentliche Schauspielerei mit der Realität, doch alle sind sich über ihre Bedeutung einig. Es ist keine japanische Tugend, »sich selbst treu zu sein« oder »sich für seine Überzeugung einzusetzen«. Man muß sich an dem öffentlichen Spiel beteiligen, oder man wird von ihm ausgeschlossen, was für die meisten Japaner den Tod bei lebendigem Leibe bedeuten würde. Mit anderen Worten, Verstellung ist ein wesentlicher Teil des Lebens. Dafür gibt es in der japanischen Sprache den Ausdruck *tatemae* (die Fassade, die öffentliche Pose, die Art und Weise, wie es sein sollte). Allgemeine Übereinstimmung ist oft eine Frage von *tatemae.* Das Gegenteil von *tatemae* ist *honne,* das persönliche Gefühl oder die private Meinung, die unter normalen Umständen verborgen oder unterdrückt bleiben. Wenn Japaner davon reden, daß sie in der Lage seien, sich anderen wortlos mitzuteilen, dann meinen sie im Grunde, daß sie gegenseitig ihre *honne* durchschauen, während sie die *tatemae* aufrechterhalten.

Sich festen Mustern anzupassen, mit der Gruppe zu verschmelzen, sich nie hervorzuwagen und stets das Firmenabzeichen zu tragen kann sehr beruhigend sein, und viele – nicht nur in Japan – bemühen sich um diese Sicherheit. Sie ist vielleicht wichtiger als individuelle Initiative oder romantische Liebe oder persönliche Originalität. Zumindest kennt man die Grenzen seiner eigenen Existenz, als lebe man in einer Gummizelle. Aber was sollen die Japaner mit den herzlichen, menschlichen Gefühlen anfangen, mit denen sie nach ihren eigenen Beteuerungen so übermäßig gesegnet sind? Wie kann man seinen Gefühlen Luft machen? Für Frauen scheint es, wie eingeräumt werden muß, nur wenige Möglichkeiten zu geben. Romantik ist, trotz der Versprechungen der Frauenzeitschriften, kein Bestandteil der traditionellen japanischen Ehe, und auch in den meisten modernen Ehen sucht man sie vergeblich. Auch der liebevollste Gatte ist nicht allzuviel wert, wenn er den größten Teil seines Lebens mit seinen Berufskollegen verbringen muß und erst spät abends, erschöpft und manchmal betrunken, nach Hause kommt. Den Frauen bleiben also nur ihre Kinder, die sie verständlicherweise nur widerwillig ziehen lassen.

Für Männer gibt es das »Spiel«, ebenfalls eine Methode, die Realität durch eine phantastische Fassade zu ersetzen: die vorgetäuschte Liebe einer Prostituierten anstelle einer echten Beziehung zu der eigenen Frau; die Schwelgerei in Blut und Gewalt auf der Bühne oder der Leinwand, statt sich selbst im Büro durchzusetzen. Das Spiel dient oft zur ritualisierten Verletzung von Tabus, die im täglichen Leben unantastbar sind. (Gewalttätigkeit, besonders jede Form des Blutvergießens, ist im Shinto ein starkes Tabu, woher möglicherweise die unaufhörlichen Blutströme in der populären japanischen Unterhaltung rühren.)

Das Spiel ist Drama, Karneval, Maskerade: Um sich von ihren erstickenden Identitäten, wenn auch nur für ein paar Stunden, zu lösen, setzen Menschen Masken auf, ziehen Kleider des anderen Geschlechts an, begehen Gewaltakte und geben sich Orgien hin. Dieses Ventil existiert, in der einen oder anderen ritualisierten Form, in jeder Kultur. Der spanische Stierkampf, der viele Nordeuropäer so schockiert, ist ein gutes Beispiel: Das Tabu des Todes wird durch die rituelle Tötung des Stiers herausgefordert. In den meisten Religionen werden auch sexuelle Tabus gebrochen, gewöhnlich durch irgendeine Art des Kleiderwechsels.

In Nordeuropa hat vieles davon, besonders seit das Zeitalter der Vernunft anbrach, seine rituelle Bedeutung verloren. Zum Beispiel gilt das Tragen von Kleidern des anderen Geschlechts nun als sexuelle Verirrung; der Narr früherer Feste liegt jetzt auf der Couch des Psychiaters. Aber in Japan hat man oft den Eindruck, daß das Spiel seine rituelle Bedeutung noch nicht verloren hat.

Das heißt nicht, daß japanische Herrscher und ihre Behörden nicht versucht hätten, scharf gegen das Spiel vorzugehen oder es zumindest einzuschränken. Doch im Gegensatz zu den Regierungen des christlichen Westens besaßen sie nie ein umfassendes religiöses System, das als wirksames Instrument benutzt werden konnte. Japanische Herrscher besaßen nicht einmal das Mandat des Himmels, das chinesische Kaiser benötigten, um ihre Regierung zu rechtfertigen. Statt dessen verfügten sie über Gewalt und eine Reihe ihnen nützlicher, meist auf dem Konfuzianismus beruhender Vorschriften, die sie der Bevölkerung durch Austeritätsgesetze und andere nur teilweise erfolgreiche Maßnahmen auferlegten.

Die Achtung des menschlichen Lebens, der menschlichen Würde, des weiblichen Körpers und all jene anderen Dinge, die man uns im Westen ernst zu nehmen lehrt, werden auch in Japan ernst genommen, doch nicht auf der Ebene des Spiels. Denn hier hält man sich wiederum nicht an ein vorrangiges Prinzip, sondern an die angemessenen Verhaltensregeln, welche die menschlichen Beziehungen bestimmen. Man hat keine persönlichen Beziehungen zu einer Schauspielerin, die eine Rolle spielt, oder zu einer Gestalt in einem Comic-Heft – weshalb sollte man also Mitleid für sie empfinden?

Wenn es ein umfassendes moralisches Prinzip gäbe, müßte alles, in Phantasie und Realität, moralisch beurteilt werden. Deshalb würden viele im Westen moralisch Anstoß nehmen, wenn in einer großen Zeitung Zeichnungen von einer mit Seilen gefesselten Frau erschienen. In Japan dagegen kann sogar die entsetzlichste Brutalität, solange sie nicht real ist, nach rein ästhetischen Maßstäben beurteilt werden. Dies gilt sogar dann, wenn der dargestellte Gewaltakt auf einem realen Ereignis beruht.

Ein Roman, der mit dem höchsten japanischen Literaturpreis ausgezeichnet wurde, mag als Beleg dienen. Der Autor Kara Juro folgt einer alten Tradition in der japanischen Literatur, indem er seine fiktive Erzählung um ein reales Ereignis kreisen läßt. Die Tatsachen, auf denen das Buch mit dem Titel *Briefe aus Sagawa* basiert, sind recht eindeutig: Ein japanischer Student in Paris schoß seiner niederländischen Freundin in den Rücken, schnitt sie mit einem elektrischen Messer in Stücke und verzehrte Teile ihrer Leiche. Jeder Versuch, die Wahrheit zu dokumentieren, wird bald aufgegeben, und der überwiegende Teil des Textes ist – obwohl die wirklichen Namen und Ortsbezeichnungen beibehalten sind – den persönlichen Träumereien des Autors gewidmet. Trotzdem hat der Leser das etwas unbehagliche Gefühl, nie ganz zu wissen, was Tatsache und was Fiktion ist. Das heißt, für jemanden, der einer Tradition entstammt, in welcher die Wahrheit als etwas Heiliges angesehen wird, ist die Lektüre unbehaglich. In Karas Buch wird der Mord weder analysiert noch verurteilt, sondern ästhetisiert. Der berühmteste westliche Autor, der ähnlich verfuhr, ist der Marquis de Sade. Manche nennen ihn einen Heiligen, andere einen Teufel, doch beide Seiten beurteilen ihn nach sehr moralischen Kriterien.

Dies wäre in Japan unmöglich. Karas Buch ist hier und da kritisiert worden, aber aus rein ästhetischen Gründen. Moral oder der Mangel an Moral ist nie ein Gesichtspunkt, ebenso wenig wie der laxe Umgang mit der Wahrheit. Man beurteilt den Autor nach seinem Stil. In seinem Buch wurde ein echter Mord in Kunst verwandelt – nicht mehr und nicht weniger. Als Kunstwerk ist es von der Realität gelöst und braucht nicht moralisch verdammt zu werden.

Wenn man die Menschen ermuntert, ihre brutalen Impulse in der Phantasie auszuleben und sie im realen Leben zu unterdrücken, verfügt man über eine wirksame Methode, die Ordnung zu schützen. Schließlich besteht eine der Funktionen des Theaters darin, daß der Zuschauer Verbrechen in Stellvertretung begehen läßt. Solange die *tatemae* von Hierarchie, Etikette und Schicklichkeit gewahrt wird, darf der frustrierte Firmenangestellte sich so viele Bilder gefesselter Frauen ansehen, wie er will.

Frustration kann jedoch außer Kontrolle geraten, und sogar japanische Vorschriften versagen manchmal. Doch bevor dies geschieht, muß großer Widerstand überwunden werden, und die daraus erwachsende Gewalttätigkeit ist fast immer hysterischer Art und gewöhnlich auf die eigene Gruppe beschränkt. Ein Zufallsmord ist in Japan selten, nicht jedoch die Auslöschung ganzer Familien durch Mütter oder Väter, die Amok laufen.

Die populären Phantasien von Sex und Gewalt sind gewöhnlich ebenfalls hysterischer Art. Man wird an Kinder erinnert, die deshalb schreien, weil sie keine andere Möglichkeit haben, ihren Bedürfnissen Ausdruck zu verleihen. Doch ein Schrei ist normalerweise eine spontane Handlung. Rituelles Geschrei ist natürlich nicht spontan. Die bizarren Auswüchse der japanischen Volkskultur sind so sehr an Stilkonventionen gebunden wie die Teezeremonie, das Blumenstekken und andere ästhetische Beschäftigungen. Sogar das Spiel hat sich an strenge Muster zu halten.

Dies wird deutlich, wenn man jene andere Möglichkeit betrachtet, mit deren Hilfe japanische Männer sich abreagieren können: das Trinken. Das Benehmen im trunkenen Zustand wird natürlich genauso von kulturellen Erwartungen beeinflußt wie Tischmanieren oder Huldigungsrituale. Sich gemeinsam nach Büroschluß zu betrinken ist die traditionelle Methode, die *honne* herauszulassen, Dampf abzulassen. Aber es steht im Einklang mit der eigenen *tatemae*. Was dem unbeteiligten Beobachter wie kindische Anarchie vorkommen mag, ist in Wirklichkeit ein Ritual.

Jede Abteilung eines japanischen Unternehmens hat regelmäßige abendliche Zusammenkünfte, bei denen die Gruppenbeziehungen begossen werden. Es beginnt meist recht bescheiden mit ein paar Gläsern Bier in einer nahegelegenen Bar. Dann zieht die Gruppe weiter zu einem Club mit Hostessen, die den Klagen der Männer lauschen und ihnen durch strategische Berührungen und beruhigende Zustimmung helfen, sich zu entspannen. Wenn die Männer ihre Nervosität ganz verloren haben, fallen sie oft in das Verhalten der frühen Kindheit zurück; jede Scham ist dann für ein paar Stunden aufgehoben. Manche reißen den Mund auf und werden von den Hostessen mit Eßstäbchen gefüttert, andere tanzen in Unterhosen herum; einige werden rührselig und umarmen einander. Es ist sogar möglich, daß der eine oder andere aggressiv wird und daran gehindert werden muß, einem Kollegen einen Schlag an den Kopf zu versetzen. Doch ganz plötzlich – gewöhnlich, nachdem das ranghöchste Mitglied der Gruppe den Wunsch geäußert hat, nach Hause zu gehen – ist alles vorbei. Man hat sich abreagiert, das Spiel ist beendet, die Hierarchie ist wiederhergestellt, und am nächsten Morgen ist nichts zurückgeblieben, außer vielleicht einem Kater. Sogar Männer, die einander am Abend zuvor beschimpften, sind vorgeblich wieder die besten Freunde. Alle sind sich einig, Harmonie walten zu lassen.

Die in diesem Buch angeführten brutaleren Beispiele sind wie solche Trinkgelage: rituelle Explosionen der *honne,* vollzogen nach den ästhetischen Regeln der *tatemae*. Es sind die Gewaltphantasien eines Volkes, das zur Liebenswürdigkeit gezwungen ist. Die Szenen auf der Leinwand, auf der Bühne oder in Comics sind gewöhnlich genau das Gegenteil des normalen Benehmens. Diese schauerliche und manchmal groteske Tendenz, die die japanische Kultur durchzieht – und zwar seit Jahrhunderten –, ist ein direktes Ergebnis der Tatsache, daß die Menschen sich einem so strikten und beengenden Code der Normalität anpassen müssen. Die dramatische Phantasie, die Welt des Absonderlichen ist eine Parallele der Realität oder, besser gesagt, ihre Kehrseite, so flüchtig und unfaßbar wie ein Spiegelbild.

Anmerkungen

Vorwort

1 Siehe Roy Andrew Miller, *Japan's Modern Myth* (Tokio, 1982).

1 *Spiegel der Götter*

1 Diese Mythen wurden zum erstenmal in zwei Chroniken des 8. Jahrhunderts gesammelt: der *Kojiki*-Chronik (712) und der *Nihongi*-Chronik (720). Beide waren in chinesischer Sprache abgefaßt und offensichtlich von der Kultur des Festlandes beeinflußt.
2 Theo Lesoualc'h, *Érotique du Japon* (Paris, 1978), S. 28.
3 *Kojiki.*
4 *Ibid.*
5 John C. Pelzel, »Human Nature in the Japanese Myths«, in A. M. Craig und D. M. Shively, *Personality in Japanese History* (Berkeley, 1970), S. 41.
6 Louis Frederic, *Japan, Art and Civilization* (London, 1971), S. 52.
7 Sir James George Frazer, *The Golden Bough* (London, 1922).
8 Dem Psychologen Kawai Hayao zufolge deutet dies darauf hin, wie alt der japanische Kult der sich aufopfernden Mutter sein muß. Kawai Hayao, *Boseishakai Nippon no Byori* (Tokio, 1976), S. 28.
9 Harumi Befu: *Japan: An Anthropological Introduction* (Tokio, 1981), S. 106.
10 Siehe Georges Bataille, *L'Érotisme* (Paris, 1957).
11 Ivan Morris, *World of the Shining Prince* (London, 1964), Anmerkung auf S. 260.

12 *Ibid.*
13 Siehe Ivan Morris, *The Life of an Amorous Woman and Other Writings* (London und New York, 1963), S. 164–71.
14 Ivan Morris, *The Nobility of Failure* (London, 1975), S. 12.
15 Kambayashi Sumio, *Nihon Hanbunka no Dento* (Tokio, 1976), S. 76.
16 Theo Lesoualc'h, *op. cit*, S. 12.
17 *Ibid.* Auf S. 30 ist ein Foto einer Kannon-Statue aus der Edo-Zeit abgebildet. Sie schürzt den Rock und enthüllt ihre Genitalien. Die Statue ist im Kanshoji-Tempel in Tatebayashi zu finden.
18 Katsu Shintaro, der hauptsächlich für seine Darstellung Zatoichis, des blinden Samurai, berühmt wurde.
19 Theo Lesoualc'h, *op. cit.,* S. 34.
20 Ivan Morris, *World of the Shining Prince,* a. a. O., S. 134.
21 Arthur Koestler, *Von Heiligen und Automaten* (Bern, Stuttgart, Wien, 1961).
22 Aus Yukio Mishima, *Confessions of a Mask* (New York, 1958).
23 *Ibid.*
24 Der amerikanische Sozialwissenschaftler Robert Redfield nahm eine weithin bekannte Unterscheidung zwischen der »kleinen Tradition« der ländlichen Volkskultur und der »großen Tradition« der städtischen Intelligenz vor. Siehe *The Papers of Robert Redfield* (Chicago, 1962).
25 Sir George Sansom, *Japan, A Short Cultural History* (London, 1952), S. 131 [dt. *Japan. Von der Frühgeschichte bis zum Ende des Feudalsystems* (München, 1967)].
26 Louis Frederic, *op. cit.,* S. 210.
27 Dies hatte beträchtliche Auswirkungen auf den militanten Nationalismus im modernen Japan. Siehe insbesondere Maruyama Masao, *Thought and Behaviour in Modern Japanese Politics,* erweiterte Ausgabe (London, 1969).
28 Yukio Mishima, Vorwort zu Yato Tamotsus Fotoband *Naked Festival* (New York und Tokio, 1968), S. 7.
29 *Ibid.*
30 Audie Bock, *Japanese Film Directors* (Tokio und New York, 1978), S. 287.

2 *Die ewige Mutter*

1 Kurt Singer, *Mirror, Sword and Jewel* (London, 1973), S. 39.
2 Takie Sugiyama Lebra, *Japanese Patterns of Behaviour* (Hawaii, 1976), S. 143.
3 Doi Takeo, *The Anatomy of Dependence* (Tokio, 1971).
4 Harumi Befu, *Japan: An Anthropological Introduction* (Tokio, 1981), S. 154.
5 Zitiert in Minami Hiroshi, *Nihonjin no Geijutsu to Bunka* (Tokio, 1980).
6 Aus Tanizaki Junichiro, *Yosho Jidai* (Tage meiner Jugend), (Tokio, 1957).
7 Nach der englischen Übersetzung von Howard Hibbett in *Seven Japanese Tales by Junichiro Tanizaki* (New York, 1963).
8 Kurt Singer, *op. cit.*, S. 38.
9 Siehe Robert Lyons Danly, *In the Shade of Spring Leaves* (Yale, 1981), S. 82.
10 Zu einer erschöpfenden Analyse dieses Themas siehe George de Vos, *Socialization for Achievement* (London, 1973).
11 Ruth Benedict, *The Chrysanthemum and the Sword* (London, 1977), S. 184.
12 Kawai Hayao, *Boseishakai Nihon no Byori* (Tokio, 1976), S. 54.
13 Ishiko Junzo, *Nihon no Hahazo* (Tokio, 1976).
14 Muramatsu Taiko, *Terebidorama no Joseigakku* (Tokio, 1979), S. 185.
15 *Ibid.*, S. 187.
16 Sato Tadao, *Nihon Eiga Shisoshi* (Tokio, 1970), S. 18.
17 *Ibid.*, S. 175.
18 *Bungei Shunju* (Zeitschrift), September 1974, S. 103.
19 Audie Bock, *Japanese Film Directors* (Tokio und New York, 1978), S. 40.
20 Besonders in den Arbeiten von Kawabata Yasunari.
21 *Imamura Shohei no Eiga* (Tokio, 1971), S. 101.
22 Interview durch den Autor und Max Tessier, veröffentlicht in *Le Cinéma japonais au présent* (Paris, 1979), S. 101.

3 *Der heilige Stand der Ehe*

1 Diese Ziffern erschienen in *Japan, A Pocket Guide,* Foreign Press Center (Tokio, 1982), und in *The Women of Japan,* Foreign Press Center (Tokio, 1977).
2 *The Women of Japan,* a. a. O., S. 16.
3 Harumi Befu, *Japan: An Anthropological Introduction* (Tokio, 1981), S. 48.
4 Ein von Befu geprägter Begriff, der den wachsenden Einfluß von Werten der Samurai-Kaste in der modernen japanischen Gesellschaft beschreibt.
5 *The Women of Japan,* a. a. O., S. 16.
6 Harumi Befu, *op. cit.,* S. 53.

4 *Die Frau als Dämon*

1 Terayama Shuji, *Inugamike no Hitobito* (Tokio, 1976).
2 Die Kabuki-Fassung mit dem Titel *Musume Dojoji* wurde zum erstenmal im Jahre 1753 inszeniert.
3 Englische Übersetzung von Howard Hibbett in *Seven Tales by Junichiro Tanizaki* (New York, 1963).
4 Yukio Mishima, *Tanizaki Junichiro,* nachgedruckt in einer Sondernummer der Zeitschrift *Bungei Tokuhon* über Tanizaki (Tokio, 1977).
5 »Aguri« wurde von Howard Hibbett übersetzt, *op. cit.*
6 Georges Bataille, *L'Érotisme* (Paris, 1957), S. 17.
7 Nomura Shogo, *Tanizaki Junichiro Denki* (Tokio, 1972), S. 273.
8 Tanizaki Junichiro, *Renai oyobi Shikijo* (Tokio, 1932).
9 Audie Bock, *Japanese Film Directors* (Tokio und New York, 1978), S. 52.
10 Hara Shozo, Nihon Koshoku Bijutsushi (Tokio, 1931), S. 64.
11 Siehe Donald Keene, *World Within Walls* (New York, 1976).
12 Takechi Tetsuji, in der Zeitschrift *Eiga Geijutsu,* Juli 1965.
13 Tanemura Suehiro in der Zeitung *Nihon Dokushu Shimbun,* Januar 1966.
14 *Nikkatsu Romantic Pornographic Series,* Werbezettel (1978).

15 *Ibid.*
16 Siehe das Kapitel »Japanese Eroduction« in Donald Richie, *Some Aspects of Popular Japanese Culture* (Tokio, 1981).

5 *Das menschliche Kunstwerk*

1 Zitiert nach der deutschen Ausgabe: Junichiro Tanizaki, *Insel der Puppen,* nach der amerikanischen Ausgabe übersetzt von Curt Meyer-Clason (Eßlingen, o. J.).

6 *Die Kunst der Prostitution*

1 *Kuruwa no Subete,* Sondernummer der Zeitschrift *Kokubungaku,* Oktober 1980, S. 42.
2 Donald Shively, »The Social Environment of Tokugawa Kabuki«, in J. Brandon, W. Malm, D. Shively, *Studies in Kabuki* (Hawaii, 1978), S. 51.
3 Inagaki Taruko, *Nanshoku Okagami* (Großer Spiegel der Männerliebe). In englischer Sprache erschienen unter dem Titel *Comrade Loves of the Samurai* (Tokio, 1972).
4 Donald Shively, *op. cit.,* S. 53.
5 Eine detaillierte Darstellung siehe bei Robert van Gulik, *Sexual Life in Ancient China* (Leiden, 1961).
6 Ivan Morris, *World of the Shining Prince* (New York und London, 1964), S. 239.
7 *Ibid.*
8 *Izumi Shikibu Nikki* (Tagebuch Izumi Shikibus) (Tokio, 1957), S. 408–10. Zitiert in *World of the Shining Prince,* a. a. O.
9 Donald Shively, *The Love Suicide at Amijima* (Cambridge, 1953), S. 20.
10 *Kuruwa no Subete,* S. 42.
11 Hirosue Tamotsu, *Henkai no Akujo* (Tokio, 1973), S. 150.
12 Donald Shively, *The Social Environment of Tokugawa Kabuki,* S. 53.
13 Der Sozialwissenschaftler Kuki Shozo hielt dies für das Kernstück

der japanischen Ästhetik. Siehe sein sehr wichtiges Buch *Iki no Kozo* (Tokio, 1936).

14 Howard Hibbett, *The Floating World in Japanese Fiction* (London, 1959), S. 27.

15 *Kuruwa no Subete,* S. 25.

16 Ihara Saikaku, *Nippon Etaigura* (Ewiger Speicher Japans), 1688.

17 Siehe *Major Plays of Chikamatsu* (New York und London, 1961).

18 Ein berühmtes Beispiel ist der Selbstmord Dazai Osamus, eines Autors romantischer Werke, dessen Bücher immer noch sehr populär sind, besonders bei schwärmerischen jungen Mädchen.

19 Thomas Rimer, *Towards a Modern Japanese Theatre* (Princeton, 1974), S. 12.

20 Lefcadio Hearn, *Out of the East,* zuerst 1895 erschienen, 1927 in London neu aufgelegt, S. 73.

21 Für einen großen Teil dieser Einzelheiten bin ich Edward Seidenstickers hervorragender Biographie und Übersetzung von Nagai Kafu verpflichtet: *Kafu the Scribbler* (Stanford, 1965).

22 Kato Shuichi, *Form, Style, Tradition* (London, 1971), S. 27.

23 Edward Seidensticker, *op. cit.*

24 *Ibid.*

25 Nagai Kafu, *Fuyu no Hae* (Eine Stubenfliege im Winter), erweiterte Ausgabe (Tokio, 1935), 1945 übersetzt von E. Seidensticker.

26 *Ibid.*

27 Robert Lyons Danly, *In The Shade of Spring Leaves* (Yale, 1981), S. 111.

28 *Ibid.,* S. 103.

29 Ins Englische übersetzt von Robert Lyons Danly, *op. cit.*

30 *Ibid.*

31 Robert Lyons Danly, *op. cit.,* S. 134.

32 *Ibid.*

33 *Ibid.*

34 *Ibid.*

35 Dieses Beispiel entstammt der Zeitschrift *Asahi Geino* vom Dezember 1981, doch ähnliche Texte lassen sich täglich in anderen Zeitschriften finden.

36 Ein recht theatralisch wirkendes Foto dieses Verhaltens bringt

Takano Hiroshi in seinem Bildband *Waisetsu Bunka* (Tokio, 1981).

37 Sato Jushin in *Eiga Hyoron* (Zeitschrift), Dezember 1972.

38 Wie schnell Marotten in Japan kommen und gehen, zeigt sich daran, daß die *nopan kissas* im Laufe des Jahres 1983 schon wieder von anderen voyeuristischen »Knüllern« verdrängt werden.

7 *Das dritte Geschlecht*

1 Peter Ackroyd, *Dressing Up* (London, 1979), S. 57.

2 Hara Shozo, *Nihon Koshoku Bijutsushi* (Tokio, 1931), S. 66.

3 Zitiert nach Donald Shively, »Social Environment of Tokugawa Kabuki«, in Brandon, Malm, Shively, *Studies in Kabuki* (Hawaii, 1978), S. 6.

4 »Ayamegusa« (»Die Worte Ayames«), in *The Actors' Analects* (Tokio, 1969).

5 Zitiert nach Earle Ernst *The Kabuki Theatre* (Hawaii, 1974), S. 195.

6 Peter Ackroyd, *op. cit.*, S. 98 [»Über Italien« (1788/89), in *Goethes Sämtliche Werke,* Jubiläums-Ausgabe in 40 Bänden, Bd. 36 (Stuttgart und Berlin, 1940), S. 137].

7 *Ibid.*, S. 57.

8 »Camp ist eine Art unter anderen, die Welt als ein ästhetisches Phänomen zu betrachten. Nicht um Schönheit geht es dabei, sondern um den Grad der Kunstmäßigkeit, der Stilisierung.« Susan Sontag, »Anmerkungen zu ›Camp‹«, in: *Kunst und Antikunst* (Hamburg, 1968), S. 270.

9 Kawai Hayao, *Boseishakai Nihon no Byori* (Tokio, 1976).

10 Imaizumi Fumiko in der Zeitschrift *Eureka*, Bd. 13, September 1981, S. 135.

11 *Ibid.*

12 Richard Barber, *The Knight and Chivalry* (New York, 1970), S. 90.

13 Yukio Mishima, *Yukio Mishima on Hagakure* (New York, 1977), S. 22.

14 *Ibid.*
15 Yukio Mishima, »Der Onnagata«, in *Gesammelte Erzählungen* (Hamburg, 1971), S. 124.
16 Yukio Mishima, *Forbidden Colours* (London, 1968).
17 Inagaki Taruho, *Shonenai no Bigaku* (Tokio, 1974), S. 18.
18 Ihara Saikaku, *Nanshoku Okagami;* in englischer Sprache erschienen unter dem Titel *Comrade Loves of the Samurai* (Tokio, 1972).
19 Ivan Morris, *The Nobility of Failure* (London, 1975), S. 277.
20 *Ibid.,* S. 276.
21 Zum Einfluß der Homosexualität auf das traditionelle Theater siehe Domoto Masaki, *Danshoku Engekishi* (Tokio, 1976).
22 »Kanjincho« (»Das Mitgliedsverzeichnis«) wurde nach dem No-Spiel »Ataka« von Namike Gohei III. bearbeitet und zum erstenmal im Jahre 1840 aufgeführt.
23 »Gikeiki« (»Die Chronik von Yoshitsune«), ein anonymes Werk aus dem 15. Jahrhundert; in Ivan Morris, *The Nobility of Failure, op. cit.*
24 Ivan Morris, *op. cit.,* Anmerkung 5.70.
25 Sir James George Frazer, *The Golden Bough* (London, 1922).

8 *Die harte Schule*

1 Diese Comic-Version des Lebens von Miyamoto Musashi stammt von einem Zeichner namens »Baron« Yoshimoto.
2 »Ketto Ganryujima« (»Der Kampf auf der Insel Ganryu«), 1955 inszeniert von Inagaki Hiroshi.
3 Alain Silver, *The Samurai Film* (London, 1977), S. 102.
4 *Asahi Journal,* 13. August 1982, S. 103.
5 *Ibid.,* S. 109.
6 *Ibid.,* S. 110.
7 Sato Tadao, *Nihon Eiga Shisoshi* (Tokio, 1970), S. 391.

1 Siehe das Kapitel »Repaying One-Ten-Thousandth« in Ruth Benedict, *The Chrysanthemum and the Sword* (London, 1977).
2 Eine witzige Beschreibung dieses Verhaltens in der Geschäftswelt findet man bei Frank Gibney, *Japan, the Fragile Superpower*, überarbeitete Ausgabe (New York, 1979).
3 *Chushingura* (New York, 1971). Über die genaue Zahl der am letzten Racheakt beteiligten Ronin herrscht einige Verwirrung. Es scheinen sechsundvierzig gewesen zu sein, aber einer der entehrten Gefolgsleute machte seinen Fehler durch Selbstmord wieder gut; dadurch wurde er zu einem ehrenhalber an der Blutrache Beteiligten, das heißt zum siebenundvierzigsten Ronin.
4 Zitiert nach Donald Keenes Einführung zu seiner englischen Übersetzung von *Chushingura, op. cit.*, S. 2–3.
5 Sato Tadao, *Chushingura – Iji no Keifu* (Tokio, 1976), S. 6–8.
6 *Ibid.*, S. 18.
7 *Ibid.*, S. 50.
8 Siehe Ivan Morris, *The Nobility of Failure* (London, 1975).
9 Hatayama Hiroshi in *Mainichi Daily News*, 2. März 1972.
10 Siehe Maruyama Masao, *Thought and Behaviour in Modern Japanese*, herausgegeben von Ivan Morris (London, 1969).
11 *Ibid.*, S. 69.
12 Zitiert nach Donald Keene, *op. cit.*, S. 18.
13 Sato Tadao, *op. cit.*, S. 164. Einer der Vorfälle, welche die Februarrebellion auslösten, hat verblüffende Ähnlichkeit mit der Geschichte der siebenundvierzig Ronin: Ein junger fanatischer Leutnant erstach einen hinderlichen Generalmajor im Militärhauptquartier. Dies inspirierte seine Kameraden, seine Arbeit zu vollenden.
14 Ivan Morris, *op. cit.*, S. 104.
15 *Ibid.*, S. 182.
16 Man sollte vor dem Todestag eines Menschen keine tierische Nahrung zu sich nehmen, und schon gar nicht am Abend zuvor. Zu diesem Zeitpunkt setzte sich Yuranosuke absichtlich über dieses Tabu hinweg, indem er in einem Teehaus rohen Tintenfisch bestellte.

17 Yukio Mishima, *Yukoku* (Patriotismus). Mishima machte diese Erzählung später zu einem recht blutrünstigen Film, in dem er selbst die Hauptrolle spielte.
18 Siehe John Nathan, *Mishima; A Biography* (London, 1975).
19 Yukio Mishima, *op. cit.*, S. 103.

10 *Yakuza und Nihilist*

1 Taoka Mitsuru, der Sohn von Taoka Kazuo, dem vor seinem Tode im Jahre 1981 mächtigsten Bandenchef in Japan.
2 Es ist bedeutsam, daß alle populären Samurai-Helden – Miyamoto Musashi, Kondo Isamu, Horibe Yasubei etc. – in sehr bescheidenen Verhältnissen aufwuchsen.
3 Siehe den Artikel von Yamane Sadao im Programm des *Kyobashi Film Senta* vom Januar 1982.
4 Siehe Watanabe Takenobus Beitrag zu *Ninkyo Eiga no Sekai* (Tokio, 1969), S. 29–55.
5 *Jingi Naki Tatakai,* 1973 unter der Regie von Fukasaku Kinji entstanden.
6 Die Titelmelodie von *Jinsei Gekijo.*
7 Yamamoto Jocho, *Hagakure,* zitiert nach *Yukio Mishima on Hagakure* (New York, 1977), S. 89.
8 Yukio Mishima, *op. cit.,* S. 89.
9 *Ibid.*
10 *Ninkyo Eiga no Sekai,* S. 76.
11 »Showa Kyokyakuden«, 1963 unter der Regie von Ishii Teruo entstanden.
12 Siehe Donald Richie und Ian Buruma, *The Japanese Tattoo* (Tokio und New York, 1980).
13 In der Zeitschrift *Gendaishi Techo,* September 1966.
14 Donald Richie, *Japanese Cinema* (New York, 1971), S. 75.
15 Zitiert nach Paul Schrader, »Yakuza-Eiga«, in *Film Comment,* Februar 1974.
16 *Kadensho.*
17 Kurt Singer, *Mirror, Sword and Jewel* (London, 1973), S. 35.
18 Antonin Artaud, *Le théâtre et son double* (Paris, 1938).

19 *Zankoku no Bi* (Tokio, 1975), S. 21.
20 Sato Tadao, *Nihon Eiga Shisoshi* (Tokio, 1970), S. 393.
21 *Ibid.*

11 *Die Verspottung des Vaters*

1 R. H. Blyth, *Japanese Life and Character in Senryu* (Tokio, 1960).
2 George de Vos, *Socialization for Achievement* (London, 1973), S. 480.
3 Harumi Befu, *Japan, An Anthropological Introduction* (Tokio, 1981).
4 Mikiso Hane, *Peasants, Rebels and Outcasts* (New York, 1982), S. 69.
5 Harumi Befu, *op. cit.*, S. 39.
6 *Ibid.*, S. 41.
7 Sato Tadao, *Nihon Eiga Shisoshi* (Tokio, 1970), S. 147.
8 Kawai Hayao, zitiert nach *Sei to Kazoku,* 25. August 1976, S. 131.

12 *Seelen auf Wanderschaft*

1 *Kotei no Furusato* (Das Vaterhaus unten am See).
2 Zitiert nach Sawagi Kotaros Artikel in einer Film-Sondernummer von *Jinsei Dokuhon* (Tokio, 1979), S. 114.
3 Mikiso Hane, *Peasants, Rebels and Outcasts* (New York, 1982), S. 266–77.
4 In der Kunstzeitschrift *Bijutsu Techo,* Juni 1975, S. 237.
5 *Manyoshu,* 1965 herausgegeben von Columbia University Press.
6 »Matteimashita!« (»Darauf haben wir gewartet!«) ist ein ritueller Ruf der Zuschauer bei Höhepunkten im Kabuki-Theater.

Kazuyuki Kitamura

Japan – im Reich der mächtigen Frauen

Ullstein Buch 34296

Ullstein Sachbuch

Zu den unausrottbaren europäischen Vorurteilen hinsichtlich fremder Kulturen und Zivilisationen gehört auch das Bild von der japanischen Frau. Durch Tradition und Erziehung dem Manne untertan – so lautet die gängige Meinung über die Stellung der japanischen Frau in Ehe, Familie und Gesellschaft. Der in Japan aufgewachsene und in Europa lebende Autor, Kitamura, untersucht das europäische Vorurteil und zeigt seine Unhaltbarkeit auf.

»... der Inhalt, eine Fülle von Informationen, die für den europäischen Leser größtenteils neu und unbekannt sein dürften. Der Japaner Kitamura schreibt als ein Insider, der die Materie gründlich studiert hat...«

Zürichsee Zeitung

Peter
Scholl-Latour

Allah ist mit den Standhaften

Begegnung mit der islamischen Revolution

Ullstein Buch 34308

Ullstein Sachbuch

»Es gibt wohl kein anderes Buch, das die islamische Welt in ihrer ganzen Weite ... aus der eigenen Anschauung des Verfassers zu schildern vermag ...«

NEUE ZÜRCHER ZEITUNG

»... Peter Scholl-Latour erweist sich abermals als der große Reporter, der das Wort und das Thema beherrscht. Der Orientalist deutet kenntnisreich Wesen und Zusammenhang. Der Journalist findet zu prägnanten Formulierungen. Der Stilist zeichnet feine, stimmungsvolle Porträts ...«

FAZ